国家品牌战略

Nation and National Branding Strategy

何佳讯◎著

北京大学出版社
PEKING UNIVERSITY PRESS

图书在版编目 (CIP) 数据

国家品牌战略 / 何佳讯著. —北京 : 北京大学出版社, 2023.12
ISBN 978-7-301-34708-9

Ⅰ. ①国… Ⅱ. ①何… Ⅲ. ①品牌战略—研究 Ⅳ. ①F272.3

中国国家版本馆 CIP 数据核字 (2023) 第 243936 号

书　　　　名	国家品牌战略
	GUOJIA PINPAI ZHANLÜE
著作责任者	何佳讯　著
责任编辑	李沁珂　李　娟
标准书号	ISBN 978-7-301-34708-9
出版发行	北京大学出版社
地　　址	北京市海淀区成府路 205 号　100871
网　　址	http://www.pup.cn
微信公众号	北京大学经管书苑(pupembook)
电子邮箱	编辑部 em@pup.cn　　总编室 zpup@pup.cn
电　　话	邮购部 010-62752015　发行部 010-62750672　编辑部 010-62752926
印刷者	涿州市星河印刷有限公司
经销者	新华书店
	730 毫米×1020 毫米　16 开本　29.75 印张　503 千字
	2023 年 12 月第 1 版　　2023 年 12 月第 1 次印刷
定　　价	98.00 元

致谢

特别感谢

国家自然科学基金(面上项目)2010—2024 年连续资助本书学理基础研究
(批准号:71072152,71372177,71772066,72072059)

华东师范大学人文社会科学精品力作培育项目(批准号 2019ECNU—
JP007)、文科卓越激励经费对本书研究和出版的资助

华东师范大学国家品牌战略研究中心国际学术顾问委员会主席 Jan-
Benedict E. M. Steenkamp 教授(美国北卡罗来纳大学)、委员 John W. Cadogan
教授(英国莱斯特大学)、委员 Carlos J. Torelli 教授(美国伊利诺伊大学)、委员
Cheng Lu Wang 教授(美国纽黑文大学)对中心工作的支持

国家品牌战略的六维理论架构:科学研究与思想旅程

什么是国家品牌战略(nation branding strategy,或 national branding strategy)？我将其定义为:把国家作为品牌(nation branding strategy)以及在国家层面进行企业品牌战略(national branding strategy)升级而开展的战略设计、规划和行动。与此同时,以品牌与国家的联结(brand-nation connection, BNC)开拓和发展两者相互影响促进的战略路径和实现方式,其目的是提升国家竞争力、推进企业发展拥有国家级地位的品牌以及实现品牌全球化。"品牌与国家的联结"是测量品牌国家级地位的指标。中国品牌在超大规模的中国市场上拥有国家级地位,显然是走向全球,实现品牌全球化的强大保证。这一思想在我于 2017 年申请获批的国家自然科学基金面上项目"品牌与国家的联结:数字化时代新兴市场跨国公司创建全球品牌资产的新战略研究"(批准号 71772066)中正式提出。它契合了中共中央在 2020 年提出的双循环经济发展战略的核心精神,即逐步形成以国内大循环为主体、国内国际双循环相互促进的新发展格局。

近十年来,中国经济正从高速度增长转向高质量发展。在宏观经济环境的变化下,企业战略也需要实现转变。这集中体现在习近平总书记于 2014 年 5 月 10 日在河南考察时讲的三句话中:推动中国制造向中国创造转变、中国速度向中国质量转变、中国产品向中国品牌转变。2016 年 6 月 20 日,国务院办公厅印发了《关于发挥品牌引领作用推动供需结构升级的意见》,要求发挥品牌在中国经济中的引领作用,推动供给结构和需求结构升级。2017 年 4 月 24 日,国务院批复同意将每年 5 月 10 日设立为"中国品牌日"。这两个标志性事件表明,中国企业的品牌战略已经上升到国家战略高度。2023 年 2 月初,中共中央、国务院印发的《质量强国建设纲要》中提出目标,到 2025 年,品牌建设取得更大进展,形成一大批质量过硬、优势明显的中国品牌。

连续受四项国家自然科学基金面上项目的资助①,在过去十多年来学术成果的基础上,我对国家品牌战略作出了上述的新定义。② 这个定义不同于以往研究者们仅把国家作为品牌打造国家竞争力的宏观视角(Anholt,2005;Dinnie,2008;Kotler 和 Gertner,2002;相关回顾参见 He、Wang 和 Wu,2021)。它是在新时代全球化背景下提出的战略品牌管理新思想的延续和发展,即品牌与品牌化问题具有综合和全局的本性,在国家品牌战略的问题上,我们需要把宏观视角(即 nation branding strategy)与微观视角(即 national branding strategy)协同起来,采用管理学及交叉学科的理论和方法。正是基于这样的研究立意和定位,我建立了国家品牌战略的六维理论架构。围绕这个新理论架构,本书以三篇(基础理论篇、实证研究篇、应用评估篇)共 18 章的内容集中展现我本人以及部分与团队合作的相关研究成果。作为本书的前言,我将介绍自己提出六维理论架构的来龙去脉,分别对六个维度的学术思想和研究进展进行概括性阐述,让读者们先从整体上把握本书的思想和结构。

一、新的发展:国家品牌战略六维理论架构③

如前述有关国家品牌战略定义中的核心关键词,我以图 0-1 的形式展现

① 我主持承担的这四项国家课题分别为:"国家认同、国家品牌资产与'中国制造'态度评价:重大活动的影响机制"(批准号 71072152),2011—2013 年;"品牌价值观的结构与融合:中国跨国公司品牌价值增值机制及全球化定位战略研究"(批准号 71372177),2014—2017 年;"品牌与国家的联结:数字化时代新兴市场跨国公司创建全球品牌资产的新战略研究"(批准号 71772066),2018—2021 年;"全球消费者文化、国家文化资产与中国品牌战略创新的理论与实现路径研究"(批准号 72072059),2021—2024 年。

② 我主持负责的华东师范大学国家品牌战略研究中心从 2016 年以来先后举办七届"中国品牌科学与应用论坛暨全球品牌战略国际研讨会"年会。历年年度主题分别为:"移动互联时代的品牌与商业战略"(2016)、"国家品牌战略新纪元"(2017)、"国家品牌战略与品牌全球化"(2018)、"全球环境下的品牌战略:中国的力量"(2019)、"世界大变局下的品牌战略升级"(2020)、"国家创新与科技品牌战略"(2021)、"高质量发展与新品牌战略"(2022)。

③ 有关国家品牌战略六维理论架构的前期版本和有关学术思想,我曾多次受邀在清华大学、北京大学、华东师范大学和法国里昂商学院等举办的国内外学术活动上进行过讲解。按时间先后,演讲题目分别是"国家品牌战略:基于商业的视角"(第二届中国品牌科学与应用论坛暨全球品牌战略国际研讨会,2017年 12 月)、"国家品牌战略:理论架构及进展"(第三届中国营销高峰论坛,2018 年 4 月)、"国家品牌战略:理论架构与研究进展"(中国高等院校市场学研究会品牌研究中心成立大会暨首届品牌发展论坛,2018 年 5 月)、"Nation(al) Branding Strategy:Theoretical Framework and Some Research Findings"(The 2nd Sino-French Academic Forum on Business Research Frontiers, January 2019)、"国家战略与亚欧的努力"[第四届中国营销(50 人)高峰论坛暨中国管理现代化研究会营销管理专业委员会 2019 学术年会,2019 年 4 月]、"国家品牌战略与消费金融品牌建设"(第一届中国消费金融品牌创新论坛,2019 年 5 月)、"Brand Strength of the Top Nation Champions:The Theoretical Foundation and the Measurement Method"(第五届中国品牌科学与应用论坛暨全球品牌战略国际研讨会,2020 年 11 月)、"大变局时代的国家品牌资产战略"(2021 科特勒未来营销峰会,2021 年 1 月;第十届中国财经峰会暨 2021 可持续发展商业大会,2021 年 7 月)、"以国家文化资产塑造中国全球化品牌"(第十届中国企业全球形象高峰论坛,2023 年 1 月)、"面向高质量发展的品牌战略创新"(苏美达集团 2023 中国品牌日活动专题讲座,2023 年 5 月)。

六维理论架构的构成（D1—D6）和维度之间的相关关系（P1—P8）。基于我先后主持四项国家自然科学基金面上项目所开展的研究，下面我以开展的时间顺序分别对其进行阐述。需要指出的是，有关维度之间的相关关系存在循环往复的研究演进，这在整体上巩固了六维理论架构的稳定性。

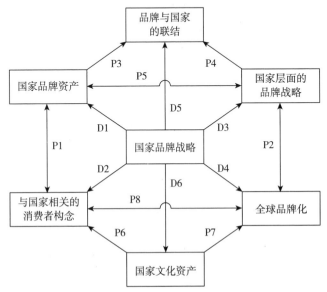

图 0-1　国家品牌战略六维理论架构

（一）"把国家作为品牌"的研究

首先，图 0-1 的左边是反映"把国家作为品牌"的研究领域，它包含两个维度：国家品牌资产（D1）和与国家相关的消费者构念（D2）。相关概念包含在我于 2010 年获批主持的国家自然科学基金面上项目"国家认同、国家品牌资产与'中国制造'态度评价：重大活动的影响机制"（批准号 71072152）中。

在全球化竞争环境中，新兴发展中国家如何建立清晰的国家身份和核心价值体系愈发迫切和重要。十多年前，借助 2008 年北京奥林匹克运动会和 2010 年上海世界博览会等重大活动，中国国家声誉和形象得到了极大提升和改变。探究重大活动对国家认同、国家品牌资产及"中国制造"态度评价的影响机制，对中国政府推进国家品牌化战略，获得持续竞争优势具有重要参考价值（P1 和 P5）。

该项国家课题是我以中国国家品牌为研究对象，以构建"国家品牌资产"基础性理论为核心，建立国家品牌资产的基础性测试方法，揭示国家认同与国家品牌资产对中国制造产品和国产品牌态度的影响作用（P1 和 P5）。同时，以上海世博会为研究对象,探究重大活动对国家认同和国家品牌资产的互动影响机制。在应用上,通过跟踪研究上海世博会前后数年内消费者对国家认同和国家品牌资产的动态变化,把握国内外消费者对"中国国家品牌"的感知差异,为中国政府建立和执行国家品牌营销战略提供基本指引。该项国家课题的核心成果集中反映在本书的第一章至第四章、第八章至第十一章,以及第十五章和第十六章中。

在该项国家课题的开展过程中,我提出的新理论或做出的新成果主要有:第一,把品牌与品牌化研究中的品牌资产范式引入国家品牌领域,构建了对国家品牌资产概念从宏观、中观到微观定义的三层界定架构,从而为从商业角度(微观国家品牌资产定义)建设国家品牌打开了全新的视野(参见本书第一章)(D1)。第二,以本国、发达国家和欠发达国家等多国多样本的实地调研为基础,客观分析并记录了 2010—2013 年各国消费者对中国国家品牌、中国制造产品和国产品牌态度的评价(参见本书第八章至第十章)(D2),其主要结论是中国宏观国家形象和微观国家形象存在差异,这为后续的"品牌与国家的联结"研究打下了基础。第三,提出并验证了国家认同(亦表达为文化认同或国家文化认同)构念相比消费者民族中心主义构念,更好地预测了消费者对国产品牌和国外品牌的态度和行为(He 和 Wang,2015;后续研究参见本书第十一章),研究认为文化认同时代已经来临[①],这推动了与国家相关的消费者构念研究进入新阶段(D2 和 P1)。

(二)"国家层面的品牌战略升级"研究

图 0-1 的右边是反映"国家层面的品牌战略升级"的研究领域,它也包括两个维度:国家层面的品牌战略(D3)和全球品牌化(D4)。相关概念包含在我于 2013 年获批主持的国家自然科学基金面上项目"品牌价值观的结构与融合:中国跨国公司品牌价值增值机制及全球化定位战略研究"(批准号71372177)中。

新兴市场品牌如何走向全球受到了国际学术界的热切关注(Chattopadhyay、Batra 和 Özsomer,2012;Kumar 和 Steenkamp,2013)。中国领先的跨国企业(如海尔、联想、华为等)在建立全球业务的同时,面临着如何创建全球品牌的重大挑战。我认为,对于中国领先的跨国企业,需要进行品牌定位升级,有两个战略方向:基于品牌价值内涵的升级,以及基于市场范畴的升级。前者是指品

---

① 这个观点曾在媒体上发表过,参见 He J.,"Culture a big factor in branding campaigns",https://www.shine.cn/opinion/1812186849/(访问日期:2022 年 12 月 28 日)。

牌战略要体现国家战略，从文化软实力的角度，就是要实现从品牌功能和利益定位迈向品牌价值观定位（P5）；后者是指要从国际市场营销迈向全球化品牌定位。

该项国家课题以人类文化价值观作为品牌概念表征（Torelli 等，2012），提出"品牌价值观"（brand values）构念。围绕这一核心构念，深入探究中国品牌在全球化过程中制定品牌定位战略、提升品牌形象附加值的基础性理论问题（P2）。通过实证研究重点回答如下问题：中西文化环境下品牌价值观结构有何异同？中国品牌如何兼顾中西方文化差异，在全球化定位中能否融合使用中西方文化价值元素（P2）？融合中西文化价值观的品牌概念在母国和东道国是否存在不同效应？如何理解不同细分市场对这类定位战略的态度评价机制（P8）？该课题试图在品牌象征意义、品牌拟人化、品牌资产评价、全球品牌化等多个品牌基础理论领域做出创新性贡献。其不仅可为中国跨国企业进行品牌全球定位提供根本性的战略指引，也试图为全球商业贡献源自中国文化的品牌创建模式提供可能性（P2 和 P5）。本书的第五章至第七章、第十二章、第十三章，展现了该项国家课题的部分代表性成果。

在该项国家课题的研究中，我作出了若干新理论贡献，主要有：第一，探究品牌价值观在国家品牌和企业品牌领域的表现和分布，发现国家品牌和企业品牌在价值观内涵上有明显的关联性（参见本书第七章）（D3 和 P5）；此外，我还在 B2B（企业与企业之间）情境中，验证买卖双方之间的价值观一致性（自我超越或自我提升）通过品牌认同显著影响关系质量（品牌信任、口碑和价值共创）（He、Huang 和 Wu，2018）。第二，作为一种文化价值元素，我提出"中国元素"的定义（何佳讯、吴漪和谢润琦，2014；He 和 Wang，2017），并分别采用刻板印象一致性（何佳讯、吴漪和谢润琦，2014；参见本书第十二章）和文化融合性（He 和 Wang，2017）构念，在理论网络中验证中国元素运用的各种积极性评价显著影响产品的购买可能性（P5 和 D1）。第三，我对全球品牌化（global branding）进行了文献回顾（何佳讯，2013b；参见本书第五章），并且开展了实证研究（何佳讯、黄海洋和何盈，2020）。在文献回顾中，我勾勒了全球品牌化研究的核心板块，包括全球品牌认识演进、全球品牌定位和全球品牌资产，在国内开创了全球品牌化的研究。在实证研究中，我们验证了品牌全球化对于国家形象的积极影响以及在品类内外产生的溢出效应。这个结果有力支持了我把国家层面的品牌战略（D3）和全球品牌化（D4）联合在一起的思想。全球品牌化这个新的学术视野反过来也影响了我们对品牌战略与管理的理论认识和实践发展（D4

和 P5)（参见何佳讯,2021,第十一章）。

（三）"品牌与国家的联结"的研究

图 0-1 的上边是上述两大领域的结合点,我开发了核心构念"品牌与国家的联结"（D5、P3 和 P4）,强调商业品牌与国家品牌之间的相互联系和影响,特别是国家级地位品牌对于国家品牌声誉和影响力的积极作用,以及强大的国家品牌对于商业品牌在全球市场中的促进作用（P5）。相关概念包含在我于 2017年获批主持的国家自然科学基金面上项目"品牌与国家的联结:数字化时代新兴市场跨国公司创建全球品牌资产的新战略研究"（批准号 71772066）中。

在全球化与数字化交织影响的两大环境下,以中国为代表的新兴市场跨国企业如何创新性地建立全球品牌资产? 我提出"品牌与国家的联结"的新构念,并把它定义为"商业品牌与该品牌的来源国之间产生关联性与对其产生代表性的程度",确立来源国特征优势与国家级地位优势这两个维度,并以此区分出四类品牌,涵盖当前思考品牌全球化的基本战略方向。

在此基础上,围绕"品牌与国家的联结"这个核心构念,该项国家课题确定了四大基本研究内容。首先是开发"品牌与国家的联结"量表,并开展多个角度的区分效度与预测效度验证,接着探究"品牌与国家的联结"和国家文化资产（D6）、数字化驱动的品牌全球化、全球品牌资产等方面的关系（D4）,揭示"品牌与国家的联结"在其中所扮演的特定角色作用,试图在理论上为全球品牌化与国家品牌资产相结合的方面作出创新贡献（D4 和 D1）,在实践上为中国跨国企业创建全球品牌资产,为中国领先企业在全球市场建立代表中国国家地位的强势品牌群体提供战略指引（P2）。该项国家课题的两项代表性成果参见本书的第十四章和第十七章。

截至本书出版,该项国家课题的研究得到了理论发展和应用评估相结合的若干标志性成果。第一,我提出"品牌与国家的联结"这个新构念,用来衡量品牌在消费者心目中所拥有的国家级地位的程度,同时开发了测量量表并验证了双维度结构（He 和 Ge,2022;参见本书第十七章）（D5）。第二,实证研究表明,品牌创新和国家传统共同显著影响"品牌与国家的联结",再进一步影响感知品牌全球性,最终影响品牌能力。这为科技人文双元驱动国家级品牌地位的战略提供了证据（He 和 Ge,2022）（D3）。第三,自 2020 年以来,华东师范大学国家品牌战略研究中心连续三年发布国家冠军品牌指标榜,采用"品牌与国家的联结"构念开发的测量方法,对于共同进入 Interbrand"中国最佳品牌榜"和 BrandZ"中国最有品牌价值榜"的品牌,通过全国范围内的大样本调查,得到最佳品牌的

"榜上榜"，名列前茅者可认为是在消费者心目中拥有国家级地位的中国品牌（D3）。这在一定程度上可以被看作对国家品牌战略成果的一种检验。

（四）"国家文化资产"的研究

图0-1的下边是对"品牌与国家的联结"课题的新发展。我在文化资产构念（Torelli，2013）的基础上，明确提出国家文化资产（national cultural equity，NCE）构念（D6）。国家文化资产是构建品牌与国家的联结的核心资源。相关概念包含在我于2020年获批主持的国家自然科学基金面上项目"全球消费者文化、国家文化资产与中国品牌战略创新的理论与实现路径研究"（批准号72072059）中。

社会舆论普遍认为全球化和世界格局出现了新趋势。这个宏观背景赋予我们在中国品牌全球化领域研究科学问题的新思路和新取向，即中国领先企业的品牌战略，以国家文化资产为基础的象征意义如何融于消费者认知中的全球消费者文化（P7），从而在世界市场范围内提升品牌战略的有效性（P2）？这亦是构建人类命运共同体在商业领域的思想体现。

在以往的研究中，我在市场营销学领域提出"文化融合性"（cultural compatibility）构念（He和Wang，2017）。在该项国家课题研究中，我初步对这个构念作出新的定义：消费者对营销组合（包括产品、渠道空间和传播载体等）中两种元素所蕴含和体现的文化意义及价值观存在协调、和谐和兼容程度的主观感受和评价。该项课题结合全球消费者文化、品牌酷感和文化资产理论，具体研究内蕴于品牌中的中国元素及表征的国家文化资产融于全球消费者文化定位的理论（P7）。进一步地，该课题从细分市场和竞争的角度探究若干调节变量对上述作用机制所产生的放大效应（P6），从而理解和把握创新性运用中国元素策略提升市场绩效的理论依据和实现路径（P7）。该课题以"融合"为新的价值理念和战略思路，为中国品牌赢取世界市场范围的竞争力提供新的管理指引，有关成果对全球品牌化理论研究作出新的知识贡献（D4）。

在本书出版之际，该课题还在开展过程中。前期相关成果参见本书第十八章第一节。每个国家都有代表该国的元素以及文化资产。如果说"中国元素"（何佳讯、吴漪和谢润琦，2014；He和Wang，2017）强调的是外在表达载体、符号和形式，那么国家文化资产强调的则是内在意义、价值和效应。前者是实践中的术语，后者是理论概念。

二、六维理论架构的研究进展及新观点

在本部分，我将概括国家品牌战略六维理论架构（D1—D6）的建立基础，简

要回顾相关领域的研究演进。在此基础上,我将阐释自己新开拓的研究思想,以便读者理解本书各章成果的来龙去脉,以及研究发展。

（一）国家品牌资产（D1）

国家品牌资产（nation brand equity,或 country brand equity）是一个全新的研究领域。这个概念的提出意味着来源国效应（country-of-origin effects）、来源国形象（country-of-origin image）、国家形象（country image）的研究被推进到新的阶段。尽管在一些研究者看来,国家品牌资产几乎等同于国家形象（例如 Papadopoulos 和 Heslop, 2002；Kotler 和 Gertner, 2002；Jun 和 Choi, 2007）,其被认为是来自与国家有关的产品联想（Pappu、Quester 和 Cooksey, 2007）,但我认为二者存在区分的必要,国家形象是国家品牌资产的组成要素,而不是与国家品牌资产等同的概念。

2010 年年初,我准备申报国家自然科学基金面上项目"国家认同、国家品牌资产与'中国制造'态度评价:重大活动的影响机制"（批准号 71072152）时,对国际上各大数据库进行了全面检索,当时只有数篇期刊文献聚焦于国家品牌资产（Shimp、Saeed 和 Thomas, 1993；Papadopoulos 和 Heslop, 2002；Maheswaran 和 Chen, 2006；Zeugner-Roth、Diamantopoulos 和 Montesinos, 2008）。与通常的品牌资产类似,研究者们意识到了国家品牌资产是产品或品牌因与国家名字关联而产生的附加值,但究竟如何界定和测量,当时尚处于初创阶段。就国内研究状况而言,来源国效应的问题得到了较多关注（例如,符国群和佟学英,2003；金镛准、李东进和朴世恒,2006）,国家形象的实证研究则刚刚开始（李东进等,2008）,国家品牌资产构念在 2010 年前后还未被关注。

Shimp、Saeed 和 Thomas（1993）提出"国家资产"（country equity）概念,他们认为,该术语是一个更准确的思考国家形象的方式,它既可以具有光环构念（halo construct）的作用,也可以具有总括构念（summary construct）的作用（Han,1989）。这个概念厘清和分解了包含在一个品牌中的资产（即常规的品牌资产）,以及这个品牌因与国家所联结而蕴涵的资产。在他们的探索性研究中,与国家关联的资产包括产品/品牌,正面/负面质量,高/低价格,以及时尚、时髦或手工艺等联想要素。Maheswaran 和 Chen（2006）则使用另一个术语"国家资产"（nation equity）,他们提出,像一般品牌一样,国家也具有与它们关联的资产,这是产品感知之外的,可能也具有情感的成分。他们的实证研究表明,国家资产可能受来自事件的偶发性情绪和代理属性影响,如果与国家关联的是负面的联想,那么这可能导致对产品的负面评价。

Caldwell 和 Freire(2004)建立"目的地品牌化"(destination branding)的二维分析框架,通过探索性研究表明,"国家"具有多样化的功能性(functionality),也应该发挥情感或表征性的品牌身份杠杆力,而"地区"和"城市"则应该更多地发挥功能性杠杆力。Anholt(2005)开发出国家品牌指数(Anholt Nation Brands Index),包括人们对一国的投资和移民、旅游、民众、文化和传统、统治和出口六大维度的感知。Passow、Fehlmann 和 Grahlow(2005)借鉴 Harris-Fombrun 声誉商数(reputation quotient,RQ)形成六维的国家声誉指数,包括情感、有形、财务、领导力、文化和社会六大方面。Dinnie(2008)提出,国家品牌资产指国家的有形和无形、内部和外部资产(或负债)。这些研究初步探明了国家品牌资产构成的基本性质,即既可能具有认知的成分,也可能具有情感的成分。但研究者彼此之间的成果和观点缺乏必要的趋同性,使得学界对国家品牌资产构成的基本看法仍停留在起步阶段。我提出并论证国家品牌资产构念在整体上按宏观、中观和微观三个层面,相应地有三种视角的界定,即独立的国家品牌资产、与产品/品牌关联的国家品牌资产以及融于品牌资产中的国家品牌资产(何佳讯,2017,第七章;何佳讯和吴漪,2020;参见本书第一章),正是在综合前人研究成果基础上的创新和发展。

另外有些研究者的研究试图探明国家品牌资产的作用性质。Zeugner-Roth、Diamantopoulos 和 Montesinos(2008)以 Yoo 和 Donthu(2001)开发的品牌资产量表为基础,提出国家品牌资产也由相应的国家品牌忠诚、国家感知质量和国家品牌意识/联想组成,他们的实证研究表明,来源国形象并不直接对消费者的产品偏好产生作用,而是通过国家品牌资产对产品偏好产生影响。这表明,在探究影响消费者产品偏好的因素中,国家品牌资产具有重要的解释力。Paswan、Kulkarni 和 Ganesh(2003)以对美国得克萨斯州四所大学的拥护意愿研究表明,学生对国家品牌的忠诚度要比对州和大学品牌的忠诚度来得更强烈和稳固。Yang 等(2008)调查美国公众对韩国的评价,发现国家声誉强烈影响民众访问该国以及购买该国产品的意愿。

由此可见,在常规的品牌资产研究的基础上,清晰地界定和分离出国家品牌资产的元素和成分,并探究它的性质以及对产品和品牌的伞状品牌化(umbrella branding)或联合品牌化(co-branding)作用机理,对中国政府在全球改变和提升"中国制造"声誉、建设国家品牌形象和软实力,具有非常重要的价值和长远的意义。这就是我后来提出微观视角的国家品牌资产(何佳讯,2017,第七章;何佳讯和吴漪,2020;参见本书第一章)、基于品牌价值观的国家品牌与企业品牌的关系(何佳讯和吴漪,2015;参见本书第七章)、品牌与国家的联结(He 和 Ge,2022;何佳讯等,2022;参见本书第十四章、第十七章)等构念和学术思想的背景基础。

相对于滞后的国家品牌资产基础性理论研究,对于如何打造国家品牌、积极管理国家声誉、赢得竞争优势这个全球化时代的现实问题(何佳讯,2017,第七章),却在市场营销领域被冠以各种概念得到了关注,例如目的地品牌化、国家品牌化(country branding,或 nation branding),以及地点营销(place marketing)(Passow、Fehlmann 和 Grahlow,2005)等。国家品牌需要把国家品牌与国家战略紧密相连,创建国家品牌身份和形象,并全方位管理国家品牌行为。"国家品牌资产"是国家品牌与国家品牌化的理论范式,它可以为国家品牌战略实践指引基本方向,并用来作为衡量和评价国家品牌战略成效的模型和工具。

如果说"独立的国家品牌资产"概念指导政府通过全球性重大活动和公共外交等路径建立和提升国家品牌资产,那么"与产品/品牌关联的国家品牌资产"概念则是指导产业和企业通过次级联想杠杆战略(营销推广)用好国家品牌资产、促进商业品牌资产,进而反过来提升国家品牌资产,而"融于品牌资产中的国家品牌资产"概念则是指导企业通过品牌定位战略实现国家品牌资产与商业品牌资产之间的相互促进和提升。后两者的基本思想体现在我之后连续申请获批的"品牌价值观的结构与融合:中国跨国公司品牌价值增值机制及全球化定位战略研究"(批准号 71372177)、"品牌与国家的联结:数字化时代新兴市场跨国公司创建全球品牌资产的新战略研究(批准号 71772066)、"全球消费者文化、国家文化资产与中国品牌战略创新的理论与实现路径研究"(批准号 72072059)这三项国家自然科学基金面上项目中。

(二) 与国家相关的消费者构念(D2)

如果"国家品牌资产"是属于商业范畴的基于品牌资产理论视角的构念,那么与此对应的还有一类与国家相关的基于心理行为的消费者构念。这类构念用于衡量作为消费者的个体差异。在实证研究中,这类构念通常用作自变量或调节变量,以解释在细分市场上消费者态度和行为差异的来源,其结果可以用于指导营销战略的制定。从已有的研究看,与国家相关的消费者构念有:爱国主义(Han,1988;Karasawa,2002;Kosterman 和 Feshbach,1989)、民族主义(Kosterman 和 Feshbach,1989)、国际主义(Karasawa,2002)、国际主义—民族主义(Levinson,1957)、消费者民族中心主义(Shimp 和 Sharma,1987)、消费者仇视主义（Jung 等，2002；Klein、Ettenson 和 Morris，1998）、地方性—世界性（Dye，1963）、世界主义（Cleveland、Laroche 和 Papadopoulos，2009；Earle 和 Cvetkovich，1997；Jain 和 Etgar，1977；Jennings，1967）、文化世界主义（Robinson 和 Zill，1997）。

与上述这些构念不同，我于 2010 年获批主持的国家自然科学基金面上项目"国家认同、国家品牌资产与'中国制造'态度评价：重大活动的影响机制"（批准号 71072152）重点研究国家认同（national identity，亦可译为民族认同、国家身份）（Keillor 等，1996）。这个构念建立在文化的基本元素（宗教、历史、习俗和社会制度）之上，是"在国家边界内把亚文化联结在一起""带来国民身份的感受"（Keillor 和 Hult，1999）。其主要成分包括信念结构（belief structure）、民族传统（national heritage）、文化同一性（cultrual homogeneity）和消费者民族中心主义（consumer ethnocentrism）等四大方面（Cui 和 Adams，2002；Keillor 和 Hult，1999；Keillor 等，1996）。

我认为，在全球化环境中衡量消费者的基本文化心态（杨学功，2003）、探究消费者如何对待本国货和外国产品的基本动因上，这个构念比传统的"消费者民族中心主义"（Netemeyer、Durvasula 和 Lichtenstein，1991；Shimp 和 Sharma，1987；Sharma、Shimp 和 Shin，1995）更基础、更完整，是对后者研究的推进和深入。2010 年年初，我准备申请国家课题，对国内外文献进行了全面检索，发现在市场营销学领域，以中国为对象的"国家认同"相关研究还没有出现；而就"消费者民族中心主义"（或国货意识）构念在国内的研究而言，对它能否解释本土品牌偏好的问题还存在不同的结论。在加入品牌特性这个自变量后，消费者民族中心主义并不对本土品牌态度和行为产生显著影响（庄贵军、周南和周连喜，2006）；对于组织市场，也有研究表明消费者民族中心主义并不影响产品评价（李东进、周荣海和安钟石，2007）。

市场营销学领域的"国家（地区）认同"研究具有两大基本理论意义与应用价值。第一，是进行跨国（区域）、跨文化比较，为跨国企业进入各国（地区）市场、建立合适的营销战略和战术提供基本依据。早在 Dunn（1976）的调查研究中，就指出西欧消费者的国家（地区）认同感在上升和复活，因此对于美国企业而言，需要更快地调整过分标准化的营销战略。这方面的代表性研究有：Phau 和 Chan（2003）对东亚四个市场（韩国、中国台湾地区、泰国和新加坡）的比较研究；Keillor 和 Hult（1999）对美国、墨西哥、日本、瑞典和中国香港地区的比较研究；Cui 和 Adams（2002）对也门的调查研究等。此外，Steenkamp 和 Geyskens

(2006)以网站为研究对象进行跨国(23个国家)调查,发现对"国家认同"高的国家的消费者,对网站与他们自身之间的文化一致性给予了更高的关注。这表明国家认同具有调节作用。

第二,是在经历重大社会和经济转型的国家内,对不同世代(经历不同时代)的族群进行比较研究,如 Thelen 和 Honeycutt (2004)对俄罗斯两代人(苏联人和当代俄罗斯人)的国家认同进行比较研究,发现国家认同各成分对总体国家认同的强度是不同的。这对营销者选择重要的国家认同要素、针对同一国家内不同世代的群体开展营销战略具有实际指引价值。在 2010 年我申请国家课题的阶段,国家认同的因子结构在跨文化之间并不稳定和等同,而且还没有针对中国的基础性调查诊断和研究。另外,更深入地结合"国家认同"与其他营销概念(变量)的关系研究、揭示"国家认同"独特作用的研究还很鲜见(例如,Steenkamp 和 Geyskens,2006)。这意味着市场营销学领域的"国家认同"研究当时还处于开创性阶段。由于"国家认同"具有新的内涵,因此如果与"消费者民族中心主义""世界主义""爱国主义"等相结合,可以为更深入的国际或国内市场细分提供更有效的视角和工具。[①]

上述设想在课题开展过程中得到了验证。在实证研究中,我选取 Keillor 等(1996)建立国家认同测量中的两个维度(民族传统和文化同一性),形成文化认同构念,把它与消费者民族中心主义放在一起,以中国五大城市的消费者调查为样本,探讨这两者不同的潜在机制。结果表明,在品牌资产作为自变量的情况下,文化认同既能促进消费者对国产品牌的偏好,也能促进消费者对国产品牌的购买。而消费者民族中心主义不能预测消费者对国产品牌的偏好,它对进口品牌的相对偏好有负面影响,但对进口品牌的实际购买没有影响(He 和 Wang,2015)。在后续的研究中,我们又采用这两个变量,对中国六大城市的消费者进行调查,验证它们对于消费者层面和城市层面细分市场的有效性(何佳讯,2017;参见本书第十一章)。

上述的研究结论给中国企业带来了新的营销战略思路,即要激发消费者的文化认同而非民族中心主义心理,体现文化软实力的"中国元素"应用是重要方向,因为它对应于激发消费者文化认同的策略。这个管理含义又启发我开展"中国元素"研究(He 和 Wang,2017;何佳讯、吴漪和谢润琦,2014;参见本书

---

① 基于学术论文成果(He 和 Wang,2015;何佳讯等,2017),我在发表的文章"Culture a big factor in branding campaigns"中提到,文化认同时代已经来临,文化软实力在实现中国企业品牌全球化过程中具有核心地位。

第十二章）。这个概念支撑我于 2017 年获批主持国家自然科学基金面上项目"品牌与国家的联结：数字化时代新兴市场跨国公司创建全球品牌资产的新战略研究（批准号 71772066）（研究内容二：融于品牌资产中的国家资产）。事实上，在 2010 年获批的国家课题申请书中，我已经有了这样的想法，当时的文本表述是这样的：站在建立国家品牌资产、开展国家品牌战略的角度，"国家认同"研究亦具有基础性需要和作用。"国家认同"与"国家文化"紧密相连，而文化通常是品牌化的重要元素（Kubacki 和 Skinner，2006）。因此，通过探究对"国家认同"感受具有积极作用的国家文化元素，可以清晰地识别国家品牌的精髓，并通过对国家文化进行传播的方式为建立国家品牌作出贡献。

（三）国家层面的品牌战略（D3）

所谓国家层面的品牌战略是指品牌战略要体现国家战略，并服务于国家战略，引领推动供需结构升级和高质量发展。从近十年的国家战略看，基本上有两个方面：一是从文化软实力的角度，就是要实现从品牌功能和利益定位迈向品牌价值观定位，侧重国家文化资产提升品牌附加值；二是从科技创新的角度，就是要实现从商业模式驱动品牌创建迈向科技创新驱动品牌创建（何佳讯，2023），侧重国家技术资产提升品牌产品价值（何佳讯、刘世洁和张倩，2023）。两者的结合就是科技人文双元驱动国家级品牌地位的战略。[①] 我于 2013 年获批主持的国家自然科学基金面上项目"品牌价值观的结构与融合：中国跨国公司品牌价值增值机制及全球化定位战略研究"（批准号 71372177）主要研究前者的问题。

品牌价值观是把人类价值观作为品牌概念的表征（Torelli 等，2012），从而使品牌具有文化象征意义。它可以帮助品牌进行定位，让品牌具有产品之外的附加价值，消费者会对其产生品牌联想信念，因此成为基于消费者的品牌资产来源。在探究品牌资产来源的问题上，学术界形成了认知视角和关系视角两条

[①]　有关科技创新驱动品牌创建的思想，在我组织主办的"2021 第六届中国品牌科学与应用论坛暨全球品牌战略国际研讨会"（华东师范大学，2021 年 12 月）上，被作为年度主题："国家创新与科技品牌战略"。后在我组织主办的"2023 第七届中国品牌日特别论坛"（中国高等院校市场学研究会、华东师范大学、新华社中国名牌杂志社、科特勒咨询集团联合主办，2023 年 5 月）上，再次以"科技品牌战略推动高质量发展"为题被确定为年度主题。在此期间，我还应中国高等院校市场学研究会邀请，撰写特别文章《中国品牌日七周年，科技创新进步造就下一代品牌》，后以《科技创新进步造就下一代品牌》为题发表于新华社客户端。2023 年 5 月下旬，我接受《解放日报》记者柳森专访，访谈文章《下一代品牌的制胜之道》发表于《解放日报》（5 月 29 日）。我的核心思想是，传统上以文化资产建立品牌附加值的理论在科技创新时代存在明显的局限性；科技创新驱动产品价值，改变了品牌价值结构。与此同时，科技文化作为新的文化形态，贡献于品牌附加值的建立和发展。两者的结合，就是科技人文双元驱动的品牌战略。

路线。它们的基本差异在于,认知视角的研究以认知心理学为理论基础,关系视角则以社会心理学为理论基础,两者对品牌资产具有不同的解释能力和应用场景(何佳讯,2006a)。从理论基础的角度看,品牌价值观研究归属于关系视角的品牌资产范畴,是消费者—品牌关系理论(Fournier, 1998)的新拓展。

关系视角的研究路线基于两种基本假设:一是把品牌"作为人的品牌"(Aaker, 1996, p.83),即品牌人格化;二是把品牌作为组织的品牌(Aaker, 1996, p.82)。在这个假设下,两大方向的经典成果形成了。一是把人格用在品牌上,即品牌个性。Aaker(1997)开创性地发展了品牌个性量表,也进行了跨文化的研究(Aaker、Benet-Martínez 和 Garolera, 2001)。二是把人际关系隐喻用在消费者与品牌的相互作用上,把品牌作为关系伙伴(brand-as-relationship parter, BARP)(Fournier, 1994, p.14),即形成消费者—品牌关系。

品牌价值观是品牌人格化隐喻下的全新视角,目前有关研究尚处于起步阶段。虽然对品牌象征意义的认识由来已久(Levy, 1959),文化价值观维度与品牌的关系也有很多研究(参见 Gupta、Winkel 和 Peracchio, 2009, p.234,表 12.1),但直接把文化价值观内蕴于品牌之中,成为品牌的抽象性概念,正是全新的开始(Torelli 等, 2012;Torelli、Monga 和 Kaikati, 2012;Zhang, 2008)。品牌概念是"由企业选定的、来源于消费者需要(功能性、象征性和体验性)的品牌内涵"(Park、Jaworski 和 MacInnis, 1986)。基于品牌概念,企业制定定位战略,并通过营销组合实施定位战略。品牌价值观是把人类价值观作为品牌的象征性概念。从消费者的角度看,品牌价值观体现的象征意义可以帮助消费者构建身份认同(Torelli、Keh 和 Chiu, 2010),消费者通过与体现他们所崇尚的观念的品牌产生密切联系,帮助他们表达其想要的自我(Holt, 2004)。如果品牌价值观与消费者看重的价值观一致,那么可以增强购买决策的信心,从而为其提供价值(Aaker, 1991)。从企业的角度看,选择合适的品牌价值观,可以帮助其建立品牌形象和定位,成为品牌资产的来源(Keller, 1998),带来产品之外的附加值,为企业提供价值(Aaker, 1991)。

由于国家文化的差异,来自不同国家的品牌在折射国家的象征性方面也存在相应的差异。例如,Torelli、Keh 和 Chiu(2010)的调查表明,福特、可口可乐和耐克等美国品牌被消费者广泛地看作能够代表美国的象征。那么,到底哪些品牌价值观维度能够全面地反映不同文化体中的品牌象征意义?来自不同文化体的品牌价值观维度有何异同?它们对不同文化体中消费者的品牌态度和行为具有什么样的影响作用?这些问题的回答对全球品牌如何采用一致性的文化象征价值进行全球定位,以提高品牌强度,或者如何结合本土文化象征价值进行差异化的定位,以提高当地市场对品牌的接受度,都具有基础性的战略性管理启示。特别地,这种作用对于走向全球的中国品牌如何在西方发达国家市场有效地建立品牌形象、提高品牌地位和声誉,如何在本国市场增强对外国品牌的竞争力,都显得尤为迫切和重要。需要指出的是,Torelli 及其合作者(Torelli 等, 2012; Torelli、Monga 和 Kaikati, 2012)在把人类价值观作为品牌概念的象征性方面作出了开创性的理论贡献。但是在实践中,品牌通常不会纯粹使用最高层的人类(文化)价值观进行定位,因此人类价值观如何转化于品牌定位的情境中,有许多问题需要深入研究。

我主张将品牌附加值塑造建立在中国核心文化价值观的根基之上,即把源于中国文化价值观的概念作为品牌概念定位元素,以在全球市场建立品牌的差异化。但是,在全球化过程中,中国品牌还必须考虑以西方文化为核心的全球消费文化概念定位(Alden、Steenkamp 和 Batra, 1999)的使用问题。因为"现在的品牌根本性地渗入了全球消费者文化的成分"(Cayla 和 Arnould, 2008)。Torelli 及其合作者的研究(Torelli 等, 2012; Torelli、Monga 和 Kaikati, 2012)已表明,以人类价值观作为品牌概念,不同价值观之间存在意义融合或不融合的情况会增加或降低消费者对品牌的评价。那么,中国品牌如何在西方市场上选择合适的品牌价值观? 如何兼容东西方文化价值观进行概念定位,如何兼容国家文化价值观与全球消费文化概念? 这正是值得研究的重要问题。Arnett(2002)指出,西方价值观建立在个人主义、自由市场经济和民主基础上,也包括选择的自由、个人权利、对变革的开放性以及容忍差异,这些价值观主导了全球文化,部分是因为这些价值观在西方特别是美国有效地提供了全球化背后的驱动能量。我主持该项国家课题的意图在于,深入地思考和探索如何通过品牌这个有效的文化载体提高中国文化价值观在全球商业世界中的影响力,分析和验证其实际效果。

在本书第七章中,我基于 Schwartz 和 Boehnke(2004)的人类通用价值观框架,引入"品牌价值观"构念,通过三个系列研究证明以中国人的价值观建立中国品牌概念的有效性。研究一表明,"中国"作为国家品牌,蕴含了与中国文化一致的品牌价值观,但在发达国家、欠发达国家,以及本国消费者心目中存在一些维度上的差异;研究二表明,中国企业的品牌蕴含了与国家品牌较为一致的价值观,但对于国际化品牌与非国际化品牌存在一些差异;研究三表明,美国消费者对中国企业的全球化品牌"联想"和"海尔"所感知到的价值观主要为"安全"维度,但两者也存在一些个体上的差异。总体研究表明,"中国"作为国家品牌与中国企业的品牌在价值观方面存在密切的联系。这意味着,对于走向全球的中国品牌,运用中国文化资源进行品牌概念塑造,是建立起全球品牌定位的重要战略方向。

(四)全球品牌化(D4)

在实务界,全球品牌所具有的不可估量的价值早已被品牌经理们所认识,但其创建与维护也面临诸多困难(Shocker、Srivastava 和 Ruekert, 1994)。在学术界,从 2000 年前后开始,全球品牌化开始变为一个重要的课题,但总体上实证研究还相当有限(Özsomer 和 Altaras, 2008),在全球文化背景下进行品牌化研究还未得到足够重视(Cayla 和 Arnould, 2008)。

一般地,在国际市场上广泛可得并且在世界上具有高认知度的品牌被称为全球品牌(Dimofte、Johansson 和 Ronkainen, 2008; Dimofte、Johansson 和 Bagozzi, 2010)。在学术界,对全球品牌的定义首先来自营销标准化的有关研究。从这个角度出发,全球品牌被定义为在大多数市场中使用相同的品牌名称、定位战略和营销组合。但事实上,对全球品牌如何标准化并没有达成共识。新的倾向是根据消费者感知对全球品牌进行定义(Alden、Steenkamp 和 Batra, 2006; Batra 等, 2000; Hsieh, 2002)。所谓全球品牌的"全球",是品牌被消费者感知为全球性的程度。这个定义以 Steenkamp、Batra 和 Alden(2003)提出的品牌全球性感知(perceived brand globalness, PBG)构念为基础,认为消费者对这种"全球"的感知能够这样形成,即当消费者相信品牌在多个国家销售并且在这些国家中总体上被认为是全球的。这个定义基本上认同全球品牌是一个认知构念,不同个体的评价存在差异(Dimofte、Johansson 和 Bagozzi, 2010)。这样,全球品牌的有关跨市场标准化程度的界定就转变为品牌"全球性"(globalness,或 globality)程度的衡量。这个定义有两点需要注意:第一,它不以标准化为前提;第二,全球品牌总蕴含了某种程度的标准化的成分。

从基于消费者的品牌资产角度(Keller, 1993)出发,研究者们探究"全球品牌维度",以反映消费者偏好全球品牌的原因,揭示全球品牌区别于其他品牌(如本土品牌)的主要特征,探明全球品牌资产构成的来源。在我申报国家自然科学基金面上项目"品牌价值观的结构与融合:中国跨国公司品牌价值增值机制及全球化定位战略研究"(批准号 71372177)的准备阶段,当时的研究主要是从品牌联想和信念这一角度展开的,尽管总体成果还相当有限,但普遍意义(universal relevance)、品牌感知全球性(全球神话、全球形象)、标准化、尊重度、高质量、声望和社会责任等成为全球品牌突出的联想维度和研究主题（Özsomer 和 Altaras，2008；Özsomer，2012）。那么，全球品牌是否存在广泛的文化价值观联想？哪些文化价值观更易成为品牌全球性的维度？哪些扎根于中国文化的品牌价值观易被西方市场消费者接受？这些问题的探究可以深化"全球品牌维度"研究。

从品牌资产的角度看（Aaker，1991；Keller，1993），品牌全球化是有关品牌在全球范围内对其品牌资产进行创建、测量与管理的问题。传统的品牌资产研究通常是在一个国家内进行的，或者不考虑跨国品牌资产评价产生的差异。但全球品牌资产涉及跨越国界的消费者对同一品牌的评价存在差异的问题。这种差异在发达国家与发展中国家、西方文化与东方文化国家尤其明显（例如，Strizhakova、Coulter 和 Price，2011；Madden、Roth 和 Dillon，2012；Eisingerich 和 Rubera，2010）。有很多研究对此提供了有力证据。例如，Lehmann、Keller 和 Farley（2008）的研究表明，品牌评价随国家、品类和品牌而发生变化。在这三个因素中，国家解释了 1.65% 的最大方差。

探究为什么国家特征差异对品牌评价造成影响，我从属性或利益的重要性因国家而异（Keller，1998；Hsieh，2004；Shocker、Srivastava 和 Ruekert，1994）的角度进行分析，再以信号理论对文化的作用给予解释。Hsieh（2004）的研究发现，品牌诉求（利益联想）的有效性因国家而异。例如，宝马的感觉诉求（刺激、驾驶乐趣）在日本、法国、德国等国并没有影响，燃油经济性仅对墨西哥和俄罗斯消费者有效。这个研究结果与 Keller（1998）提出的观点一致：品牌资产的构成随国家不同而不同，其来源按照属性重要性而发生变化。针对这一问题，Fischer、Völckner 和 Sattler（2010）提出了一个消费者导向的创新构念——"品类中的品牌相关性"（brand relevance in category，BRiC），以测量消费者决策中品牌作用的差异，揭示品牌重要性如何因国家和品类而异。

对于品牌重要性为什么存在国家差异，Erdem、Swait 和 Valenzuela（2006）以文化因素影响品牌信号作用的差异进行了解释，并开展了跨国调研。研究表明，对集体主义或不确定性避免评价高的消费者而言，品牌可靠性对选择的正面影响更大。这是由于对集体主义消费者而言，可靠的品牌提供了更大的价值，因为消费者会对这些品牌感知到高质量（即加强了群体认同）；对不确定性避免评价高的消费者而言，则因为可靠的品牌具有更低的感知风险和信息成本。Strizhakova、Coulter 和 Price（2011）的研究表明，在发达国家（美国与英国），消费者把使用全球品牌作为自我认同信号，这成为全球公民信念与品牌重要性的中介影响因素;而在发展中国家(俄罗斯),消费者把使用全球品牌既作为质量信号也作为自我身份信号,这也成为全球公民信念与品牌重要性的中介影响因素。这再次表明,在发达国家与发展中国家,驱动品牌重要性的影响机制存在差异。

除了上述文化对品牌信号作用差异的解释,Eckhardt 和 Houston(2002)还提出了本国文化嵌入的影响。他们以麦当劳为例,通过情景完成法在上海对三个群体的被试进行访谈研究表明,由于人们在不同情境中的社会规范和价值观不同,因此不同群体对同一品牌麦当劳产生了并不一致的评价。从文化的角度看,这种跨国评价差异的原因可用 Levy(1959)的观点进行解释:品牌不仅反映了营销者希望植入的形象,还折射了它所嵌入的文化环境。如果这种环境与品牌来源国的社会环境不同,品牌就会表征一些意想不到的思想或价值观。

上述内容是我申请国家自然科学基金面上项目"品牌价值观的结构与融合:中国跨国公司品牌价值增值机制及全球化定位战略研究"(批准号 71372177)所撰写的部分基础性文字。之后,我完成了篇幅较长的全球品牌化研究综述(何佳讯,2013b;参见本书第五章),提炼出全球品牌化研究的核心板块,除全球品牌认识演进之外,有关全球品牌定位和全球品牌资产的内容是重点。[①] 在该文中,我还梳理了与全球化相关的影响全球品牌态度的若干重要构念,这方面的研究与前述"(二)与国家相关的消费者构念(D2)"是对应的关系。应当说,我的工作是通过对国际上有关全球品牌化学术研究成果的系统梳理,开创并推动国内研究者重视全球品牌化研究。在数字化和全球化交融互促的环境中,全球品牌化应该是品牌与品牌化理论和战略品牌管理的基本构成(何佳讯,2021)。国家层面的品牌战略与全球品牌化并不是独立的;相反,它们相互影响,彼此交织在一起。拥有国家级品牌地位以及实现全球化,是中国领先跨国企业共同的终极性目标。这正是我把全球品牌化作为国家品牌战略六大理论维度之一的思想根源。

(五)品牌与国家的联结(D5)

"把国家作为品牌"[包括国家品牌资产(D1)和与国家相关的消费者构念研究(D2)]与"国家层面的品牌战略升级"[包括国家层面的品牌战略(D3)和

---

① 后续有关全球品牌化分支领域的研究回顾,可参见,吴漪、何佳讯,2017,《全球品牌资产:概念、测量与影响因素》,《外国经济与管理》第 1 期,第 29—41、67 页;黄海洋、何佳讯,2022,《全球消费者文化研究:进展、评述与展望》,《外国经济与管理》第 5 期,第 98—113 页;吴漪、何佳讯,2023,《消费者全球—本土认同:基于消费文化和公民社群双元视角的研究述评》,《外国经济与管理》第 4 期,第 88—103 页。

全球品牌化（D4）］，将这两大研究领域相结合就是想探究品牌与国家之间的相互影响关系，其核心概念就是我提出的"品牌与国家的联结"。这个构念是基于客观存在的、不同于西方国家历史的实践基础。在传统上，西方企业是在本土获得核心竞争优势后进行海外拓展，而中国企业是通过全球化获取资源和能力，包括自然资源、品牌和技术研发能力，并应用于国内市场（陈威如等，2017）。因此，中国企业品牌全球化反过来影响国家形象和声誉，进而改变通常意义上的发展中国家的来源国效应。

　　我在撰写国家自然科学基金面上项目"品牌与国家的联结：数字化时代新兴市场跨国公司创建全球品牌资产的新战略研究"（批准号 71772066）的申请书中，就该课题的理论意义概括了四大方面，分别是：预期"品牌与国家的联结"将成为继"来源国""国家品牌""品牌文化象征性"等之后的又一个探究品牌资产及全球品牌化相关理论的重要构念；为以往有关"国家形象/国家品牌"与"全球品牌化"这两个研究分支找到了联结点；为数字化驱动的全球品牌提供了颠覆性的思考命题，即经典的来源国效应是否还可以解释这类品牌在国外市场的态度与行为？为商业品牌与国家品牌之间的相互影响关系找到了联结点。在申请书中，我对国内外研究进行了全面的回顾，以四大板块进行：品牌与国家的联结的理论基础及相关研究述评；融于品牌资产中的国家资产与品牌全球化相关研究述评；数字化驱动的品牌全球化与国家的联结相关研究述评；品牌与国家的联结与全球品牌资产关系的相关研究述评。现有成果表明，在这些板块各自领域以及它们的联结部分，都存在研究的突破口以及创新空间。

　　作为该项国家课题的核心研究内容，我在申请书中建立了"品牌与国家的联结"构念，并把它定义为"商业品牌与该品牌的来源国之间产生关联性与对其代表性的程度"。这个定义中包含了两个基本的联想维度：一是从品牌到国家的定向联想的强度，即提到某品牌，联想到哪个国家的可能性程度。我们可以称之为来源国特征优势（origin characteristics dominance），这反映在定义中的"关联性"概念上。二是从国家到品牌的定向联想的强度，即提到某个国家，联想到哪些品牌的可能性程度。我们可以称之为国家级地位优势（nation-level status dominance），这反映在定义中的"代表性"概念上。这两个维度的结合，就形成了不同品牌与国家的联结度的四类品牌。① 具体内容参见本书第十七章。

―――――――――――――

　　① 我在项目申请书（批准号 71772066）中所制作的品牌与国家的联结的两维矩阵图后发表于 He 和 Ge（2022）中。这里我对此进行了进一步思考，两维矩阵不变，但对四类典型品牌的提法和界定进行了修改。

　　截至本书出版,我在品牌与国家的联结方面已取得多项研究成果。作为基础性的核心成果,是在定义品牌与国家的联结构念的基础上,开发并验证了相应的测量,量表包括"从国家联想到品牌"的维度和"从品牌联想到国家"的维度,共八个测项(He 和 Ge,2022;参见本书第十七章);此外,我们还探究了品牌与国家的联结转化为品牌可能价值的中介机制,包括品牌能力与品牌温暖(何佳讯等,2022)、国家文化资产和国家技术资产(何佳讯、刘世洁和张倩,2023)、感知品牌全球性(何佳讯和胡静怡,2023)等。在这些研究中,我们也在理论网络中探究了"从国家联想到品牌"与"从品牌联想到国家"这两个维度的性质差异。

　　在实践应用上,采用我开发的品牌与国家的联结测量,我们在全国范围内进行了大样本消费者数据收集,并连续三年发布国家冠军品牌指标榜。三年的结果显示,华为始终名列榜首,而茅台始终位居前三。这两个品牌可以说是当前拥有国家级品牌地位的最杰出代表,分别对应于科技驱动和人文驱动的品牌战略模式。除了将全国范围的样本数据用于国家级地位品牌的排行计算,我们还从管理含义方面对数据进行了各种分析和预测,得到的战略启示有:第一,真正强大的品牌是全能冠军;第二,品牌的国家级地位是赢得持续竞争力的重要基础;第三,科技主导有力支撑品牌的国家级地位;第四,品牌发展的主流方向是开拓全国性市场;第五,赢得主流消费群体是建立品牌强度的铁律。

（六）国家文化资产(D6)

　　上述五大维度的研究先后受三项国家自然科学基金面上项目支持,经历了整整十年时间。在这十年间,中国政府的"一带一路"倡议、以华为为代表的中国领先跨国企业的品牌全球化、天生全球基因(born globals)的平台企业品牌的快速成长、大量出海品牌(Chinese global brand builders)以数字化实现跨境营销等,整体上推动中国品牌全球化进入新的历史阶段。然而 2020 年,以全球性新型冠状病毒肺炎疫情引发对世界经济和社会的重大影响为标志,社会舆论对国家力量与互利共赢全球化的关系有了新的趋势观察,表露出普遍的担忧与全球化重构的观点(Allen 等,2020)。这个宏观环境的关键变化,促发我在这十年研究的基础上思考新的研究课题。

　　在这样的历史时刻,中国政府提出的"推动构建人类命运共同体"彰显了特别重要的价值。新的动向和背景赋予了在中国品牌全球化研究领域,我们要解决重要科学问题的新思路和新价值取向,即在中国领先企业的品牌战略实践中,以国家和民族为基础的本国文化如何融于消费者认知中的全球消费者文化,从而在国内外市场获得更高的消费者评价,进而提升品牌战略的有效性? 具体来说,就是要研究在世界市场范围内的中国品牌定位如何结合国家文化资产和全球消费者文化定位,使两者协调融合,发挥出更大效力。在以往的全球品牌与品牌全球化研究中,研究者们主要聚焦于品牌的母国和东道国这两种不同国家文化之间的问题(Chiu 和 Letty, 2016; Morris、Chiu 和 Liu, 2015),而探讨以中国为新兴市场的母国文化融入全球消费者文化问题的研究还未涉及。

在上述新问题的背后,蕴含了驱动相关学术问题和课题研究的新方向:一是从以立足于东西方文化差异的品牌文化混搭研究(Chiu 等, 2009; Hao 等, 2016; Torelli 和 Ahluwalia, 2012; Yang、Chen 和 Xu, 2016),转向品牌蕴含的中国文化如何融于全球消费者文化定位的研究,这将为中国文化的世界性贡献打开新的视野;二是从西方的全球品牌通过中国元素策略从而赢取中国市场的研究视角,转向中国品牌蕴含国家文化资产,进而通过品牌全球化为中国文化提升世界性软实力的研究,这为理解中国品牌全球化战略的贡献打开了新的思路;三是从以坚守和传承中国文化固有形式和表现的立场所开展的研究,转向在全球消费者文化背景下通过创新性路径和方式实现国家文件资产新价值的研究,这为中国元素的现代性价值指引了基本方向。

上述这三个"转向"是我在 2020 年年初申请撰写国家自然科学基金面上项目"全球消费者文化、国家文化资产与中国品牌战略创新的理论与实现路径研究"(批准号 72072059)时的基本思路。围绕三个"转向",该课题确定了三大研究问题:第一,内蕴于品牌中的国家文化资产如何融于全球消费者文化定位? 第二,中国品牌如何通过蕴含国家文化资产提升世界性竞争力? 第三,国家文化资产如何通过体现品牌酷感的创新性路径和方式提升市场成效? 对上述三大问题的研究,最终是为了回答:在当前新的全球化环境发展趋势下,中国领先企业的品牌战略如何以"融合"为新的价值理念和战略思路,有效融合国家文化资产和全球消费者文化定位,通过创新性战略设计和实施,为中国品牌赢取世界市场范围的竞争力。

该课题试图以当前国家力量与全球化的关系出现新发展趋势为基本背景,以中国品牌战略创新实现世界市场范围竞争力为基本问题,在全球品牌和品牌全球化理论范畴内,具体结合全球消费者文化、品牌文化资产理论,开展回答上述三大问题的研究,为推进当前大环境下品牌化实践的重要变革、促发理论的创新作出贡献。在项目申请书中,我重点阐述了理论方面的重要意义。

第一,为全球消费者文化的理论发展提供来自新兴市场的证据。在理论上,全球消费者文化(global consumer culture)是全球品牌化研究领域的关键构念(Alden、Steenkamp 和 Batra,1999;何佳讯,2013b)。中国强劲的数字经济和丰富的文化资产为全球品牌化研究注入了全新的活力和有别于西方的实践背景。但总体上,这个学术领域的成果以来自中国市场为背景的研究贡献还极为稀少。经历二十年的发展,全球消费者文化理论处于新的历史发展时期,迫切需要理论突破口。比如,我们还是以单一的全球消费者文化为主导,还是发展类似全球青年消费者文化、全球精英消费者文化的理论(Steenkamp,2019)。事实上,迄今为止,有关成果并没有在对全球消费者文化内涵(Steenkamp,2019)存在趋同理解的基础上,回答全球消费者文化的外延是什么,即它的具体文化构成有哪些。该课题以国家文化资产融于全球消费者文化为理论出发点,即作出全球消费者文化来自东方文化、新兴市场和转型经济体的贡献。

第二,为品牌文化资产理论发展提供来自中国品牌实践的证据。我对品牌与品牌化理论研究的发展回顾表明,品牌文化、文化品牌化、品牌与消费文化等领域形成了显著的研究成果,也成为消费者导向的品牌理论研究的一个派生分支(何佳讯,2016;何佳讯和胡颖琳,2010)。文化意义是品牌附加值的来源,因此成为理解品牌的逻辑和建立品牌的基本手段。但是,如全球消费者文化的实际外延并未得到有效阐明一样,品牌文化意义的具体构成究竟如何,也并未在东西方文化背景下得到实际检验。近年来,Batra(2019)提出了 22 个类别构成的具体品牌意义测项,为品牌意义在世界范围内开展研究提供了重要基础。而 Torelli(2013)提出的文化资产构念则把品牌文化研究推进到基于消费者的品牌资产(Keller,1993)理论范畴内,为如何开展测量和进行管理提供了重要指引。该课题立足中国的国家文化资产研究,力图为这个领域贡献基础性的理论成果。

第三,为跨文化消费心理和文化混搭理论提供新的理论思想。长期以来,在国际营销和全球营销领域,存在"标准化和适应性"(Theodosiou 和 Leonidou,2003)以及"全球化与本土化"的争论,学者们提出了从全球标准化到本国当地化的两极以及介于两者之间的各种混合的战略选择(Douglas 和 Craig,2011;Ritzer,2003;Shocker、Srivastava 和 Ruekert,1994),直至 Steenkamp(2017)提出全球整合(global integration),即跨国营销组合活动的协调程度,也未涉及不同文化之间有关意义融合的思考;在跨文化心理学领域,有关文化混搭(culture mixing)的研究(Chiu 等,2009;Hao 等,2016)已有较多成果,但强调的是两种不同文化在同一时空出现所带来的双文化呈现效应,并未考虑文化意义的融合;Torelli 等(2012)使用人类价值观表征品牌概念时,其原理是根据 Schwartz

和 Boehnke（2004）所发展的人类价值观框架的高阶维度，如果两种概念所表征的价值观处于圆环正交对立位置则相互排斥，处于相邻位置则为相互兼容。这未考虑文化意义之间实际存在的融合性。事实上，文化的融合并非要求两种文化的一致或相同，而是协调、和谐和兼容。这是我主张的重要观点。在该课题中，我建立了"文化融合性"构念的新内涵，把理论思想从混搭（mixing）、整合（integration），发展到融合（compatibility）。

Torelli（2013）提出"文化资产"（cultural equity）构念，并将其定义为品牌文化象征意义引发消费者对该品牌的营销产生独特且积极的反应，同时还概括了产生文化资产的四个重要维度，即文化象征意义的重要构成，包括来源国联想、全球联想、抽象的文化特征和文化权威等四大方面。新近研究（Torelli、Oh 和 Stoner，2021）修改了文化象征意义的构成，把文化资产的品牌知识概括为三个方面，具体是与核心文化概念的关联性、抽象文化形象的体现以及文化知识网络中的嵌入性。文化资产的定义和文化象征意义的构成体现了文化群体的范畴，并不对应于国家文化体层面。我在此基础上明确界定国家文化资产构念，并把它定义为：来源于特定国家的文化传统，或在现代社会发展过程中产生的与该国文化紧密联系的符号、精神内涵或实物，其文化象征意义引发消费者对品牌的营销活动产生独特且积极的反应。需要指出的是，我与 Torelli（2013）以及 Torelli、Oh 和 Stoner（2021）研究的出发点和目标不同，他们基于文化品牌化和文化象征品牌的理论基础，研究目标指向建立标志性品牌（iconic brands）；而我是基于国家品牌资产新理论（何佳讯和吴漪，2020；He、Wang 和 Wu，2021），研究目标指向国家品牌战略。国家文化资产是对微观层面国家品牌资产构念的具体化研究。在本书稿交付出版之际，该课题的研究还在进行之中。

本书共分前言、基础理论篇（第一章至第六章）、实证研究篇（第七章至第十四章）、应用评估篇（第十五章至第十八章）、后记等部分，从前言提出"国家品牌战略"的新定义、六维理论架构到第一章建立最基础的理论新构念"国家品牌资产"开始，中间包含了篇幅最长的实证研究部分，再到评估国家级地位品牌的新测量工具、总结提出新时代国家品牌战略的十大建议结束。之所以采用这样的结构安排，是试图体现我创立国家品牌战略研究的学术倾向：以发展的眼光和面向未来的远见、严谨的科学方法和持久的研究投入，支撑新理论思想体系的先进性力量，实现服务于国家战略需求的长远价值。

基础理论篇

实证研究篇

应用评估篇

基础理论篇

●
●
●

第一章

国家品牌资产：新理论架构

　　本章是基础理论篇的开始。我提出，国家品牌资产构念在整体上按宏观、中观和微观层面有三种视角的相应界定，即独立的国家品牌资产、与产品/品牌关联的国家品牌资产，以及融于品牌资产中的国家品牌资产。基于该基本框架，本章还总结了国家品牌资产的影响因素、测量方法及作用结果，并在此基础上提出了未来研究需要重视的若干方向。国家品牌资产是我研究国家品牌战略的核心构念，其新理论架构是贯穿全书章节结构的主线和脉络。

　　在全球化时代，国家的地位和声誉愈显重要，国家品牌战略的重要性不断凸显。事实上，由于国家和品牌都蕴含着深厚情感与精神内涵，因此能够在人们心中建立认同感和归属感(Olins，2002)，两者之间存在诸多相似之处(Kotler和 Gertner，2002；Caldwell 和 Freire，2004)。因此，政治领袖可以借鉴商业品牌的有效经验，把国家当作品牌来治理，使其在世界舞台上更具竞争力。例如，韩国政府在 2009 年就成立了国家品牌委员会，确立了提高国际社会贡献度、扩展尖端技术及产品、培养文化及观光产业、加强对异国联姻的多文化家庭和外国人的关怀、培养地球村公民意识等战略领域。

　　中国政府近二十年来不断进行国家营销活动的新尝试，不仅推出了以中国制造、中国形象为主题的宣传片，还相继举办了北京奥运会、上海世博会、上海进博会等，试图以政府和制度的力量引领国家层面的品牌建设与管理。2016 年 6 月 10 日，《国务院办公厅关于发挥品牌引领作用推动供需结构升级的意见》发布，要求发挥品牌在中国经济中的引领作用，推动供给结构和需求结构升级。2017 年 4 月 24 日，国务院批复同意自 2017 年起，将每年的 5 月

10 日设立为"中国品牌日"。这两个标志性事件表明,中国企业的品牌战略已上升到国家战略层面。国家品牌建设的核心是不断提升国家品牌资产,以积极影响人们的选择,积极影响外交活动,积极影响产业精英、股东和投资的走向。

第一节　国家品牌资产构念的界定

从理论上看,国家品牌资产的研究工作仍处于成长中的阶段。目前直接探讨国家品牌资产的文献比较有限,但目的地营销、来源国效应及国家形象和声誉等相关主题的研究成果可以帮助我们建立对国家品牌资产基本脉络的认识。一方面,尽管与国家品牌资产有关的文献众多(如 Kotler 和 Gertner, 2002;Zeugner-Roth、Diamantopoulos 和 Montesinos, 2008;Chu, 2013),但所涉及的研究视角和理论基础繁杂,缺乏系统的回顾,更缺少对国家品牌资产构念的直接界定;另一方面,现有研究更多地停留在采取案例分析、深度访谈等定性方法探求国家品牌资产的重要性或描述创建过程中的重要事件或节点上(如 Knott、Fyall 和 Jones, 2015),鲜少通过量化方法形成更具普适意义和操作化价值的经验规律,亟待结合更为清晰的理论视角展开探讨。

总体上,已有不少研究者借鉴商业品牌理论,从目的地营销(Kotler 和 Gertner, 2002;Papadopoulos 和 Heslop, 2002;Morgan、Annette 和 Rachel, 2002,2003)、来源国效应(Kim, 1995;Hu 和 Wang, 2010;Chu, 2013)和国家声誉(Passow、Fehlmann 和 Grahlow, 2005;Yang 等, 2008;Kang 和 Yang, 2010)等不同角度,开展了对国家品牌的研究。尽管使用的术语称谓不尽相同,但大多数研究者都将与国家相联系的价值视作一种特定的品牌资产,将其称为"国家资产"(Shimp、Saeed 和 Thomas, 1993;Maheswaran 和 Chen, 2006)、"国家品牌资产"(Zeugner-Roth、Diamantopoulos 和 Montesinos, 2008)或"来源国资产"(country-of-origin equity)(Hu 和 Wang, 2010)、"与国家相关的资产"(country-related assets)(Kim, 1995)。也有研究者从公共关系、传播学或心理学等其他领域切入,用其他构念描述国家品牌的内涵与价值,如"国家声誉"(country reputation)(Passow、Fehlmann 和 Grahlow, 2005)、"国家品牌个性"(nation/country brand personality)(Rojas-Méndez、Murphy 和 Papadopoulos, 2013)等。本章统一使用"国家品牌资产"的称谓。通过对现有相关研究的回顾,我们在整体上从

宏观、中观、微观的角度,把这一构念的界定归纳为三类(何佳讯,2017),即独立的国家品牌资产、与产品/品牌关联的国家品牌资产,以及融于品牌资产中的国家品牌资产。基本研究概况参见表1-1。

表1-1 重要文献对国家品牌资产的三类界定及应用

术语称谓(文献)	概念定义	作用对象	实践应用和代表性案例
第一类 独立的国家品牌资产			
country equity (Papadopoulos 和 Heslop, 2002, p.295)	不同目标市场对一个国家的感知中包含的价值,以及这些感知被用来提升目标市场对该国及其组成要素的兴趣的方式	与一个国家的利益相关者有关的各方面活动,如旅游、投资等	● 实践应用:国家品牌化战略目的地营销战略 ● 代表性案例:新西兰之路德国"工业4.0"
country equity (Papadopoulos 和 Heslop, 2003, p.427)	与一个国家、国家名称及其象征性意义有关的一系列资产和负债。这些资产和负债能够增加或减少该国产出物向其不同内外公众提供的价值		
country equity (Papadopoulos, 2004, p.43)	与特定地点(国家)有关的真实的或(和)被感知的资产和负债,使该国与其他国家区分开来		
第二类 与产品/品牌关联的国家品牌资产			
country brand equity (Kotler 和 Gertner, 2002, p.250)	国家名称可发挥品牌的作用,帮助消费者进行产品评价、做出购买决策。与国家名称相关的联想能够增加或减少消费者对产品的感知价值	来源于一个国家的产品或品牌整体	● 实践应用:次级联想杠杆战略 ● 代表性案例:广告:法国香奈儿标志:澳大利亚制造澳大利亚种植
country equity (Pappu、Quester 和 Cooksey, 2007, p.728)	国家资产是指来源于同一个国家的品牌共享的形象或联想		

（续表）

术语称谓（文献）	概念定义	作用对象	实践应用和代表性案例
country brand equity（Zeugner-Roth、Diamantopoulos 和 Montesinos，2008，p.583）	由个体消费者感知的、将特定国家名称与品牌或产品联系起来所产生的附加值		
country equity（Pappu 和 Quester，2010，p.279）	国家资产是一国名称给该国产品附加的价值，反映于国家知名度、宏观国家形象、微观国家形象、感知质量和国家忠诚度等维度		
Country-of-origin-based equity（Hu 和 Wang，2010，p.201）	假设与来源国相关的溢价是由国家本身而非其他因素造成的，那么它就代表了基于来源国的资产，类似于消费者产品的品牌资产概念，是指在同样性能的情况下，品牌化产品所具有的正面品牌资产，其价格弹性更小，更能实现溢价		
nation equity（Chu，2013，p.19）	与来源国有关的产品资产或其商誉		

第三类　融于品牌资产中的国家品牌资产

术语称谓（文献）	概念定义	作用对象	实践应用和代表性案例
country equity（Shimp、Saeed 和 Thomas，1993，p.328）	国家资产概念明确地把内含于品牌中的资产（即传统的品牌资产概念）同与品牌相关的、来源于国家的资产区分开来	具体的商业品牌	● 实践应用：品牌定位战略 ● 代表性案例： 名称:加拿大鹅 标志:瑞士军刀 产品（成分）:佰草集 定位:Foster 啤酒在美国的"如何说澳大利亚语"广告战役
country-related assets（Kim，1995，p. 26；Kim 和 Chung，1997，p. 364）	没有明确的定义，但理论框架中将品牌资产区分为与品牌相关的资产和国家相关的资产两个部分，认为国家相关资产与产品品类有着直接联系		

资料来源:作者根据相关文献整理。

一、独立的国家品牌资产

最基本的界定是把国家整体当作品牌看待,这样国家本身就成为如品牌那样的资产。它不必与市场领域的品牌或产品,或者其他任何领域联系在一起,是独立的国家品牌资产。这是界定国家品牌资产的宏观角度。这种理解和应用原多见于目的地营销领域。一些研究者扩展了国家品牌的概念范畴,认为应从一国的集合层面定义国家品牌资产(Kotler 和 Gertner, 2002; Papadopoulos 和 Heslop, 2002, 2003)。Papadopoulos 和 Heslop(2003)借鉴了 Aaker(1991)关于品牌资产的定义,把国家品牌资产定义为"与一个国家、国家名称及其标志有关的一系列资产和负债。这些资产和负债能够增加或减少该国产出向其不同内外公众提供的价值"。而"该国产出"则代表一切与国家有关的实体或事实,如各种产品及服务、创意、劳动力、投资、知识及技术等。

这个基本观点下的国家品牌资产超出了一般商业领域和消费者层面,涉及国家各方面的利益相关者,如游客、投资者、政策制定者等。目前,采用这种国家品牌资产观点的研究多停留在理论分析层面(Kotler 和 Gertner, 2002; Yan, 2003; Caldwell 和 Freire, 2004)。该角度下对国家品牌资产的测量,需考量国家品牌价值溢出的各个方面(如旅游、出口、政府治理等),最知名的衡量方式是 Anholt-GMI 国家品牌指数模型(Anholt, 2005)。这个构念角度的实践目标和价值是指导政府和公共部门如何进行国家营销,在整体上打造国家品牌,提升国家声誉。

二、与产品/品牌关联的国家品牌资产

在商业领域,主流的观点认为国家作为一种资产,能够为来源于该国的产品或品牌带来整体性的附加值(Kotler 和 Gertner, 2002; Zeugner-Roth、Diamantopoulos 和 Montesinos, 2008; Pappu 和 Quester, 2010),也就是当把产品或品牌与国家联系在一起时,后者给前者带来的价值。这是理解国家品牌资产的中观角度。在这类构念中,与产品/品牌关联的国家品牌资产是普遍存在的。即使一个国家并非有意识地把国家(名称)当作品牌来管理,人们在提到该国时,也会联想到这个国家的形象(Kotler 和 Gertner, 2002)。这个构念聚焦于与产品或品牌有关的国家品牌的附加值,在研究中既可以用具体的单独品类(Chu, 2013)或多个不同品类(Pappu 和 Quester, 2010)进行衡量,又可以以总体的产品或品牌为基准进行衡量(Zeugner-Roth, Diamantopoulos 和 Montesinos,

2008）。换言之,第二类定义实质上指的是国家品牌给该国具体产业带来的附加值。

　　这种构念角度源自传统的来源国效应研究(Han, 1989; Hong 和 Wyer, 1989),也是市场学领域对国家形象研究的延伸和拓展(Pappu、Quester 和 Cooksey, 2007; Roth 和 Diamantopoulos, 2009）。也就是说,国家形象可以看成国家品牌资产的核心构成,但后者的内涵又超越了前者(Keller, 1993）。来源国线索可以辅助消费者进行产品评估,为产品带来溢价效应(Han, 1989),即基于来源国的资产(country-of-origin-based equity)(Hu 和 Wang, 2010）。同时,这个角度研究的重点并未停留在有无影响层面,而是探究这种影响的具体来源构成及其相应的产出。例如,Roth 和 Diamantopoulos(2009)依据来源国效应领域的研究成果,认为“国家形象”概念可具体划分为认知、情感和意动三个维度。三者间的作用关系会随着消费者所做决策的卷入程度和类型的不同而有所不同(Verlegh 和 Steenkamp, 1999）。进一步地,Maheswaran 及其合作者在该框架下做了深入的研究,将国家品牌资产定义成“与一国有关的所有资产”,并证明情绪在归因特征、效价、唤醒水平或刻板印象类型等方面的某些具体特征,能够影响消费者在进行产品评价时是否依赖来源国信息(Maheswaran 和 Chen, 2009; Chen、Mathur 和 Maheswaran, 2014）。换言之,情绪在特定情境下可以成为国家品牌资产的重要来源。

　　目前在市场学领域直接探讨国家品牌资产的文献基本上都采用了这一视角(Zeugner-Roth、Diamantopoulos 和 Montesinos, 2008; Pappu 和 Quester, 2010),其实践目标和价值是指导商业领域的品牌用好总体的国家品牌资产,发挥国家品牌的杠杆力,提升自身品牌的竞争力。

三、融于品牌资产中的国家品牌资产

　　Shimp、Saeed 和 Thomas(1993)首次提出“国家资产”的概念,他们在探究了国家和产品相关的知识、信念、神话和其他认知后认为,“国家资产”这一概念可以更精确地表达国家形象的作用方式,可以明确地把内含于具体商业品牌的资产(即传统的品牌资产概念)与和该品牌相关但来源于国家的资产区分开来。类似地,Kim(1995)以及 Kim 和 Chung(1997)将品牌资产区分为与品牌相关的资产(brand-related assets)和与国家相关的资产两个部分。这个概念界定把国家资产当作品牌资产的一部分,认为它是融于品牌资产中的。这是界定国家品牌资产的微观视角,与第二类界定存在明确的区别。在第二类界定下,国家品牌资产尽管与产品或品牌相关联，但并不被视为特定商业品牌的品牌资产的内在构成。与此对应，需要研究的重要问题是"国家形象（资产）在多大程度上影响品牌在某国市场的品牌资产"（Keller 和 Lehmann，2006）。而在第三类界定下，需要研究的重要问题是"包含于品牌中的国家资产对品牌绩效的贡献如何"（Chabowski、Samiee 和 Hult，2013）。因此，这两类界定存在根本的区别。

相关主题的研究也为第三种微观视角提供了间接证据。融于品牌资产中的国家品牌资产通常是能代表特定国家的文化元素及价值观（Torelli、Monga 和 Kaikati，2012；何佳讯、吴漪和谢润琦，2014；He 和 Wang，2017）。当地文化元素（例如中国元素）即为国家品牌资产的重要表现形式。Alden、Steenkamp 和 Batra（1999）提出了外国消费文化定位战略（foreign consumer culture positioning，FCCP）和本土消费文化定位战略（local consumer culture positioning，LCCP）。前者是指将品牌定位成对特定外国文化的象征，而后者是指将品牌与本土文化相结合，以体现本土文化的规范与要素。一方面，全球品牌可以在新产品设计中运用当地文化（即国家品牌资产）的各个方面，如果全球消费文化和本土消费文化之间存在兼容性，就会增强品牌的"本土化"感知，并带来良好的消费者反应（He 和 Wang，2017）。另一方面，象征着文化或国家的品牌很可能激活文化图式（culture schema），这些品牌应该延伸至具有文化一致性的产品类别；否则，消费者可能会消极评价该产品的延伸（Torelli 和 Ahluwalia，2012）。

具体地，品牌概念是企业制定品牌定位战略并实施营销组合的基本依据（何佳讯和吴漪，2015）。Torelli 及其合作者开创性地将人类价值观作为品牌概念的表征（Torelli、Monga 和 Kaikati，2012；Torelli 等，2012）。由于不同文化体所承载的人类价值观是不同的（Schwartz，1992，1994），品牌确定并蕴含的价值观也必然体现了其来源国的文化（Torelli、Monga 和 Kaikati，2012；何佳讯和吴漪，2015），即国家品牌资产。例如，可口可乐体现了其来源国（美国）崇尚快乐、乐于分享的文化价值观。进一步地，品牌即使已经确立了特定来源国的国家品牌资产，也可以通过在产品研发和设计中融入不同东道国的文化元素而相应地提升本土文化的象征性，以提高品牌在东道国市场的营销效果（何佳讯、吴漪和谢润琦，2014；孟繁怡和傅慧芬，2016；He 和 Wang，2017），如斯沃琪在中国市场推出的水墨纹理手表、星巴克在中国市场推出的冰激凌月饼等。

第三种界定是第二种界定在商业领域和营销战略上的推进，改变了传统上对国家品牌资产的狭隘理解，从而从根本上打开了建立国家品牌资产的思路，具有很高的实践指引价值。企业将特定国家有关的语言、符号、技术传统、文化资源与自然资源等具体的国家品牌资产成分用于品牌名称、产品成分、概念定位、形象设计与营销传播等,使得商业领域的品牌资产中融入国家品牌资产的某种来源,形成品牌定位战略和优势(Alden、Steenkamp 和 Batra, 1999;何佳讯、吴漪和谢润琦等,2014)。而商业品牌对国家品牌资产的大量运用,又以日常和广泛的方式形成了对国家品牌的营销路径和提升效应。在实践应用中,第二种界定采用的是次级联想杠杆战略(Keller,2003),以帮助建立品牌资产,即品牌通过与来源国联系在一起,使国家特质在国际市场上成为撬动其品牌资产的重要杠杆。这种战略通常用于品牌的营销传播环节。第三种界定采用的则是品牌定位战略,即品牌通过将来源国元素与品牌其他定位要素相结合,形成品牌定位。这种战略通常用于营销战略设计阶段,特别适用于那些开拓全球市场的品牌。

第二节 国家品牌资产评价的影响因素

上面我们已经明确了国家品牌资产的三个界定视角。接下来,我们从产品品类(Kim, 1995;Zeugner-Roth、Diamantopoulos 和 Montesinos, 2008;Pappu 和 Quester, 2010)、消费者认知因素和消费者情感因素(Roth 和 Diamantopoulos, 2009;Maheswaran、Chen 和 He, 2013)三个方面对国家品牌资产评价的影响因素进行回顾和总结。在阐述中,我们结合了三种视角的不同情况。

一、产品品类

基于来源国领域的研究,第二类视角下的国家品牌资产总是与特定的产品品类相联系。Pappu、Quester 和 Cooksey(2006)提出的"品类—国家联想"详细阐释了这种双向关系:向消费者提及特定品类能够唤起其对某一国家的认知,而向消费者提及特定国家时,关于具体品类的某些联想容易被激活。Thakor 和 Lea(1997)则指出,在给定来源国线索的前提下,品类是消费者感知质量的最大变异因素。与此同时,Pappu 和 Quester(2010)指出,国家品牌资产基于具体品类而有所不同,在构建量表时应在题项中明确地体现出这些差异。例如,Hsieh、Pan 和 Setiono(2004)在测量品牌来源国的国家形象时,采取了与所研究品类直接相关的题项,如"这个国家能生产世界上最棒的汽车"等。

当国家品牌资产特指融于品牌资产中的国家品牌资产(第三类界定)时,其与该商业品牌所在品类的联系也是密不可分的。Kim 及其合作者(Kim,

1995；Kim和Chung，1997）指出，针对特定品类（汽车），来自同一国家（日本）的各个品牌共创并共享该国的无形资产或负债。与之类似，Kang和Yang（2010）将"某国企业的整体声誉"从"国家声誉"的构念中剥离出来。前者是消费者根据自身对来源于某国的特定企业所设计或生产的产品的体验所形成的关于该国企业的综合印象，而后者则类似于第二类界定——与产品/品牌关联的国家品牌资产，指的是消费者关于该国在产品制造或经济发展等方面的整体评价。以韩国为例，三星、LG、现代等国际性企业所构成的"韩国企业的整体声誉"，对美国消费者关于韩国产品的评价态度和购买意愿的预测作用，显著大于该国国家声誉的预测作用。这也说明在商业领域中，对于某些国家而言，该国特定品牌或企业所形成的整体形象更能代表该国的国家品牌资产。

但需要注意的是，当Shimp、Saeed和Thomas（1993）最初提出国家品牌资产的概念（第三类界定）时，并未突出品类指向性。同时，第一类视角下的定义也认为，国家品牌资产包含国家在产品、旅游、投资等各个方面的内容，品类对其影响作用不大（Kotler和Gertner，2002；Papadopoulos和Heslop，2003）。即使是来源国领域的研究（第二类视角），也证明国家品牌资产可能存在跨品类的溢出效应（Maheswaran、Chen和He，2013），成功的关键在于消费者意识中该国形象的复杂程度（Thakor和Lea，1997）。具体地，拥有强势品牌的国家向消费者提供的信息往往内涵丰富，消费者对该国形象的认知也较为综合。这类国家进行品类延伸的选择范围更广。例如，与法国有关的典型形象包括埃菲尔铁塔、卢浮宫、高级时装、高速列车、核试验等横跨多个品类的要素，而日本的国家形象则比较单一，集中在汽车、电子消费品等方面。相较而言，法国所拥有的国家品牌资产更易向其他品类延伸（Thakor和Lea，1997）。

二、消费者认知因素

在第一类界定下，消费者关于特定国家的认识和经验是影响其国家品牌资产评价的重要变量。Yang等（2008）探究了消费者的个体经验以及对特定国家的意识程度（awareness of a country）如何对国家声誉产生影响（参见Passow、Fehlmann和Grahlow，2005）。具体地，消费者的个体经验被划分为亲身体验和间接体验两种类型。前者包括其在商业活动或旅游方面的经历、对产品或服务的使用、参与特定文化活动以及与该国公民的私下接触，后者则特指其通过口碑效应或其他传播渠道了解到的该国信息。对特定国家的意识程度也分两个方面，即对该国的熟悉程度以及对该国的一些实质性具体信息（如人口数量、兵役制度等)的了解状况。以韩国为例,对美国消费者的调查结果表明,他们对于韩国的个体经验越丰富,对韩国的意识程度就越高。与此同时,个体经验和意识程度均能积极提升国家的声誉评价。

Nikolova 和 Salah(2013)的研究则说明,即使消费者已经对特定国家形成了一定的认识,国家为了目的地品牌管理而做的沟通活动亦能对其行为结果产生显著影响。具体地,消费者通过对旅游目的地的真实体验而形成关于该目的地的态度评价,但这不同于其关于该目的地的追溯性全面评价(retrospective global evaluation, RGE)。后者是指消费者对过去消费体验所包含的一系列事件的综合评价(Ross 和 Simonson, 1991;Ariely, 1998;Dalakas, 1999)。在消费体验发生后,消费者所经历的新事件或接收到的新信息会对其记忆检索过程产生影响,"污染"其对旅游目的地的评价和态度(Cowley, 2007)。因此,作为旅游目的地的墨西哥向来过该国的美国游客投放能激发其对该国旅游产生积极反应的广告,可显著增加他们再次游历该国或向他人推荐的可能性。

当采取第二类研究视角时,影响来源国线索对产品评价过程的最重要的变量是产品卷入度和品牌熟悉度(参见 Roth 和 Diamantopoulos, 2009)。特别地,Koschate-Fischer、Diamantopoulos 和 Oldenkotte(2012)以真实的支付意愿为结果变量,探究了产品卷入度和品牌熟悉度对来源国效应的调节作用。根据线索使用理论,消费者进行产品评价的线索分为两类:与产品物理属性直接相关的内部线索以及与产品有关但不属于产品本身的外部线索(如来源国信息、品牌名称或销售价格等)。消费者在缺少内部线索或难以对产品质量进行评估的情况下,可利用外部线索(即来源国线索)进行辅助评价。但来源国信息对产品评价的影响,还受到品牌熟悉度的调节作用。在低产品卷入度的购买情境下,消费者的认知符合启发式加工模式,其更依赖使用外部线索,以简化决策过程、减小认知努力;此时,品牌熟悉度对两者关系的调节作用不大。在高产品卷入度的购买情境下,消费者同时使用内部线索和外部线索进行产品评价;此时,若品牌熟悉度低,无法利用内部线索,则消费者对来源国信息的依赖程度会变高,反之亦然。

信息处理流畅性理论(参见 Lee 和 Labroo, 2004;Labroo 和 Lee, 2006)在第三类视角下的国家品牌资产研究中得到了较多运用。简而言之,由于某些知名品牌或产品与其来源国的联系相对紧密(如美国的可口可乐、麦当劳等),因而被消费者视为反映该来源国的文化图式之一(Torelli 和 Ahluwalia, 2012)。因此,品牌活动必须围绕该文化图式进行(如决定延伸至哪个品类、是否从事需承担社会责任的活动等），否则会导致消费者在信息处理上的概念不流畅，引发负面反应。但当品牌或产品对其来源国文化的象征程度一般或较低（相较于较高）（Torelli 和 Ahluwalia，2012），或者消费者的思维方式处于低建构水平（相较于高建构水平）时（Torelli、Monga 和 Kaikati，2012），消费者评估品牌或产品的思维方式则不局限于特定文化图式，因而上述效应不明显。类似地，消费者自身的文化导向是否与品牌或产品的文化图式或核心概念一致，也会影响其最终评价（Torelli 等，2012）。

三、消费者情感因素

对于影响国家品牌资产评价的消费者特征的考量，现有研究除简单的人口统计学变量（Bruning，1997）及消费者认知因素外，还对情感因素进行了广泛探讨，整体上可以分成社会认同（social identity）和偶发情绪（incidental emotion）两大方面。

社会认同对国家品牌资产的影响主要体现在消费者民族中心主义、文化认同等心理特征变量上，集中于第二、三类视角下的有关成果。当聚焦于与产品/品牌关联的国家品牌资产时（第二类界定），研究者们往往就来源国效应是否以及如何受社会认同影响而展开研究。例如，Swaminathan、Page 和 Gürhan-Canli（2007）将自我建构引入来源国效应研究。具体地，品牌—来源国联结（brand country-of-origin connection）以品牌来源于外国还是本国进行区分，反映了品牌被用来体现消费者爱国性国家认同的程度。他们发现，当相依型自我建构被激活时，消费者更关注其自身与他人之间的关系，倾向于区分组织内、外部成员之间的差异，也就更注意外国品牌和本国品牌的不同。因此，当接收到关于品牌的负面信息时，这类消费者对外国品牌的整体评价显著变低，对本国品牌的整体评价则变化不大。而独立型自我建构被激活时，消费者评价不受品牌来源国的影响。

当国家品牌资产被当作第三类界定，即融入品牌资产的一部分时，文化认同是最常被提及的因素。本土认同是指尊重并信仰当地传统习俗，承认当地社群的独特性，对当地活动感兴趣，而全球认同则是指相信全球化的积极效果，对全球活动感兴趣（Arnett，2002；Tu、Khare 和 Zhang，2012）。在评价那些由全球品牌推出的、在设计或成分中结合了中国元素的新产品时，中国元素与其在消费者心中固有形象的高关联程度（刻板印象一致性）给总体产品评价带来的增益效果在高本土认同(相较于低本土认同)消费者中更为突出,但在高全球认同(相较于低全球认同)的消费者中则受到弱化(何佳讯、吴漪和谢润琦,2014)。类似地,中国元素为全球品牌产品带来的新奇性同样提升了产品评价,其内蕴机制是文化融合性,即中国元素在意涵上是否与全球品牌的自身意义协调兼容(He 和 Wang,2017)。本土认同和全球认同分别对文化融合性和产品购买可能性的阶段关系发挥了正、负向调节作用。

另外,与品牌或产品无关的偶发情绪可以理解为第二类界定下国家品牌资产评价的影响因素。Maheswaran 和 Chen(2006)的研究的理论基础是愤怒和悲伤两种负面情绪在归因指向上存在差异。愤怒情绪促进人为归因,即将待评估对象或状态归咎于特定主体;而悲伤情绪促进情境归因,即将待评估对象或状态归咎于情境性因素。因此,前者使消费者倾向于将产品绩效与人为因素联系起来,产品评价更易受来源国信息影响,也即更易产生与产品来源国有关的联想,且其效价与来源国信息的积极(消极)程度有关。相对地,悲伤情绪下的消费者对人为因素的关注程度不高,来源国信息对产品评价不产生影响,且更易产生与产品属性直接相关的联想。

进一步地,独立的国家品牌资产(第一类界定)中的情绪成分,也可以成为与产品/品牌关联的国家品牌资产(第二类界定)来源。Chen、Mathur 和 Maheswaran(2014)证实,与消极或中性情绪相比,当消费者体验到与特定国家相连的积极情绪时(如在网上浏览到关于该国的游客评论等),来源国联想会在更大程度上影响其产品评价,原因在于积极情绪激发了高解构水平的思维方式。但当消费者体验到消极情绪时,只有产品本身的属性信息能够影响其产品评价。如果区分与国家相连的情绪内容,与能力有关的、与国家相连的积极(相较于消极)情绪会直接引发更为积极的产品评价,而与温暖有关的、与国家相连的积极(相较于消极)情绪则通过提升来源国联想对产品评价的影响而改善产品评价,且上述效应只体现于由国家引发(相较于与国家无关的)的情绪中。

第三节　国家品牌资产的测量

目前,直接测量国家品牌资产的研究并不多,特别是第三类界定将国家品牌资产视为融于商业品牌资产的部分,直接相关的文献数量稀少。这里按照表1-1总结的三类界定视角,介绍现有研究对国家品牌资产的测量方式。

一、独立的国家品牌资产的测量

第一种界定将国家品牌资产界定成独立的国家品牌资产。此时,对国家品牌资产进行的测量涉及国家品牌涵盖的各个方面。

Anholt(2005)的国家品牌指数(nation brands index, NBI)从反映国家竞争力的六个方面(旅游、出口、国民、文化和历史遗产、投资和移民,以及政府治理)测量人们对某一国家的感知情况,每个方面都设置了不同的问题,被访者从各个方面对特定国家品牌(不包括其所在国家)进行评分。综合分数最高的国家,拥有最强大的国家品牌。这是世界上首个对国家品牌进行排名分析的工具,从2005年开始对全球50多个国家品牌展开价值评估,涉及的被访者数以万计,影响颇大。

Fetscherin(2010)的国家品牌强度指数(country brand strength index, CBSI)没有考虑国民、文化和历史遗产因素,只对一国的旅游、出口、投资和移民以及政府治理五个方面进行了综合性评估。CBSI与NBI的根本差异在于测量过程不同:CBSI使用客观统计数据,分别计算全球所有国家在上述五个方面的人均价值总和,并对初步结果进行标准化处理,最终得到每个国家的CBSI分数。因此,对于特定国家,如果CBSI下的任一维度数据有所缺失,该国的CBSI值则不可得。特别地,Fetscherin(2010)曾将CBSI的测量结果与对应年度各国的NBI指数进行比较,发现两者的相关系数为0.621,两种测量方式下的结果呈中等程度相关。差异主要来源于两者测量过程和使用数据的不同,以及被访者感知情况与具体事实之间的差距。表1-2是对NBI和CBSI两种测量方法的总结与比较。

表1-2　NBI和CBSI的差异比较

比较项目	NBI	CBSI
涉及国家	事先选定的若干国家	全球所有国家
数据来源	对调查涉及的国家的成年公民进行网络问卷调查	由权威部门统计并发布的二手数据
测量基础	基于被访者感知	基于真实情况

（续表）

比较项目		NBI	CBSI
测量内容	出口	公众对该国产品及服务的印象	该国实际的出口价值
	旅游	该国作为旅游目的地对公众的吸引程度	实际到达该国的游客数量
	外商直接投资	向该国投资的兴趣大小	该国实际接受的投资金额
	移民	吸引外国公民在该国生活、工作或学习的能力	进入该国的海外居民数量
	政府治理	该国政府的能力和公平性，以及其在民主、司法、环境及消除贫困等事务上的努力	政府治理环境指数（governance environment index，GEI），衡量该国政府在政治权利、法律规定、公众信任、信息流通、腐败程度等方面的情况
	国民	该国的人力资本强度及热情好客程度	—
	文化和历史遗产	公众对该国文化遗产的印象及消费该国文化产品或参与该国文化活动的意愿	—

资料来源：作者根据相关文献整理。

除了上述研究成果，公共关系领域的研究者们（Passow、Fehlmann 和 Grahlow，2005；Yang 等，2008；Kang 和 Yang，2010）对"国家声誉"进行的测量，也可以看作第一类界定下对国家品牌资产的一种评价方式。Passow、Fehlmann 和 Grahlow（2005）借鉴了在企业管理领域得到广泛使用与验证的企业声誉量表（reputation questionnaire），建立了"Fombrun-RI 国家声誉指数（country reputation index，CRI）"，包含 20 道题项，从六个维度进行测量：情感形象，即被访者对于该国的喜爱、赞美及尊重程度；物质形象，即被访者对于该国的道路、建筑、服务、医疗及传播等基础设施的感知；经济形象，即被访者对于该国竞争力、盈利能力、发展前景及投资风险等方面的感知；领导力形象，即该国向世界传达的领导实力及前景吸引力；文化形象，即该国在保留其独有的价值、文化及丰富的历史底蕴方面的能力；全球形象，即被访者对于该国在处理国际关系事务、慈善事业及环境政策等方面的实力的感知。Yang 等（2008）考虑到其研究国家（韩国）及被访者（美国）的特殊性，加入了政治形象维度，旨在测量该国的政治地位，如内部关系、民主程度及稳定的政治环境等。

总体而言，尽管都是基于被访者感知的问卷调查，且测量内容存在某种程度上的相似性，国家声誉指数仍与 Anholt 的国家品牌指数存在差异：首先，国家声誉指数测量的内容更为丰富复杂；其次，国家品牌指数的被访者仅就其关于其他国家（即不包括本国）的印象填写问卷，而国家声誉指数则可针对该国居民或其他国家居民展开调查，以揭示其中的感知差异，从而便于进行声誉管理；最后，国家品牌指数是具有全球规模的周期性调查工具，但国家声誉指数仅仅是研究者对单一国家进行测度的工具。

二、与产品/品牌关联的国家品牌资产的测量

测量与产品/品牌关联的国家品牌资产，最常见的做法是借鉴经典的品牌资产理论，从品牌资产来源的角度进行。Zeugner-Roth、Diamantopoulos 和 Montesinos（2008）以 Yoo 和 Donthu（2001）开发的品牌资产量表为基础，在剔除可能引起消费者民族中心主义倾向的题项并对其他题项进行文字修改后，得到国家品牌资产九题项量表，具体包括国家品牌忠诚、国家品牌感知质量和国家品牌意识/联想三个维度。Pappu 和 Quester（2010）则从理论上将国家品牌资产分成国家意识、宏观国家形象（关于一国整体的印象）、微观国家形象（关于一国产品的印象）、感知质量和国家忠诚五个维度，并通过查阅品牌资产及来源国效应等领域的文献，筛选得到各维度下共 35 个题项。

对比这两项研究成果的内容，可以发现某些分歧。第一，是否区分国家品牌意识和国家品牌联想。具体地，前者是指消费者识别或回忆某一产品或品牌来源于特定国家的程度，后者则是指那些与特定国家产品或品牌相关的联想（Zeugner-Roth、Diamantopoulos 和 Montesinos，2008）。Yoo 和 Donthu（2001）关于品牌资产维度的实证研究结果表明，品牌意识和品牌联想可合并为单一维度。遵循这一结论，Zeugner-Roth、Diamantopoulos 和 Montesinos（2008）在建立国家品牌资产的测量指标时，没有区分国家品牌意识和国家品牌联想。然而，Aaker（1991）和 Keller（1993）从理论的角度认为品牌意识和品牌联想在概念上存在本质差异。一些实证研究结果（Pappu、Quester 和 Cooksey，2005，2007）也表明，品牌意识和品牌联想是彼此独立的两个维度。基于上述理由，Pappu 和 Quester（2010）对国家意识和国家形象（联想）进行了区分。第二，国家资产是

否应该包括宏观国家形象。Pappu 和 Quester(2010)认为来源国联想应同时在产品及国家层面考量消费者对特定国家所持有的一切描述性、推断性及信息性信念,因此宏观和微观层面的国家形象都属于国家品牌资产不可或缺的组成部分,且后者仅针对特定的产品品类。Zeugner-Roth、Diamantopoulos 和 Montesinos(2008)则将宏观的国家形象拆分出来,将其作为国家品牌资产的前因变量,检验宏观国家形象对国家品牌资产的影响。

事实上,关于第二类界定下国家品牌资产的来源,可以进行更为简略的划分。Maheswaran 及其合作者(Maheswaran 和 Chen,2006;Maheswaran、Chen 和 He,2013)将国家品牌资产总结成两方面的内容:绩效资产和情感资产①。消费者对特定国家产品在绩效上的体验与知识是绩效资产的主要成分,但国家的经济发展水平以及在物质、法律和经济等方面的基础建设也能影响绩效资产。情感资产指的是消费者体验到的关于特定国家的正面或负面、一般或具体的情感。然而,他们只是从理论上提出国家品牌资产的整合框架,并未探讨具体的操作性测量方法。事实上,这种划分与研究者们对来源国效应的总结也颇为一致。例如,Chu(2013)就把来源国线索对消费者的产品态度和购买意向的影响总结成认知、情感和规范三个方面。而 Hu 和 Wang(2010)也进一步区分了来源国效应,将其分为由来源国线索引起的关于产品客观属性的消费者认知和由国家本身引起的溢价效应。特别地,Hu 和 Wang(2010)、Chu(2013)对上述理论划分的量化操作是基于真实交易数据而进行的。

另外,与产品/品牌关联的国家品牌资产还可以通过某些间接方式进行评价和验证。Ferilli 等(2016)试图对各国的全球品牌在全球范围内进行横向比较。因此,他们将全球最大的综合性品牌咨询公司 Interbrand 在 2001—2010 年间所披露的 Top 100 全球品牌估值数据按照国家和品类进行再次汇集,之后再运用人工神经网络方法进行分析,按照最小生成树算法(minimum spanning tree,MST)和最大正则图(maximum regular graph,MRG)得到国家品牌网络关联图谱。研究表明,美国尽管拥有数量最多且涉及品类最广泛的全球品牌,却并没有在网络中占据中心地位,在其中占据中心地位的是德国及其他欧洲或远东国家。其潜在的含义是,后者拥有在各个国家的全球品牌中普遍出现的品牌特性(如先进的制造技艺),而美国的全球品牌则可能传递了区别于其他国家的独特性(如多样化的美国文化元素)。

---

① Maheswaran 和 Chen(2006)将"情感资产"称作"规范资产"(normative equity)。

三、融于品牌资产中的国家品牌资产的测量

融于品牌资产中的国家品牌资产往往表现为能代表特定国家的文化元素及价值观。例如，Alden、Steenkamp 和 Batra（1999）提出了外国消费文化定位战略和本土消费文化定位战略。以中国为例，在相关研究中，我们将与中国有关的文化元素定义为来源于中国文化传统或在中国现代社会发展中产生的与中国文化紧密联系的符号、精神内涵或实物，它们为大多数中国人所认同，消费者能够借之联想到中国文化而非其他国家文化（何佳讯、吴漪和谢润琦，2014；He 和 Wang，2017）。

从该角度出发，Torelli（2013）聚焦于国家品牌资产的文化范畴，特别提出了"文化资产"的概念。具体地，文化资产是指品牌对特定文化的代表程度（cultural symbolism）所带来的积极消费者反应，也即品牌资产中可归因于品牌对特定文化代表程度的部分。从整体上看，一个品牌对特定文化的代表程度越高，表明该品牌蕴含的国家品牌资产越强大。Torelli 等进一步界定并测量了消费者心目中文化资产的三类来源：（1）对抽象文化形象的体现，指的是那些由文化滋养的抽象价值观、信念和识别要素是否组成了品牌形象的必要成分（Torelli、Keh 和 Chiu，2010）；（2）在文化知识网络中的嵌入程度，指的是品牌是否作为独特的象征符号嵌入消费者关于文化的知识联想网络（Torelli 和 Ahluwalia，2012）；（3）与核心文化概念的关联程度，指的是品牌与特定国家名称或群体的联系程度（Swaminathan、Page 和 Gürhan-Canli，2007）。

第四节　国家品牌资产的作用结果

与商业品牌类似，正面的国家品牌资产同样能发挥积极的影响作用（Papadopoulos 和 Heslop，2002）。从内容来看，相关作用结果可分成不同目标群体关于国家品牌整体的态度评价和行为意向、产品溢价效应以及对具体商业品牌的影响三个方面，正好对应于前文所总结的国家品牌资产的三种不同界定视角。具体地，涉及不同目标群体关于国家品牌整体的态度评价和行为意向的内容，包括消费者的旅游目的地选择和投资者的国家选择等，多出现于探讨独立的国家品牌资产（第一类界定）的研究中；涉及产品溢价效应的文献集中于来源国相关研究，对应于与产品/品牌关联的国家品牌资产（第二类界定）；以对具体商业品牌的影响为核心结果变量的研究则同时涉及与产品/品牌关联

的国家品牌资产（第二类界定）和融于品牌资产中的国家品牌资产（第三类界定）。

一、不同目标群体的评价

按照 Papadopoulos 和 Heslop(2002)的定义,国家品牌资产是指不同目标群体关于一国的认知所蕴含的价值,以及利用这些认知来提升自身对该国及其组成部分兴趣的方式。因此,第一类界定下国家品牌资产的作用显而易见,即国家形象能够影响目标群体在各个方面的行为,如吸引游客、企业和工厂投资、海外人才,以及为本国制造的产品寻找出口市场等(Kotler 和 Gertner, 2002)。然而,现有的大多数文献都只从理论阐释或案例分析的角度论述该问题,探讨将国家当作品牌进行管理的意义和可行性(Olins, 2002; Kotler 和 Gertner, 2002),分析国家品牌的经营战略与方法(Papadopoulos 和 Heslop, 2002; Morgan、Annette 和 Rachel, 2002),或是通过案例介绍一些国家或地区的成功经验(Gilmore, 2002)。

虽然数量上相对匮乏,但仍有一些研究尝试验证国家品牌资产的效应,这些研究基本上是围绕单个目标市场和单个待评估国家进行的。Nikolova 和 Salah(2013)研究了消费者对在特定国家旅游体验的追溯性全面评价的后续影响,选取的结果变量是口头传播意向,包括传达积极信息的可能性、进行推荐的可能性、鼓励亲友进行旅游的可能性等。Yang 等(2008)通过问卷调查,试图发现韩国的国家声誉对美国消费者对该国支持意向的影响,具体指标是被访者赴韩旅游及购买韩国产品的倾向性。结果显示,国家声誉对这两种行为结果均存在显著的正向影响。高阶维度的回归结果甚至表明,国家声誉对整体支持意向的解释程度高达82%。Kang 和 Yang(2010)发现,在不加入"企业整体声誉"变量的情况下,韩国的国家声誉对美国消费者关于该国产品的整体态度评价及购买意愿存在显著的正向作用。

特别地,Lowengart 和 Menipaz(2001)探索性地研究了跨国企业进行外商直接投资的国家选择问题。通过焦点小组访谈,他们总结出了影响企业进行外商直接投资的 14 项国家特征,包括宏观经济环境、政府介入程度及管理、法律问题等。随后,他们对跨国企业的 CEO 及高级管理人员展开问卷调查,询问被调查国家(法国、西班牙、意大利及希腊)在这些特征上的适宜程度,同时基于这些数据展开探索性因子分析,总结影响外商直接投资决策的关键要素,并绘制相应的认知地图,以表征这些国家在各个指标上的绝对得分情况以及在特定维度上的相对优势。

二、产品溢价效应

目前来源国效应领域的实证研究经常使用的结果指标包括产品或品牌态度（Swaminathan、Page 和 Gürhan-Canli，2007）、产品偏好（Zeugner-Roth、Diamantopoulos 和 Montesinos，2008）、实际购买行为（Hsieh、Pan 和 Setiono，2004）等。然而，不容忽视的是将价格相关指标作为结果变量的必要性（Koschate-Fischer、Diamantopoulos 和 Oldenkotte，2012）。首先，很多实证研究的结果表明，当用购买意愿替代感知质量并将其作为衡量来源国效应的结果变量时，来源国效应并不显著（Usunier，2006；Sun 和 Morwitz，2010）。实际上，与单纯地了解被访者对品牌的态度相比，真实消费情境下的来源国信息对消费者的影响更小。其次，质量评价和购买意愿只是评价来源国效应的"软"指标。价格相关指标反映了消费者为了购买某国产品愿意付出的实际经济代价，是对来源国效应更精确的表征。对来源国效应进行量化的做法对管理实践工作更有意义。最后，即使价格指标与质量评价、购买意愿等传统指标相关程度很高，也并不意味着其前因变量的类型或者这些前因变量对价格指标和态度指标的解释程度相同，单独考量价格指标仍很有必要。

基于上述理由，一些研究者使用真实交易数据来量化国家品牌对该来源国产品的整体性影响，即来源国资产（第二类界定）。Hu 和 Wang（2010）使用在线拍卖网站 eBay 的销售数据，分析针对不同国家的零售商所提供的特定产品，消费者实际支付的价格高低。结果显示，消费者将来源国资产作为规避交易风险或保证产品质量的依据，更愿意为来自美国的零售商所提供的产品支付溢价。然而，这项研究的结论也存在局限性。一方面，消费者可能根据他人的出价而对自己的报价进行调整；另一方面，该研究考察的是零售商来源国而非产品来源国的作用。类似地，Chu（2013）用结构化均衡方法（structural equilibrium approach）分析了来自国际数据公司（International Data Corporation，IDC）的中国个人电脑市场 1995—2008 年分季度的销售数据，以计算该品类下与中国、美国、日本等国家有关的由国家资产或地区资产引起的溢价效应与折扣大小。结果发现，中国的国家资产目前正处于由劣转优的关键时期。另外，国家资产与市场份额之间并不存在必然的关系。虽然推行低价策略可以达到较高的市场份额，但消费者对低质低价产品的评价不高，愿意支付的溢价也很低。因此，提升中国国家品牌资产的关键在于优化产品质量。

三、对具体商业品牌的影响

根据国家品牌资产的第二类界定,来源国信息可发挥次级联想杠杆作用,提升具体商业品牌的品牌资产(Aaker, 1991; Keller, 1993)。Pappu、Quester 和 Cooksey(2006)将"产品品类—国家联想"作为调节因素,首次探究了不同的产品制造国对品牌资产各个维度的影响过程,他们发现电视机和汽车两类产品,对于不同国家制造的同一品牌产品,消费者对品牌联想、感知质量、品牌忠诚等品牌资产维度的评价结果都存在显著差异。Yasin、Noor 和 Mohamad(2007)同样以具体的商业品牌为研究对象,进一步研究了品牌来源国形象对总体品牌资产(Yoo、Donthu 和 Lee, 2000)的影响。结果发现,来源国形象不仅能直接对总体品牌资产发挥效用,还能通过品牌资产各维度的中介作用对总体品牌资产产生间接影响。另外,Jaworski 和 Fosher(2003)从理论上归纳了国家品牌的循环效应,除了认为蕴含于国家品牌识别要素中的核心价值可以对一国的商业品牌产生"外部品牌影响",还提到了"内部品牌影响",即一国商业品牌取得的全球性成功能够反过来强化该国的核心识别要素,如该国的人民、文化、历史、环境等,由此循环往复。

针对第三类界定下的国家品牌资产实证研究还非常有限,但一些研究者已做出了初步尝试。尽管他们的研究动机和实际研究过程体现的仍是第二类界定,其概念内涵却反映了第三类界定的方向,将国家品牌资产与商业领域的品牌资产联系了起来。例如,在 Kim(1995)构建的理论框架中,特定商业品牌的品牌资产由与该品牌有关的资产和与国家有关的资产组成,两类资产对该品牌在长期和短期内的市场份额均具有正向影响。具体地,前者体现为品牌普及度,而后者则表现为国家形象,也即由一国特定品类下的品牌所组成的共同形象。需要说明的是,作者结合研究时期内日本汽车在美国市场上的实际经营情况,将品牌对美国的外商投资情况也纳入与国家有关的资产范畴,认为就汽车这一功能性较强的品类来说,该因素有助于提升品牌的市场份额。Kim 和 Chung(1997)对上述逻辑进行了实际验证。他们利用 1982—1987 年美国市场上来自日本和美国 13 款车型(品牌)的交易数据,构建并比较了两个国家汽车品牌的普及度、主要营销变量(包括广告、产品绩效、产品可靠性及油耗经济性等),以及在美投资情况对品牌市场份额的长期和短期影响模型,间接证实了与国家相关的无形资产的存在,同时确认了其对市场份额的影响,即对于来自不同国家的汽车品牌,不同的营销变量对品牌市场份额的影响作用存在显著差异。

第五节　结论与研究展望

本章综合多个领域的文献,包括目的地营销(Papadopoulos 和 Heslop,2002,2003)、区域品牌化(Keller,1998)、来源国效应(Pappu、Quester 和 Cooksey,2007)、全球品牌化(Alden、Steenkamp 和 Batra,1999;Chabowski、Samiee 和 Hult,2013)等,厘清了国家品牌资产的基本脉络,提出了一个整合性理论框架,即按照界定视角所在层级的不同,把国家品牌资产进一步界定为独立的国家品牌资产、与产品/品牌关联的国家品牌资产和融于品牌资产中的国家品牌资产。基于这三大视角的基本架构,本章还汇总梳理了国家品牌资产研究所涉及的影响因素、测量方式和作用结果,为识别后续研究机会和重点方向奠定了基础。总体上,未来的研究可以按三大视角的框架,结合目前的实践发展趋势,在相应方向上施力推进。

一、国家品牌战略研究

基于独立的国家品牌资产的界定视角,开展国家品牌战略对国家品牌资产的影响关系研究势在必行。这是宏观的研究角度,涉及国家品牌战略与国家品牌资产两个方面的具体问题。对于国家品牌战略,我已开展的研究可参见本书第七章、第十三章、第十五章;对于国家品牌资产,我对国家品牌形象开展了多国调查研究,详见本书第八章、第九章、第十章。

国家品牌战略涉及战略概念(如德国工业 4.0)、战略组织(如韩国国家品牌委员会)、战略制度(如中共中央、国务院印发的《质量强国建设纲要》)、战略手段(如中国国际进口博览会)等很多方面,战略结果又涉及旅游、出口、国民、文化和历史遗产、投资和移民,以及政府治理等各个领域(Anholt,2005),甚为复杂。在历史上,一些享誉全球的国家都曾通过发挥政府和制度的效力成功实施国家品牌战略。例如,19 世纪德国产品因假冒伪劣,深受英国等欧洲其他国家诟病。德国政府采取多项措施在全国范围内不断加强产品质量管理,逐渐摸索出从上到下全方位打造高端品质的"德国制造"战略(Joseph,2013)。与德国类似,日本在第二次世界大战后产品质量低劣问题非常严重,日本政府在 20 世纪 50 年代提出"质量救国"战略,并于 1951 年设立了全球首个国家级质量奖项"戴明质量奖"(Dooley,2000)。美国则是在被日本赶超的情况下,于 1987 年提出质量振兴法案,设立"鲍德里奇国家质量奖",以此重振美国世界霸主地位(Curkovic 等,2000)。

如本章引言所述,中国政府已在国家层面开展品牌战略,但在战略顶层设计的各个要素方面还缺乏整体性考虑和明确的组织安排,这是未来研究特别需要加以推进的。与此同时,国家品牌战略的实际影响成效是长期性的,需要用历时性数据和方法加以跟踪研究,如此才能验证其真实效力。这也是当前研究所缺乏的。在国家品牌资产方面,尽管目前已有影响力较大的国家品牌评价模型和工具(Anholt,2005;Fetscherin,2010),但在大数据时代背景下,我们可以利用线上大数据,从口碑和舆论的角度,针对国家品牌资产的影响力开发新的测量方法。在上述两项研究的基础上,探究国家品牌战略对国家品牌资产的影响,将成为对现有研究的新突破。

二、品牌与国家的联结的研究

我们需要结合当下的时代发展趋势,重新审视并发展与产品/品牌关联的国家品牌资产的界定视角。我已把这个研究视角发展为品牌与国家的联结的研究,提出品牌与国家的联结构念。我已开展的相关研究详见本书第十四章和第十七章。

中国作为"国家品牌",对商业领域的品牌产生的影响已经有所变化。一方面,在移动互联环境下,中国企业有大量的出海品牌借助互联网轻松打入海外市场,其中相当数量的品牌属于消费电子和数字化驱动的品牌,使得国外消费者日益将中国与创新数字设备联系在一起,这在一定程度上改变了中国的国家联想。由此可见,在当前新市场背景下,国家品牌与商业品牌之间的互动影响关系变得更为密切和复杂。需要回答的问题有很多。比如,在全球市场中,中国企业如何真正建立代表国家地位的强势品牌?欧美发达国家都有一批与本国密切关联、能够代表本国的全球品牌,那么哪些品牌能够在全球市场中代表中国?其评价标准是什么?从消费者的角度看,他们又是如何认知的?可见,探究品牌与国家的联结成为一个基本学术问题。2019 年 1 月,央视"国家品牌计划"涉嫌违反《中华人民共和国广告法》而被国家市场监督管理总局约谈,原因是进入"国家品牌计划"的很多品牌并不具有代表国家品牌地位的公信力。因此,如何客观公正地建立国家品牌的评价标准、确立评价方法显得十分迫切和重要。

在上述研究工作的基础上,还要探究国家品牌资产的宏观和微观视角对于品牌资产的互动影响。未来的研究应该在宏观和微观的研究之间建立联系,同时考察它们对消费者反应的影响。例如,如前所述,宏观层面的国家品牌联想资产与微观层面的产品特征相互作用,影响消费者对产品的评价、态度和意图(如 Chen、Mathur 和 Maheswaran,2014;Maheswaran 和 Chen,2006;Zeugner-Roth、Diamantopoulos 和 Montesinos,2008)。未来的研究还可以从消费者的角度确定国家品牌资产对商业品牌影响的宏观和微观观点。在这两种观点中,国家品牌都可以被用于特定商业品牌的基于消费者的资产中。例如,有研究表明,消费者对特定品牌的评价可能也会受到群体层面的爱国主义和国家认同的影响,比如宏观视角下的来源国联结(Swaminathan、Page 和 Gürhan-Canli,2007)。本书第十一章也开展了这方面的研究。在一项更具体的调查中,Halkias、Davvetas 和 Diamantopoulos(2016)表明,对一个国家的人民、技术和产品(微观层面)的温暖和能力的刻板印象感知以及感知到的品牌全球化以一种补偿方式运作,而对一个国家的刻板印象在产品决策方面提供的诊断信息较少。因此,公共和私营部门之间的合作在实践中是可取的(White,2012)。我已开展了这方面的研究,详见本书第十四章。

此外,大量由数字化驱动的品牌(表现为平台品牌的特征)是否在一定程度上改变了中国作为来源国的品牌联想?它们与国家品牌的联结特征与性质是否有别于在线下建立和发展的传统品牌?进一步地,它们与国家的联结对这类品牌的全球化起到什么样的影响作用?它们的全球化又是否会影响其自身与国家之间的联结关系?中国品牌在全球化市场中的表现和竞争力,是否受到它们所代表的国家品牌地位的影响?目前,学术界对这些问题都尚无直接的研究成果。另外,来自中国新兴市场的品牌(如华为、海尔和联想等)走向全球,一定程度上形成了集体性合力。然而,在这样的实践背景下,理论上尚缺乏关于商业品牌资产与国家品牌资产之间的互动影响机制的量化研究。例如,这些强势的商业品牌是否会影响消费者视角下作为来源国的国家品牌资产?如果会影响,具体会产生怎样的影响?而后者又如何对商业领域的品牌整体产生积极影响?

三、微观国家品牌资产研究

基于融于品牌资产中的国家品牌资产的界定视角,我们需要大力开拓文化元素和文化资产研究,探究中国企业如何在本国市场和全球市场中用好"中国元素"战略,建立差异化品牌定位和优势。在本书中,我已开展的研究参见第十二章。

首先,中国元素作为内化于品牌中的国家资产,很多年来在全球品牌的中国市场营销活动中得到了大量运用,折射了中国文化作为国家"软实力"的地位提升,而这无论对全球品牌还是本土品牌,都预示着一种建立品牌定位、创建品牌资产的新方式(何佳讯,2013a)。如果说西方全球品牌运用中国元素是赢取中国市场的全球本土化战略,那么,中国品牌在本国市场和海外市场中运用中国元素,则是建立差异化品牌定位的战略。目前,我们在定义中国元素的基础上,引入刻板印象一致性(何佳讯、吴漪和谢润琦,2014)、文化融合性(He 和 Wang,2017)、感知新奇性(He、Wu 和 Wang,2016)等构念,开展了实证研究,揭示了中国元素发挥品牌资产效应的若干机制。但总体上这方面的研究在国际上尚处于起步阶段。未来的研究应探索融于特定品牌的国家品牌资产如何影响消费者的感知、态度和购买行为的理论机制。例如,Torelli(2013)关注了国家资产的文化方面(即文化资产),并考察了品牌文化象征的前因(如抽象文化形象的体现、文化知识网络中的嵌入性)和有利结果(如品牌评价、自我品牌联系)。

此外,目前缺乏针对融于品牌资产中的国家品牌资产的测量方法和工具。其原因可能在于,当将特定国家的文化、规范或元素作为品牌的名称、产品成分、概念定位等的构成部分时,测量工具在施测时所涉及的评价客体是不确定且来源广泛的,这给实际的操作化界定带来了困难。一种可能的做法是,只针对特定的来源国元素进行测量评价。例如,Martin 和 Cerviño(2011)援引的"品牌名称一致性"(brand denomination congruence)即是从语言的角度来刻画品牌名称在多大程度上能够提示该品牌的来源国(Leclerc、Schmitt 和 Dubé,1994),如古驰(Gucci)便是典型的意大利名称。另一种思路则是跳出对具体元素的测量,从消费者最终感知的角度评价商业品牌与该品牌的来源国之间产生关联性与代表性的程度。如"文化标志性"(cultural iconicity)(Chiu 和 Cheng,2007;Torelli、Keh 和 Chiu,2010)和"文化象征性"(Torelli,2013)等。一个品牌与来源国的关联度越高,或者对来源国文化的标志性或象征性评价越高,则表明该品牌蕴含的国家品牌资产越多。但这方面的研究也处于起步阶段,有待重视和深化。对融于品牌资产中的国家品牌资产的研究,将从根本上改变我们通常对于国家品牌资产概念的理解——国家品牌资产可以体现在日常可见的商业品牌之中,因而使得我们对国家品牌战略的思路和路径有了全新的突破。

最后,还要探索品牌资产对于国家品牌资产的逆向效应,特别是全球化品牌的影响作用,即在全球市场中强势品牌的资产如何由特定的影响路径转移到整个国家资产的层面上。我已经开展的一项研究(何佳讯、黄海洋和何盈,2020)以中国为新兴市场的品牌全球化和逆向来源国效应背景,从商业品牌资产角度探究全球品牌资产对国家品牌形象的影响及其在消费者品牌态度上的溢出效应。实证结果表明,感知品牌全球性正向影响品牌感知质量、品牌声望和品牌知识,并由此进一步影响整体国家形象、产品国家形象和类别国家形象。未来的研究可以选择具有国家文化象征意义的品牌或拥有国家级地位的品牌,研究它们对于国家品牌资产的影响,以及其他溢出效应。特定国家的企业的总体声誉良好,能够提高该国的总体声誉。这可能会影响人们对该国产品的态度和购买意愿,如三星电子及其对韩国整体国家品牌形象的影响(Kang 和 Yang,2010)。未来的研究可进一步考察一个国家的特定品牌的良好形象如何扩散至其他领域,如旅游、出口和外国直接投资。

第二章

国家品牌理论：多学科研究

上一章立足于市场学视角，围绕"国家品牌资产"构念进行了整体性理论建构。对于"国家品牌"理论的研究，存在更多的学科视角展开。与一般的产品或服务品牌不同，国家品牌作为一个实体，本身更具复杂性和多维性，在国家品牌化的过程中，其所考虑的利益相关者更为广泛和多元。因此，单一学科视角下的国家品牌研究有"管中窥豹"之意，多学科视角显得尤为必要。本章主要基于三个比较重要的学科视角展开：基于市场学的品牌资产视角、基于政治学的国际关系视角，以及基于战略管理的竞争战略视角。与此同时，本章还结合管理视角，进行了实践性的理论分析。与第一章提出新的理论框架相比，本章可以看成是该领域研究演进的基础性文献背景，以及开展交叉学术研究的方向性指引。

第一节　基于市场学的品牌资产视角

从市场学的品牌资产理论框架看，一般可从国家品牌资产创建、测量和管理三个角度展开分析。研究的主题主要涉及如何为国家品牌选择合适的定位，如何识别核心的国家品牌要素，其主要包括哪些资产，如何衡量某个国家品牌资产的强弱，如何创建国家品牌架构等。在第一章中，我已经对国家品牌资产测量进行了概括分析。下面主要基于 Dinnie（2008）关于国家品牌化的基本观点，从国家品牌资产创建和管理的角度分别对国家品牌的相关研究展开论述。

一、国家品牌资产创建

(一) 品牌身份、品牌形象和品牌定位[①]

国家品牌可看作独特的、多维的元素融合,这些元素针对所有目标受众而言,为国家提供了差异化的文化基础和相关性。在一般化的创建品牌资产的过程中,有三个概念是非常关键的,即品牌身份、品牌形象和品牌定位。同样,在创建国家品牌的过程中,这三个概念受到关注。尽管品牌身份和品牌形象两个概念较为相关,但两者有所区别。身份指的是事物的真实方面,即事物的本质;而形象指的是事物如何被感知。两者有可能存在差距,因为事物的本质不一定被感知到。在品牌管理中,品牌形象和品牌身份一般在产品、服务和企业品牌背景中被提到,很少涉及国家品牌化,但这两个核心概念完全可以移至国家品牌化的背景中。表 2-1 列举了品牌身份要素在国家品牌中的体现。

表 2-1　品牌身份要素在国家品牌中的体现

品牌身份要素	在国家品牌中的体现
品牌愿景	由国家品牌发展团队各成员商定的战略文件,该团队应包括由政府、公共部门、私人部门及公民组成的代表
品牌范围	概述国家品牌可以有效竞争的行业和目标市场,包括为旅游、教育等行业实行市场细分战略
品牌名称	有些国家不止一个名称(如 Holland/Netherlands),因此需要监测二元性的命名是否代表一种潜在的资产或负债
表现准则	国旗、语言和图标
日常行为	政治/军事行为、外交行动、国际关系行为
什么使品牌与众不同	国家的独特性——体现在它的文化、历史、人民中
叙事身份	国家神话与英雄、独立崛起的故事
倡导的意识形态	人权、可持续发展、追求幸福等

资料来源:作者根据 Dinnie(2008)整理。

国家形象可以看作对一个国家一般化的认知影响个人对该国产品或品牌

[①] 更为详尽的内容请参见:何佳讯,2021,《战略品牌管理——企业与顾客协同战略》,北京:中国人民大学出版社;He, J., C. L. Wang, and Y. Wu (2021), "Building the Connection Between Nation and Commercial Brand: An Integrative Review and Future Research Directions", *International Marketing Review*, 38(1), 19-35。

的评价。国家形象比较容易引起混淆,因为其可在多个层面上产生作用,特别是考虑到品牌名和来源国对产品形象的联合影响。其中,需要综合考虑通用产品的国家形象、制造商的国家形象、国家制造标签所传播的形象等。图 2-1 是关于国家品牌身份和国家品牌形象的概念模型,该模型表明身份和形象在国家品牌背景下具有多维的性质。

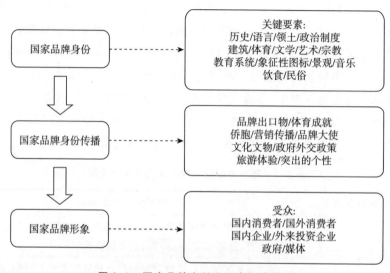

图 2-1　国家品牌身份和形象概念模型

该模型表明国家品牌身份包括历史、领土、体育、民俗等代表国家精髓的持久元素。针对具体的国家品牌目标,在宣传国家品牌身份上应有所侧重。例如,有的国家选择品牌出口物作为宣传重点,而有的国家则把宣传重点放在令人瞩目的体育成就上。国家品牌形象是品牌身份通过品牌宣传的结果。需要注意的是,不同的消费者对国家品牌形象的感知有所不同,因此需要考虑多元化的目标受众。

一般而言,在品牌定位的过程中,建立品牌差异点是一个关键因素,这个差异点需要考虑相关性、差异性和可信性。其中差异性这个标准带来了潜在的挑战。差异点意味着为了吸引一部分消费者,有可能疏远另一部分消费者。这对于商业的品牌化是可以接受的,但对于国家的品牌化是难以接受的——国家品牌会延伸至国家经济生活中的所有领域。但是,如果为了避免差异性带来的弊端而选择那些空洞的、温和的元素进行定位,既缺乏意义也无法激励任何人。另外的一个挑战是,国家品牌定位需要考虑对政治高度敏感的众多利益相关者,整合难度更大。

（二）国家品牌化类别流动模型

值得一提的是，Dinnie（2008）综合实践界、理论界、学界等观点，提出国家品牌化类别流动模型（the category flow model of nation branding），展现了打造国家品牌资产的过程。该模型整合了国家品牌化的前因、特性和结果，如图 2-2 所示。

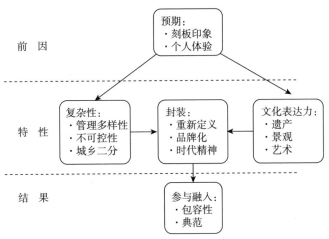

图 2-2　国家品牌化类别流动模型

国家品牌化类别流动模型包括前因（antecedents）、特性（properties）和结果（consequences）三大部分。和国家品牌化相关的众多前因被归为预期（anticipation）类别，特性包括复杂性（complexity）、封装（encapsulation）和文化表达力（cultural expressiveness）三个类别，结果则以参与融入（engagement）的类别呈现。该模型表明初始的预期类别流向了复杂性和文化表达力两个类别（二者构成了国家身份的主要方面），而要流向最终的参与融入类别，复杂性和文化表达力必须先流向封装类别——这个过程需要运用品牌化的相关技术。

具体地，预期类别代表了消费者对一个国家的感知，主要包括刻板印象和个人体验（可能来源于某个国家的旅游经历或产品消费经历等），这种感知先于国家建立国家品牌的任何有意识的举动。了解消费者对某个国家的预期有助于分析国家品牌有利的一面和不利的一面。复杂性类别包括管理多样性（managing diversity）、不可控性（uncontrollability）和城乡二分（urban/rural dichotomy）。多样性包括人口异质性、文化多样性、社会多样性、组织多样性等。不可控性和管理多样性息息相关，国家多样性越突出，那么其构成元素越不可控，建立一致的、被广泛接受的国家品牌所面临的挑战就越大。城乡二分指的是城市和农村呈现方式之间可能存在的鸿沟。有效管理这个鸿沟的关键在于使城市和农村的吸引力与国家形象相互补充而不是冲突。文化表达力类别包括遗产(heritage)、景观(landscape)和艺术(arts)。遗产包括国家历史、传统和建筑。景观更多地应看作一个概念而非有形的存在,因为人们往往赋予景观强有力的情感和象征价值。艺术包括文学、音乐、服饰等。考虑到国家身份的复杂性和多样性,封装是国家品牌化中的一个关键要素。

通过适当地重新封装相关的国家元素,可以向目标受众传达清晰的、一致的国家品牌形象。封装包括重新定义(redefinition)、品牌化(branding)和时代精神(zeitgeist)。重新定义指的是重新定义国家希望向内外受众展示自身的方式所做出的努力,其可针对负面的国家形象。这个过程需要品牌化,即利用相关技术创建品牌。同时,建立国家品牌需要考虑时代精神,把社会趋势和现象等融入其中。参与融入类别包括包容性(inclusiveness)和典范(exemplars)。包容性意味着建立一个对国家品牌的承诺,这个承诺来源于大范围的利益相关者,其中海外侨胞是一个重要的考虑对象。典范指的是通过最佳实践或成功故事的形式来展示国家品牌建设所取得的成果,这有利于提高人们的参与热情,同时也可以减少人们对于公共资金投入的质疑。

二、国家品牌资产管理

(一)国家品牌资产要素

与第一章对国家品牌资产确定新的理论构念不同,国家品牌资产可看作与国家相关的有形、无形、内部和外部资产或负债,国家品牌的资产来源或构成国家资产的维度如图 2-3 所示。

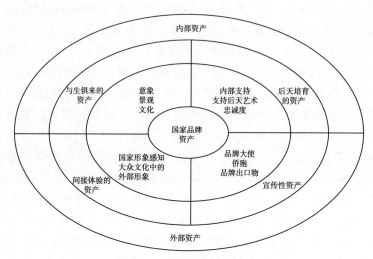

图 2-3　国家品牌资产模型

国家品牌资产分为内部资产（internal assets）和外部资产（external assets）。内部资产包括与生俱来的资产（innate assets）和后天培育的资产（nurtured assets）。与生俱来的资产是持久的国家身份元素，包括意象（iconography）、景观和文化（culture）。后天培育的资产主要源于国家有意识的现代化努力，包括内部支持（internal buy-in）、支持后天艺术和忠诚度。

具体地，意象包括视觉形象、象征物和其他代表国家的元素。景观主要以城市建筑为标志。而文化则代表国家身份中一个独特、真实的构成元素，主要通过音乐、饮食、电影、文学等方面表现出来。内部支持主要指确保国家投射的形象与现实社会一致，要求人们在与外国人的交往中维护国家形象。支持后天艺术指的是支持国家艺术的各种活动，这需要在商业和艺术保护之间取得平衡。忠诚度是品牌资产的重要组成部分，在国家品牌的背景下，需要落实适当的计划以提高多元化消费者，包括本国公民、贸易伙伴、国际组织、政治盟友、游客和外来投资者等的忠诚度。

外部资产包括间接体验的资产（vicarious assets）和宣传性资产（disseminated assets）。间接体验的资产是指通过二手资料体验到而非个人直接接触到的国家品牌资产，主要包括个人的国家形象感知和大众文化中的外部形象。宣传性资产是指有形的国家品牌投射物，这些投射物远离国土，遍布世界，包括品牌大使（如明星等）、侨胞和品牌出口物。

（二）国家品牌资产管理的特殊性

与商业品牌资产管理不同，国家品牌资产管理具有特殊性。在开展国家品牌化战略的过程中，需要考虑管理伦理和管理实践挑战这两大方面的问题。

伦理性问题包括三个方面。第一，国家品牌管理的合法性问题，即把国家作为一个品牌的情况下，谁有资格成为国家品牌管理者。一般而言，政客具有这样的资格但缺乏相应的技能，而专业的市场营销者和品牌经理拥有相应的技能却缺乏民主授权。这种局面导致国家品牌化只能停留在概念层面。第二，国家品牌价值的识别和选择问题。这涉及谁有资格识别和选择适当的品牌价值集。和商业类的品牌不同，选择和识别合适的国家品牌价值需要大范围的市场调查，包括定性和定量方法的调查。如果缺乏全国性调查，有可能导致大众对创建国家品牌的活动产生抵制。另外，把国家作为品牌能否被大众接受？品牌意味着商业，某些消费者会将此理解为对本土文化的消费和破坏。第三，和商业类的品牌一样，国家品牌化也需要考虑社会责任，即国家品牌化是否会破坏环境、造成污染等。

　　从管理的角度看,实践性挑战包括四个方面:第一,利益相关者应在何种程度上参与国家品牌化。在理想情况下,为获得最大支持,所有利益相关者,包括政府、公共部门、私人组织和公民均应参与到国家品牌建设中。但从经济或其他角度考虑,所有人参与是不可能的。一般情况下,国家品牌化的最初阶段由政府主导,随后公共部门和私人部门加入,政府逐步退出,最后部分公民参与其中。第二,协调国家品牌接触点。协调一致的品牌接触点会影响消费者对品牌资产的感知。相对于商业类的品牌而言,国家品牌的接触点更多、更复杂,协调难度相当大。第三,建立合适的国家品牌架构(见图 2-4)。相较于一般的企业品牌架构,建立有效的国家品牌架构需要大范围的跨机构合作,包括旅游局、外来投资机构、高等教育机构、出口促进机构等。与企业品牌架构一样,国家品牌架构需要考虑不同品牌层次(品牌伞层次、背书品牌层次和独立品牌层次)所发挥的特定作用,同时还需要考虑同一品牌层次之间的协调效应。第四,国家品牌化是一个高度政治化的活动,政府起着主导作用,但由于政府官员的任期一般比国家品牌化所需的时间短,因此相关创建活动往往缺乏连续性。

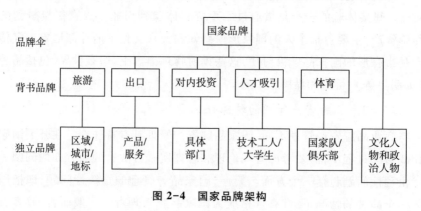

图 2-4　国家品牌架构

第二节　基于政治学的国际关系视角

　　基于政治学的国际关系理论是认知国家形象的重要研究视角,这一视角的研究成果在国家外交政策领域得到了广泛应用(张苾芜,2011)。在国际关系理论视角下,国家形象的研究常常依据现实主义理论与合作主义理论展开,研究者主要着眼于国家的现实利益和国家之间的合作,探讨宏观、中观和微观层面的国家形象建构、改进和传播问题。现实主义理论研究国家形象的核心概念是“权力”,“获得、维持和增加权力是国家行为的所有动机”,权力定义国家利益（傅海和汪頔，2015）。而国家形象的内在价值是一种利益的获得，这构成了一国关注其国家形象的内在动机。然而，与现实主义理论关注"权力"不同的是，合作主义理论强调"声誉"的重要意义。其认为在全球化日益加速的背景下，"合作"成为现代国家之间建立关系和交往的必然选择，而"声誉"是说服他国合作和参与国际政治的资本。据此，本节依据国际关系的现实主义理论和合作主义理论，首先归纳出国家形象的概念和判断指标，之后重点阐述现实主义理论视角下的地缘政治与国家形象以及合作主义理论视角下的全球化与国家形象。

一、国际关系视角下的国家形象概念

（一）权力、威望、声誉定义国家形象

国际关系理论认为，国与国之间的关系是权力、威望、声誉和利益的体现，国际关系视角下的国家形象是一个"软权力"的概念。国家形象作为"软权力"，是发挥作用的重要渠道，会对国家的政治、外交、经济、贸易等方面产生重要影响（王珏，2006）。硬权力是软权力的基础，而软权力是硬权力的无形延伸。国家形象在体现软权力的同时，更助推了硬权力的实施。下面具体从三个方面进行阐述：

第一，权力的形式。根据丹尼斯·朗（Dennis Wrong）的观点，权力可划分为四种基本形式：武力、操纵、说服和权威。国家形象产生权力的作用形式与发挥方式不是武力或操纵，而是潜移默化、争夺人心，其权力的形式来源属于说服和权威两种基本形式的混合。

第二，权力的构成要素。根据传统的观点，权力的构成要素一般为有形的实力。例如，国际关系学家汉斯·摩根索（Hans Morgenthau）认为权力的构成要素包括地理、自然资源、工业能力、战备、人口、国民性、国民士气、外交素质和政府素质这九项，雷·克莱因（Ray Cline）则认为权力是由一国的基本实体、经济能力、军事能力、战略目标以及达成目标的意志这五个主要因素构成的（王珏，2006）。但随着全球化的发展，传统的观点无法完全解释当前的国际关系现象，国家权力的内涵与外延需要重新界定。如今，国际关系研究者们普遍认为，国家权力不仅包含传统的硬实力，还包括价值观、文化认同等精神层面的无形实力。而国家形象是一个集国家价值观念、人民生活方式、国家文化于一体的概念，是一个国家无形实力的重要组成部分，对国际关系产生了重要影响。

第三,威望和声誉。国际关系理论认为,威望和声誉会对国际交往产生重要影响,而这二者是国家形象的组成部分(王珏,2006)。汉斯·摩根索强调了国家形象中的威望概念,认为威望是权力的声誉。他认为威望是国际舞台上强权斗争的基本表现之一,威望维持或增加了一国所拥有和谋求的权力,也是一国对另一国行使其权力的潜力、能力和意愿的看法。同时,声誉作为国家形象概念的另一部分,反映了一种国家利益形式,被一些研究者用来分析其对于战争的影响(王珏,2006)。在全球化时代,对声誉的关注逐渐超越传统的军事安全领域,进一步向经贸领域扩展。

可见,国际关系视角下的国家形象可以理解为一个由权力、威望和声誉组成的概念。第一,国家形象是一种国家"软权力",区别于传统的"硬权力"概念,建立在一国政治、经济和军事等硬实力的基础上。第二,威望和声誉是组成国家形象的重要内容。国家形象中的威望是一种声誉的权力,声誉是国家利益的一种体现形式。基于合作主义理论,威望和声誉是全球化时代参与国际合作的重要因素,声誉佳的国家往往更容易获得国际话语权。国家形象影响了国家间实力的对比,从而对国际关系产生影响。

(二) 国家形象的认知判断指标

根据理查德·赫尔曼(Richard Herrmann)的国家形象理论,建立在国际关系学中的国家形象理论,强调了对一国国家形象认知的三个方面:一是相对国力的重要性,二是对威胁和机遇的判断,三是文化上的层次和异质性(张芯芜,2011)。

根据国际关系的现实主义理论,相对国力会影响外交政策的实施。俄罗斯的实力衰败、欧盟的扩张影响到它们在东欧国家中的形象认知和外交政策的推行情况。肯尼斯·博尔丁(Kenneth Boulding)认为,对敌我关系以及国家相对实力强弱的判断是构成国家形象理论的核心要素。比如,对"中国的崛起是一种威胁还是机遇"的认知影响了不同国家对中国的态度,并作用于其外交政策(卡纳,2009)。根据认知平衡理论,人们在对事物的判断不平衡时会进行认知调整。在对一个国家进行威胁或机遇的评判时,为了使决策更加容易,决策者会构筑一种形象,以取得其自身或国家公众的心理平衡。此外,文化的比较会影响国家形象的认知——主要为两个方面的比较:一是文化层次,二是文化内涵的异同。文化落后的国家被认为缺乏文明规范,可能被视为一种威胁;而对于文化内涵相似的国家,往往会形成更正面的认知。相对国力、威胁与机遇判断，以及文化比较是国家形象确立的三个重要指标。根据赫尔曼的观点，从国际关系视角看，国家形象的内涵主要包括国家动机、决策程序、意志以及国力。他通过实验进一步证明，这些因素构成了国家形象的信息组合，决策者会根据该组合中的某个方面去判断其他方面的信息，并影响一国的外交决策。

可见，国际关系视角下国家形象确立的主要指标可以理解为：国与国相对实力的比较；一国对另一国关于实力增长或下降所带来的威胁或机遇的认知；影响到威胁或机遇的认知差异的文化层次和文化异质性。该视角下的研究主要基于外交政策的制定而展开，尚未深入涉及他国民众的国家形象认知问题。

二、现实主义和合作主义理论对国家形象的解析

（一）地缘政治、现实主义与国家形象

地缘政治将地理因素看作影响国家政治和国际关系的重要因素。地缘政治学广泛应用于分析和研判国家外交行为和地区或世界政治发展走向。地缘政治的实质是国家利益的关系，是一个国家外在影响力的体现，对国家形象产生影响（张昆和陈雅莉，2014）。

依据现实主义理论的观点，国家形象本身就是一种国家利益，"可获得利益"构成了一国关注其国家形象的主要动机。国家倾向于追求自身在国际体系当中的荣誉和威望。进一步地，现实主义理论认为某个国家在各个领域的具体国力是构成该国国家形象结果的根源（王珏，2006）。一国通过展现力量或威望能够对他国政府和民众产生一些心理上的影响，因而能够在现实层面增强自身的对外影响力。

从当前的地缘政治形势看，东欧主要受欧盟和俄罗斯的影响作用；中亚地区主要由中国、美国和俄罗斯展开博弈；在美洲，美国继续发挥重要的地缘影响力；中东地区的控制权因宗教问题而错综复杂；亚洲成为中美地缘博弈的主战场（卡纳，2009）。现实主义理论认为，拥有权力、掌握地区控制权是国家形象塑造的内在动机。显然，地缘政治的存在影响到了国家形象。例如，中亚地区对中国具有重要的战略意义，在中亚地区塑造良好的国家形象符合中国国家利益。因此，中国在政治上奉行"不干涉他国内政"原则；在经济上打造"新丝绸之路"计划加强经贸联系；在安全上创建上海合作组织，消除"中国威胁论"；在文化上深化人文交流的政策。这些政策较好地扭转了中苏交恶时期的中国负面形象（郭琼，2014）。相反，因中美在亚洲的利益冲突，美国与其"盟友国"不

断宣传"中国威胁论"和"不负责任大国"的形象。这些国家形象的形成都与地缘政治和现实主义理论中的国家利益紧密联系。

因此,从地缘政治、现实主义理论来解析国家形象,我们可以认为,地缘政治的存在使得大国采用不同的政策来赢得其在某区域或国家的某种权力、声誉和威望,从而获取自身的国家利益。基于现实主义理论,这种政治表现构成了国家形象形成的根源。这种地缘政治关系和现实主义理论塑造了不同的国家形象。

（二）全球化、合作主义与国家形象

一般来说,全球化被认为是与地缘政治截然对立的概念。全球化强调互动和相互依存的关系,全球化的发展意味着更大程度的融合,"竞争中合作"成为大国之间的发展模式。

合作主义理论与现实主义理论的不同在于,前者关注国家形象在国际合作中的作用,后者关注国家形象在国际冲突中的作用。合作主义理论是在全球化深入发展、国与国相互依赖程度日益加深的背景下逐步兴起的一种国际关系理论。在对国家形象的表述上,合作主义理论认为良好的国家形象是国家之间进行合作的必要条件,一个国家的声誉和形象会影响它参与国际层面事务的能力。为获得这种能力,一些国家会为了良好的声誉和国际形象而牺牲一部分短期利益。全球化发展过程中构建的一些现有国际机制(如贸易机制)成为衡量一个国家声誉的标准,影响该国在这个领域的国际形象。形象良好的国家更容易加入国际体系并从中受益,而形象不佳的国家则往往付出更大的代价来达成或难以达成国际协议(傅海和汪頔,2015)。

欧洲的欧盟、中亚地区的上海合作组织、亚太地区的亚太经合组织、美洲的美洲国家组织等地区和国际合作组织不断兴起,这是全球化深入发展的重要体现。从合作主义来看,良好的国家形象会促进这种国际合作,而国家形象也在国际合作中不断地被塑造或重新塑造。例如,中国在经济发展的同时,向上海合作组织成员国提供越来越多的贷款,因此中亚各国更多地将中国视为一种对其有利的发展机遇,而中国也奠定了地区主导者的地位,并进一步彰显"仁慈大国形象"(卡纳,2009)。

因此,从全球化、合作主义理论来解析国家形象,我们可以认为,全球化的发展使得建立合作成为国与国之间关系的主流。而良好的国际形象是国家间合作以及参与国际合作组织的必要条件。在这一过程中,国家形象既促进了合作,同时又在合作中得到了塑造。

从上面的论述中可以看出,国际关系视角下的国家形象研究主要依据现实主义理论和合作主义理论。现实主义理论聚焦于国家形象所带来的权力,认为权力是追求国家形象的内在动机,其研究的历史背景是强权政治时代。而合作主义理论聚焦于国家形象中的声誉,认为声誉是参与国际合作、赢得国家利益的手段,其研究的现实背景是全球化深入发展的时代。权力、威望和声誉构成了国际关系视角下国家形象概念的基本内涵。而在外交领域的运用方面,国际关系理论认为,相对国力、威胁与机遇判断以及文化比较构成了国家形象的判断指标,影响一国的外交政策,并被用来判断一国的外交政策动机。在国际关系中,地缘政治、全球化等成为影响国与国之间关系的重要因素。现实主义理论关注国家形象在地缘政治冲突中的研究,而合作主义理论关注国家形象在全球化国际合作中的作用。在地缘政治和全球化的发展过程中,国际关系的交往导致了各类冲突或合作,不同的国家形象因此被塑造出来。

第三节　基于战略管理的竞争战略视角

国家品牌是一个国家在国民(尤其是外国国民)心目中的总体形象。这种形象的构成根植于一国的风土人情和精神血脉,通过政治、经济、文化、外交等多种渠道对外传播,进而在他国国民心中勾勒出完整的国家名片。当前,国家品牌的塑造在很大程度上上升到了国家竞争战略的层面,成为国家竞争力的重要指标。竞争战略和国际竞争力领域的权威研究者迈克尔·波特(Michael Porter)在其著作《国家竞争优势》中详细地讲解了一国想要全面提升自身的竞争力应该如何行动,其核心内容主要涵盖钻石理论模型、产业集群在提升国家竞争力中的作用以及政府与企业角色分配三个方面。本节主要基于波特(2002)关于打造国家竞争优势的基本观点,就新现实下如何从竞争战略角度思考国家品牌发展的问题进行论述。

一、国家竞争优势来源

(一)钻石理论模型

波特国家竞争优势理论的中心思想是一国兴衰的根本在于该国在国际竞争中是否赢得优势,他强调一国的所有行业和产品不仅要参与国际竞争,并且要形成国家整体的竞争优势。而国家竞争优势的取得,关键在于以下四个基本要素和两个辅助要素的整合作用,见图 2-5。

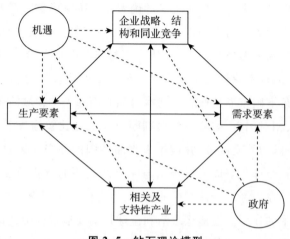

图 2-5　钻石理论模型

1. 生产要素

生产要素主要指资源与才能要素,包括熟练劳动力以及在某行业竞争所必须具备的基础设施条件。波特把这类要素按等级划分成基本要素和高级要素两大类。前者是指一国先天拥有或不需要付出太大代价便能得到的要素,如自然资源、气候、地理位置、人口等;后者则指必须通过长期投资和培育才能创造出来的要素,如通信基础设施、复杂和熟练劳动力、科研设施以及专业技术知识。波特认为高级要素对竞争优势具有更重要的作用,因此政府对基础教育和高等教育的投资——提高人口的普通技能和知识水平、刺激和鼓励高等教育与科研机构的高级研究——将极大地提高国家的高级要素质量。高级要素与基本要素之间存在着复杂的关系。基本要素可以为一国提供一些初始优势,这些优势随着在高级要素方面的投资得到加强和扩展。反过来讲,基本要素方面的劣势地位会形成一种向高级要素方面投资的压力,日本便是典型的例子。作为一个严重缺乏耕地和自然矿产资源的国家,日本通过国民教育投资,创造了丰富的高级才能要素。事实上,日本拥有庞大的工程师队伍,这正是日本在许多制造行业取得成功的关键所在。

2. 需求要素

需求要素特指国内市场的需求状况。波特十分强调国内需求对于刺激和提高国家竞争优势的作用。一般来说,企业对最接近的消费者的需求反应最敏感,因此国内需求的特点对塑造本国产品特色、产生技术创新和提高质量的压力起着尤其重要的作用。波特认为，如果一国国内的消费者是成熟复杂和苛刻挑剔的，则将有助于该国企业赢得国际竞争优势，因为这样的消费者会迫使其努力达到产品高质量标准和进行产品创新。反之，如果该国企业不能应对挑战，那么该国消费者的消费习惯将会受到外国文化与价值观念的强烈引导，最终，该国市场将被外国厂商占领。

3. 相关及支持性产业

在国内拥有具备国际竞争力的供应商和相关及支持性产业，是一个国家或地区贸易能够取得国际竞争优势的重要条件。相关及支持性产业在高级生产要素方面投资的好处，将在产业之间相互扩溢，即产生"溢出效应"，从而有助于这些产业取得国际竞争的有利地位。例如，美国的电脑产品的全球竞争优势，得益于其世界领先的半导体工业技术。一个国家或地区的产业如此发展，会导致具有竞争优势的相关产业趋向集中，形成竞争优势产业群。

4. 企业战略、结构和同业竞争

企业作为国民经济细胞，有其各自的规模、组织形式、产权结构、竞争目标和管理模式等，它们的选择和运作，不仅与企业内部条件和所处产业的性质有关，而且取决于其所面临的外部环境。波特强调，国内同行业中的激烈竞争是该行业产生竞争优势的重要条件。首先，国内竞争给企业带来持续创新、提高质量、降低成本、通过投资提升高级生产要素等一系列压力，这都有利于产生具有世界竞争力的企业。其次，国内的激烈竞争，也会直接削弱企业相对于国外竞争者所可能享有的一些优势，从而促进企业"苦练内功"，争取获得更为持久、独特的优势地位。最后，国内激烈的竞争迫使企业向外部扩张，力求达到并超过国际先进水平，占领国际市场。

除了上述四种基本因素，机遇和政府的作用对国家整体竞争优势的形成也有重要影响。机遇包括重要发明、技术突破、生产要素供求状况的重大变动以及其他突发事件。例如，包括重大技术革新在内的一些机遇事件会导致某种进程中断或产生突变效果，进而导致原有行业结构解体与重构，给一国的企业提供排挤和取代另一国企业的机会。政府部门通过影响四种基本因素，能够削弱或增强国家竞争优势。例如，法规可以改变国内需求条件，相应的产业政策能够影响行业内的竞争程度等。

（二）产业集群理论

波特在《国家竞争优势》中引入"产业集群"的概念，认为一国的生产率和竞争优势要求专业化，而专业化的企业聚集之后就形成了产业集群。虽然经济地理学和区域科学文献早就认识到产业集群现象的存在,但对其的认知范围还比较狭窄,并没有把它和国家竞争优势的成长联系起来——在经济全球化环境中,投入因子可以从诸多地区获取,运输成本的降低也使许多企业不再设立在原料来源地或者大的市场所在地。波特认为产业集群与企业竞争战略存在密切的联系。产业集群不仅仅降低了交易成本,提高了效率,而且改进了激励方式,创造出信息、专业化制度、名声等集体财富。更重要的是,产业集群能够改善创新的条件,加速生产率的提高,也更有利于新企业的形成。

无论是钻石理论模型还是产业集群理论,都在产业竞争力、区域竞争力乃至国家竞争力的研究与评价中得到了广泛运用。在产业集群视角下,区域品牌的研究得到了发展。区域品牌是指在某个行政地理区域范围内形成的具有相当规模、较强生产能力、较高市场占有率和较大影响力的产业集群品牌。区域品牌作为一种无形资产,与有形资产"产业集群"是密不可分的,产业集群是区域品牌形成的重要载体。钻石理论模型的基本要素决定了一个产业集群的竞争力,而产业集群的竞争力决定了区域品牌的影响力。

可见,波特提出的钻石理论和集群理论与国家品牌的发展联系十分密切。下文将结合波特所指出的政府与企业在国家竞争力优势构建过程中的角色,就"国家品牌"情境下政府和企业如何分工协作进行阐述。

二、竞争视角下的国家品牌

(一) 政府的作用

波特主张政府应当在经济发展中起到催化和激发企业创造欲的作用。他既反对"干预主义"又反对"自由放任主义",他认为政府政策成功的要旨是为企业创造一个有利于公平竞争的外部环境。他提出摒弃对少数几家企业提供特惠以扶持其成长的政策,鼓励国内企业的竞争;提倡政府和企业在追求竞争力提升和繁荣时应扮演新的、具有建设性和行动力的角色。具体到国家品牌领域,政府的首要任务是尽力创造一个支撑品牌力提升的良好环境,这意味着政府在一些方面(比如具体企业品牌的规划、实施等)尽量不干预,而在另外一些方面(比如确保强有力的竞争,提供高质量的教育与培训,进行行业信息共享等)则要扮演积极的角色。政府的功能应该主要表现在集体财富(信息、名声、专业化服务)或者公共物品的建设上。

根据钻石体系可知,基本要素的相互作用会影响某一产业内的企业形成国际竞争优势的速度。这给国家层面的启示也许是,充分重视国家优势产业的发展,并积极为相关企业提供相关产业信息,建设基础设施,促进产业集群,为该产业内的企业品牌崛起提供最为充分的服务与支持平台。

（二）企业的功能

波特认为企业的竞争优势来源于两个部分:企业内部和企业外部。企业内部即企业自身的战略规划和核心竞争力的培养,企业外部则主要是指企业所属的地域和产业集群。在"国家品牌"战略的执行中,企业是重要载体和最基本的活跃单元——产品品牌源自企业,区域品牌由企业构成。跨国企业的触角蔓延至全球市场,由于各国不同的市场需求和消费者状况,企业面临重新安排销售价值链并高度协调各国不同活动的挑战。同时,企业还面临着在全球范围内传递一致性品牌价值观的难题。而品牌作为一种抽象概念,更容易在意识形态层面上帮助企业构建并传播统一的形象。企业所采取的品牌战略和其在全球形成的品牌竞争优势密不可分。

基于此,国家品牌的发展离不开对单家企业的品牌战略的研究。只有了解现有全球性企业品牌的优势来源,才能够真正找到促进国家品牌战略发展的有效路径。例如,华为在某种程度上已经成为中国在国际市场上的耀眼名片,可以将它作为国家品牌的代表,研究外国国民对它的评价。华为所体现出的品质与中国形象的联系是怎样的? 为什么会产生这样的评价与联想? 对这些问题的回答可以为迈出国门的其他企业品牌提供战略指引。

根据钻石体系理论,即使是在四种基本要素都很完善的产业内,所有企业都具备竞争优势仍是不可能的。少数脱颖而出的企业将成为该产业领域内代表国家在国际舞台上进行品牌塑造和传播的重要载体。它们选取哪些母国要素作为品牌国际化定位的来源,会对国家品牌的推进进程产生重大影响。因此,要贯彻国家品牌战略,就必须强化企业对于国家资产要素重要性的认知,使其将国家资产要素融入自身的品牌战略中,实现国家品牌企业化。

（三）政府和企业对四大基本要素的运用

结合波特的钻石理论模型及其对政府与企业的基本角色定位,本节在国家品牌战略推进的大情境下对政府和企业的角色进行了定位,见表2-2。

表2-2　钻石理论模型四大要素在国家品牌战略下的运用

四大基本要素	政府角色	企业角色
生产要素	建立有效的高级要素和专门要素的创造机制,重视企业研究与开发,提升国内教育与科研水平	加强内部研究与开发力度,提高技术水平和产品附加值,加强与科研院所、高等院校的合作

（续表）

四大基本要素	政府角色	企业角色
需求要素	重视国内消费者需求行业研究,定期发布可靠权威的需求趋势白皮书	加强对国内细分市场消费者需求的研究,打造优势定位,建立强势品牌
相关及支持性产业	扶持相关产业发展,形成产业集群	加强与供应链上下游的合作,形成合力
企业战略/结构/同业竞争	提供企业品牌战略支持,促进产业结构转型,监督同业竞争	加强品牌战略规划,积极调整内部结构,形成竞争优势

资料来源:作者根据相关资料整理。

　　国家是企业最基本的竞争优势。从企业和国家的竞争优势互动联系的角度看,国家品牌有两层含义:第一层是国家作为一个品牌,第二层是企业作为国家品牌的代表。无论是哪一层含义,国家的重要性都不言而喻。当一国国家品牌力强劲时,其企业品牌力在国际市场上也会加强。因此,国家在公共外交、政治博弈方面所彰显出来的实力与魅力,对于承载着国家品牌战略愿景的企业品牌而言是坚强的后盾。一个企业品牌,萌芽成长于本土,搏击壮大于海外,乘风翱翔于异域,却始终连接着故乡的情怀与神思。母国要素对于品牌海外发展的影响是巨大的,国家这个要素可以彰显品牌优势是如何被创造出来并得以保持的。在不同的产业和行业里,国家的哪些属性有助于提升品牌的竞争优势、塑造品牌的影响力? 回答这个问题不论对国家品牌还是企业品牌的发展都至关重要。

　　当国家环境有助于某些企业发展适当的品牌战略时,国家品牌便会随企业兴盛而兴盛;当一国将品牌上升至国家战略层面时,该国便在品牌竞争领域内迈出了一大步。从竞争战略层面来看国家品牌战略,政府和企业这两个重要主体需要在整个战略体系中找到自身的定位,明确各自的角色和任务,用好波特的竞争战略和国家竞争力优势模型,稳步推进战略的实施。尽管《国家竞争优势》更多的是阐述如何通过钻石体系模型的运用来打造国家产业竞争力(与品牌竞争力有所不同),但产业竞争力是品牌竞争力的基础。发展国家优势产业,是在国际市场上建立强势品牌家族的前提和保障。

第三章

国家形象研究：市场学视角

在第一章和第二章的基础上，本章聚焦国家品牌资产的国家形象维度，以市场学的理论视角，进行专门的研究回顾。国家形象是国家品牌资产和国家品牌战略研究中较为成熟的领域，也是最常用的概念。本章内容重点从市场学领域出发，追溯国家形象的概念源起、维度划分和认知层次，总结国家形象研究以及在此背景下产品形象与国家形象相互关系的研究成果。本章还进一步回顾了国家形象在产品评价方面的作用机制和研究成果。最后，本章概括了国家形象测量的主要方法。

在市场学中，"国家形象"源自并演化于"来源国"（country-of-origin）一词。Schooler（1965）最早发现来源国效应的存在，并指出在消费者选择行为中来源国作为信号的重要性。"来源国"更早可追溯自 Dichter（1962）提出的"世界顾客"的视角。Nagashima（1970）是首位定义国家形象的研究者，他在比较日本和美国商人对外国产品态度的研究中对国家形象进行了界定，认为它是由许多变量创造的，比如代表性产品、国家特征、经济和政治背景、历史和传统。国家形象的影响因素极为复杂，与大众传播、个人经验、对国家意见领袖的看法相关，在国际市场上对消费者的购买行为有重要的影响。

第一节　国家形象及相关构念

尽管 Nagashima（1970）的定义为国家形象的研究奠定了重要基础，但该定义只着眼于某个国家的产品（Martin 和 Eroglu，1993；Papadopoulos 和 Heslop，

2003)。此后的许多研究者也都给出了类似的国家形象概念化的定义(如 Han,1989;Roth 和 Romeo,1992)。Lee 和 Ganesh(1999)指出应该在两种层面上认识国家形象:一种代表产品类别形象(country of manufacture product-specific image,CMPI),另一种代表总体或整体上的国家形象(country of manufacture overall image,CMOI)。消费者可能认为一国的产品具有正面形象,但认为该国具有负面的整体形象,因此,将来源国拆分为两个子构念——CMOI 和 CMPI——能更好地理解来源国对消费者关于两国品牌评价的影响。类似地,Yaprak 和 Parameswaran(1986)认为来源国效应由两部分组成:一般国家态度(general country attitudes,GCA)和一般产品态度(general product attitudes,GPA)。之后 Parameswaran 和 Yaprak(1987)从态度(GCA、GPA)和具体感知(specific product attributes,SPA)两方面对国家形象进行概念化。

不难发现,研究者们对国家形象定义的维度有所不同,一般将其分为三类:对国家总体/一般形象的定义(如国家形象),该定义的客体往往包括某一国家及其公民;对国家及其产品形象的定义,也就是既包括国家的一般形象又涉及来源于该国的产品形象(如产品国家形象);对来自某一国家的产品的定义,即在产品类别层面上对国家形象进行界定,侧重于产品形象。

一、总体国家形象

第一类定义将国家形象视为一种总体印象——不仅由代表性产品创建,同时是与经济和政治成熟度、历史事件和关系、文化和传统、科技发展水平和工业化程度相关的一个总体构念(Bannister 和 Saunder,1978)。然而,所有这些因素指的都是对一个特定国家的认知信念——尽管形象理论认为,国家形象是一个兼具认知和情感的结构,但大部分的国家形象定义都忽略了后者。人们对一国的情感信念体现为对该国(及其公民)的情绪和感觉。Askegaard 和 Ger(1997)以及 Verlegh(2001)是少数明确提出国家形象中情感部分的研究者。值得称赞的是,一些研究者从更全面的角度考虑国家形象的内涵。Papadopoulos、Heslop 和 Bamossy(1990)以态度的三个构成部分为视角,提出国家形象是一个三维的构念,消费者对一个产品来源国的感知包括:认知部分,包含了消费者对该工业发展和技术先进的信念;情感部分,描述消费者对该国公民的情感回应;意动部分,由消费者与来源国渴望的互动水平构成。Laroche 等(2005)进一步指出国家形象的特殊结构,即认知、情感以及意动部分的相对重要性对国家形象影响产品评价的程度有显著的影响。对（总体）国家形象的定义回顾见表3-1。

表3-1　对（总体）国家形象的定义回顾

作者（年份）	定义
Bannister 和 Saunders（1978）	由具有代表性的产品、经济、政治成熟度、历史事件和关系、传统、工业化以及科技等形成的综合形象
Parameswaran 和 Yapark（1987）	消费者对特定国家产品的一般感觉或是对特定国家公民特征的认知
Desborde（1990）	因来源国的文化、政治体系、经济发展水平以及科技水平而在消费者心目中形成的整体形象
Martin 和 Eroglu（1993）	指一个人对某一特定国家的描述性、推断性、信息性的整体信念
Kotler、Haider 和 Rein（1993）	人们对某个地方的信念和印象的综合。形象是与某地方相关的大量联想以及无数信息的简化。它们是大脑试图处理某个地方的大量数据并从中抽取有用信息的产物
Lantz 和 Loeb（1996）	消费者对某国认知的总体评价
Askegaard 和 Ger（1998）	能够定义某个国家的相关因素的基模或者网络结构；我们对某个国家的认知以及对它的情感触发所组成的综合知识结构
Allred、Chakraborty 和 Miller（2000）	消费者或者组织对某个国家的印象或认知。这种国家印象或认知建立在该国的经济条件、政治结果、文化、劳动条件、与他国的冲突以及环境事务上的立场上
Verlegh 和 Steenkamp（1999）	一个国家的公民、产品、文化以及国家符号的心理表现。产品国家形象包括广泛认知的文化刻板印象
Verlegh（2001）	与一个国家相关的情感和认知联想的心理结构
Brijs（2006）；Brijs、Bloemer 和 Kasper（2011）	国家形象是一个由作为国家概念的九个内容类别构成的集合物，它们分别是：文化认同、政治环境、语言、历史、气候、风景、经济与技术发展、地区、公民

资料来源：作者根据相关文献整理。

二、产品—国家形象

产品—国家形象（product-country image，PCI）概念聚焦的是国家作为产品来源地的形象。例如，Papadopoulos 和 Heslop（2003）认为，国家形象是"产品国家形象,消费者或者销售者会与某产品联系在一起的关于某个地方的形象"。该定义表明,国家形象和产品形象是两个不同但相关的概念,国家形象会影响该国的产品形象。实际上,一些研究已经显示,消费者对一国产品的偏好与其心目中的该国形象之间存在联系(如 Ittersum、Candel 和 Meulenberg,2003;Roth 和 Romeo,1992),许多研究者认为对于广泛的产品和服务供应物,国家形象会强烈地影响购买行为(如 Bilkey 和 Nes,1982;Liefeld,1993;Peterson 和 Jolibert,1995)。然而,尽管产品国家形象"更广泛也更精确地代表了正在研究的现象"(Papadopoulos,1993),但是它也为国家形象概念体系的健全提供了一个更加严格的视角。因为一个国家的形象不仅仅影响消费者对该国产品的评价,还存在其他重要的后果,比如投资、旅游以及与其他国家的关系(如 Heslop 等,2004;Brijs、Bloemer 和 Kasper,2011)。对产品—国家形象的定义回顾见表 3-2。

表 3-2　对产品—国家形象的定义回顾

文献	定义
Hooley、Shipley 和 Krieger（1988）	各个国家及其生产产品的刻板印象,以及对消费者行为的影响
Li、Fu 和 Murray（1997）	消费者对不同国家以及这些国家生产产品的印象
Knight 和 Calantone（2000）	反映了消费者对生产自某个特定国家的产品质量的感知,以及该国公民的特质
Nebenzahl、Jaffe 和 Usunier（2003）	消费者对某个特定国家生产的产品特征的感知,对某国的情感以及由此导致的拥有该国产品的愿望
Papadopoulos 和 Heslop（2003）	购买者或者销售者会与某产品联系在一起的关于某个地方的印象

资料来源:作者根据相关文献整理。

三、与国家相关的产品形象

与国家相关的产品形象(product image,PI),专指来自某一国家的产品形象。它最初由 Nagashima(1970)提出,也是最早的国家形象定义。尽管使用国家来特指形象的客体,但该定义只着眼于某个国家的产品(Martin 和 Eroglu,1993;Papadopoulos 和 Heslop,2003)。Martin 和 Eroglu(1993)认为,不同于人们对来自某一国家的产品的态度,国家形象可以通过人们与该国的直接经验(比如旅游)来形成,或者受到外部信息来源的影响(如广告或口碑传播),也可能受到基于以往经验做出的(准确或不准确)推断的影响。因此,"与国家相关的产品形象"这个名词的最终主体是产品形象而非国家形象。并且,这类定义将国家形象的概念与产品的元素,如价格、可靠性、技术、声誉、款式以及设计等紧密相连(Nagashima,1970);根据 Roth 和 Romeo(1992)的研究,一国产品及其营销强弱的总体感知是国家形象构成的基础。如上所述,许多研究者以Nagashima(1970)的定义为范本,提出了相似的、集中于产品形象而非国家形象的概念化研究,而包含国家维度测量的研究则很少(Papadopoulos 和 Heslop,2003)。

　　根据国家形象定义的不同层次进行划分的总体国家形象、产品—国家形象、与国家相关的产品形象,共同构成了国家形象的整个概念体系。尽管国家形象的细分方法有很多,比如可分为:国家形象与产品形象、总体制造国形象与制造国整体产品形象、制度形象维度与绩效形象维度(汪涛等,2012)、宏观国家形象与微观国家形象、一般国家态度与一般产品态度,但其实质都是把国家形象的关注焦点分别置于宏观国家和微观产品两个层次。对与国家相关的产品形象的定义回顾见表3-3。

表 3-3　对与国家相关的产品形象的定义回顾

文献	定义
Nagashima（1970）	商人和消费者对某个特定国家的产品的描述、名誉看法以及刻板印象
Narayana（1981）	消费者对该国产品的整体感知
Darling（1981）	消费者对特定国家的某种关联性产品的想法、情感所形成的态度
Han（1989）	消费者对生产自某个特定国家的产品的整体认知
Roth 和 Romeo（1992）	消费者对某个特定国家产品的整体认知,这种认知是建立在他们对该国产品以及营销优势和弱势的已有感知上的
Nes 和 Bilkey（1993）	消费者对来自各个国家的产品和服务的相对质量的评价
Strutton、True 和 Rody(1995)	复合的"制造国形象"(made in image)由来自每个利益相关国的商品的心理摹写、声誉以及刻板印象组成

资料来源:作者根据相关文献整理。

第二节　国家形象对产品评价作用

　　迄今为止,已有众多研究明确了国家形象对产品评价的影响。一些研究表明,国家形象对消费者的购买行为有显著的影响(Bilkey 和 Nes,1982;Özsomer

和 Cavusgil，1991；Papadopoulos，1993）。虽然也有研究者得出结论，认为国家形象的作用并没有那么大，例如，Han（1989）发现相较于爱国主义，国家形象对产品选择的影响非常有限，不过，来源偏见似乎对一般的产品、具体的产品、最终使用者和工业买家而言都存在（Bilkey 和 Nes，1982），在发达国家和欠发达国家中也都存在（Nes 和 Bilkey，1993）。一般来说，来自欠发达国家的产品，相较于较发达国家制造的产品，会被感知为更具风险、质量较差。

一、国家形象对产品评价的作用机制

对于国家形象在产品评价中的作用，主要有两种观点：光环观点和总括观点（Han，1989）。国家形象的光环模型认为，国家形象直接影响消费者对产品属性的信念，并通过这些信念间接影响对产品的整体评价。该观点有两层含义：消费者通过国家形象来推断产品质量，国家形象影响消费者对产品的态度（Erickson、Johansson 和 Chao，1984；Johansson、Douglas 和 Nonaka，1985）。国家形象的光环模型见图 3-1。

图 3-1　国家形象的光环模型

总括观点认为，消费者也可能对该国的产品特征做一个整体概括，认为来自同一个国家的产品具有相似的产品属性。消费者会借助一国的几个品牌的共有属性所归纳出的产品信息，来概括对该国的印象，进而对同品类的其他品牌表现出类似的态度。国家形象的总括作用有两层含义：消费者通过产品信息概括出国家形象；国家形象直接影响消费者对来源国品牌的态度，而不是间接影响产品属性评级。国家形象的总括模型见图 3-2。

图 3-2　国家形象的总括模型

Han（1989）实证检验了反映国家形象在消费者评价中起到光环和总括作用的两个因果模型。他认为，根据消费者对该国产品的熟悉度，国家形象可能作为消费者推断产品属性的光环，也可能作为一个总括，总结消费者对这些属性的信念。低熟悉度下，国家形象通过产品信念间接影响消费者态度；高熟悉度下,国家形象直接影响消费者对产品的态度,但产品信念不会直接影响态度。

Knight 和 Calantone(2000)指出,Han(1989)的概念化没有考虑到消费者态度形成过程中出现的国家形象与产品信念的同步过程,由此提出了一个"弹性"模型。他们认为,无论消费者对所要评价或购买的产品的了解程度是深还是浅,产品信念和国家形象都在不同程度上直接影响消费者的产品或品牌态度。并且,国家形象还直接影响产品或品牌信念的形成。国家形象的弹性模型见图 3-3。

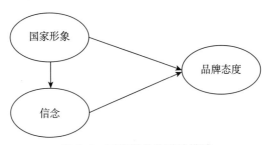

图 3-3 国家形象的弹性模型

此后,Laroche 等(2005)提出了一个类似的模型(见图 3-4),指出国家形象的特殊结构,即认知、情感以及意动部分的相对重要性对国家形象影响产品评价的程度有显著影响。具体来说,当国家形象包含了一个强的情感部分时,国家形象对产品评价的直接影响大于对产品信念的影响。反之,当国家形象包含了一个强的认知部分时,国家形象对产品评价的直接影响小于对产品信念的影响。但是,国家形象对产品评价的总体影响(直接与间接影响之和)几乎是相同的,无论其是基于情感还是认知。

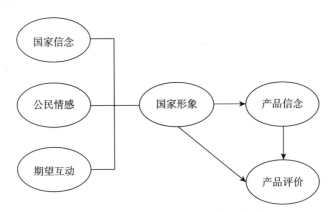

图 3-4 Laroche 等(2005)的国家形象模型

Brijs(2006)以及 Brijs、Bloemer 和 Kasper(2011)从语言学的角度建立了国家形象话语模型(见图 3-5),将国家形象构建为一个三维的构念:认知、情感、意动,并将其与产品态度相连。他们指出认知部分对产品信念的影响最大,情感部分对产品评价的影响最大,意动部分对产品购买意向的影响最大;但他们仅证实了如果消费者使用国家形象来形成对该国产品的购买意向,则意动部分的影响相较于认知和情感部分更大。

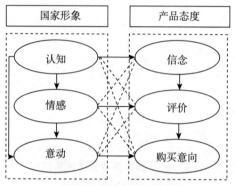

图 3-5　国家形象话语模型

汪涛等(2012)通过定性分析方法,构建出来源国形象的构成维度及其形成机制(见图 3-6)。他们运用扎根理论,找到来源国形象的两个构成维度:绩效形象维度和制度形象维度,并且指出来源国形象的本质是消费者对该国产品或品牌的一种合理性认知和判断,阐明了来源国形象的影响机制。

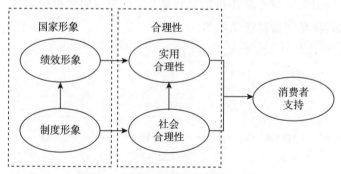

图 3-6　国家形象的形成及影响机制

二、国家形象对产品评价作用的主要变量

从以往检验国家形象预测作用的研究中可以发现,与产品评价相关的研究变量大致分为两类:(产品/品牌)态度和评价,以及(购买)行为意向和行为。

对于态度和评价,研究者们主要关注国家形象与产品/品牌偏好(prefer-ence)、评价(evaluation)、态度(attitude)、感知(perception)、信念(belief)之间的关系。偏好是消费者的一种偏爱和倾向性,对不同国家的产品或品牌的偏好体现为人们对于不同来源地的相同产品的购买顺序差异(Darling 和 Kraft,1977),或愿意支付价格的高低(Johansson 和 Nebenzahl,1986)。感知主要体现为消费者的主观感觉和体验,可以是基于属性的感知(Ittersum、Candel 和 Meu-lenberg,2003),也可以是对形象差异的感知(Johansson 和 Nebenzahl,1986)。相比之下,态度、信念、评价这三个变量较难区分。态度是基于产品(属性)或品牌的综合表现所形成的整体态度,是一种整体评价而非对各个产品属性的评价;信念则是对各个产品属性的客观认识和评价,其客体是产品属性而非产品(如 Han,1989)。然而在测量中,态度与信念的边界较为模糊,有时都会以产品的具体属性作为题项。产品或品牌评价则主要是指消费者对产品或品牌所做的、基于不同产品属性的评价或者总体评价。综上,不难发现评价变量的内容更广,态度和信念可以作为评价的一部分(如 Häubl,1996)。

在偏好方面,Johansson 和 Nebenzahl(1986)在有关跨国生产对品牌价值的影响研究中,将消费者感知的东道国和母国的形象差异、东道国与品牌的形象差异与消费者的品牌偏好相连,发现东道国与品牌在(形象中的)地位维度上的差异是影响品牌偏好的最重要因素。通过将制造国选择在那些地位维度得分较高的国家,可以显著提高品牌评价。

Darling 和 Kraft(1977)在对芬兰消费者的研究中发现,对于测试的八个国家的产品,芬兰消费者的态度差异显著,并且具有不同的产品偏好(虽未从统计上进一步证明差异的显著性)。Ittersum、Candel 和 Meulenberg(2003)聚焦于地域范围更小的来源地形象,验证了来源地形象对产品偏好的影响。他们指出,具体产品的地区形象对产品偏好的影响是通过产品属性感知而间接实现的。并且,三个地区形象因素(人为、自然、气候)对产品偏好的影响取决于测量的产品类别。具体地,对于高附加值的产品,人为因素的影响更大。

除了对产品或品牌偏好的研究兴趣,也有研究者将研究重点直指国家形象对消费者品牌评价的影响(Lee 和 Bae,1999;Lee 和 Ganesh,1999)。Lee 和 Bae(1999)将国家形象拆分为两个子构念:制造国总体形象和制造国具体的产品形象,分别研究两者对于消费者对两国品牌评价的影响,并且比较了国家形象与品牌形象对品牌评价的影响大小。研究发现,制造国总体形象和制造国具体的产品形象对于消费者对两国品牌的评价都有直接的正面影响;制造国具体的产品形象是制造国总体形象对品牌评价的影响作用的中介变量。此外,相较于国家形象,品牌形象对品牌评价的作用更大。然而,品牌形象与国家形象对品牌评价的交互作用并未得到证实。

Lee 和 Ganesh(1999)再次验证了上述结论,并引入品牌、产品以及国家熟悉度等变量,指出熟悉度是制造国具体的产品形象与品牌评价关系中的调节变量。具体来说,相较于中等品牌/产品熟悉度的消费者,来源国信息对高/低品牌/产品熟悉度的消费者的作用更大;相比于高国家熟悉度的消费者,来源国信息对低国家熟悉度的消费者的作用更大。Olsen 和 Olsson(2002)将研究对象拓展至工业买家,由此将国家形象划分为供应商形象和产品形象,并发现两者高度相关但具有判别效度,可以作为独立的构念进行产品评价。上述两项研究从不同的视角验证了国家形象对产品评价的影响。

此外,研究者们也证明了国家形象对态度(Darling 和 Kraft, 1977; Han, 1989; Häubl, 1996)和信念(Han, 1989; Laroche 等, 2005; Häubl, 1996)的影响。例如,Häubl(1996)指出,品牌名称和来源国对于消费者对新汽车的态度有显著影响,其中品牌名称对态度有直接和间接的影响,而来源国效应主要是间接影响。国家形象对产品信念和态度的影响主要体现为:"制造"信息会影响对汽车产品属性的信念,从而通过信念间接影响态度和行为。

总体上,相比于国家形象对感知的影响研究(Johansson 和 Nebenzahl, 1986; Ittersum、Candel 和 Meulenberg, 2003),研究者们更侧重于使用偏好、评价、态度、信念这些变量,并且更侧重于对产品的评价,而对品牌评价的研究则较少。

第三节　国家形象测量方法

国家形象测量的方法有很多,除了最常用的量表测量方法,还有内隐测量方法、投射法、深度访谈法等。使用已开发或修正的量表是最为普遍的方法。内隐测量方法与典型的量表测量方法不同,一些研究者开发的量表并未直接测量核心构念(国家形象),而是对个体内隐的态度(对国家形象的看法和评价)等内隐社会认知进行间接测量。投射法是指应用投射技术,使个体在无约束的情境下通过一定媒介自然地显露其思想、态度、特征等。相较于量表法,投射法能最小化被访者的规范性回答倾向以及潜在的需求效应,测量结果更为真实。也有学者在测量国家形象时使用定性的深度访谈法,开展用于获取对问题的理解和深层了解的探索性研究。下面介绍四种主要的方法。

一、量表测量方法

一些研究者开发的国家形象测量量表在此后的相关研究中被广泛采用，下面我们进行举例介绍。

Nagashima(1970)认为"形象"指与一个概念相关的观念、情感背景和内涵。因此，"制造国形象"就是商人和消费者对于某一特定国家产品的描述、声誉和刻板印象，它会通过如下变量产生：代表性产品、国家特征、经济和政治背景、历史和传统等。因其与大众传播、个人经验、对国家意见领袖的看法相关，在国际市场上，对于消费者的购买行为具有重要影响。Nagashima(1970)开发了包含 20 个题项的"制造国"产品形象量表，并将其分为五个维度：价格和价值、服务和工程、广告和声望、设计和款式、消费者概况。量表采用语义差异 7 点计分法。此外，还设有三个附加问题(一个独立的问题以及两个与国家形象相关的问题)。具体量表请见本章附录 1。

与所选国家相关的"制造国形象"的差异、市场和生产国之间的历史联系的性质、国家产品和产品属性配置之间的连续性，都可能会使相关国家的消费者在特定反应上的信度偏差持续存在(Douglas 和 Craig，1983；Sekaran，1983)。Parameswaran 和 Yaprak(1987)基于跨国消费者行为领域的研究，尤其是 Davis、Douglas 和 Silk(1981)的研究，探索态度/感知构念、来源国、市场(样本的国家市场)引发的信度差异所造成的测量不可靠性在多大程度上削弱跨国研究结果的可比性，并测量因子间的交互作用。基于此研究目的，Parameswaran 和 Yaprak(1987)在问卷部分设计了来源国形象量表，这是一个包含 48 个题项的 5 点量表。该量表包括两类测量：被访者对来源国的公民和产品的态度，以及对来源国的具体产品类别的具体产品属性的感知，即态度构念和感知构念。态度构念又分为总体国家态度以及总体产品态度，感知构念则为具体产品属性的感知。具体量表请见本章附录 2。

Martin 和 Eroglu(1993)将国家形象定义为一个人对一个特定国家的所有描述性、推断性和信息性信念的总和。他们认为，不同于人们对来自某一国家的产品的态度，国家形象可以通过人们与该国的直接经验(比如旅游)来形成，或者受到外部信息来源的影响(比如广告或口碑传播)，也可能受到基于以往经验做出的(准确或不准确)推断的影响。基于此，他们设计了包含 14 个题项的国家形象量表，并将其分为三个维度：政治、经济与技术。量表采用语义差异 7 点量表。具体量表请见本章附录 3。

二、内隐测量方法

d'Astous 和 Boujbel(2007)的研究采用了内隐测量方法,从个性的视角来研究国家形象。他们认为人们会自发地用个性维度来定位国家,并将"国家个性"定义为:一个国家在各个维度上的心理表征,而这些维度通常反映了个人的个性。他们根据自我形象一致性理论,开发了具有六个维度(随和性、邪恶性、势利性、勤勉性、一致性、谦虚性)的国家个性量表,并采用李克特 5 点计分法。他们证实,这六个维度都对一般国家态度、产品—国家态度有显著影响。也就是说,通过国家个性量表,可以预测人们对某个国家及其产品的态度;国家个性可以作为国家形象的间接反映。国家个性量表分为全量表和简化量表两个版本,前者包含 37 个题项,后者包含 24 个题项。两个量表在信度和效度上相差不大,简化量表的因子结构稳定性和使用便利性更好。具体量表请见本章附录 4。

三、投射法

Chao 和 Rajendran(1993)巧妙地采用投射法对国家形象进行测量。他们使用人际感知,通过了解消费者对拥有不同来源国产品的个体的评价,来评价其对来源国(产品)的态度。他们开发了消费者轮廓和人际感知。来源国效应量表由两部分构成:消费者轮廓(消费者描述、外国产品的拥有)以及人际感知。消费者描述包括职业、年龄、收入、住房、婚姻状态和孩子数量;外国产品的拥有层次按实验素材中描述的消费者所拥有的某国产品的数量分为低(2 个)、中(6 个)、高(10 个),该量表中共包含 14 个产品,差异仅在于品牌名称。第一部分(消费者轮廓)作为现成的实验素材提供给被访者。第二部分人际感知量表共包含 25 个题项,分为十个维度:值得信任的(信任)、聪明的(聪明)、成功的(成功)、谨慎的(谨慎)、奢侈的(奢侈)、有信心的(信心)、时髦的(时髦)、讨人喜欢的(喜爱)、优美的居住环境(优美)、爱国主义(爱国)。量表采用李克特 7 点计分法。具体量表请见本章附录 5。

该方法允许消费者通过表达对拥有不同水平外国产品的个体的感知,将自身的态度投射到来源于外国的产品上,实际上测量的是消费者对不同来源国的感知。该方法能够最小化消费者规范性回答的倾向。

四、深度访谈法

Ger、Askegaard 和 Christensen(1999)进行了一项定性研究,通过 25 次深度

访谈以及对土耳其安卡拉住宅、咖啡馆和公共场所的观察,探索在汽车、衣服、鞋、电子产品/家用电器、食物和饮料这些产品类别中,土耳其消费者对土耳其以及外国产品的经验、联想、偏好和看法。访谈的主题包括:什么样的产品会被消费、偏好或渴望;这些产品的感知来源地;不同(竞争关系)的国内和国外产品/品牌意味什么;这些产品/品牌是如何被进行比较的;这些产品何时、如何被使用;对于外国产品的来源国,人们是如何看待、感受以及联想的;"西方""西方人""土耳其""土耳其人"的经验含义是什么。Alden、Hoyer 和 Crowly(1993)在研究的预调研部分,通过设置开放题的方式得到与牙膏相关的四个典型属性,以此构成正式实验中的产品描述部分。

我以 2010 年上海举办世博会为时间节点,在前后的较长时间里,对中国国家品牌形象开展多项研究,被访者来自中国及其他发展中国家和发达国家,主要采用了量表测量法和定性研究中的自由联想法。有关调查结果见本书的第八章、第九章和第十章。

‖ 附录 1 ‖

"Made in" Product Image Scale (Nagashima, 1970)

Price and Value

1. Inexpensive & Expensive
2. Reasonably priced & Unreasonably priced
3. Reliable & Unreliable
4. Luxury items & Necessary items
5. Exclusive & Common
6. Heavy industry product & Light manufactured product

Service and Engineering

7. Careful and meticulous workmanship & Not so careful and meticulous workmanship
8. Technically advanced & Technically backward
9. Mass produced & Hand made
10. Worldwide distribution & Mostly domestic distribution
11. Inventive & Imitative

Advertising and Reputation

12. Pride of ownership & Not much pride of ownership
13. Much advertising & Little advertising
14. Recognizable brand names & Unrecognizable brand names

Design and Style

15. Large choice of size and model & Limited choice of size and model
16. More concerned with outward appearance & More concerned with performance
17. Clever use of color & Not clever use of color

Consumers' Profile

18. More for young people & More for old people
19. More for men & More for women
20. Upper class & Lower class

Note：Scoring was done on a seven-point semantic differential scale ranging from "+3" to "-3".

The Supplemental Questions：

Q1—Please List the Products Which Come First to Your Mind When You See the Following "Made In" Labels.

Q2—Supposing That Many Countries Had an Item Equal in Price, Quality, and Styling, Which Country's Products Would You Select?

Q3—Which Country Do You Think Produces the Product of Greater Value When One Considers Price, Quality, Design, Service, etc.?

‖ 附录 2 ‖

Country-of-Origin Image Scale(Parameswaran and Yaprak, 1987)

General Country Attitudes (GCA)

1. People are well-educated.

2. Places emphasis in technical/vocational training.

3. People are hard-working.

4. People are creative.

5. People are friendly and likeable.

6. Technical skills of workforce are high.

7. Friendly toward my country in international affairs.

8. Actively participates in international affairs.

9. People are motivated to raise living standards.

10. People are proud to achieve high standards.

General Product Attitudes (GPA)

11. Products are unreasonable expensive.

12. Country produces highly technical products.

13. Known for "luxury" products.

14. Products are made with meticulous workmanship.

15. Products are imitations, not innovations.

16. Products are distributed worldwide.

17. Concerned with product performance, not appearance.

18. Products are intensely advertised here.

19. Products need frequent repairs.

20. Products are marketed in a wide range of styles.

21. Products are long-lasting (durable).

22. Advertising of products is informative.

23. Products are hard to service here.

24. Products are cheaply made consumer items.

Specific Products Attribute-cars (SPACARS)

25. Gives good fuel economy.

26. Is attractively styled.

27. Has good workmanship (good quality).

28. Has good road handing (maneuverabilty).

29. Requires little servicing.

30. Is comfortable for a small car.

31. Parts and accessories are available.

32. Has good service reputation/quality service.

33. Is durable (long-lasting).

Specific Products Attribute-cameras (SPACAMERAS)

34. Takes high quality pictures.

35. Made with good workmanship.

36. Is attractively styled.

37. Parts and accessories are easily available.

38. Has more features than competition's products.

39. Servicing is easily available.

40. Has superior quality lenses.

41. Is good value for the money.

Specific Products Attribute-calculators (SPACALCULATORS)

42. Is attractively styled.

43. Its technical content makes it a quality product.

44. Easily serviced by well-trained personnel.

45. Is good value for the money.

46. Has more functional features than competitions.

47. Is durable (long-lasting).

48. Requires little servicing.

Note: For GCA and GPA, scoring was done on a five-point Likert-type scale ranging from "Strongly agree" (1) to "Strongly disagree" (5). For SPA, scoring was done on a five-point Likert-type scale ranging from "Strongly agree" (1) to "Strongly disagree and no opinion" (5).

‖ 附录 3 ‖

Country of Image Scale (Martin and Eroglu, 1993)

Political Dimension

1. Democratic versus dictatorial system

2. Capitalist versus communist system

3. Civilian versus military system

4. Pro-western versus pro-communist

5. Free market versus centrally planned system

Economic Dimension

6. Level of standard of living: high standard of living versus low standard of living

7. Stability of economic environment: stable economic environment versus unstable economic environment

8. Quality of products: production of high-quality products versus production of low-quality products

9. Existence of a welfare system: existence of welfare system versus lack of a welfare system

10. Level of labor costs: high labor costs versus low labor costs

Technological Dimension

11. Level of industrialization: economically developed versus economically underdeveloped

12. Level of technological research: high level of technological research versus low

level of technological research

13. Level of literacy: high literacy rates versus low literacy rates

14. Mass produced versus handcrafted products

Note: Scoring was done on a 7-point bipolar semantic differential scale ranging from 1 to 7.

‖ 附录 4 ‖

The Full Country Personality Scale(d'Astous and Boujbel,2007)

Agreeableness

1. Bon-vivant

2. Reveler

3. Amusing

4. Agreeable

5. Generous

6. Cooperate

7. Accommodating

8. Romantic

9. Accepting

Wickedness

10. Immoral

11. Vulgar

12. Decadent

13. Offender

14. Fighter

15. Violent

Snobbism

16. Haughty

17. Snobbish

18. Mannered

19. Chauvinist

20. Egocentric

Assiduousness

21. Organized

22. Rigorous

23. Flourishing

24. Hard to work

25. Serious

26. Important

Conformity

27. Religious

28. Spiritual

29. Traditionalist

30. Mysterious

31. Ceremonious

Unobtrusiveness

32. Cowardly

33. Wimpy

34. Dependent

35. Neutral

36. Discrete

37. Self-contained

The Reduced Country Personality Scale(d'Astous and Boujbel, 2007)

Agreeableness

1. Bon-vivant

2. Reveler

3. Amusing

4. Agreeable

Wickedness

5. Immoral

6. Vulgar

7. Decadent

8. Offender

Snobbism

9. Haughty

10. Snobbish

11. Mannered

12. Chauvinist

Assiduousness

13. Organized

14. Rigorous

15. Flourishing

16. Hard to work

Conformity

17. Religious

18. Spiritual

19. Traditionalist

20. Mysterious

Unobtrusiveness

21. Cowardly

22. Wimpy

23. Dependent

24. Neutral

Note: Scoring was done on a five-point numerical bipolar scale ranging from "does not describe this country at all" (1) to "describes this country perfectly" (5).

‖ 附录 5 ‖

Consumer Profile and Interpersonal Perception: Country-of-origin Effect Scale (Chao and Rajendran, 1993)

Trustworthiness (TRUST)

1. This person cannot be depended on. (R)

2. This person is trustworthy.

Smartness (SMART)

3. This person is smart.

4. This person is dull. (R)

Successful (SUCCESS)

5. This person is financially stable.

6. This person is a success.

7. This person is a failure. (R)

Caution (CAUTION)

8. This person is safety-conscious.

9. This person is cautious.

10. This person is impulsive. (R)

Luxury oriented (LUXURY)

11. This person likes luxury.

12. This person is value-minded. (R)

·13. This person is practical. (R)

Confidence (CONFID)

14. This person is able to take risks.

15. This person lacks guts. (R)

16. This person is confident.

Stylish (STYLE)

17. This person is stylish.

18. This person is conservative. (R)

Likeability (LIKE)

19. This person would make a good neighbour.

20. I would like to know this person.

Nice living environment (NICE)

21. This person lives in a nice neighbourhood.

22. This person has a nice house.

Patriotism (PATRIOT)

23. This person puts country before self.

24. This person will do anything to help our country.

25. This person does not care about buying American.

Note: Scoring was done on a seven-point Likert-type scale ranging from "Strongly agree" (1) to "Strongly disagree" (7). The score of the marked "(R)" statements will be reversed.

Consumer Profile (consumer descriptions and levels of foreign product owner-ship)-Sample(omitted here)

第四章

来源国效应理论：中国研究回顾

本章在上一章的基础上，进一步追溯在产品市场中的国家形象效应，通常称为来源国效应。这是国家品牌资产构念的中观视角（详见第一章）。本章就市场学领域中有关来源国及其相关延伸问题的研究进行回顾，并特别追溯有关中国来源国效应研究的历史发展过程，以及影响中国来源国效应的主要因素。进一步地，本章从经济、文化、国家治理水平和国民素质等因素剖析中国作为来源国的国家形象。最后，从产品类别的角度切入，具体回顾中国产品形象的相关研究。

本章对中国来源国效应研究回顾的文献时间范畴是从 1973 年至 2016 年。十多年来，在世界大变局背景下，中国的国家声誉和国际地位持续提升。在国家层面，品牌引领经济增长、创新驱动发展成为国家战略。根据世界知识产权组织（World Intelledual Property Organization，WIPO）发布的《2021 年全球创新指数报告》，中国在全球创新指数榜中位列第 12 名，较 2020 年上升 2 个名次，且自 2013 年起，排名连续 9 年稳步上升。中国仍然是唯一进入前 30 名的中等收入经济体。这些重要发展无疑对中国来源国形象产生了积极作用。本章回顾了所记录的半个多世纪的演进，有助于我们从长期取向的价值观视角（He 和 Sun，2020），承上启下，开拓新的研究主题和方向。

第一节　相关概念的界定和演进

一、来源国概念

Schooler（1965）在对中美洲共同市场产品偏见的实证研究中引入了来源国

的概念。来源国最早指产品生产国,也指制造国,可以通过"Made in"来确认。Samiee(1994)指出产品制造国(country of manufacture,COM)代表一个产品最后制造的国家,因此来源国就是产品制造。在这种情况下,"来源国"是单一概念,即产品的"生产制造国"(country of production or manufacture)。

随着经济全球化发展和跨国企业组装的盛行,"混合产品"(hybrid product)出现,即产品可能在其本国设计但不在本国制造,产品配件来自世界多个国家。来源国概念也随之发生了一些变化——由最初的单一概念发展成为现在的多维概念。Papadopoulos(1993)把"来源国"进一步分为"产品制造国"(COM)、"产品设计国"(country of design,COD)、"产品组装国"(country of assembly,COA)。Insch 和 McBride(1998)进一步将来源国划分为组装国、设计国和"零部件生产国"(country of parts,COP)(Biswas、Chowdhury 和 Kabir,2011;Wong、Polonsky 和 Garma,2008;Chowdhury 和 Ahmed,2009)。约至 20世纪 90 年代后期,部分研究者开始关注"品牌来源国"(country of brand,COB)(Batra 等,2000;Chao,1993),它是指某个品牌被认为属于目标市场的国家或地区,而不论产品在哪里生产(Thakor 和 Lavack,2003)。表 4-1 显示了来源国从单一概念到多维概念的变化。

表 4-1 来源国的概念和定义

	来源国的概念和定义
单一概念	来源国(COO):产品的"生产制造国"(COM)(如 Samiee,1994;Schooler,1965)
多维概念	产品设计国(COD):设计产品的部件或全部最终产品的国家(如 Chao,1993;Cordell,1992;Han 和 Terpstra,1988;Papadopoulos,1993)
	产品组装国(COA):产品的最后组装地(如 Chao,1993;Cordell,1992;Han 和 Terpstra,1988;Papadopoulos,1993)
	产品生产国(COP):生产产品零部件的国家(如 Biswas、Chowdhury 和 Kabir,2011;Chowdhury 和 Ahmed,2009;Wong、Polonsky 和 Garma,2008)
	品牌来源国(COB):消费者将某一品牌视为来自哪个国家,而不论产品在哪里生产(如 Batra 等,2000;Chao,1993;Nebenzahl、Jaffe 和 Lampert,1997;Thakor 和 Lavack,2003)

资料来源:作者根据相关文献整理。

二、来源国效应

Schooler(1965)是通过量化方法证实来源国效应的第一位市场研究学者。在他的研究中,来源国效应被假定为同一产品的评价因来源国不同而产生变化,而对任何一个国家来说,对不同产品的评价都不会有变化。也就是说,国家间的差异会显现出来,但国家内部的差异不会显现出现。Wang 和 Lamb(1983)认为来源国效应是进入新市场的无形障碍,这种障碍来自消费者对进口产品的负面偏见。Chinen、Enomoto 和 Costley(2000)认为,来源国效应是根据原产地信息对不同国家的产品质量进行评估并产生购买决策的过程。

尽管目前学术界对来源国效应并没有统一的定义(Al-Sulaiti 和 Baker,1998),但是上述定义基本都包含了这样的意义,即来源国效应是影响消费者对产品评价以及购买意向的重要信息提示(Chiou, 2003；Giraldi 和 Ikeda,2009；Kwok、Uncles 和 Huang, 2006；Sharma, 2011；Wall、Liefeld 和 Heslop,1991；Zhang, 1997；Zain 和 Yasin, 1997)。由于社会化大分工的发展,一个产品的设计地、制造地、零部件来源地或者品牌所在地等都有所不同。大量的研究已经确认了产品的不同活动对消费者质量感知等有不同的影响(Ahmed 和 d'Astous, 2001；Brodowsky, 1998；Chao, 1998；Insch 和 McBride, 1998)。来源国效应已经从原来的单一国家来源国效应发展为多国家来源国效应(Biswas、Chowdhury 和 Kabir, 2011；Chowdhury 和 Ahmed, 2009；Wong、Polonsky 和 Garma,2008)。Ahmed 和 d'Astous(1996)指出来源国分解效应(partitioned COO effect)指的是包含所有国家信息(该产品的设计国、组装国和零部件来源国)的一般性标签。

三、来源国形象

在市场学领域,来源国形象的概念已得到广泛的研究。来源国形象的概念最早由 Nagashima(1970)提出,他将来源国形象与价格、可靠性、技术、声誉、型号和设计等产品特征结合起来。Nagashima(1970)将来源国形象定义为"企业或消费者对某一国家产品的印象、声誉和刻板印象。这个印象由产品、国家特征、经济和政治背景、历史和传统等很多变量组成"。Narayana(1981)的观点与Nagashima(1970)的观点相似,他认为来源国形象建立在对一个国家的产品整体认知的基础上。Roth 和 Romeo(1992)针对普通消费者评价产品的需求,提出来源国形象是基于对一个国家产品和营销优劣势的总体认知。

在一些情况下,市场营销研究者使用了更为宽泛的定义。Martin 和 Eroglu (1993)将来源国形象定义为"个体对某个国家所具有的描述性、推断性和信息性信念的总和"。他们将来源国形象划分为政治、经济和技术三个维度。另一种宽泛的视角来自 Allred、Chakraborty 和 Miller(2000),他们指出来源国形象是对某个国家的印象或认知,其建立在该国的经济条件、政治结构、文化、劳动条件、与他国的冲突以及环境事务的立场上。

从以上来源国形象定义的变化可以发现,来源国形象可以分为三个层面:国家层面(宏观视角),国家—产品层面(中观视角),来自一个国家的产品层面(微观视角)(Roth 和 Diamantopoulos,2009)。来源国形象从宏观层面上说,与一个国家的政治、经济、科技、历史和文化等联系;从微观层面上说,与一个国家制造的产品相联系(Pappu、Quester 和 Cooksey,2005)。表 4-2 归纳了来源国形象的主要定义。

表 4-2　来源国形象的主要定义

国家层面	
Bannister 和 Saunders(1978)	由具有代表性的产品、经济和政治成熟度、历史事件和关系、传统、工业化和技术精湛的程度等所形成的综合形象
Martin 和 Eroglu(1993)	个体对某个国家所具有的描述性、推断性和信息性信念的总和
Allred、Chakraborty 和 Miller (2000)	对某个国家的印象或认知,这种国家印象或认知建立在该国的经济条件、政治结构、文化、劳动条件、与他国的冲突以及环境事务的立场上
国家—产品层面	
Jaffe 和 Nebenzahl(2001)	品牌和来源国形象可以类似定义为各自的品牌和国家内在的印象
Nebenzahl、Jaffe 和 Usunier (2003)	消费者对某个特定国家生产的产品特征的感知、对某国的情感以及由此导致的拥有该国产品的愿望
Papadopoulos 和 Heslop(2003)	消费者或销售者联想到的与一个产品相关的产品—国家形象或者相关地点的形象

（续表）

来自一个国家的产品层面	
Nagashima(1970)	企业或消费者对某一国家产品的印象、声誉和刻板印象，这个印象由产品、国家特征、经济和政治背景、历史和传统等很多变量组成
Narayana(1981)	消费者将来源国形象与该国生产的产品内涵相结合所形成的整体认知形象
Han(1989)	消费者对任何特定国家产品的总体质量感知
Roth 和 Romeo(1992)	消费者对某一国家的生产以及营销优势与劣势的知觉，是在消费者心目中所形成的对某一国家产品的全面认知

资料来源：作者根据 Roth 和 Diamantopoulos(2009)及相关文献整理。

Roth 和 Diamantopoulos(2009)指出，从概念上来看，来源国的研究逐渐从评估产品评价的不同和基于国家来源（如意大利、日本和美国）的产品偏好转移到一个更为复杂的概念，即国家的形象上。传统的来源国研究允许研究者分析与另一个国家相比，消费者是否偏好某个国家的产品或品牌，强调感知到的国家形象；这使得研究者更好地分析该问题。比如，一个特定国家的技术优越性和经济实力可以解释后者。因此，越来越多的来源国研究明确地测量一个国家产品的来源地形象，也就是所谓的来源国形象。然而来源国形象维度的划分至今仍是研究者们争论的焦点和热点（Roth 和 Diamantopoulos，2009；Samiee，2010）。

Nagashima(1970)认为可以通过政治、经济、文化和科技四个要素对来源国形象进行测量。Nagashima(1977)从微观层面将来源国形象总结为价格/价值、服务/工艺、广告/声誉、设计/类型以及消费者形象五个维度。Bilkey 和 Nes(1982)在关于来源国效应的综述回顾中认为，Nagashima(1970)的划分方法对企业不具有可操作性，应进一步将来源国分为整体国家形象和整体产品形象。Parameswaran 和 Pisharodi(1994)增加了具体产品形象（如企业的促销手段、广告等）。Roth 和 Diamantopoulos(2009)基于态度理论将来源国形象分为三个维度：认知（包含消费者对某个特定国家的信念）、情感（描述消费者对该国的喜爱程度）和意动（描述消费者对该国产品的购买倾向）。Jaffe 和 Nebenzahl(2001)指出，对来源形象的研究应该基于消费者而不是研究者，因此开发了面向消费者的来源国形象维度量表，包含产品形象和消费者形象。

第二节　中国作为来源国的效应研究

迄今为止关于来源国/地区的学术文献已经多达上千篇,但是早期的研究大部分都针对发达经济体,调查的消费者也以美国消费者为主。来源国/地区研究中关于发展中国家和非西方国家(尤其是亚洲市场)的研究并不多(Wong、Polonsky 和 Garma,2008),直到 1973 年,Gaedeke 首次在文献中选取了中国台湾和香港地区等 12 个经济体作为来源国/地区,研究美国消费者对于发展中经济体和美国制造的产品质量的认知。

一、中国来源国效应的研究发展过程

在来源国研究的初期,关于发达国家消费者的研究中涉及中国产品的非常少。在 20 世纪 70 年代,大多数研究者仅将中国台湾和香港地区的产品纳入研究范围,到 80 年代将中国内地与中国台湾/香港地区一起列为研究对象。将中国作为来源国的研究则是从 20 世纪 90 年代开始,这与国际上从 60 年代开始研究来源国的时间相差较远。下面我们按照时间顺序追溯中国来源国效应研究的演进过程。

（一）从 20 世纪 70 年代到 90 年代

20 世纪 70 年代这个时期的来源国/地区研究中,在以美国、日本等发达国家为主之外,还加入了中国台湾和香港地区等发展中经济体共同作为来源国/地区,但是调查的消费者主要在美国,研究对象以学生为主,涉及的产品以一般的产品品类为主。Krishnakumar(1974)研究了来源国对美国和发展中国家的消费者关于产品形象认识的影响,并调查人口统计变量对这些国家的“制造地”形象的影响。

在 20 世纪 80 年代这个时期的研究中,不仅有中国台湾或香港地区与其他经济体共同作为来源国/地区,更重要的是开始将中国内地作为来源国/地区来研究;但是这个时期主要把中国台湾或香港地区与中国内地放在一起研究,并没有将其分开(Hugstad 和 Durr,1986;Wang 和 Lamb,1983)。消费者也不单以美国为主,而是扩展到了印度、泰国、沙特阿拉伯等国家(Al-hammad,1988;Yavas 和 Alpay,1986)。调查对象有学生、成年人、商人、工业购买者和最终消费者等。涉及的产品品类进一步扩大,在 Wang 和 Lamb(1983)以及 Wall 和

Heslop(1989)的研究中,为了调查男性和女性在来源国产品形象评价方面的差别,将产品分为男人类别(男装、男鞋、娱乐设备)、女人类别(女装、儿童服装、女鞋),以及共同的类别(汽车和葡萄酒)。

在 20 世纪 90 年代,Khachaturian 和 Morganosky(1990)调查了美国消费者对于美国、意大利、韩国、中国和哥斯达黎加五个国家的服装质量感知,这是来源国效应文献第一次将中国列为来源国/地区。从此,中国作为来源国/地区在西方研究中的比例逐渐上升,但这个时期对于中国台湾或香港地区、中国内地的研究都存在。Dinnie(2004)总结了 1994—2003 年间 41 篇有重要贡献的来源国/地区文献,其中大部分都是以美国(出现 21 次)、日本(出现 19 次)等发达国家为来源国/地区,而以中国为来源国/地区的文献所占比例不高(中国台湾地区出现 6 次,中国香港地区出现 1 次,中国内地出现 1 次)。

这个时期一些研究者开始研究中国消费者(Ahmed 和 d'Astous,1999；Li 和 Wyer,1994；Zhang,1996)。例如 Badri、Davis 和 Davis(1995)指出现有的来源国/地区文献过多地关注美国和欧洲消费者,他们调查了海湾国家的企业家对美国、日本、德国、英国、法国、意大利和中国台湾地区制造的产品的态度。这个时期的研究对象从以学生为主转为以成年人为主,产品品类也更加丰富。与以往不同国家消费者评价相同产品不同,Ahmed 和 d'Astous(1999)将 13 个国家分别作为设计国和组装国,研究中国和加拿大消费者对三种不同产品品类的质量感知和消费价值,对中国消费者调查了冰箱、相机和 T 恤,对加拿大消费者调查了汽车、录像机和鞋子,而且在该研究中被访者都是年满 18 周岁的男性消费者。

（二）进入 21 世纪后

进入 21 世纪后,来源国文献过多地关注西方市场和发达国家,研究者们"呼吁"从其他经济体和市场(尤其是新兴市场)的视角对来源国/地区进行研究(Wong、Polonsky 和 Garma,2008)。此时以亚洲经济体作为来源国/地区的研究增加,包括中国大陆(He,2003；Wang 和 Chen,2004)、中国台湾地区(Lin 和 Chen,2006)等。许多关于亚洲消费者的研究都以年轻人作为样本(Gong、Li 和 Li,2004；Parker、Hermans 和 Schaefer,2004)。中国在亚洲经济中发挥着关键的作用,而且被认为是世界上最有吸引力的消费者市场之一(He,2003；Kaynak、Kucukemiroglu 和 Hyder,2000)。国际市场营销研究者越来越关注中国在来源国/地区效应中发挥的作用,相比之前对于中国台湾和香港地区的关注,这个时期有关中国内地的研究增多,甚至一些研究将中国这个国家单独作为研究对象(Giraldi 和 Ikeda,2009),或者更多地关注中国品牌(Chinen 和 Sun,2011)。

这个时期调研的消费者来源不再侧重美国等发达国家,而是转变为一些发展中国家,如印度(Abhilash 和 Roy,2009)、孟加拉国(Chowdhury 和 Ahmed,2009;Biswas、Chowdhury 和 Kabir,2011;Kaynak、Kucukemiroglu 和 Hyder,2000)等,对于中国消费者的研究也逐渐增加(Kwok、Uncles 和 Huang,2006;Wang 和 Yang,2008;Wong、Polonsky 和 Garma,2008)。王晓辉和丁庆善(2010)将国外有关中国来源国问题的研究文献分为简单观点(将整个中国消费者市场看做一个同质市场,认为中国消费者对外国产品持积极看法)和混合观点(认识到中国消费市场的差异性在不断变化并日趋成熟,因此认为中国是一个复杂的异质市场)。一些研究也指出了在研究中国来源国形象时多以中国消费者作为样本,这会导致研究缺乏客观性;以外国消费者为研究对象,探寻"中国制造"来源国形象及效应,研究结果会更有针对性(周颖、施晓榴和吕巍,2010)。

在有关研究中,产品品类从有形产品(汽车、电视、食品等)扩展到无形产品(如文化产品,包括戏剧、歌剧等)。考虑到来源国研究采用真实品牌会导致品牌的影响和来源国的影响交织在一起从而无法分离的问题,后来的研究采用虚拟的产品或品牌来考察来源国信息对消费者决策的影响(Sharma,2011;吴坚和符国群,2007)。

从近年来的研究中我们可以得出的一个重要结论是,在纵向时间维度上,来源国效应伴随一国综合国力和整体形象的变化而处于变化之中,即来自特定国家的特定产品,其来源国效应具有"演化特征"(刘建丽,2018)。Yunus 和 Rashid(2016)以中国品牌手机为被试商品,检验了国家形象、产品感知质量、产品熟悉度与消费者购买意愿的关系,结果证实这三个因素与购买意愿之间都呈现显著的正相关关系。该研究发现,随着中国经济的崛起,联想、海尔、华为、OPPO 等电子产品品牌已经赢得了世界级品牌声誉;而在 21 世纪初,"中国制造"还基本上属于负面的来源国信息。这恰恰反映了一国产品的来源国效应并非一成不变,而是随着母国因素的变化而演变。

在表 4-3 中,我们对中国作为来源国研究的演进过程进行了概括。

表 4-3　中国作为来源国研究的演进过程

时间	代表性文献	来源国/地区	被访者	研究对象群体	产品类型	主要结论
20世纪70年代	Gaedeke（1973），Krishnakumar（1974）	包含中国台湾或香港地区	主要以美国为主	以学生为主	产品品类较少	这个时期主要是关于发达经济体的来源国/地区研究，关于中国内地的研究很少。
20世纪80年代	Al-hammad（1988），Hugstad和Durr（1986），Wang和Lamb（1983），Yavas和Alpay（1986），Wall和Heslop（1989）	包含中国台湾或香港地区，并将中国内地纳入研究范围	不单以美国为主，而是扩展到了印度、泰国、沙特阿拉伯等国家	学生、成年人、商人甚至工业购买者等	产品品类进一步扩大	发达经济体和发展中经济体的消费者都对来自中国的产品有偏见，消费者更倾向于购买发达经济体的产品。中国在国外消费者调查中是负面的来源国/地区形象。
20世纪90年代	Ahmed和d'Astous（1999），Khachaturian和Morganosky（1990），Li、Leung和Wyer（1993），Zhang（1996）	开始单独将中国列为来源国	不再侧重欧美等发达国家，转而关注一些发展中国家，如中国、印度、孟加拉国等	从以学生为主转为以成年人为主，而且对亚洲消费者的研究多使用年轻人样本	开始采用虚拟产品或品牌	中国在国内外消费者心目中的组装国形象好于设计国形象，但是品牌来源国形象评价依然较低。总的来说，中国的整体国家形象在向好发展。
21世纪以来	Chinen和Sun（2011），Giraldi和Ikeda（2009），Yunus和Rashid（2016）	对中国的研究比例持续上升	对发展中国家消费者的关注持续上升	以成年人为主	产品品类更加丰富	伴随中国经济崛起等因素的变化，"中国制造"的来源国效应也处于演变之中；在发展中国家消费者看来倾向于正面。

资料来源：作者根据相关文献整理。

二、中国来源国效应的影响因素

Chowdhury 和 Ahmed(2009)以及 Biswas、Chowdhury 和 Kabir(2011)指出关于来源国的研究有三类:关于消费者对不同国家感知的研究;关于来源国形象、来源国对消费者产品评价和购买决策的影响研究;关于产品评价的来源国分解效应研究。大量的文献已经验证了产品的来源国对产品评价和购买决策的影响作用(Pharr,2005;Gürhan-Canil 和 Maheswaran,2000b;Chinen 和 Sun,2011)。作为外部属性,来源国对消费者的产品质量感知(Ahmed、d'Astous 和 Eljabri,2002;Ahmed 等,2002;Kaynak、Kucukemiroglu 和 Hyder,2000)、属性感知(Kim 和 Pysarchik,2000;Leonidou 等,1999)、对产品的态度(Lee 和 Ganesh,1999)、感知风险(Johansson,1989)以及产品的感知价值(Ahmed 和 d'Astous,1996;d'Astous 和 Ahmed,1999)都有影响。来源国也影响消费者偏好(Knight 和 Calantone,2000)和购买意向(Kim 和 Pysarchik,2000)。

Kaynak、Kucukemiroglu 和 Hyder(2000)在研究孟加拉国消费者对于来自其他 9 个国家的产品质量感知时,总结了目前研究中来源国对产品评价的三种方法:单一线索研究、多重线索研究、联合分析。另外近些年出现了第四种方法——环境分析,即将消费者的产品感知或评价与既定的环境因素影响相联系。从 20 世纪 70 年代至今,在中国作为来源国的研究中,来源国对产品评价的影响从单一线索发展到多重线索,目前多采用多重线索研究方法。因此,本章在中国来源国背景下,分析整理了影响来源国效应、来源国形象对产品评价和购买决策的影响因素,并将其分为产品因素、消费者因素、消费国因素以及其他因素。

(一)产品因素

来源国效应会因产品属性、产品类别的不同而不同(Han 和 Terpstra,1988;Roth 和 Romeo,1992),下面分别加以阐述。

1. 产品属性

产品在价格、外形、耐用性和功能性等属性上是存在差异的。褚绿园(2011)将产品的属性简单地分为高价产品和低价产品,并发现对意大利消费者来说,中国制造的来源国效应在评价高价和低价产品时有所不同:高价产品对产品评价产生小幅度的负面影响,低价产品则有大幅度的负面影响。也即,当产品价格较高时,来源国效应会随之减弱。

Li、Leung 和 Wyer(1993)调查了香港大学的学生对手表来源国瑞士和中国的评价,探究来源国分别在何种情况下担任信号角色或属性角色,以及哪个起到主导作用。研究结果表明:低属性信息量的情况下,来源国扮演信号角色;高信息量和高动机的情况下,来源国扮演属性角色。Li 和 Wyer(1994)的研究结果在一定条件下支持了这一假设,即当被呈现的属性信息较少且是被访者熟悉的产品(如手表)时,来源国最可能被当作信号,用以推断其他更具体的信息。

根据 Zeithaml(1988)的研究,来源国/地区效应是否发生及其作用的大小应根据产品属性信息是否存在、是否具有可诊断性、是否容易评价而定。Aboulnasr(2006)通过假设验证了相较于非诊断性属性信息,在诊断性属性信息下被访者对外国制造的产品评价更积极。Maheswaran(1994)以日本、中国台湾地区和韩国为来源国/地区,通过研究发现熟悉产品的消费者(专家)和不熟悉产品的消费者(新手)在处理常规信息时是不同的:当提供给消费者的产品属性信息明确时,专家会利用属性的强度而不是来源国/地区信息来评价产品,而新手则会依赖来源国/地区的信息;但当提供的产品属性信息模糊不清时,专家和新手都会使用来源国/地区信息对产品进行评价。该研究支持了 Zeithamal (1988)的推论。

Chiou(2003)对中国台湾地区的学生进行了两组实验,研究当产品信息分别是模糊的和明确的时候,来源国/地区效应对新手和专家的试用前(pretrial)期望和试用后(posttrial)态度的影响。两组实验分别使用了一个明确信息的产品(数码相机)和一个模糊信息的产品(布料)。研究结果显示不论产品信息是否模糊,来源国/地区对新手和专家的试用前期望都有影响;但来源国/地区对新手和专家的试用后态度的影响是不一致的。这个研究结果与 Maheswaran (1994)的不同,不同之处可能是由试用前阶段对于信息模糊性变化的操纵所造成的。在 Maheswaran(1994)的研究中,对于个人电脑的描述主要通过属性和相关利益信息来消除属性变化的解释,这种描述方式对于参与者来说减少了信息的模糊性。明确的试用前信息使得专家更有信心客观地评价产品信息,因此,来源国/地区对专家的试用前评价没有影响。而在 Chiou(2003)的研究中,试用前信息中没有任何利益相关的陈述,只有技术信息的描述,参与者可以更加自由地详尽描述试用前信息的意义。专家可以通过他们的专业知识和经验来解释数据,来源国/地区可能是推断单个产品属性的线索。因此,对于专家来说,来源国/地区效应对试用前期望有影响。

随着研究的深入,有研究者对产品属性信息进行了细化,比如将产品的属性信息分为能够通过比较、直观地得出评价的搜索性信息(如汽车产品的油耗),以及很难做出直接评价的信任性信息(如汽车产品的信任性),表明了品牌来源国在不易做出评价的产品属性上会发挥显著的作用,而对搜索性信息的评价则不会产生影响(吴坚、符国群和丁嘉莉,2010)。

2. 产品类别

大量研究已经证明产品类型制约着来源国对消费者产品评价的影响(Eroglu和 Machleit,1989;Roth 和 Romeo,1992;Peterson 和 Jolibert,1995;Laroche 等,2003;Pappu、Quester 和 Cooksey,2007;Wang 和 Yang,2008)。戴玥(2008)将产品分为高科技产品、中等科技产品、低等科技产品,并对在厦门市生活过的来自发展中国家的外国人进行调研,发现来源国与产品品类的确会对中国以外的发展中国家消费者的产品评价产生影响。吴坚和符国群(2007)在考察品牌来源国和制造国的交互效应对质量评价的影响时,发现这种效应在手表领域是存在的,但在运动鞋领域并不存在。不过 Peterson 和 Jolibert(1995)对 52 篇研究报告的元分析结果却显示,从总体上说,产品类别对来源国效应强度的影响不大,来源国效应受整体来源国形象的影响,并广泛地存在于各种产品类别中。李东进、周荣海和安钟石(2007)对组织购买者产品评价的影响研究认为中国组织购买者在进行产品评价时,主要受到来源国信息,尤其是设计国信息的影响,而受产品类型的影响要小一些。

(二) 消费者因素

消费者的产品知识、产品涉入程度、消费者人口统计因素、民族情感、消费者的情绪和认知需要等都会对产品评价和购买决策产生影响。

1. 消费者产品知识

消费者的产品知识,包括消费者对产品的熟悉度、关于产品的专业知识和产品的购买经验(Alba 和 Hutchinson,1987;Brucks,1985;Schmidt 和 Spreng,1996)。Rao 和 Monroe(1988)发现,消费者的产品知识对其在评价产品时产品线索的使用有影响,当消费者拥有较丰富的产品知识,对相关产品或服务的内外部线索也较为熟悉时,则较有信心与效率在消费决策上做出正确的判断。下面我们分别回顾产品熟悉度和产品购买经验对产品评价的影响。

产品熟悉度对产品评价有影响。Alba 和 Hutchinson(1987)将产品熟悉度定义为消费者对该产品经验的连续变数,即相关经验越多,对该产品的熟悉度也越高。Han(1989)的研究结果证明了消费者评价产品时可以使用来源国形象的"光环效应"或"总括效应",光环效应是指当消费者对一个国家的产品不熟悉时,会把来源国形象当作一种"光环"来判断产品的质量,即来源国形象直接影响消费者的态度；总括效应是指当消费者对一个国家的产品很熟悉时，会从产品属性中抽象出该国的来源国形象，进而影响消费者对产品的态度。

Ahmed 和 d'Astous（2008）建立了来源国／地区评价的前因和调节模型，该模型认为外生的前因变量（经济发展水平和文化）以及内生的前因变量（人口统计变量和心理上的变量）都可以影响来源国／地区的评价，产品—国家的熟悉度和购买行为则是调节变量。该研究将来源国／地区分为三类：高度工业化国家（highly industrialized countries，HICs，如加拿大、英国、德国、日本和美国）、拉丁美洲国家（Latin American countries，LACs，如墨西哥、智利、阿根廷）和东亚国家／地区（East Asian countries/regions，EACs，如中国大陆、新加坡、韩国、中国台湾地区、泰国），研究中使用的产品为电视和电脑。研究结果表明：第一，相较于加拿大消费者，摩洛哥和中国台湾地区的消费者对东亚国家制造的产品更加熟悉；相较于加拿大和中国台湾地区的消费者，摩洛哥消费者对法国、中国大陆和泰国的产品更加熟悉。研究者认为摩洛哥消费者比中国台湾地区的消费者对中国大陆和泰国产品更加熟悉是违反直觉的，因为中国大陆和泰国不论从社会文化还是地理位置上来说都更靠近中国台湾地区而不是摩洛哥。一个可能的解释是，与中国台湾地区的消费者相比，摩洛哥消费者的人均收入更低，更可能消费来自中国大陆和泰国等低工资国家的低价格产品。第二，中国台湾地区和摩洛哥的消费者对拉丁美洲国家有偏见，与之类似，加拿大和摩洛哥的消费者对新加坡有偏见。这种偏见可能源于对该国产品的不熟悉。但要注意的是，对一个国家产品的不熟悉性似乎对高度工业化国家的影响并不大，比如对英国的熟悉性（4.9 分）低于对中国的熟悉性（5.3 分），但这并不影响对英国产品的评价高于中国产品，也就是说，对一个国家熟悉并不会导致对其产品评价高。总体来说，熟悉度确实对来源国／地区评价有明显的作用。

产品的购买经验对产品评价的影响。Janda 和 Rao（1997）发现当消费者有购买或使用外国产品的经验时，会形成对该国产品的信念，当再次选择该种产品时，信念就会起到主要作用；反之，当缺乏购买外国产品的经验时，消费者就会使用该产品的来源国刻板印象对产品做出评价。另外，初次购买意愿对来源国效应的循环运作非常重要。根据来源国效应作用机制的动态模型，如果第一阶段的光环作用没有使消费者产生初次购买，来源国效应的作用就此结束；只有当消费者愿意尝试初次购买，才能使消费者有机会修正来源国形象，维持来源国效应的运转（徐晓琳，2009）。

2. 消费者的产品涉入度

消费者的产品"涉入"（involvement）指的是消费者对某一种产品购买决策

的关心程度,产品涉入通常可以区分为高涉入程度(high involvement)与低涉入程度(low involvement)。不同消费者对一种产品的涉入程度因个人、产品与情境等因素而有所差异,高涉入程度的消费者会比较主动地搜寻产品信息且尽可能地考虑各种购买决策,而低涉入程度的消费者不会花太多时间去搜集与产品相关的信息。

Lin 和 Chen(2006)针对中国台湾地区的消费者调查了中国台湾地区、中国大陆和美国的保险和饮食服务行业,发现来源国/地区的形象、产品知识和产品涉入程度对消费者购买决策都有明显的积极影响,并且来源国/地区形象(或产品知识)在不同的产品涉入程度下对消费者购买决策都有明显的积极影响。Aboulnasr(2006)研究了中国台湾地区商学院学生的诊断性信息和典型性信息在高/低涉入程度下对中国台湾地区、中国大陆、日本和德国的产品以及来源国/地区的评价,证实了在高涉入程度下,诊断性属性信息对外国/地区制造产品的评价更为显著,而在低涉入程度下,典型性信息对来源国/地区的评价更为显著。

3. 消费者人口统计因素

d'Astous 和 Ahmed(1993)分析了不同涉入程度情况下,来源国/地区形象对产品评价的影响,发现被访者的年龄、性别、受教育程度、种族和肤色等人口统计因素会影响来源国/地区效应。在年龄方面,相较于年轻消费者,年龄较大的消费者对外国产品的评价更加积极(Schooler,1971)。Wall、Liefeld 和 Heslop(1991)发现年龄大的消费者对产品质量评分较高,感知风险较低并且购买意向更高。

Wall 和 Heslop(1986)尝试从性别角度研究人口统计变量对来源国/地区的影响,该研究调查了 635 名加拿大男性和女性消费者对于 13 个经济体(包括中国内地、中国台湾地区和香港地区)来源国/地区产品形象评价方面的差别。研究表明当依据来源国/地区来评价产品时,男性和女性使用的是不同的标准。与男性相比,女性对几乎所有的国家/地区(除了韩国、中国香港地区和菲律宾)在质量方面打分都比较高。Wall 和 Heslop(1989)在之前样本的基础上,扩大来源国/地区的范围,选取了与加拿大有重要进出口关系的 19 个国家,进一步研究了男性和女性与来源国/地区相关的产品质量感知。结果发现男性通过一个国家/地区的技术发展和政治取向来判断整体的产品质量,女性则通过地理上的接近、特殊产品来判断每个国家/地区的产品质量。但是,Ghadir(1990)调查了 639 名约旦消费者对于约旦国内和 7 个境外经济体(美国、英国、日本、俄罗斯、罗马尼亚、中国台湾地区和埃及）产品的质量、价格和风险感知,发现在社会人口统计变量中,性别是消费者的鉴别能力中最不重要的因素,而年龄是最重要的因素。同样,Dornoff、Tankersley 和 Whilte(1974)发现文化程度是来源国/地区形象效应的影响变量,但性别并不是重要的因素。

Festervand 和 Lumpkin(1985)认为受教育程度是最有影响力的人口统计变量。大量的研究已经揭示了与受到有限教育的人相比,受过高等教育的人对外国产品的评价更高(Al-hammad,1988;Dornoff、Tankersley 和 White,1974;Festervand 和 Lumpkin,1985;Schooler,1971;Wall、Liefeld 和 Heslop,1991)。褚绿园(2011)调查了来源国效应对意大利消费者产品评价的影响,认为可能由于被访者的受教育程度较高,其对身为发展中国家的中国的产品评价不高。可见除了受教育程度,来源国的经济发展程度也会影响消费者对产品的评价。

Ahmed 和 d'Astous(2008)在模型中也引入了人口统计变量因素对来源国评价的影响,研究结果与 Balabanis、Mueller 和 Melewar(2002)一致,即人口统计变量对来源国评价的影响很小。Samiee、Shimp 和 Sharma(2005)也认为人口统计变量对解释来源国感知的贡献很小。Ahmed 和 d'Astous(2008)认为值得注意的是之前在来源国评价中三个与来源国相关的变量,即购物行为(Insch 和 McBride,2004)、心理上的变量(Ahmed 等,2002;Ahmed、d'Astous 和 Eljabri,2002)和人口统计变量(Ahmed、d'Astous 和 Eljabri,2002;Insch 和 McBride,2004)之间存在强相关关系可能是基于单变量分析(即每次分析一个国家)的结果。相反,这些影响并没有在 Ahmed 和 d'Astous(2008)的研究中出现,因为该研究采用的是多变量分析而且数据来自三个国家的消费者。这显示了由于这些变量的内部关联性以及与熟悉度和国家的强相关关系,因此,在单变量研究中的个体变量在多变量研究中并没有充分地显现出来。

Giraldi 和 Ikeda(2009)调查了个人价值观对巴西消费者对于中国家电用品的评价有多大影响,以及人口统计特征(如性别、年龄和国家熟悉性)起到的调节作用。通过因素分析和多元回归分析发现,个人价值观是由多方面构成的,每个方面都在对外国产品的评价中起到不同作用。在个人价值观中,"礼仪"对外国产品的评价影响最大,其次是"自我导向",最后是"从众"。个人价值观对来源国效应的影响大多数是负面的,例如,个人价值观越重要,对中国家用电器的评价就越负面。但是对女性来说,当个人价值观变得重要时,产品的形象更加积极。与年长的参与者相比,年轻的参与者在评价中国家用电器时更容易受到自身个人价值观的影响,且这种影响更加消极。

4. 民族情感

从以往的情感研究中可知,民族情感是影响来源国效应的一个重要因素。消费者选择国内外产品时会受到两种因素的影响:认知因素(来源国形象)、情感因素(爱国主义或民族情感)(Han, 1989)。相较于缺乏爱国主义的消费者,爱国主义情怀较强的消费者更愿意购买本国的产品。Shimp 和 Sharma(1987)提出了消费者民族中心主义的概念,用以衡量消费者购买外国产品时的道德准则。具有民族中心主义的消费者认为不应该消费外国产品,因为这会损害国内经济,引起更多的失业;不具有民族中心主义的消费者认为应该依据外国产品本身的价值来评价产品,而不是产品的来源地(Shimp 和 Sharma, 1987)。

在发达国家,当个体的生活质量或经济受到外国竞争威胁的时候,民族中心主义倾向会更加突出(Shimp 和 Sharma, 1987)。制造和服务外包给新兴市场,导致发达市场出现失业等问题,这强化了其对进口产品和服务的反对态度(Sharma、Mathur 和 Dhawan, 2009)。Baverstock(2006)研究发现在美国和欧洲主要市场的被访者中,只有 1/8 的被访者高度认可中国和韩国制造。爱国主义对感知质量、感知价值及品牌态度有影响,虽然美国人的爱国主义倾向不比其他国家强烈,但他们最不会冒险购买他国产品,只有 12% 的美国人会寻购中国产品。在美国人看来,中国人从美国制造业中吸收了很多就业机会,尤其是在服装和电子产品行业,工作机会的丧失导致美国人对中国制造的价值和质量整体具有负面感知。与美国人类似,德国人、法国人对中国产品的感知质量和感知价值都不甚理想。汪涛等(2012)收集了美国、印度两国消费者对中国产品的评价帖子,运用扎根理论数据分析发现,相较于印度消费者,美国消费者的民族中心主义更为强烈,对中国来源国形象的认知也更为负面。

消费者民族中心主义涉及的外国产品是指所有非本国的产品,而且对于不同国家的产品,消费者民族中心主义的影响效应存在差异(Sharma、Shimp 和 Shin, 1995),所以在研究中需要对产品来源国进行区别。Klein、Ettenson 和 Morris(1998)研究南京大屠杀事件对中国消费者购买日货的影响时,首次提出了消费者敌意(或称为憎恶情绪)的概念,研究表明出于对日本的憎恶情绪,一些中国消费者确实对来自日本的产品有负面看法。中国消费者对日本的敌意可能来自第二次世界大战中日本对中国的残暴行为(Klein、Ettenson 和 Morris, 1998)。

在市场学领域,消费者民族中心主义和消费者敌意是不同的概念,消费者民族中心主义的来源国指的是除本国之外的所有国家,它源于民族主义和爱国主义（Shimp 和 Sharma，1987）；而消费者敌意的来源国指的是某个特定国家（Klein、Ettenson 和 Morris，1998）。不过两个变量之间存在关系，消费者敌意可以强化消费者民族中心主义（Nijssen 和 Douglas，2004；袁胜军和宋亮，2013）。

Sharma（2011）通过对发达市场（英国和美国）、新兴市场（中国和印度）的研究发现，消费者民族主义对消费者的产品评价（product evaluations，PEs）只有微弱的消极影响，对消费者的购买意向（behavioral intentions，BIs）没有显著影响。Sharma（2011）在实验中首先使用了虚拟的汽车品牌，此时假设都得到了验证；而在后续测试中运用了参与者实际购买的汽车品牌，发现在新兴市场或发达市场的实际购车行为中，消费者民族主义都没有对购买国内汽车的行为造成实际的影响。Chinen 和 Sun（2011）评价了美国消费者对在 9 个不同国家制造的中国品牌汽车的态度，发现民族中心主义和种族对美国消费者的汽车购买行为没有明显影响，美国消费者是理性消费者——更关注感知质量而不是情感因素。

庄贵军、周南和周连喜（2006）以跨行业产品进行实证检验，他们的研究表明，在品牌特性的作用下，国货意识并不会对消费者的本土品牌偏好产生显著影响。与此类似，李东进、周荣海和安钟石（2007）通过研究来源国和消费者民族中心主义对组织购买者产品评价的影响，发现消费者民族中心主义倾向对中国的组织购买者的产品评价没有显著影响。袁胜军和宋亮（2013）研究了消费者敌意和消费者民族中心主义两个变量对日本品牌、国产品牌和第三国品牌的产品购买意愿的影响，结果显示：对于日本品牌，消费者民族中心主义与购买意愿之间存在明显的负相关关系；然而对于第三国品牌，消费者民族中心主义却不会降低其购买意愿。这表明来源国会调节消费者民族中心主义的影响力，以往的研究之所以存在差异可能是由于来源国的选择不同。

在消费者民族中心主义研究的基础上，我们进一步提出文化认同（culture identity）的新构念，并把它和消费者民族中心主义放在一起，衡量它们对于消费者购买国货和外国产品的态度及行为的影响（He 和 Wang，2015）。研究表明，消费者民族中心主义强的消费者，在态度上支持国货，但在实际购买行为上二者之间并不存在显著的关系。这是因为消费者民族中心主义在定义上是一种外在道德规范性的概念，而不是内在驱动的力量。文化认同强的消费者，不但在态度上更喜欢国货，而且在实际行动上也更可能购买国货，不购买外国货。这给企业带来了新的营销战略思路，即要激发消费者的文化认同心理，体现文化软实力的"中国元素"的应用是主流策略。有关这方面的研究可以进一步参阅本书第十一章。

5. 消费者的情绪和认知需要

在来源国效应的研究中,仅有 Maheswaran 和 Chen(2006)引入了负面情绪变量——生气(anger)、难过(sadness)和挫败感(frustration)——对来源国效应的影响作用,并将情绪情感因素视为国家品牌资产的一个重要来源。才源源(2013)在研究中将情绪(这里的情绪是即时性的,与长期稳定的情感特征截然不同)对来源国效应的影响进行了扩展,关注更加普遍的积极情绪,并且运用具体情绪的自我/他人指向性理论来解释积极情绪对来源国效应的影响。除此之外,她还关注了情绪的基本属性(即唤醒水平)以及正负效价对来源国效应的影响,这在以往的研究中是被忽视的部分。该研究充分证明了主体性的即时情绪可以成为影响来源国效应的一个重要因素,这突破了以往来源国效应研究中多关注于稳定的、客体因素的局限。

消费者的个性会对"来源国/地区现象"产生影响,个体"认知需要"(个体对一件事情形成自己态度时对这件事情进行深入挖掘的一种欲望)的不同能够影响态度转变过程。Zhang(1997)通过对美国、墨西哥、日本和中国台湾地区 4 个经济体的研究发现,消费者的认知需要对来源国/地区效应有调节作用。当消费者认知需要低的时候,来源国/地区效应对产品评价的影响更大,有利的来源国/地区形象使得产品评价趋于正面,不利的来源国/地区形象对产品评价起到更不利的作用。当消费者认知需要高的时候,来源国/地区效应会降低。低认知需要的消费者在进行产品选择时更多受到来源国/地区喜好的影响,而高认知需要的消费者在进行产品选择时更多受到产品客观信息说服力的影响。Dinnie(2004)在综述中认为应该谨慎看待 Zhang(1997)的研究结果,并指出了它的几个缺陷:在研究中使用了学生样本,人为刺激(广告上包括产品的图片、属性和来源国/地区信息),以及虚构的品牌名称。

（三）消费国因素

消费国与来源国的文化差异、刻板印象、国籍等不同也会影响来源国效应,下面分别加以阐述。

1. 文化差异

Bilkey 和 Nes(1982)整理相关研究后发现,产品来源国/地区与消费者或消费国/地区所拥有的信念体系的相似程度,以及产品制造国/地区的政治和文化背景同样会影响消费者对产品制造国/地区形象的认知。Krishnakumar(1974)

研究了来源国/地区对美国和发展中经济体（印度、中国台湾地区）的消费者关于产品形象认知的影响，发现对于英国产品，印度学生的评价比中国台湾地区的学生更高，这可能与印度曾是英国的殖民地以及印、英两国的信仰体系较相似有关。

Hofstede(1976，1980)从个人主义和集体主义的角度对文化与观念进行分类，开发出了"国家个人主义指数"(country individualism index)，并计算出40个国家的国家个人主义指数分值。高国家个人主义指数分值的国家个人主义感更强烈，强调个人主动性和成就；而低国家个人主义指数分值的国家集体主义感更强烈，强调对组织的归属感。相对来说，印度具有个人主义文化，中国具有集体主义文化(Hofstede，1980)。

Ahmed 和 d'Astous(2008)基于加拿大、中国台湾地区和摩洛哥三个经济体的消费者建立了来源国/地区评价的前因变量和调节变量模型，认为加拿大比摩洛哥和中国台湾地区的消费者更加具有个人主义。已有研究表明与个人主义相比，集体主义下的消费者更加反对外国产品(Sharma、Shimp 和 Shin，1995；Gürhan-Canli 和 Maheswaran，2000a；Watson 和 Wright，2000)。来自集体主义文化的人们的民族中心主义感要比来自个人主义文化的人们高(Nicholson 等，1993)。才源源(2013)将来源国/地区视为传递本国文化特征的信号，通过具体情绪的自我—他人指向与文化特征之间建立的匹配关系得出的结论为：针对美国（个人主义文化）产品，在指向自我的高兴情绪下较指向他人的平和情绪下，消费者态度更为积极；在引入一致性附加信息的条件下，针对中国（集体主义文化）产品，在指向自我的高兴情绪下较指向他人的平和情绪下，消费者态度更为积极。

Zhang(1996)面向北京300名成年消费者调查了中国、美国、日本、韩国的衬衫和电视产品，研究文化、产品类型以及产品呈现方式对中国消费者购买外国产品评价的影响。为了增加真实性，该研究是在一家大型商场通过购物拦截的方法进行的。与以往认为文化和信仰的相似性会促进更加积极的来源国形象的观点不一致的是，该研究表明来源国形象和中国消费者的产品评价与文化影响是不相关的，即相较于文化更相似的国家（韩国），在中国消费者心目中文化不相似的国家（日本和美国）获得了更积极的来源国形象评价。Zhang(1996)认为该现象说明了相较于文化相似性在产品选择中所起的积极作用，经济发达的来源国对中国消费者更有吸引力。

Lenartowicz 和 Roth(2001)，Laroche 等(2003)的研究不同于先前大多数将

国家市场视为包含同质消费者的来源国研究,而是指出了一个国家内部的亚文化效应。Laroche 等(2003)认为来源国效应和产品—国家形象中的大部分跨文化研究都是基于跨国家进行的。这个发现对于来源国线索中建立市场战略有重要的启示,即细分目标市场时需要基于文化来细分消费者,而不仅仅是简单的国家边界。

2. 刻板印象

来源国/地区的刻板印象(stereotyping)是人们已经形成的关于一国/地区生产和制造产品能力的印象,该印象会引发消费者对整个国家/地区产品的刻板性认识,进而直接影响该国/地区的具体产品评价和购买行为(Nagashima,1970;Maheswaran,1994)。Reierson(1966)是将来源国/地区形象偏见引入研究的研究者之一,他指出了来源国/地区研究中考虑国家/地区刻板印象的必要性。20 世纪 80 年代以前,刻板印象被证明普遍存在于美国、英国、日本、芬兰、瑞典、危地马拉、印度和中国台湾地区的消费者中,且既影响消费者个人购买也影响工业购买(Bilkey 和 Nes,1982)。Gaedeke(1973)将国家/地区刻板印象的概念拓展到发展中经济体的产品,研究了美国消费者对于发展中经济体和美国制造的产品质量的认识;这也是该领域首次涉及中国台湾和香港地区的研究。此后其他研究者也研究了中国台湾地区作为来源地区的刻板印象现象(Yavas 和 Alpay,1986;Ghadir,1990)。Yavas 和 Alpay(1986)调查了沙特和巴林的消费者对于选取的 7 个经济体制造的态度,研究发现日本标签的评价最高,紧接着是美国和德国,而中国台湾地区标签的评价是最低的。

20 世纪 80 年代中后期,一系列关于刻板印象对产品评价影响的研究显示,当某产品属于某一个品类,而该品类产品具有与某种评价相关的属性特质时,消费者会将该产品的品类归属作为启发性的线索基础(heuristic basis)来评价该产品,而不会考虑有关该产品其他特点的信息(戴玥,2008)。这个时期也有研究者开始对中国作为来源国的刻板印象进行研究(Wang 和 Lamb,1983;Zhang,1996;Aboulnasr,2006)。Wang 和 Lamb(1983)研究了美国消费者愿意购买的外国产品来自哪些欠发达国家,了解这些国家的经济发展状况以及文化和政治氛围;研究涉及 36 个国家,结果发现美国消费者对来自欠发达国家的产品有偏见。Zhang(1996)通过对中国消费者关于中国、美国、日本和韩国的来源国形象感知研究,发现刻板印象是影响中国消费者产品评价的一个因素;相较于韩国的产品,中国消费者更偏好日本和美国的产品。Aboulnasr(2006)研究了反刻板印象信息(诊断性信息和典型性信息)在高或低涉入程度情况下对外国产品的评价和来源国的评价。总体来说,反刻板印象信息是诊断性时,有更积极的产品评价;而反刻板印象信息是典型性时,有更积极的来源国评价。

3. 消费者的国籍

来源国效应因被试的国籍不同而异。Hong 和 Yi(1992)研究发现,美国消费者习惯于使用发展中国家(如中国、墨西哥)制造的产品,因此不会赋予这些产品负面的形象;而韩国消费者则不习惯,因此会根据对来源国的刻板印象评价产品。Ahmed 和 d'Astous(2008)也发现国籍与来源国评价相关:相较于加拿大的消费者,摩洛哥消费者对法国、泰国和中国制造的产品评价更为积极;摩洛哥消费者对拉丁美洲国家的产品评价最为消极,而加拿大消费者对拉丁美洲国家的产品评价最不消极。而且 Ahmed 和 d'Astous(2008)在研究中进一步发现,产品熟悉度并没有出现在墨西哥和中国这两个新兴工业化国家的模型中,这可能是因为国籍和熟悉度之间存在强相关关系——在这两个国家的模型中,国籍的影响比熟悉度更大。

通过文献梳理我们发现,在产品因素、消费者因素和消费国因素中,消费者因素的影响作用更大一些。但是中国作为来源国时,相较于中国消费者对日本的敌意情绪等,其他国家消费者对中国的民族情感因素的影响作用并不大,这可能与中国一直以来在国际社会上树立的良好政治形象有关。文化差异、刻板印象等消费国因素对中国的来源国效应的影响比较大,这与中国作为来源国的经济发展程度、文化等有关。

三、混合产品评价的来源国分解研究

早期的来源国效应多数是在产品设计、组装、零部件生产以及品牌都属于同一个国家的状况下发现的,但是 20 世纪 80 年代以后,随着国家经济合作的不断深化,除了农产品、矿产资源等少数特殊产品,完全单一来源地的产品在国际市场上已不多见(田圣炳和陈启杰,2004)。消费者面对的产品大多是混合产品,即产品的设计、组装、零部件生产以及品牌拥有者往往在不同的国家。产品在一个国家设计,在另外一个国家组装,而零部件来自第三个国家(Chao,1993)。显然,混合产品的来源国效应不同于单一产品。因此,仅关注单一国家的来源国效应(single-country COO effect)并不是有效的,需要对消费者产品质量感知的各个部分进行深入研究(Bilkey 和 Nes,1982;Han,1989;Han 和 Terpstra,1988;Hong 和 Wyer,1989),而对于多个国家的来源国效应(multi-country COO effect)的研究是有效的(Insch 和 McBride,1998)。这就引出了来源国分解效应的研究。

Chao(1993)调查了美国消费者如何评价具有多国/地区设计(包括产品设计和组装国)的混合产品,组装国/地区选取了中国台湾地区、泰国、墨西哥,设计国/地区选取了美国、日本、中国台湾地区。结果表明消费者对产品质量和设计质量的评价受到价格、设计国/地区和组装国/地区的影响,而且设计国/地区与价格明显地相互影响并影响到产品质量的评价。与组装国/地区和品牌名称相比,设计国/地区更能反映产品质量和采购价值,但是它的重要性与产品的复杂程度有关。Iyer 和 Kalita(1997)研究发现品牌来源国/地区和产品制造国两个线索对消费者的产品质量和价值评价都很重要。

吴坚和符国群(2007)认为,研究中对品牌来源国和产品制造国不加区分可能带来两个后果:第一,品牌来源国和产品制造国的影响交织在一起,可能会夸大制造国的影响;第二,可能混淆两者在消费者产品评价和选择产品过程中的作用方式。他们在区分品牌来源国和产品制造国的基础上,研究发现两者对消费者的影响存在明显差异:产品制造国直接影响消费者对产品质量的评价,而不直接影响消费者的购买意愿,将品牌来源国形象好的产品转移到发展中国家生产有可能降低产品的品质感知,但不一定影响消费者的购买意愿。而品牌来源国并不直接影响质量感知,但通过感知价值这一中介变量对购买意愿产生影响;另外,品牌来源国还会调节产品制造国对消费者质量感知的影响。因此在来源国研究中,品牌来源国或许是比产品制造国更重要的一个概念,以往的来源国研究侧重于探索制造国的影响,现在的研究重心需要转移到品牌来源国上。而国内外学者的研究结果表明,在各种来源国效应中,相较于制造国和组装国,品牌来源国更能影响消费者对产品质量的评价;除了奢侈品和时尚产品,大多数情况下品牌来源国的效应也大于产品设计国的影响(徐晓琳,2009)。

Chowdhury 和 Ahmed(2009)研究了来源国对孟加拉国消费者(样本量 35个)评价日本、中国和孟加拉国电视产品的影响作用,并通过检测产品的设计国、组装国和零部件来源国来更好地理解来源国效应。Biswas、Chowdhury 和 Kabir(2011)在这篇文章的基础上扩大了样本数量(320 个),实证验证了来源国联想(设计国、组装国和零部件来源国)与消费者产品评价的关系,即消费者对一个国家的了解会影响其对该国产品的评价。在大部分情况下,由于产品属性信息的缺失,消费者无法在消费前完全掌握重要的信息,此时可以使用来源国联想作为参考。另外,来源国评价对产品评价的影响作用与来源国联想对特定产品评价是不相关的，来源国联想通过影响消费者对国家的感知来影响产品评价；这样即使消费者已经了解产品属性信息，一家企业仍然可以从消费者拥有的来源国联想中获得利益（Biswas、Chowdhury 和 Kabir，2011）。

Wong、Polonsky 和 Garma（2008）研究发现旅居澳大利亚的华人和中国的消费者对来源国联想（设计国、组装国和零部件来源国）因不同国家而各异，相比于中国的消费者，旅居澳大利亚的华人对产品的评价更为积极，这可能是由于西方文化或政治理念等影响到他们对中国产品和外国产品的评价。Wong、Polonsky 和 Garma（2008）测量了来源国的子部分（sub-components）——设计、组装和零部件的效应，以及它们与消费者民族中心主义的互动对中国年轻消费者的产品质量评价和消费意向的影响，发现中国的年轻消费者并没有将来源国的三个子部分（设计、组装和零部件）作为产品质量感知和购买意向的重要因素，这与之前发现来源国的各部分对消费者产品评价和购买行为有直接或间接影响的研究（Ahmed 和 d'Astous，2001；Chao，2001；Insch 和 McBride，1998）不一致。这可能与如今中国存在大量的合资企业、中国年轻消费者觉得混合产品很正常有关，即来源国子部分的价值降低了（Wong、Polonsky 和 Garma，2008）。Leonidou等（1999）也发现了年轻并受过良好教育的消费者更容易接受外国产品，或者对来自发展中国家的产品偏见更少。戴玥（2008）的研究结果显示，来源国类型（生产制造国、品牌国、组/罐装国三种情况）对中国以外的发展中国家消费者的产品评价的影响并不明显。来源国本身更受到人们的关注，即来源国自身就是一个品牌，不论它以怎样的方式出现，其国家形象就是品质的代表，能够直接影响消费者对产品质量的评价。该研究结果支持 Knight 和 Calantone（2000）提出的弹性模型所阐释的来源国效应的作用机制，来源国形象和基于知识经验形成的产品信念都在不同程度上直接影响产品评价或品牌态度。

不论是单一国家的来源国效应还是来源国分解效应，研究主要集中于普通消费品市场，而有研究表明来源国效应在工业和组织购买领域同样普遍存在（Ahmed 和 d'Astous，1995）。但是 Quester、Dzever 和 Chetty（2000）指出，把消费品市场中来源国效应的原理直接应用于工业品市场是不可取的，因为两个市场中质量的概念和维度是不同的（Quells 和 Rosa，1995），任务的定义也不同。关于组织市场的来源国研究从 20 世纪 70 年代开始（李东进、周荣海和安钟石，2007），但并不是很多。以中国作为来源国的组织市场研究则是从 20 世纪 80年代开始的。

Ahmed 和 d'Astous(1995)通过将来源国区分为设计国和组装国,更好地理解来源国对家庭和组织购买者的产品感知的影响。研究表明,与家庭购买者相比,组织购买者更为注重组装国和设计国;关于产品的价格、品牌名称和保证对购买者的产品质量和购买价值的评价有显著性的影响,组织购买者更为注重价格,品牌对感知质量和购买价值的解释力低于来源国提示;而对于家庭购买者来说,品牌具有更大的影响。这说明在关于产品的其他线索出现的情况下,组装国和设计国对购买者的影响变小。Quester、Dzever 和 Chetty(2000)发现澳大利亚和新西兰的采购经理在购买机械工具和零配件时,都受到了组装国和设计国的影响。李东进、周荣海和安钟石(2007)研究发现,无论是基本生产设备还是辅助生产设备,组织购买者对它的评价显著地受到来源国效应的影响,尤其是受到设计国信息的影响。该研究还发现,来源国效应不受组织特征的干扰。

在上面的分析中,我们着重总结了来源国对产品评价的影响作用。Wall、Liefeld 和 Heslop(1991)研究了在品牌名称、价格以及与消费者购买产品相关的质量、风险、价值和购买意向等多线索下,来源国线索所表现出来的影响强度。结果发现,在对一个产品进行评价时,相较于价格和品牌等外在产品信息带来的影响,来源国的影响更大;产品的来源国能够对感知质量施加影响,但是对购买可能性的影响不大。

在过往的研究中,主要使用产品评价、购买意向、重复购买意向作为因变量(Lin 和 Chen, 2006)。Kwok、Uncles 和 Huang(2006)指出,关于来源国的研究主要依赖于实验设计,而且用购买意向测量来替代购买行为。但是购买意向的测量对于购买行为的预测并不是完美的(Chandon、Morwitz 和 Reinartz, 2005),而且很多因素会阻止消费者按照既定的想法来购买(Jamieson 和 Bass, 1989;Warshaw, 1980)。只有少量的研究,比如 Uncles 和 Saurazas(2000)没有依赖实验设计,而是通过实际购买回忆和多种外国产品品牌的关系检测来源国效应。Kwok、Uncles 和 Huang(2006)在研究中使用实际的购买行为来检验中国城市消费者的来源国效应程度,以及来源国对购买行为的影响。

第三节　中国作为来源国的形象研究

中国国家形象评价是研究中国作为国家品牌的基础性、关键性问题。总体而言,来源国形象经历了从单一维度到二维度再到多维度的发展,单一维度显然已经无法涵盖来源国形象的所有方面。因此我们采用二维度的划分，即国家形象和产品形象。下面我们按照这两个角度对现有相关研究进行回顾总结。这同时也可视为对本书后续章节（第八、九、十章）的铺垫——这三章将展开介绍我们就中国来源国形象所推进的一系列研究的具体成果。

一、中国的国家形象

Li、Fu 和 Murray（1997）研究了中国消费者对美国、日本和中国的国家形象以及相应产品（形象）的不同感知，结果发现在中国消费者心目中，美国、日本、中国三个国家的国家形象和产品形象存在显著差异。对于国家形象，由高到低依次是美国、日本、中国；对于产品形象，由高到低依次是日本、美国、中国。具体来说，国家形象的经济层面，日本高于美国，可能是由中、日之间较便利的贸易经济关系造成的；国家形象的技术层面，美国略高于日本；国家形象的政治层面，美国明显高于日本和中国。而关于产品形象，日本在创新、设计、声誉和工艺四个维度都高于美国。

即使在中国消费者的评价中，中国产品自身的形象也比美国和日本等差，由此可以推论出中国品牌的产品在美国和日本等发达国家消费者心目中同样是负面的来源国形象，这一点也在国外的文献研究中得到证实。Al-hammad（1988）、Khachaturian 和 Morganosky（1990），以及 Good 和 Huddleston（1995）等研究都发现，中国产品在国外消费者调查中都有负面的来源国形象（Al-Sulaiti 和 Baker，1998）。袁胜军和符国群（2012）的研究表明，中国在发达国家消费者心目中的形象既有消极的，也有积极的。但就中国整体形象而言，中国在发达国家消费者心目中的形象就是"落后""贫困"，而中国产品的形象则为"质低""价廉"等。有关这方面的研究，可以进一步参阅本书第八章的相关调研结果。

一个国家的形象是长时间逐步形成的，其中的影响因素相当多，有一些因素与具体消费者对某个国家及该国国民的特殊反应有关。Kumar 和 Steenkamp（2013）在分析国家形象差别时，提出了消费者整体所共有的可能导致对某个国家产生相对同质化印象的四个因素：经济发展、文化和遗产、国家治理水平以及国民素质。下面我们从市场学的角度分析这四个因素以及其他因素对中国国家形象的影响作用。

（一）经济发展因素对中国国家形象的影响作用

Bilkey 和 Nes（1982）在对来源国文献的整理中指出，造成偏见阶层的因素有很多。一般来说,国家形象与该国的经济发展程度成正相关关系,此外产品来源国与消费者母国所拥有的信念体系的相似程度,以及产品制造国的政治形势与文化背景,都会影响消费者对产品制造国国家形象的认知。大量文献研究也发现来源国形象与国家经济发展水平有关(Papadopoulos、Heslop 和 Bamossy,1990;Roth 和 Romeo,1992)。表 4-4 总结了中国作为来源国的情况下,经济发展水平与来源国形象的关系。

从 20 世纪 70 年代到 21 世纪,不论产品类型如何,也不论消费者来自发达经济体——美国、英国、加拿大、澳大利亚等(Gaedeke,1973;Krishnakumar,1974;Wang 和 Lamb,1983;Khachaturian 和 Morganosky,1990;Chinen 和 Sun,2011)还是欠发达经济体——印度、中国台湾地区、约旦、乌兹别克斯坦、马来西亚、孟加拉国、中国大陆、摩洛哥等(Krishnakumar,1974;Ghadir,1990;Zain 和 Yasin,1997;Mohamad 等,2000;Kaynak、Kucukemiroglu 和 Hyder,2000;Ahmed 和 d'Astous,2008),研究结果都证明了:总体来说,以高度工业化经济体(HICs)为来源国/地区,其得到的评价比新兴工业化经济体(newly industrialized countries,NICs)或欠发达经济体要好(Cordell,1992;Pappu、Quester 和 Cooksey,2007)。Li 和 Monroe(1992)认为在高度工业化经济体和新兴工业化经济体质量感知的不同,是由于消费者相信高度工业化经济体的工人比新兴工业化经济体的工人技术更加高超,因此能制造出更高质量的产品。Kumar 和 Steenkamp(2013)也指出发达经济体拥有相对更多的资本积累、更好的教育、更先进的研发设施等,所有这些都有助于形成更为先进的生产流程;因此,在西方消费者看来,来自新兴市场的品牌往往意味着较低的质量。而 Ahmed 和 d'Astous(1999)在研究中发现,中国消费者显然与欧美消费者有类似的想法。

在对来源国研究的分析中我们发现,20 世纪 90 年代以后由于混合产品的出现,来源国的概念发展为制造国、设计国、组装国、零部件来源国和品牌来源国等多维概念。如果从更细化的角度来评价中国的来源国形象,是否有所区别?Ahmed 和 d'Astous(1999)通过来源国的两个方面——设计国和组装国,研究中国和加拿大消费者对于六种不同的产品品类的质量感知和消费价值。研究发现,中国消费者认为中国在组装和设计方面比除韩国外的其他新兴工业化国家都要好。

表 4-4　影响中国国家形象的经济发展因素

文献	产品/服务	来源国/地区	消费者	研究结果
Gaedeke（1973）	一般产品＋产品分类＋特定品牌	美国、菲律宾、中国香港地区、阿根廷、巴西、中国台湾地区、墨西哥、韩国、印度、新加坡、土耳其和印度尼西亚	美国	美国产品明显比其他任何发展中经济体的产品得分都高
Krishnakumar（1974）	一般产品＋机械和电子产品、食物、时尚产品、汽车、电视、软饮料和礼服用的衬衫	美国、联邦德国、英国、印度、中国台湾地区和日本	美国、印度、中国台湾地区	欠发达经济体（中国台湾地区和印度）的消费者认为来自不富裕经济体的产品比发达经济体的产品差
Wang 和 Lamb（1983）	一般产品	36 个经济体	美国	对于来自欠发达经济体的产品有偏见
Khachaturian 和 Morganosky（1990）	服装	美国、意大利、韩国、中国和哥斯达黎加	美国	如果一个品牌和欠发达经济体相关，就可能会潜在地降低该品牌的质量形象，而且来源国/地区工业化程度越低，产品质量形象下降得就越快
Ghadir（1990）	家用电器	美国、英国、日本、俄罗斯、罗马尼亚、中国台湾地区和埃及	约旦	相较于来自欠发达经济体的产品，约旦消费者对发达经济体制造的产品在质量和价格方面评价高，在风险方面评价低

（续表）

文献	产品/服务	来源国/地区	消费者	研究结果
Zain 和 Yasin（1997）	汽车、连衣裙/衬衫、裤子、鞋子、相机、电视、冰箱和收音机	俄罗斯、土耳其、美国、中国、日本、印度和乌兹别克斯坦	乌兹别克斯坦	乌兹别克斯坦居民认为来自发达经济体的产品质量优于欠发达经济体的产品质量
Ahmed 和 d'Astous（1999）	中国：冰箱、相机和T恤；加拿大：汽车、录像机和鞋子	13个经济体分别作为设计国/组装国；●高度工业化经济体：日本、德国、美国、法国和意大利；●新兴工业化经济体：韩国、中国、巴西、墨西哥、摩洛哥、印度、俄罗斯	中国和加拿大	总体来说，高度工业化经济体得到的评价比新兴工业化经济体要好。但是除了韩国，中国消费者认为中国比其他新兴工业化经济体在组装和设计方面都要更好。加拿大消费者对新兴工业化经济体在组装方面的评价高于设计
Mohamad 等（2000）	服装及（衣服的）配饰	12个经济体分为发达经济体（其中新兴工业化经济体包括中国香港地区和中国台湾地区）	马来西亚	相比进口的服装，马来西亚的消费者更偏好本地的。正如之前的研究，消费者对于来自美国、日本、法国和意大利等发达经济体的产品有更明显的偏好和积极的形象感知
Kaynak, Kucukemiroglu 和 Hyder（2000）	电子产品、食品、时尚商品、家庭用品	孟加拉国、美国、印度、意大利、日本、韩国、瑞典、中国台湾地区、美国、德国	孟加拉国	孟加拉国的消费者更加偏好西方国家/地区的产品（比如德国、美国和日本），对本国和印度的评价排在倒数第三位

（续表）

文献	产品/服务	来源国/地区	消费者	研究结果
李东进，周荣海和安钟石（2007）	基本生产设备、辅助生产设备	产品设计来源国/地区为美国，日本、中国台湾地区、新加坡和中国大陆，产品组装来源国/地区为菲律宾、马来西亚、澳大利亚、新西兰和中国大陆	中国	从总体上看，中国组织购买者对发达经济体的产品评价要高于对新兴工业化经济体的产品评价，对发展中经济体的产品评价最低
Pappu，Quester和Cooksey（2007）	电视、汽车	日本、马来西亚和中国	澳大利亚	日本（发达经济体）的国家形象好于马来西亚（新兴工业化经济体）和中国（被归类于发展中美洲经济体）
Ahmed 和 d'Astous（2008）	•技术复杂的（TC）：电脑 •技术简单的（TS）：电视	高度工业化经济体：加拿大、英国、德国、日本和美国 拉丁美洲经济体：墨西哥、智利、阿根廷 东亚经济体：中国、新加坡、韩国、中国台湾地区、泰国	加拿大、中国台湾地区和摩洛哥	总体来说，消费者对高度工业化经济体的评价高。而且在新兴工业化经济体中，东亚经济体的评价好于拉丁美洲经济体
Chinen 和 Sun（2011）	汽车	制造国：中国、日本、墨西哥、加拿大、韩国、德国、俄罗斯、印度和美国	美国	相较于先进经济体（韩国和中国），美国消费者更偏好最先进经济体（日本、德国和美国）制造的产品，最不接受发展中经济体制造的产品
Biswas，Chowdhury 和 Kabir（2011）	电视	日本、中国和孟加拉国	孟加拉国	孟加拉国的消费者认为完全在发达经济体生产、制造的产品质量更高，因此价格也更高

资料来源：作者根据相关文献整理。

加拿大消费者对新兴工业化经济体在组装方面的评价高于设计方面。Ahmed 和 d'Astous(2008)基于加拿大、中国台湾地区和摩洛哥的消费者建立了来源国/地区评价的前因和调节模型,将来源国/地区分为三类:高度工业化经济体、拉丁美洲经济体和东亚经济体,其中拉丁美洲经济体和东亚经济体都可以认为是新兴工业化经济体。研究发现,高度工业化经济体在产品设计和组装能力方面受到的评价都高于新兴工业化经济体,而且在新兴工业化经济体中,对东亚经济体的评价好于拉丁美洲经济体;在东亚经济体中,中国台湾地区和韩国的评价好于泰国,中国大陆和新加坡居中。该研究进一步证实了与设计国/地区形象相比,新兴工业化经济体在组装国/地区形象上受到的负面评价更少。

在组织购买者中,也呈现出类似的情况。Ahmed 和 d'Astous(1995)的研究结果显示,家庭和组织购买者对发达经济体的评价总体上优于新型工业化经济体。另外,一个有趣的结果是,新兴工业化经济体作为工业品的组装国/地区比设计国/地区的得分更高。李东进、周荣海和安钟石(2007)通过对组织购买者的调查与分析发现,在设计质量的评价上,美国设计所受评价最高,然后依次是日本设计、新加坡设计、中国台湾地区设计,最后才是中国大陆设计;在组装质量的评价上,澳大利亚组装所受评价最高,然后依次是新西兰组装、中国大陆组装、马来西亚组装,最后是菲律宾组装。可见,虽然受到经济发展水平的影响,高度工业化经济体的评价总体高于新兴工业化经济体,但是各个新兴工业化经济体所受的评价有所不同;而且新兴工业化经济体的组装国/地区形象好于设计国/地区形象。总的来说,与组装/制造和零部件生产能力相比,发达经济体(如日本、美国和德国)在设计能力方面获得的评价更高(Ahmed 和 d'Astous, 2001, 2007;Insch 和 McBride, 1998);而发展中经济体(如墨西哥、印尼和中国)在设计、组装和零部件生产能力上被普遍认为是次等的。相较于设计能力,它们在组装和零部件生产能力上获得的负面评价更少(Ahmed 和 d'Astous, 2001; Insch 和 McBride, 1998)。

从对混合产品评价的来源国分解效应分析中,我们发现与组装国和品牌名称相比,设计国更能反映产品质量和采购价值(Ahmed 和 d'Astous, 1995)。品牌来源国在影响消费者的方式上与产品制造国有明显区别,未来关于来源国的研究应将品牌来源国置于更为重要的地位(吴坚和符国群,2007)。Lee 和 Bae(1999)研究发现,在 7 个测试国家中,中国在品牌来源国上的得分最低。相较于设计国和品牌来源国形象,中国在组装/制造国形象上更好——我国的制造品以低成本优势打入全球市场,受到国际市场上消费者的欢迎,但是"廉价"引发的"质次"联想多年来在国际消费者心目中形成了刻板印象。在许多外国消费者看来,"made in China"更接近于"低质"的代名词(徐晓琳,2009)。2005年,Interbrand 对来自全球的 234 名品牌管理人士进行了问卷调查,当请他们选择"能够代表你对中国制造印象的三个词"时,名列前十的依次为廉价、低价值、低质量、不可靠、简单、创新、缺乏管理和监督、过时、不知名、进取性,可以发现,对中国制造的评价几乎都是负面的。

（二）文化和遗产因素对中国国家形象的影响作用

早期对国家形象的研究角度大多是从一国的产品出发,讨论国家形象在产品评价过程中的作用(Han 和 Terpstra,1988)。此外,也有其他研究者从文化的角度来研究国家形象(Simon,2002),认为文化尤其是代表性文化,在建立国家形象时处于中心地位,对国家形象的建立具有巨大价值,它可以成为一个国家独特的营销卖点,给国家带来财政收入。同时,国家的商业品牌对传递一国的文化也起着越来越重要的作用,因为商业品牌已经成为传递国家身份的主要渠道。在竞争激烈的全球旅游市场上,开发和保持国家或地区形象变得很重要。

随着景点旅游成为日常生活的一个重要方面,景点形象的重要性正在逐渐提升。Richards(2001)检验了锦绣中华公园(用微型版展现中国的著名地标)这个策略在国内外营销中国的效果,进一步分析其在中国、美国、荷兰等国家开发中国形象中所扮演的角色。研究表明,潜在游客心目中目的地形象的变化不仅源于个体的经历,而且与来源国和接收国的文化联系相关。任何主题公园要想获得成功,都必须综合考虑东道国和中国的文化。主题公园在国外获得成功,能引发游客访问中国的兴趣,他们对中国的积极印象也能口头传达给其他潜在游客,获得更为直接的营销效果。

Shani 等(2010)基于在美国的年轻国际短期员工的一项实验性研究,检验了观看宣传片对于中国目的地形象的作用,来阐明类似的宣传运动对于目的地形象的效力。通过在北京奥运会中宣传和谐理念,中国呈现出一个国际合作者及和谐社会的形象。这个重大事件不仅对东道国有体育和经济方面的贡献,更重要的是提升了人们对于目的地的认知。研究结果表明,93%的中国人认为主办奥运会将提升国家的国际形象;宣传片对中国作为旅游目的地的形象起到显著积极的作用,而且被访者对中国感知的结构相对稳定,其认为中国是一个具有文化和生态旅游质量的、有吸引力的旅游目的地。被访者也强调了中国在加快现代化进程。然而被访者也有一些消极的感知,比如安全性、稳定性、环境、气候和花费等,这都是目的地营销人员需要予以重视的方面。

主题公园、宣传片等虽然对宣传中国文化及提升中国作为旅游目的地的形象有积极作用,但是 Richards(2001)指出,基于游客对中国形象的真实性的追求,在公园的设计和建设过程中应强调"真实性"和"独一无二",而不是对其历史背景的宣传。一个国家宣传的内容必须是真实的。那些建筑、产品和文化遗迹是真实存在的,还是人工仿制品? Kumar 和 Steenkamp(2013)认为,那些不能用事实来证明的宣传内容会产生反作用,因为那些内容会被人们看作是对国家的虚假宣传,会让西方消费者想起冷战时期苏联和民主德国极力向世界媒体宣扬的"巨大成就"。2011 年 1 月《中国国家形象片——人物篇》在美国纽约时代广场大型电子显示屏上播出,中国各领域杰出代表和普通百姓在片中逐一亮相,意在让美国观众了解一个更直观、立体的中国国家新形象。但是也有分析称,当西方观众看到这则中国国家形象宣传片的时候,发现很多中国面孔对他们而言很陌生,最重要的是他们认为这种宣传方式缺乏"真实性"。

(三)国家治理水平因素对中国国家形象的影响作用

当消费者认为一个国家依法治国、生活的安全感高、经营自由、慈善机构值得信赖的时候,这个国家的形象就会越来越好。国家治理水平低下会给来源国形象带来负面影响,如果一个国家在食品药品管理、官员受贿方面管理不严,西方消费者就会担心该国产品会危害健康(Kumar 和 Steenkamp, 2013)。长期以来,中国出口产品的安全问题严重影响到国际消费者对中国产品的信任(徐晓琳,2009),实际上,更加严格地执行产品安全和知识产品规则符合中国经济的最佳利益。

汪涛等(2012)运用扎根理论,通过收集、分析美国和印度两个国家对中国产品的评价帖子,构建了来源国形象的形成机理和影响机制模型,该模型揭示了消费者对中国产品及品牌的来源国形象是由绩效形象和制度形象两大维度构成的。制度形象主要是消费者对中国产品背后的整体行业和国家制度的感知,主要包括企业伦理、国家实力、国家制度、商业文化和社会规范等。虽然中国产品在来源国形象上具备地理、资源、历史和实力的部分优势,但是从总体上来说,中国产品来源国的制度形象在外国消费者心目中是负面的。而且这种负面形象不仅会降低中国产品在消费者心目中的绩效形象,还会让消费者感到购买中国产品是不合理的——这也是中国产品无法获得外国消费者的真心支持,甚至遭受抵制的重要原因。这个结论再次印证了合理性的行为只有在某个特定的制度环境下才会得到认可（Nelson 和 Sampat，2001）。

（四）国民素质因素对中国国家形象的影响作用

一个国家的公民在能力、受教育程度、坦诚、友善方面的声誉以及被他人感受到的民族中心主义、消费者敌意等都会影响国外消费者对该国形象的认知。这种认知一旦形成，往往难以改变。关于一个国家的刻板印象内容广泛，主要是指国外消费者对一个国家及其公民的普遍看法和判断（Kumar 和 Steenkamp，2013）。

Richards（2001）在对荷兰人和在荷兰居住的中国人进行半结构化形式的访谈后，发现在荷兰居住的中国居民对中国的第一联想是"祖国"，"长城"和"紫禁城"是最多人提及的，然后是"中国食物""风景"和"中国机器"，同时他们也强调中国人口数量。访问过中国的荷兰人对中国的第一联想是中国的人口，除长城和紫禁城这些具有特色的景点之外，他们也强调中国的文化和风景。对于没有访问过中国的荷兰居民，长城和紫禁城也是最常提及的，此外他们对中国食物也印象深刻，这可能是因为中国食物在荷兰较为普遍。他们也强调了中国的地域和人口。

（五）其他因素对中国国家形象的影响作用

国家形象的形成可以通过到该国家生活或旅行得到的直接经历；也可以通过外界的资源，比如媒体或口头传述等；还可以通过与该国有关方面的经历，比如对该国产品的印象。然而，国外公众缺少直接经历，因此中国国家形象通常形成于国外媒体和舆论的信息。国外媒体对国外消费者认识中国国家形象和产品质量等问题有较大的影响作用。

二、中国的产品形象

Morello（1984）开展了对国内外产品形象的比较研究，目的是确定国家／地区形象与该国／地区制造的产品形象之间的关系，研究发现两者存在很强的关系。Li、Fu 和 Murray（1997）通过研究进一步验证了产品形象对国家／地区形象有显著的正面影响。Wall 和 Heslop（1986）通过研究加拿大消费者对加拿大和 18 个进口国家／地区（包括中国内地、中国台湾地区和中国香港地区）产品的态度发现：加拿大、美国、日本、德国都在整体产品评价中得到了高分，瑞士得分稍低，法国、意大利、捷克斯洛伐克和西班牙得分中等，其他发展中国家／地区得分最低（在李克特 7 点量表中，被访者认为中国内地产品质量评价低于 3.5，产品质量低劣；中国香港地区和中国台湾地区分别为 3.3 和 3.0）。Pappu、

Quester 和 Cooksey(2007)发现澳大利亚消费者对中国的微观产品形象评价(5.01)高于宏观国家形象(4.61)。

Kaynak 和 Cavusgil(1983)发现,一个国家的形象并不适用于所有的产品品类,在消费者心目中一个国家可能在某个产品品类上的得分很高,但在其他产品品类上的得分低。Lampert 和 Jaffe(1998)也指出,国家形象可能被一个或几个产品类别,而不是所有的产品类别所塑造,即每个国家的国家形象的优势体现在几个产品类别,而不是所有的产品类别上。例如,日本的电子产品获得的评价高,但是食物获得的评价很低;法国的时尚产品获得的评价高,但其他产品品类获得的评价较低(Kaynak 和 Cavusgil, 1983)。表 4-5 总结了中国作为来源国时,消费者对不同产品形象的评价,主要包括:电子产品(主要分析电视和相机)和家用电器(冰箱和抽油烟机等),汽车,服装,食品杂货,文化产品和奢侈品以及中国传统的中药、茶饮料领域。

(一) 电子产品和家用电器

Chao(1993)的研究发现,美国消费者认为中国台湾地区组装的电子产品(电视机)质量是最高的,日本的设计质量感知最高;而 Ulgado 和 Lee(1993)在前测中发现,中国台湾地区制造的电视最差,Gürhan-Canil 和 Maheswaran(2000a)也发现在电子产品(电视机、录像机、音响系统)中,中国台湾地区和韩国是最不受欢迎的经济体。这说明了对于同一类产品(电视机),不同的消费者对同一地区(中国台湾地区)作为组装地和设计地时的质量感知是不同的,甚至有较大的差异。

Kaynak 和 Kucukemiroglu(2001)发现,中国香港地区的消费者对英国和中国内地制造的电子产品评价最低,有趣的是事实上很多欧洲和日本的电子产品虽然使用的是外国的品牌,却是在中国内地制造的。而且被访者似乎有内部偏见——认为中国产品,尤其是机械和电子产品的质量是次等的。中国生产者需要建立市场营销战略来克服这种偏见(Kreutzer, 1988)。Ahmed 和 d'Astous(2008)的研究发现中国台湾地区的消费者对中国大陆设计或组装的技术复杂产品(电脑)或技术简单产品(电视)的感知都不积极。Lotz 和 Hu(2001)通过前测发现,被访者对中国大陆生产制造的相机的质量感知高于中国台湾地区和韩国。这可能是因为一些常见的相机品牌(如佳能和奥林巴斯)都是在中国大陆制造后出售到美国的,所以虽然在消费者心目中韩国生产制造的一般产品品类质量更高,但是中国大陆更容易与知名相机品牌联系起来。Giraldi 和 Ikeda(2009)以及 Giraldi、Ikeda 和 Campomar(2011)调查了巴西消费者对中国家用电器的来源国形象评价,发现巴西人对中国产品评价的因素可以归结于三方面的用户形象,即"弱者""经济价值寻求者"和"质量满意寻求者"。研究表明,中国家电形象在巴西是负面的。

（二）汽车

中国改革开放以来,许多著名的外国汽车企业与中国当地汽车企业建立了合资企业,并且存在着外国汽车品牌与中国本土汽车品牌的竞争,这可以为研究者研究来源国效应和品牌感知等提供很好的视角(Wang 和 Yang,2008)。之前的研究已经发现,来源国效应在高涉入程度产品中更容易产生(Ahmed 和 d'Astous,1993,2001;Fetscherin 和 Toncar,2009;Insch 和 McBride,2004)。

Pappu、Quester 和 Cooksey(2007)调查了宏观国家形象、微观产品形象与基于消费者的品牌资产之间的关系。研究结果显示相较于电视,汽车受国家形象的影响更加显著;宏观国家形象对电视机的影响更明显,而微观产品形象对汽车的影响更明显。Chinen 和 Sun(2011)研究表明,中国制造有很大的提高空间。在中国制造的中国品牌汽车在进入美国市场时,提高质量并宣传其高质量标准是很重要的市场策略。各项研究结果详见表 4-5。

（三）其他产品品类

Badri、Davis 和 Davis(1995)研究了海湾国家的企业家对美国、日本、德国、英国、法国、意大利和中国台湾地区制造的产品的态度,发现在食物品类上,美国是第一选择。Kaynak 和 Kucukemiroglu(2001)的研究表明,在食物、时尚产品、机械产品和电子产品四种产品品类上,中国香港地区的消费者对中国内地食物的评价最高,但各个国家/地区在食物上获得的评价差距并不是很大。袁胜军和符国群(2012)的研究指出,由于中国悠久的历史,有一些行业在国际上具有较好的口碑,比如白酒、黄酒、陶瓷、茶叶、丝绸、美食、陈醋与中药等,这些行业在世界人民心目中享有认知上的优势。提起"白酒",中国消费者的联想物大概是茅台、五粮液等中国白酒,因此他们认为"白酒"是中国的优势;然而,中国以外的发展中国家消费者会联想到白兰地等洋酒,他们认为"白酒"是美国的优势(戴玥,2008)。

d'Astous 等(2008)在研究中调查了澳大利亚、加拿大、意大利、瑞士和美国的消费者对 16 个国家的 9 种文化产品的产品—国家形象感知,发现中国、巴西和韩国 3 个国家的文化产品质量感知评价很低。这可能是由于被访者来自受欧美文化影响的国家,他们对文化产品进行评价时带有偏见。例如,中国的"古典音乐"与欧洲文化下的"古典音乐"可能是截然不同的,那么带有西方偏

表4-5 中国作为来源国的不同产品形象研究结果

文献	产品/服务	来源国/地区	消费者	研究结果
电子产品（电视、相机、电脑）和家用电器（冰箱、抽油烟机、洗衣机等）				
Chao（1993）	电视机	"组装地"（assembled in）：中国台湾地区、泰国、墨西哥 "设计地"（designed in）：美国、日本、中国台湾地区	美国	消费者认为中国台湾地区组装的电子产品（电视机）质量感知最高，其次是美国和墨西哥，其次是美国和中国台湾地区
Ulgado 和 Lee（1993）	电视和跑鞋	德国、中国台湾地区、美国和墨西哥	—	前测发现，中国台湾地区被认为是差的电视机制造地，德国被认为是好的电视机制造地。美国制造的跑鞋最好，墨西哥制造的跑鞋最差
Ahmed 和 d'Astous（1999）	中国：冰箱、相机和T恤 加拿大：汽车、录像机和鞋子	13个国家分别作为设计国和组装国 • 高度工业化国家：日本、德国、美国、加拿大、法国和意大利 • 新兴工业化国家：韩国、中国、巴西、墨西哥、印度、俄罗斯	中国和加拿大	中国消费者评价高涉入程度产品（冰箱和相机）的质量感知时，极少考虑产品质量保证的因素；但是在评价低涉入程度产品（T恤）的质量感知时，产品质量保证是很重要评价的因素。而对产品质量保证在加拿大消费者评价高涉入程度产品（汽车、录像机）的质量感知和价值感知方面都很重要
Gürhan-Canil 和 Maheswaran（2000b）	电子产品：电视机、录像机、音响系统	中国台湾地区、韩国、日本和德国	美国	前测发现，在电子类产品中，韩国和中国台湾地区是最不受欢迎的经济体，日本和德国更受欢迎

（续表）

文献	产品/服务	来源国/地区	消费者	研究结果
Kaynak 和 Kucuke-miroglu（2001）	四种产品品类：食物产品，时尚产品，机械产品和电子产品	美国，英国，日本，德国和中国内地	中国香港地区	中国香港地区的消费者认为中国内地的产品是低价格和低质量的；中国内地产品在食物上获得的评价很低，在机械和电子产品上获得的评价得距要大；在产品属性上，中国内地的"价格合理"评价高，"创新性"和中国内地的"材料质量"评价并不明显；中国内地的"价格最低；但是价格在几个经济体中的差别并不明显
Ahmed 和 d'Astous（2008）	技术复杂的产品：电脑 技术简单的产品：电视	高度工业化经济体：加拿大、英国、德国、日本和美国 拉丁美洲经济体：墨西哥、智利、阿根廷 东亚经济体：中国、新加坡、韩国、中国台湾地区、泰国	加拿大、中国台湾地区、摩洛哥	不管是技术复杂的产品还是技术简单的产品，不管是作为设计国还是组装国，摩洛哥消费者对中国的感知都是积极的；加拿大消费者对中国设计或组装的技术复杂产品感知积极，但是对中国既不积极也不消极；中国台湾地区的消费者对中国大陆设计或组装的或技术简单的产品感知都不积极
Lotz 和 Hu（2001）	相机	中国台湾地区和韩国 中国大陆和韩国	美国	前测发现被访者对相机质量感知的制造国/地区排名依次减为：德国、中国大陆、中国台湾地区、韩国和墨西哥。但是这五个国家/地区与美国和日本相比都是低质量的生产制造国/地区
Li，Leung 和 Wyer（1993）	手表	瑞士和中国	中国	受欢迎的手表来源国：瑞士；不受欢迎的手表来源国：中国

（续表）

文献	产品/服务	来源国/地区	消费者	研究结果
Liu 和 Johnson (2005)	八个不同品牌的笔记本电脑	日本、中国	美国	前测后选取中国作为消极消费者对中国的国家评分高于中国产品,高于中国的电脑品牌
戴玥,2008	• 高科技产品:汽车、电脑、飞机、软件、芯片;中等科技产品:抽油烟机、洗衣机、西药、胶卷、卫生巾、钟表;• 低等科技产品:中药、白酒、茶、方便面、可乐、咖啡、巧克力、运动鞋、爽身粉、奶粉、红酒、啤酒	美国、中国和日本	在厦门市生活过的来自发展的国家的中国人、外国人	结合袁冰(2004)的研究(调查的是中国消费者)发现:在中国以外的发展中国家消费者心目中,"中药"和"茶饮料"都被认为是中国的优势。在中国消费者心目中,"白酒""抽油烟机""和"洗衣机"都是中美相当的优势;在中国以外的发展中国家消费者心目中,"白酒""奶粉""啤酒"是中国的优势;"葡萄酒""抽油烟机"都是美国的优势;"洗衣机"是日本的优势
Giraldi 和 Ikeda (2009)	家用电器	中国	巴西	个人价值观对来源国效应的影响大多数是负面的。例如,个人价值观越重要,对中国家用电器的评价就越负面
Giraldi, Ikeda 和 Campomar (2011)	家用电器	中国	巴西	巴西人对中国产品评价差的因素可以归结于三方面的用户形象,即"弱者""经济价值寻求者"和"质量满意寻求者"

（续表）

文献	产品/服务	来源国/地区	消费者	研究结果
汽车				
Hugstad 和 Durr (1986)	汽车、相机、罐头、汽车轮胎、鞋子和运动衫	日本、中国大陆、美国、韩国和中国台湾地区	美国	对制造国/地区的敏感度因产品品类的不同而有所不同，耐用消费品最高
Pappu, Quester 和 Cooksey (2007)	电视和汽车	日本、马来西亚和中国	澳大利亚	在宏观国家形象和微观产品形象上，消费者对日本的评价最高，其次是马来西亚，最后是中国；相较于宏观国家形象，消费者对日本和中国的微观产品形象评价更高，马来西亚则相反；在澳大利亚市场上，中国的汽车品牌几乎没有；在消费者电子品牌方面，中国只在低端市场上有极少数的品牌而且表现并不是很好
Wong, Polonsky 和 Garma (2008)	汽车和数码相机	中国和德国	中国	在中国有大量的合资企业，使得中国年轻消费者可能认为没有必要区分来自国内或国外的产品；中国主在市场竞争中可以强调"爱国主义"来促使消费者保护本地产品，而不是强调来源国属性或对外国产品的"恐惧感"
Wang 和 Yang (2008)	汽车	德国（中德合资品牌：宝来汽车，属于一汽大众）日本（本田）	中国	品牌个性和来源国形象对购买意向都有积极的影响，而且来源国形象在个性和购买意向之间有积极的调节作用。在购买汽车时，中国消费者对品牌个性中的粗扩性性感知却未明显

（续表）

| 106 国家品牌战略 |

（续表）

文献	产品/服务	来源国/地区	消费者	研究结果
Fetscherin 和 Toncar (2009)	汽车	中国、印度	美国	除真诚维度外,品牌个性的其他四个维度因来源国而异。刺激维度:中国汽车被感知为比印度车和美国汽车更勇敢(勇敢、流行、刺激)和新式(新式、当代);能力维度:中国汽车被感知为比印度汽车更智能(智能)和成功(成功、领导风范),自信,而美国汽车被感知为比中国汽车更成功(成功、领导风范);高级维度:中国汽车被感知为比印度汽车更高档(高档、迷人、好看),比美国汽车更迷人;粗犷维度:中国汽车被感知为比美国汽车和印度汽车更户外(阳刚、西式)
Chinen 和 Sun (2011)	汽车	中国品牌;制造国:中国、日本、墨西哥、加拿大、韩国、德国、俄罗斯、印度和美国	美国	日本制造的中国品牌汽车的平均质量形象最高,但是相较于在最发达国家制造,中国汽车品牌在先进国家(韩国和中国)制造更能是高质量形象
Sharma (2011)	一个虚拟的汽车品牌;后续测试中运用了参与者与实际购买的汽车品牌	• 发达市场:英国和美国 • 新兴市场:中国和印度	• 发达市场:英国和美国; • 新兴市场:中国和印度	发展中国家消费者对来自发达市场的产品有更强烈的偏好,发达国家负面感知更为强烈。实际购买中国汽车时,来自发达国家和发展中国家的消费者都更偏好中国内品牌,另外则分别是来自发达国家自发展中国家的品牌

服装

文献	产品/服务	来源国/地区	消费者	研究结果
Yavas 和 Alpay (1986)	制造地标签 (made-in label)	美国、日本、法国、德国、意大利、英国和中国台湾地区	巴林和沙特阿拉伯	"日本制造"的标签评价最高,紧接着是美国和德国,"中国台湾地区制造"的标签评价最低

（续表）

文献	产品/服务	来源国/地区	消费者	研究结果
Khachaturian 和 Morganosky (1990)	服装	美国、意大利、韩国、中国和哥斯达黎加	美国	"美国制造"服装产品被认为质量最好，接下来依次是意大利、中国、韩国和哥斯达黎加
Lin 和 Sternquist (1994)	女式毛衣	美国、意大利、日本和中国台湾地区	中国台湾地区	来源国/地区消费者对中国台湾地区消费者的毛衣质量感知确实有影响。毛衣标签为"日本制造"的评价最高，毛衣标签为"中国台湾地区制造"的评价最低
Good 和 Huddleston (1995)	四款相同的男士衬衫和四款相同的女士毛衣	波兰、俄罗斯、德国、中国和美国	波兰和俄罗斯	波兰和俄罗斯的消费者相较于外国产品都偏好其本国产品
奢侈品				
Aiello 等 (2009)	便利品、购物商品和奢侈品	意大利、法国、德国、中国、日本、美国、俄罗斯和印度	意大利、法国、德国、中国、日本、美国、俄罗斯和印度	在产品评价和购买意向中，品牌比来源国起到的影响作用更大
Godey、Lagier 和 Pederzoli (2009)	奢侈品品牌［在 Aiello 等（2009）的基础上扩大了样本研究量］	意大利、法国、中国、日本、俄罗斯和印度等	意大利、法国、中国、日本、美国、俄罗斯和印度	相较于来源国，品牌与奢侈品的评价和购买意向更相关。但是来源国对奢侈品品牌的影响高于非奢侈品

（续表）

文献	产品/服务	来源国/地区	消费者	研究结果
食品杂货品牌				
Kwok、Uncles 和 Huang（2006）	食品杂货品牌（日常用品品牌）：中式产品——酱油和干面条，西式产品——洗衣粉和瓶装水，中西式产品——新鲜牛奶	在本研究中，将品牌"第一次建立的国家/地区"定义为来源国/地区，只要是在中国内地以外建立的品牌都是外国/地区品牌	中国	中国消费者普遍愿意购买中国本地食品杂货品牌；中国消费者认为本土品牌是很重要的，这些本土品牌属于中西方结合的产品类。但是，所列举的中国品牌，并没有被实际购买
Badri、Davis 和 Davis（1995）	汽车，家用电器，食物，纺织品，化妆品，医疗产品	美国，日本，德国，英国，法国，意大利和中国台湾地区	海湾国家：沙特，科威特，卡塔尔，阿拉伯，阿曼，巴林	汽车：大部分都将美国和日本汽车作为第一选择，尤其是日本汽车；家用电器：日本是第一选择；食物：美国是第一选择；纺织品：在第二选择上是英国，在第一选择上没有突出的国家；化妆品：法国是第一选择；医疗产品：美国是第一选择；中国台湾地区和意大利各个产品类上排名都是最后
文化产品				
d'Astous 等（2008）	9 种文化产品：戏剧，歌剧，古典音乐，艺术博物馆，动作和冒险片，小说，连环漫画书，芭蕾舞剧，爵士乐	16 个国家：法国，美国，意大利，中国，瑞士，墨西哥，比利时，加拿大，摩洛哥，澳大利亚，韩国，英国，俄罗斯，日本，巴西，澳大利亚	澳大利亚，加拿大，意大利，瑞士和美国	中国，巴西和韩国比墨西哥，俄罗斯，瑞士，比利时，奥地利和摩洛哥的国内生产总值高，但是消费者对它们的文化产品质量感知很低

资料来源：作者根据相关文献整理。

见的被访者就无法很好地感知中国的古典音乐。因此,如果在中国进行该研究可能会得到不一样的结果。

　　来源国形象不仅因产品类别不同而不同,在产品属性评价上也有所差异。中国产品在"合理的价格""吸引力""多样化的选择"和"设计"等属性上获得了高的评价,在"创新性"和"材料质量"上获得的评价最低,但要注意的是消费者对美国、英国、日本、德国和中国的价格感知差距不是很大(Kaynak 和 Kucukemiroglu,2001)。汪涛等(2012)研究指出,在产品品质方面,外国消费者心目中有关整体中国产品的外观、功能、品质、工艺、技术含量、耐用性、真实性、安全性的评价越高,意味着他们心目中的中国产品绩效形象越好;但是总体而言,中国产品在安全、耐用性两大维度上的感知形象较差。

　　由本章的回顾与分析可知,中国来源国形象及其效应经历了长期的演化过程,受到诸多因素的综合影响,总体上表现出中国作为发展中国家的来源国形象和效应特征。与这个研究主题相似,我们也在 2010 年上海世博会期间及之后的数年内开展了实际调研,分别针对欠发达国家(喀麦隆)、发达国家(意大利、美国和英国等)以及中国民众开展了关于中国国家形象评价的调查,具体包括中国宏观国家形象、中国微观国家形象以及中国产品和品牌态度等方面。这些调查结果在本书第八章、第九章和第十章中予以呈现。这三章内容从多国比较的角度,较为清晰、全面地对中国国家形象以及"中国制造"形象和态度评价进行了描述性比较分析,记录了特定历史阶段国内外民众对中国国家形象以及"中国制造"形象和态度评价的实际情况,对中国政府和众多企业如何在世界范围内提升"中国制造"形象和声誉具有重要的实践指引。

第五章

全球品牌化研究：脉络与进展

如前言中所阐述的，我对国家品牌战略的新思想是基于国家品牌资产构念的新理解，即以品牌与国家的联结为纽带，促进宏观国家品牌资产与微观国家品牌资产之间的相互促进。在实践上，就是要造就更多的国家级地位的品牌（He 和 Ge，2023），拥有超强实力走向全球市场，实现全球品牌化。因此，全球品牌化理论是与国家品牌战略紧密相关的领域。本章可以看成是前面四章的必要拓展。我对全球品牌化研究进展进行全面的回顾，建立了本领域的基本研究框架，包括全球品牌认识演进、全球品牌定位与全球品牌资产三大方面，梳理了重要的核心构念及相关研究成果。[①]

本章对全球品牌化研究回顾所呈现的脉络是：品牌感知全球性构念推进了全球品牌概念的界定及操作化，全球品牌维度确立了全球品牌资产的基本来源；全球消费者文化为全球品牌定位提供了基本指引，而品牌感知全球性与本土象征价值则成为全球品牌定位的基本关系研究；全球品牌资产存在跨国评价的差异性，其原因包括品牌特征、国家特征及文化价值观的影响。本章还梳理了与全球化相关的影响全球品牌态度的若干重要构念。最后，我立足于中国领

---

① 本章内容源自我发表的综述论文，见何佳讯，2013，《全球品牌化研究回顾：构念、脉络与进展》，《营销科学学报》第 4 期，第 1—19 页。这里做了若干必要的校改。有关本章中"全球品牌资产""全球品牌定位"和"全球消费者文化"的专题回顾、新观点和新进展，请分别参阅华东师范大学国家品牌战略研究中心团队后面发表的论文：吴漪、何佳讯，2017，《全球品牌资产：概念、测量与影响因素》，《外国经济与管理》第 1 期，第 29—41、67 页；黄海洋、何佳讯、朱良杰，2019，《基于价值观的全球品牌定位取向及影响效应：一个整合性理论框架》，《现代财经（天津财经大学学报）》第 12 期，第 67—80 页；黄海洋、何佳讯，2022，《全球消费者文化研究：进展、评述与展望》，《外国经济与管理》第 5 期，第 98—113 页。

先跨国企业品牌全球化角度，提出了若干未来研究展望。

从战略品牌管理的框架看，与创建品牌和发展品牌战略等基本阶段不同，全球品牌化战略是品牌发展的高级阶段，它包括两个主要方面：建立全球品牌定位与创建全球品牌资产。在实践中，品牌经理们早就认识到全球品牌不可估量的价值，但也深知创建与维护全球品牌的困难任务（Shocker、Srivastava 和 Ruekert，1994）。在学术上，与品牌研究的一些核心领域（何佳讯和胡颖琳，2010）相比，有关全球品牌问题的研究还处于年轻的成长期。

全球品牌理论研究将为新兴市场品牌如何走向全球提供重要的战略指引价值。随着中国经济规模的扩大和增长速度的提升，以为中国主导的新兴市场实现向西方市场的品牌突围得到了国际学术界的热切关注（Chattopadhyay、Batra 和 Özsomer，2012；Keller，2013；Kumar 和 Steenkamp，2013；Sheth，2011）。统计数据表明，中国一些领先的跨国企业，如联想、中兴和华为等，其海外营业额已经超过了国内市场（Einhorn，2012）。有研究者认为，中国品牌如格兰仕、海尔、海信、华为、联想、珠江钢琴、上海滩、青岛啤酒和中兴等，已经是全球品牌，即便它们还无法被西方消费者在第一时间想到（Kumar 和 Steenkamp，2013）。这些领先的跨国企业在建立全球业务的同时，不断推进建立全球品牌地位的重大实践。

第一节　全球品牌认识演进

全球品牌化是指品牌跨越地理和文化边界开展全球营销，以达成规模经济效应、持续创新和提升品牌价值等目标（Kapferer，2012；Keller，2013；Yip 和 Hult，2012）。从 2000 年前后开始，全球品牌化开始变为一个重要的课题，但总体上，实证研究还相当有限（Özsomer 和 Altaras，2008）。与全球品牌化类似的"国际品牌化"问题，按 Whitelock 和 Fastoso（2007）的文献回顾，在 1975—2005 年的 31 年间，在 20 种期刊上发表的该主题文章只有 40 篇。可以预计，在经济和市场全球化不断加速的时代背景下，全球品牌化将成为品牌理论研究的新热点课题。

一般地，在国际市场上广泛可得并且在世界上具有高认知度的品牌被称为全球品牌（Dimofte、Johansson 和 Ronkainen，2008；Dimofte、Johansson 和 Bagozzi，2010）。尽管大多数人认同认知度和可得性是关键因素，但学术界和实务界对全球品牌的定义及操作化具有不同的取向（Dimofte、Johansson 和 Bagozzi，2010；Özsomer 和 Altaras，2008）。把握其认识演进对进入该研究领域十分关键。

一、全球品牌概念与品牌感知全球性

（一）基于营销标准化的定义

在学术界，对全球品牌的定义首先来自营销标准化的有关研究。按照营销标准化的思路，企业建立全球品牌的首要动机是从强大的范围经济和规模经济中获益，即标准化的品牌能够从营销、研发、采购和制造中节省巨大的成本（Buzzell，1968；Levitt，1983）。从这个角度出发，全球品牌通常被认为在大多数市场中使用相同的品牌名称、定位战略和营销组合。因此，全球品牌即在多个国家以相同的名称、一般采用相似的集中式协调营销战略的品牌（Steenkamp、Batra 和 Alden，2003）。但事实上，研究者们对全球品牌如何实现标准化并没有达成共识。大多数研究认为完全标准化是不可思议的，品牌只是在标准化程度上存在差异而已。按照标准化程度的差异，一些品牌比其他品牌更为全球化（Hsieh，2002；Johansson 和 Ronkainen，2005；Kapferer，2005；Schuiling 和 Kapferer，2004）。这是按照在不同市场中使用标准化营销战略和方案的程度对全球品牌进行的定义（Özsomer 和 Altaras，2008）。

（二）基于品牌感知全球性的定义

学术界新的倾向是根据消费者感知对全球品牌进行定义（Alden、Steenkamp 和 Batra，2006；Batra 等，2000；Hsieh，2002）。所谓全球品牌，是被消费者感知为全球性的程度。这个定义以 Steenkamp、Batra 和 Alden（2003）提出的品牌感知全球性（perceived brand globalness，PBG）构念为基础，认为消费者对这种"全球"的感知能够这样形成，即当消费者相信品牌在多个国家出售并且在这些国家中总体上被认为是全球性的。这个定义基本上认同全球品牌是一个认知构念，不同个体的评价存在差异（Dimofte、Johansson 和 Bagozzi，2010）。这样，全球品牌的有关跨市场标准化程度的界定就转变为"品牌全球性"程度的衡量。按 Steenkamp、Batra 和 Alden（2003）的方法，品牌的全球性应根据消费者感知品牌在本国之外的外国市场的进入数量程度进行操作化测量。也就是说，作为全球品牌，可以存在更高或更低的"全球性"。对"全球性"构念至少存在两种解释：一是把品牌全球性看作一个独特的品牌构念，与其他属性（例如质量、功能性、价格和形象）类似，消费者对其进行直接评价。例如，根据Özsomer（2012）的研究，全球性作为一种品牌联想，能够增加或减少价值，这与国家(新兴市场与成熟市场)、品类(食品饮料与非食品)和消费者特征(消费者年龄)因素有关。二是把全球性看作具有晕轮效应(halo effect)的构念,与原产地构念相似,消费者可能不直接对其进行评价,但它会对更客观的产品属性评价产生影响(Dimofte、Johansson 和 Ronkainen,2008)。两种构念都可能解释市场行为(Kapferer,2005)。

关于这个定义有两点需要指出。第一,它不以标准化为前提。例如,在 Alden、Steenkamp 和 Batra(1999)的主张中,全球品牌可以使用全球消费者文化定位(global consumer culture positioning,GCCP),但是全球消费者文化定位与全球标准广告不同,后者是在全球使用相似的内容,而前者尽管可以作为全球标准化广告来使用,但它允许在每个市场上进行差异化的传播。第二,全球品牌总蕴含了某种程度的标准化的成分。按 Kapferer(2005)的看法,过去的全球品牌在营销的大多数方面理想化地追求标准化,现在进入了后全球化品牌(post-global brand)时代,是在区域层面而非在全球层面进行标准化。从信息经济学理论角度来看,品牌信息若传达更多的一致性,则会让消费者在头脑中对品牌的感知更为清晰和可靠(Erdem 和 Swait,1998)。因此,全球品牌的属性应该比本土具有更多的跨越市场和穿越时间的一致性(Özsomer 和 Altaras,2008)。Cayla 和 Arnould(2008)指出,如何在跨文化背景下建立这种与消费者相关的一致性在很大程度上被忽视了,始终缺乏相关研究。这方面的研究为通常限定于一国内的品牌资产研究打开了全新的研究空间,本章将在第三部分对此展开论述。

(三) 实务界的界定

实务界比较典型的做法是采用客观的指标进行衡量,包括品牌的实际市场覆盖数量和可得性、来自本土之外的外国市场的销量百分比,以及来源于全球的最低收入要求(Özsomer 和 Altaras,2008)。AC 尼尔森(2010)的界定为:至少 5% 的销量来自本国之外,总收入至少 10 亿美元。而 BusinessWeek 和 Interbrand 联合推出的年度世界最有价值 Top 100 品牌排行榜对候选品牌的要求是:每个品牌 1/3 的销量必须来自母国之外的市场。该排行榜按照市场领导地位、稳定性和全球进入程度(即跨越地理和文化边界的能力)来计算品牌强度。

尽管实务界和学术界对全球品牌具体界定的方法并不相同,但仍然存在共识,即品牌广泛的市场覆盖程度(在大多数洲和国家的可得性)。此外,学术界还普遍认同全球品牌蕴含着某种程度的标准化或一致性(通常是世界范围内统一的形象与定位),以及被消费者感知到是全球性的。这三点成为全球品牌的基本要素(Yip 和 Hult, 2012)。以 Özsomer 和 Altaras(2008)对全球品牌的定义为例:那些消费者感知到具有广泛的区域/全球可得性、知名度、接受度和渴望度的品牌,并且在跨市场中拥有产品一致性或相同性的抽象感觉,即体现了这三个基本特征要素。除此之外,全球品牌还拥有更具体的声誉性资产,这涉及全球品牌维度的研究,下面对此加以阐述。

二、全球品牌维度及其影响效应

全球品牌维度是反映消费者偏好全球品牌的原因,是全球品牌区别于其他品牌(如本土品牌)的主要特征,从基于消费者的品牌资产角度看(Keller, 1993),其也是全球品牌资产构成的来源。它可以帮助我们更具体地理解全球品牌所具有的一般性特征。目前对这一问题的研究主要从品牌联想和信念的角度展开。Hsieh(2002)借助数据库对 20 个国家的 53 个汽车品牌进行调查,得到基于利益的多维形象结构,其由象征性利益、经济性利益、感觉性利益及功能性利益组成。Holt、Quelch 和 Taylor(2004)首先通过定性研究表明,与全球品牌相联系的四个维度分别为:质量信号、全球神话、社会责任以及美国价值观,接着通过在 12 个国家的定量调查发现,前三者对全球品牌偏好具有显著影响,共解释了 64% 的变异,而美国价值观并不显著。其中,质量与社会责任之间的关系又被 Madden、Roth 和 Dillon(2012)的研究所证实。他们在四个国家(阿根廷、中国、西班牙和美国)对三个汽车全球品牌开展的跨国调查表明,全球产品质量与企业社会责任感知显著相关。尽管这方面的成果还相当有限,但可以概括的是,普遍意义、品牌感知全球性(全球神话、全球形象)、标准化、尊重度、高质量、声望和社会责任等成为全球品牌突出的联想维度和研究主题(Özsomer, 2012;Özsomer 和 Altaras, 2008)。下面我们着重对声望、质量和全球性这三个方面展开论述。

(一)声望

很多文献指出,全球品牌是强有力的象征,消费者使用这些象征作为一种与众不同的社会和文化意义的表征,例如声望、社会接受性和现代性(Zhou、Teng 和 Poon, 2008)。Johansson 和 Ronkainen(2005)使用扬罗必凯的品牌资产评价数据证实,那些更全球化(按市场覆盖的国家数)的品牌,拥有更高的尊重度。Steenkamp、Batra 和 Alden(2003)研究证实,品牌的全球性显著影响品牌声望。Dimofte 及其合作者(Dimofte、Johansson 和 Ronkainen, 2008;Dimofte、

Johansson 和 Bagozzi，2010）的两项研究均表明,全球品牌拥有市场主导地位。总体上,可认为全球品牌比其他品牌拥有更高的情感性威望。因此,按照社会认同理论,全球品牌可以让来自欠发达国家的消费者更好地达成社会认同目标,他们对全球品牌的评价高于本土品牌（Alden、Steenkamp 和 Batra,1999；Batra 等,2000）。即使在美国内部,也有研究表明,少数民族非裔与拉美裔美国人比代表美国人口主体的高加索人对全球品牌具有更积极的态度（Dimofte、Johansson 和 Bagozzi，2010）。

（二）质量

Strizhakova、Coulter 和 Price（2008a）研究表明,不管是在发达市场（美国）还是在新兴市场（罗马尼亚、乌克兰和俄罗斯）,质量对于品牌化产品来说,都是最为重要的意义要素。但与 Holt、Quelch 和 Taylor（2004）,以及 Madden、Roth 和 Dillon（2012）研究结果不同的是,Dimofte、Johansson 和 Ronkainen（2008）的研究表明,质量并非全球品牌联想的要素。他们以美国大学生为被试,首先进行了开放式问卷调查,发现被访者对全球品牌联想有这样五个主要维度:地理上的覆盖、广泛的世界级认知、作为全球品牌的特定形象、跨国的普遍性/相关性、对适应个别国家市场的需要缺乏敏感性,但极少联想到"质量"（只占提及总次数的5%左右）。他们的定量研究也表明,全球品牌并不与高质量联系在一起,但品牌全球性可能是引发有利情感反应的必要元素。Schuiling 和 Kapferer（2004）使用扬罗必凯在欧洲市场上的品牌数据发现,在成熟市场上,本土品牌比全球品牌具有更高的亲和度和质量评价。这些不一致的研究结果意味着,质量与全球品牌联想的关系及对其重要性还需要进一步研究,特别是对来源于新兴市场的全球品牌而言;同时还需要研究来自新兴市场和发达市场的消费者对质量维度评价所可能存在的差异。

（三）全球性

根据 Steenkamp、Batra 和 Alden（2003）的研究设计,当一个全球品牌与一个本土品牌具有同样的强度时,"全球性"就可以理解为全球品牌独特的品牌资产。Strizhakova、Coulter 和 Price（2008b）使用七个品类进行跨国研究,表明全球品牌能够打造全球神话。Johansson 和 Ronkainen（2005）的研究表明,品牌的全球性（以进入的国家数计量）对品牌尊重度具有正向影响。Dimofte、Johansson 和 Bagozzi（2010）以一般意义上而非具体的全球品牌为测试对象,对美国消费者开展的研究发现,全球品牌具有五个信念维度,分别为道德性（更道德、更关注环境）、便利性（节省时间、更可预见）、质量（更高质量、更安全）、社会性(更多声望、更高地位)以及表达性(更让人兴奋、更时尚)。这些维度形成高阶因子品牌全球性(brand globality),显著影响消费者对全球品牌的态度,同时也被部分证实对购买(对全球品牌的购买频率和比例)具有直接影响。

　　根据基于消费者的品牌资产理论(Keller,1993),全球品牌维度对消费者的态度和行为产生影响效应,从而表现出全球品牌资产的价值。按 Dimofte、Johansson 和 Bagozzi(2010)的研究,这种全球品牌效应既是情感的也是认知的,会对态度和行为产生影响。Özsomer 和 Altaras(2008)则根据消费者行为中的信念—态度—行为模型,提出了全球品牌购买可能性概念模型,包括全球品牌维度、全球品牌态度、全球品牌购买可能性等前后影响关系。其中全球品牌维度根据消费者文化理论、信号理论和关联网络记忆模型(association network memory model,ANMM),分别由全球品牌真实性、全球品牌文化资本、品牌感知全球性、全球品牌可靠性,以及全球品牌质量、全球品牌社会责任、全球品牌声望和全球品牌相对价格构成。由此可以看出,全球品牌维度是研究全球品牌效应与价值的基本前提。

第二节　全球品牌定位

　　在推进全球品牌与品牌全球化研究的过程中,有两个十分重要的创新构念起到了关键作用:全球消费者文化定位(Alden、Steenkamp 和 Batra,1999)与品牌感知全球性(Steenkamp、Batra 和 Alden,2003)。这两个构念分别代表企业视角与消费者视角(Akaka 和 Alden,2010)。有关品牌感知全球性的问题本章已在第一节中进行了回顾,下面重点总结全球消费者文化定位的相关研究。

一、全球消费者文化与全球品牌定位

(一)全球消费者文化定位

　　全球化对世界各地都产生了影响,但其影响大小又极大地受到文化的影响(Arnett,2002)。Holt、Quelch 和 Taylor(2004)认为,Levitt(1983)提出的市场全球化力量并非产生同质性的世界性市场,而是产生全球(消费)文化。在这种全球文化形成的过程中,各种大众媒体和网络,当然包括广告和营销传播互动(Akaka 和 Alden,2010;Holt、Quelch 和 Taylor,2004),特别是来自美国的大众媒体(Alden、Steenkamp 和 Batra,1999),起到了重要的作用。根据 Alden、Steenkamp 和 Batra(1999)的研究,全球消费者文化的出现是由于全球消费者细

分市场的成长。所谓全球消费者细分市场，是指消费者与特定的地点、人物和事情的相似意义联系在一起；全球消费者文化是指全球消费者细分市场的成员共享对他们来说有意义的、与消费相关的符号（品类、品牌、消费活动等）集合，不与单一国家（本国或外国）的文化元素相联系，例如，蓝色牛仔裤或 iPod 品牌。全球消费文化的兴起并不意味着分享相同的喜好或价值观；相反，在不同的国家中，人们经常有冲突的观点，尤其在共享的交流中。这种交流的重要象征符号就是全球品牌（Holt、Quelch 和 Taylor，2004）。Alden、Steenkamp 和 Batra（1999）把全球消费者文化定位定义为一种战略，即把品牌作为既有的全球文化的象征，是一种在竞争不断增强的市场中帮助国际经理们提升品牌资产的新定位战略。这种战略用文化意义来投资品牌，使用的核心文化象征要素是语言、美学风格和故事主题，广告表现通常是全世界的消费者使用一个特定的品牌，或者诉求于特定的人类共性。

全球消费者文化定位与本土消费者文化定位和外国消费者文化定位相对应。Okazaki、Mueller 和 Taylor（2010）提出，如果相同的诉求在不同市场间被感知为同质性的有利评价，那么这种诉求才是使用全球消费者文化定位战略的良好候选。事实上，全球消费者文化定位战略既可以使用软销广告诉求（间接的以形象为基础），也可以使用硬销广告诉求（直接的以信息为基础）。他们以美国和日本这两个工业化国家的跨国比较表明，软销诉求比硬销诉求能够更多地在不同国家之间被感知到同质性和相似性。这项研究说明，以抽象的文化价值观提出诉求对实施全球消费者文化定位战略是非常重要的。对企业而言，把品牌与全球消费者文化相关联，有助于塑造全球品牌形象，使品牌更有力、更有价值，获得特别的可信度和权威性，提高销量（Alden、Steenkamp 和 Batra，1999；Zhou、Teng 和 Poon，2008）；对消费者来说，根据消费者文化理论（Arnould 和 Thompson，2005），全球品牌中被感知到的文化资本是消费者用来构建身份的资源（Cayla 和 Arnould，2008；Özsomer 和 Altaras，2008），可以给他们带来自我价值的强化和地位（Alden、Steenkamp 和 Batra，1999）。

（二）若干相关研究成果

对于全球消费者文化与本土消费者文化在实际使用中的关系问题，Merz、He 和 Alden（2008）以类别化的途径，结合品牌的功能性意义和象征性意义，采用实例进行了解释，概括出了一个基本框架。他们认为在高级（例如快餐）、基本（例如汉堡）和从属（例如汉堡的花色品种）的类别上，全球消费者文化、全球/本土消费者文化与本土消费者文化存在不同的显著性。在高级类别上，无论是功能性意义还是象征性意义都适用全球消费者文化;在基本类别上,对功能性意义而言,适用全球消费者文化,对象征性意义而言,适用全球/本土消费者文化;在从属类别上,对功能性意义而言,适用全球/本土消费者文化,对象征性意义而言,则适用本土消费者文化。这项研究的重要管理含义在于,当品牌在不同的层级上进行定位时,如何从功能性和象征性意义两大方面选择合适的、具有影响力的全球消费者文化、全球/本土消费者文化或者本土消费者文化。全球消费者文化更有助于品牌在高级层次上进行定位,扩大品牌的竞争范畴。

围绕全球消费者文化定位这个核心构念,研究者们又开展了一系列研究,分别衍生出一些新构念。代表性的有全球消费文化适应(acculturation to global consumer culture, AGCC)(Cleveland 和 Laroche, 2007)以及全球消费文化敏感性(susceptibility to global consumer culture, SGCC)(Zhou、Teng 和 Poon, 2008)。

Cleveland 和 Laroche(2007)提出"全球消费文化适应"构念,该构念考虑了个体在如何对待一种新生的、去地方化的全球消费文化方面所获取知识、技巧和行为的特征。他们开发了全球消费文化适应量表,包括世界主义、跨国企业营销活动的接触、英语的使用/接触、社会性互动(主要指旅游)、全球性大众媒体的接触、仿效全球消费者文化的渴望与公开性、对全球消费文化的自我认同七个维度。Zhou、Teng 和 Poon(2008)提出"全球消费文化敏感性"构念,该构念的定义为消费者获得和使用全球品牌的渴望与倾向。他们开发了全球消费文化敏感性量表,包括消费趋势顺应、质量感知和社会声望三个维度。研究表明,由这三个维度组成的全球消费文化敏感性高阶因子显著影响对全球品牌的购买倾向。

品牌定位是营销战略的核心任务。上述研究表明,全球消费者文化定位战略是全球品牌定位或者品牌实施全球化定位的重要选择。全球消费者文化所蕴含的价值观可以内蕴在品牌中,成为品牌定位的概念。

二、品牌全球化与本土化关系的研究进展[①]

全球化总是与当地化交织在一起(Strizhakova、Coulter 和 Price, 2012)。自 Levitt(1983)在《哈佛商业评论》上发表著名的《市场全球化》(The Globalization

---

① 对于全球化和本土化的关系,我们新近的一项研究表明,感知品牌全球性逆向影响国家形象,进而带来溢出效应。参见:何佳讯、黄海洋、何盈,2020,《品牌全球化、国家品牌形象与产品类内外溢出效应》,《华东师范大学学报(哲学社会科学版)》第 6 期,第 137—151 页。

of Markets）一文后，围绕"全球化与本土化"这一核心议题衍生出十分丰富的研究主题。事实上，有关国际营销标准化和当地适应性的研究由来已久（Theodosiou 和 Leonidou，2003；胡左浩，2002）。但从全球品牌的研究需要看，这个问题衍生出若干新的角度，研究者们发展出了很多新的相关构念，形成对这个问题的新看法及新思路。从品牌定位的角度看，主要的构念有：品牌感知全球性，品牌本土象征价值（brand local icon value）（Steenkamp、Batra 和 Alden，2003）或本土象征性（local iconness）（Özsomer，2012）。

（一）全球标准化与本土化的结合

Levitt（1983）认为，由于当地消费者市场已经让位于统一产品和服务的全球市场，因此企业应该开发"简单经济"（economics of simplicity），通过在全球销售标准化产品获得成长。支持全球化论者拥有这样一种信念：标准化产品和全球品牌（Alden、Steenkamp 和 Batra，1999）及全球广告（Agrawal，1995）将给跨国企业带来巨大的利益。但 Samiee 和 Roth（1992）的研究表明，标准化并不能带来高额潜在利润。有关研究还表明，在同质化占优势的全球市场或地区，产品和营销战略可以标准化，而在异质化的市场或地区，营销战略则必须适应当地的实际情况或进行定制（Akaah，1991；Kustin，1994）。从跨文化的角度看，Griffith、Hu 和 Ryans（2000）的研究以及 Kustin（2004）的研究分别证实，营销组合的过程和要素方案在文化相似的国家中是可转移的，标准化的成功可能性较大，而在不同的市场上，标准化是不合适的，其成功可能性不大。通常，很多营销者需要在全球和本土产品之间进行决策（Tu、Khare 和 Zhang，2012）。由此，研究者们提出了从全球标准化到本国当地化的两极以及介于两者之间的各种混合的战略选择。例如，Ritzer（2003）提出了全球当地化（glocalization），其主要思想是在全球层面上进行产品设计，但营销和交易活动当地化，或进行柔性产品设计，在基本产品的基础上包含针对当地市场的重要特色（Shocker、Srivastava 和 Ruekert，1994）。在中国市场上的有关研究表明，实施全球标准化品牌战略及其进行品牌外围层次要素的弹性化处理，会正面影响企业的战略业绩和财务业绩（吴晓云、卓国雄和邓竹箐，2005）。Douglas 和 Craig（2011）提出了半全球化（semiglobal）营销战略，把全球市场分为五大范围（发达市场、全球和区域细分市场、以国家为中心的市场、贫穷的乡村和城市市场、国家族群），针对不同范围的市场采取不同的营销战略。Kapferer（2012）以品牌名称、定位和产品为三大核心要素，分析其一致或不一致性，归纳总结了从全球到本土的八种全球化方式，更明确细致地剖析了品牌关于全球化与本土化的组合方式。

（二）品牌感知全球性与本土象征价值

Steenkamp、Batra 和 Alden（2003）在一项开创性研究中,将品牌本土象征价值作为与品牌感知全球性相对应的构念,研究它们对品牌购买可能性的影响。结果发现,品牌感知全球性正向显著影响对品牌声望和品牌感知质量的评价,本土象征价值正向显著影响品牌声望,但不影响品牌质量。从总体影响效果看,品牌感知全球性对品牌购买可能性的影响要大于本土象征价值。Swoboda、Pennemann 和 Taube（2012）与之类似地研究了品牌感知全球性和品牌感知本土性的作用问题,他们调查了中国消费者对三类零售商（西方、亚洲和本土）的态度,研究表明品牌感知全球性对惠顾国外零售商的总作用比惠顾本土零售商的总作用要大,而品牌感知本土性对惠顾本土零售商的总作用比惠顾国外零售商的总作用要大;品牌感知全球性对全球认同的消费者在惠顾零售商方面的总作用比对本土认同和混合认同的消费者更大。

上述研究还意味着在建立品牌感知全球性时,全球消费者文化定位战略比本土消费者文化定位战略更为有利（Akaka 和 Alden,2010）。但是这并不意味着全球品牌化要让那些跨国品牌放弃它们的国家遗产。Holt、Quelch 和 Taylor（2004）对此给出两个理由。首先,尽管全球性比来源国具有更强的质量信号,但消费者仍然偏好来自被认为具有特定专长的国家的品牌,如瑞士的巧克力、意大利的服装、法国的化妆品、德国的汽车、日本的电子产品等。更重要的是,消费者期望全球品牌能够告知他们与品牌有关的、来自特定地方的文化。因此,跨国企业应该与管理品牌的全球性一样,设法把它们的国家身份识别工作做好。Dimofte、Johansson 和 Ronkainen（2008）采用开放式问卷调查方式调查了美国大学生对与全球品牌相对应的本土品牌的反应,发现他们的一个显著感觉是本土品牌拥有自己重要的优势,例如独特性、文化独创性、对代表本土领域的自豪。Strizhakova、Coulter 和 Price（2008a）的跨国研究表明,对于品牌产品来说,包含家庭传统和国家传统（遗产）的"传统"是其基本意义维度之一。Swoboda、Pennemann 和 Taube（2012）的总体研究结果表明,在新兴市场国家,零售商的惠顾主要由品牌感知全球性驱动,但品牌感知全球性和品牌感知本土性这两种因素并行不悖。可见,本土品牌在向全球品牌发展的过程中,兼顾或融合本土文化要素与全球文化要素是战略选择方向之一。品牌通常"通过本地化生存而获得全球化繁荣"（Shocker、Srivastava 和 Ruekert,1994）。当全球品牌通过全球公民身份与文化的主题打响其营销战役时,同时也增强了民族自豪感,为本地制造商提供了支持(Douglas 和 Craig,2011)。

需要指出的是,品牌感知全球性与本土象征性这两者的结合在新兴市场与发达市场中具有不同的效果。Özsomer(2012)把本土象征性定义为品牌象征本国成员的价值观、需要和渴望的程度,他采取将全球品牌和本土品牌进行配对的方式,在新兴市场(土耳其)和先进市场(新加坡和丹麦)中探究消费者对品牌感知全球性与本土象征性这两者之间相互作用的态度。研究表明,在新兴市场中品牌感知全球性与本土象征性正向相关,而在先进市场中两者之间的关系是负向的。这对源自新兴市场的品牌如何建立全球定位具有重要启示。

三、全球与本土品牌/产品的心理学解释

Arnett(2002)曾发表《全球化的心理学》(The Psychology of Globalization)一文,多年之后全球认同与本土认同被用于营销学领域(Zhang 和 Khare,2009;Tu、Khare 和 Zhang,2012),成为除一般价值观、国家文化价值观、消费者领域的特定价值观(Steenkamp 和 de Jong,2010)之外解释全球与本土品牌/产品态度的新的心理学变量。现有研究已表明,全球认同和本土认同与消费者对全球品牌和本土品牌态度的评价之间存在较为一致的关系(郭晓凌,2011;Swoboda、Pennemann 和 Taube,2012;Zhang 和 Khare,2009)。[①]

(一)全球认同与本土认同

Arnett(2002)认为,全球化会对身份认同产生重要的心理影响,他把在个人层面测量全球化影响的结果概念化为双文化认同(bicultural identities),包括全球认同与本土认同,即部分认同根植于当地文化,部分认同来源于与全球文化关系的意识。很多人在发展全球认同的同时仍然保留着本土认同。此外,全球化的影响使得传统文化实践和信念发生了巨大改变,这种改变导致了更多的混合认同(hybrid identity)而非双文化认同,即把全球文化元素与当地文化结合起来。例如,Zhou 和 Belk(2004)的一项研究印证了中国消费者存在的双文化认同:其对广告中的全球化诉求与本土化诉求的反应受两种方式驱动。一方面,为了面子,中国消费者极大地受对表达世界主义和地位的商品的向往的驱

---

① 我提出文化认同构念,通过实证研究表明这个构念比国货意识(或消费者民族中心主义)更有效地预测消费者对本土品牌的偏好和行为。参见:He, J. and C. L. Wang (2015), "Cultural Identity and Consumer Ethnocentrism Impacts on Preference and Purchase of Domestic Versus Import Brands: An Empirical Study in China", *Journal of Business Research*, 68 (6),1225-1233。在这项研究基础上的后续研究参见本书第十一章。

动;另一方面,中国消费者受反映本土来源的中国价值观的驱动,表现为更多的民族主义意愿。在全球化过程中,前者并没有取代后者。① 事实上,只有极少的消费者的全球认同和本土认同是相等的,绝大多数情况下是一种认同强于另一种认同。混合认同和双文化认同之间的差异及其影响效应值得进一步研究。

Zhang 和 Khare(2009)的系列实验表明,无论是稳定的(chronic)还是可及性的(accessible)全球认同或本土认同,当消费者的认同与产品的全球定位或本土定位相一致时,其对产品的态度评价都更积极。需要指出的是,无论是采用直接操控方式把可及性认同(accessible identity)变为稳定性,还是通过间接的方式引入差异性(对应于整合性)处理模式,这种效应都可以颠倒过来。可及性认同效应的发生是因为消费者喜欢持有积极的自我观(self-views),因而与认同一致的信息被判断为与处理目标更为相关,被赋予比与认同不一致的信息更大的权重(Wheeler、Petty 和 Bizer,2005)。

(二)若干相关研究成果

Westjohn、Singh 和 Magnusson(2012)提出了一个概念框架,认为消费者个性特质影响集体性认同(包括全球认同与国家认同),进而形成对全球消费文化定位与当地消费文化定位的反应。他们根据"自我验证理论"(self-verification),假设消费者对全球消费者文化定位与本土消费者文化定位的态度倾向可以用其对全球认同或国家认同来解释。与此同时,根据"大五人格模型",个性特质塑造了个体的世界观和思想态度,因而会影响到个体如何采用全球认同和国家认同。他们的研究表明,消费者的开放性(openness to experience)会影响全球认同,进而影响对全球消费者文化定位的态度;而消费者的宜人性(agreeableness)会影响国家认同,进而影响对本土消费者文化定位的态度。

在对全球认同和本土认同的测量方面,Tu、Khare 和 Zhang(2012)根据 Arnett(2002)的开创性研究,进一步明确了全球认同和本土认同的定义,开发了由 8 个题项构成的专门量表,并验证了它们与消费者民族中心主义、国家主义和全球消费取向(global consumption orientations)构念的区分效度。与 Tu、

---

① 我们近年一项研究将儒家文化中的面子作为分析全球消费者文化定位偏好的驱动因素,参见 Huang, H. and J. He (2021),"When Face Meets Globalization: How Face Drives Consumers'Attitudes Toward Global Consumer Culture Positioning", *International Marketing Review*, 38(1), 184-203。

Khare 和 Zhang（2012）不同的是，Strizhakova、Coulter 和 Price（2012）利用现成的构念对全球本土文化认同（global cultural identity）进行了概念化，把它定义为三种全球—本土认同信念的变化程度：通过全球品牌获得的全球公民身份感、国家主义以及消费者民族中心主义。他们在俄罗斯和巴西的研究表明，这三个维度可以把消费者区分为不同全球本土文化认同的群体。这些不同群体在对全球品牌与本土品牌的涉入程度与购买比例等方面存在差异。例如，在巴西，全球—本土认同群体比国家认同群体明显更多地购买全球品牌；在俄罗斯，国家认同群体明显比全球—本土认同群体更多地购买本土品牌。Guo（2013）在中国和印度的调查研究表明，高度的全球认同削弱了民族中心主义对来自发达国家的全球品牌的负面态度。

纵观现有研究，其主要集中在全球认同与本土认同对全球品牌与本土品牌态度的影响方面，但对双文化认同与混合认同的界定还存在不一致的做法［例如，郭晓凌（2011）的双文化认同界定与 Swoboda、Pennemann 和 Taube（2012）对混合认同的界定是相同的］，对这两个概念的操作化及其影响作用所表现出来的差异需要进一步研究。

第三节　全球品牌资产

从品牌资产的角度看（Aaker，1991；Keller，1993），全球品牌化是品牌在全球范围内对其品牌资产进行创建、测量与管理的过程。传统的品牌资产研究通常在一个国家内进行，或者不考虑跨国品牌资产产生的差异。但全球品牌资产与传统的品牌资产评价不同，其表现出的一个基本特征就是，跨越国界的消费者对同一品牌的评价存在差异（Lehmann、Keller 和 Farley，2008；Hsieh，2004）。这种差异在不同经济发展程度（发达与发展中）与文化（西方与东方）的国家之间尤其明显并得到研究的重视（例如，Eisingerich 和 Rubera，2010；Madden、Roth 和 Dillon，2012；Strizhakova、Coulter 和 Price，2011）。理解同一品牌在不同国家中存在的品牌资产差异，对如何实现品牌全球化十分重要。

一、全球品牌资产评价的差异性及原因

（一）全球品牌资产测量

到目前为止，有关全球品牌资产测量的研究仍是凤毛麟角。Hsieh（2004）

使用二手数据构建了国家品牌资产（national brand equity，NBE）与全球品牌资产（global brand equity，GBE）测量方法。后者建立在前者的基础上，旨在打破国别界限，衡量出品牌的全球资产，它由国家品牌资产乘以国家权重因子得到。国家权重因子有三：品牌认知所占的比重、市场规模及消费者对品牌购买意向的大小。一般而言，对于第三个因子，消费者对来自他们本国的品牌有正面的态度和购买意向，另外，与来自发达国家的消费者相比，欠发达国家的消费者对来自发达国家产品的评价更高。

与 Hsieh（2004）的做法不同，Lehmann、Keller 和 Farley（2008）提出了一个基于调研的品牌计量工具（survey-based brand metrics），根据在美国和中国的三个品类调查结果，评价品牌表现的计量指标包括理解、比较优势、人际关系、历史、偏好和依恋六大维度，它们是由 22 个构念组成的四层次结构模型，具有跨国的稳定性。从这项研究可以看出，跨国的品牌资产涉及文化因素（例如历史维度，包括文化遗产和怀旧）。

Lehmann、Keller 和 Farley（2008）的研究表明，品牌评价随国家、品类和品牌而发生变化。在这三个因素中，国家解释了 1.65% 的最大方差。根据他们的调查，在美国，被访者对百事可乐的评价总体上好于可口可乐，而在中国，可口可乐在历史维度的评价上明显比百事可乐具有优势，其他五维度评价则相同；在美国，佳洁士在比较优势、偏好方面的评价显著比高露洁高，而在中国，高露洁在理解、比较优势、人际关系、偏好和依恋方面的评价显著比佳洁士高。还有一些研究亦表明品牌资产跨国评价的差异。例如，Witkowski、Ma 和 Zheng（2003）采用品牌识别印象评价的方法，具体包括资产、产品、展示和出版四大品牌识别元素，调查表明中国的被访者对肯德基的品牌印象要好于美国的被访者。Guzmán 和 Paswan（2009）对比东道国美国的消费者与居住在母国墨西哥的消费者，发现前者对墨西哥的两个文化品牌的个性评价更为积极。他们认为，这是由于文化品牌在母国消费者的眼中习以为常，而在东道国会则变得"高大"起来。研究者们对这种差异存在的原因进行了很多研究，下面加以展开论述。

（二）品牌特征与国家特征因素及解释

首先，品牌的固有特征起到了十分重要的影响作用（Hsieh，2002）。按 Hsieh（2002）的研究，品牌的固有特征主要是指品牌本身定位的差异，如奔驰、宝马、捷豹、奥迪等定位于豪华市场，更易被感知一致，而美国的汽车品牌倚重于本土利润丰厚的市场,其全球形象感知一致性就会低。另外,国家特征因素有所影响,国家间的特征越相似,评价越可能一致。这些因素包括地理位置和经济发展水平等。按 Hsieh(2002)的研究,地理位置与品牌来源国相近的国家,消费者对其形象的感知类似于品牌母国的消费者。例如,美国的雪佛兰在加拿大和巴西的品牌形象比其他国家更接近。而相同经济发展水平国家中的消费者,也会具有相似的品牌形象感知。换句话说,不同经济发展水平国家中的消费者对品牌形象的感知更可能存在差异。

为进一步探究为什么国家特征差异对品牌评价造成影响,我拟从属性或利益的重要性因国家而异(Hsieh, 2004; Keller, 2013; Shocker、Srivastava 和 Ruekert, 1994)的角度进行分析,之后再以信号理论对文化的作用给予解释。

Hsieh(2004)的研究发现,品牌诉求(利益联想)的有效性因国家而异。例如,宝马的感觉诉求(刺激、驾驶乐趣)在日本、法国、德国等国家并没有影响,燃油经济性仅对墨西哥和俄罗斯的消费者有效。这正如 Keller(2013)提出的观点:品牌资产的构成随国家不同而不同,其来源按照属性重要性而发生变化。对于这一问题,Fischer、Völckner 和 Sattler(2010)提出了一个消费者导向的新构念——"品类中的品牌相关性",专门用于测量消费者决策中品牌作用的差异,揭示品牌重要性如何因国家和品类而异。这个构念聚焦于品类,而非个别品牌。跨国跨品类的数据检验表明,对于同一国家中的不同品类与不同国家中的同一品类,品类中的品牌相关性均存在一些需要注意的差异。总体上,美国的品类中的品牌相关性要比亚洲和欧洲国家高很多。

对于品牌重要性为什么存在国家差异,Erdem、Swait 和 Valenzuela(2006)对文化因素影响品牌信号作用的差异进行了解释,并开展了跨国调研。研究表明,对集体主义或不确定性避免评价高的消费者而言,品牌可靠性对选择的正面影响更大。这是由于对集体主义消费者而言,可靠的品牌提供了更多的价值,因为消费者会认为这些品牌具有高质量(即加强了群体认同);对高不确定性避免的消费者而言,则是因为可靠的品牌具有更低的感知风险和信息成本。Strizhakova、Coulter 和 Price(2011)的研究表明,在发达国家(美国与英国),消费者把使用全球品牌作为自我认同信号,它成为全球公民信念与品牌重要性的中介影响因素;而在发展中国家(俄罗斯),消费者把使用全球品牌既作为质量信号也作为自我身份信号,它成为全球公民信念与品牌重要性的中介影响因素。这再次表明,在发达国家与发展中国家,驱动品牌重要性的影响机制存在差异。

　　除了上述的文化对品牌信号作用差异的解释,Levy(1959)还曾提出这样的观点:品牌不仅反映了营销者希望植入的形象,还折射出它所嵌入的文化环境。因此,如果这种环境与品牌来源国的社会环境不同,品牌就会表征一些意想不到的思想或价值观。Eckhardt 和 Houston(2002)采用场景完成法探究了本国文化嵌入的影响。他们以麦当劳为例,在上海通过对三个群体的被访者进行访谈研究表明,由于人们在不同场景中的社会规范和价值观不同,不同群体对同一品牌(麦当劳)会产生不一致的评价。

　　由于国家间的文化并不同质,因此为营销者如何在全球建立一致的品牌形象带来了极大的挑战。可见,文化是把握消费者对全球品牌态度和行为的重要课题。下面,我将着重回顾文化价值观对全球品牌态度影响的核心研究成果。

　　(三) 文化价值观的影响

　　文化反映了"针对事物特定状态的超越其他的总体趋势和一贯偏好,针对特定社会过程的超越其他的一贯偏好,以及有关选择性注意、环境线索的解释和反应的总体规则"(Tse 等, 1988)。在文化层面,Hofstede(2001)和 Schwartz 及其合作者(Schwartz, 1994;Schwartz 和 Boehnke, 2004)分别提出了两大严谨的、综合性的价值观框架(Steenkamp, 2001)。在不同文化的国家中,价值观对全球品牌(产品)的态度产生了不同的影响。在表 5-1 中,我归纳了若干重要研究的结论。

　　上述各项研究均表明,文化价值观会影响消费者的全球品牌态度。由此也进一步表明上文已回顾的品牌资产评价为什么会在不同文化体中产生变化。文化价值观为全球品牌资产研究开拓了一个重要视角,同时也为全球品牌定位提供了一个重要路径。[①] 从营销战略的角度看,从产品实际属性利益中抽取价值,使用文化价值观等软实力手段强调品牌的全球性,从而赢得跨国界市场的消费者显得十分重要(Dimofte、Johansson 和 Ronkainen, 2008)。尽管文化价值观在不同国家之间也存在差异性,但与使用属性利益在各市场中对品牌进行定位相比,文化价值观比属性或利益的层次更抽象、数量更有限、涵盖面更大,从而可以更好地提升全球品牌的跨国界一致性。

---

　　① 我将品牌价值观引入全球品牌化领域,作为中国品牌实现品牌全球化的定位战略。参见本书第七章。

表 5-1　文化价值观与全球品牌（产品）研究

文化价值观维度	文献	与文化相关的研究主题	调查国家/类/品牌	文化与全球品牌关系的主要结论
Schwartz（1994）框架[a]	Park 和 Rabolt（2009）	文化价值、消费价值与全球品牌形象的关系	美国和韩国/服装/Polo	被访者对文化价值、消费价值和品牌形象的评价都存在显著差异；文化价值显著又影响消费价值，后者又影响品牌形象。在美国样本中，文化价值也直接影响品牌形象，但是在韩国样本中，文化价值不直接影响品牌形象
Schwartz（1992）框架[a]	Steenkamp 和 de Jong（2010）	各层次的价值观对全球产品和本土产品的影响作用	美洲、亚洲和欧洲的 28 个国家/娱乐、家具、服装、食品、生活方式和品牌	权力、刺激、普遍主义显著正向影响全球产品态度，传统和顺从显著负向影响本土产品态度；刺激和自我指向显著负向影响本土生产品态度，传统、顺从和安全显著正向影响品态度
Hofstede（2001）框架	Eisingerich 和 Rubera（2010）	文化如何在品牌管理四大关键要素对品牌承诺的影响中起作用	英国和中国/全球家具店品牌	在个人主义、短期取向的国家（英国）中，品牌创新性对品牌承诺的影响更大；在集体主义、长期取向和高权力距离的国家（中国）中，品牌顾客取向和社会责任感对品牌承诺的影响更大
Hofstede（2001）框架	Roth（1995a）	文化如何影响全球品牌形象战略的绩效	阿根廷、比利时、中国等 10 个国家/牛仔裤和运动鞋	权力距离，不确定性避免和个人主义分别对三种品牌形象战略（功能性，社会性，社会性与感觉性）与产品绩效之间的关系起到调节作用

（续表）

文化价值观维度	文献	与文化相关的研究主题	调查国家/品类/品牌	文化与全球品牌关系的主要结论
Hofstede（2001）框架	Roth（1995b）	不同文化同品牌形象定制化对品牌绩效的影响	阿根廷、比利时、中国等 10 个国家/运动鞋、啤酒和牛仔裤	当市场间文化差异（权力距离、不确定性避免、个人主义）较大时，营销经理们更可能采用定制化全球品牌形象的战略，并取得更大的市场份额；相反，则更可能采用标准化全球品牌形象的战略，取得更大的市场份额
高低背景文化（Hall，1976）	Roth（1992）	深度与广度品牌形象战略与不同国际市场特征（包括国家文化等）之间的作用关系	阿根廷、比利时、中国、法国等 11 个国家/啤酒，牛仔裤和运动鞋	一般而言，深度品牌形象战略比高度品牌形象战略更有绩效。在高背景文化中深度品牌形象战略比广度品牌形象战略更有绩效，在低背景文化中则相反

注：a Schwartz（1992）框架与 Schwartz（1994）框架略有差异，前者为 10 个维度，后者为 11 个维度，即在 Schwartz（1994）框架中，Schwartz（1992）框架中的"普遍主义"被拆分为"社会性关注"和"对自然的关注"两个维度，其他维度保持不变。

二、全球品牌态度的影响因素：与全球化相关的构念

全球品牌态度是全球品牌资产的重要构成。全球品牌态度受到很多因素的影响，例如，品类全球性、熟悉度和来源国效应，可能与特定变量产生交互作用（Özsomer 和 Altaras，2008）；在涉及全球品牌态度的研究中，研究者使用了很多个体角度的变量，对全球品牌态度起到了重要的解释作用，有助于我们深入地理解全球品牌态度的影响机制。[1]　除上述已介绍和提及的全球认同与本土认同（Zhang 和 Khare，2009）、各层面的文化价值观（Steenkamp 和 de Jong，2010）等影响变量外，还有若干与全球化相关的构念已成为研究全球品牌态度的重要影响因素。

（一）全球公民身份、世界性意识与世界主义

Strizhakova、Coulter 和 Price（2008b）提出全球公民身份信念（belief in global citizenship）构念，并把它定义为"与想法相似的人共享的由全球品牌带来的可想象的全球身份的信念"。他们在发达国家与发展中国家中的研究表明，消费者民族中心主义和文化开放性都显著正向影响全球公民信念，而后者又显著正向影响消费者对品牌产品重要性的态度。之后他们在发达国家与发展中国家的研究又表明，全球公民信念越强，消费者越可能将品牌使用作为象征性信号来表达身份，以及作为质量信号来传达独特优势，进而影响其对品牌重要性的考虑以及对全球品牌的购买（Strizhakova、Coulter 和 Price，2011）。

Nijssen 和 Douglas（2008）在研究中把世界性意识（world-mindedness）发展为消费者领域可以操作化的构念，包括"文化开放性"（即接受其他文化的思想、习俗、产品）和"文化适应性"（即在其他国家时适应当地的习惯和习俗）两个维度，反映对来自世界其他文化或地方的产品和观念的兴趣、开放态度和采用情况，以及不带民族偏见地接受这些文化价值观和规范的程度。他们以荷兰消费者为调查对象，发现消费者的世界性意识对带有外国传统产品区域的商店形象评价存在显著正向关系。之后，他们再以荷兰消费者为调查对象，证实消费者的世界性意识对全球消费者文化定位、外国消费者文化定位的广告态度产

---

[1]　我们新近的一项研究结合中国消费者的面子需求，剖析了消费者世界主义、消费者外族中心主义和消费者民族中心主义在影响全球品牌和本土品牌，以及全球消费者文化定位和本土消费者文化定位态度偏好上的差异。参见：黄海洋、何佳讯、朱良杰，2021，《消费者世界主义、外族中心主义与民族中心主义对品牌态度影响机制的比较研究——面子的正负调节效应》，《南开管理评论》第 2 期，第 13—26 页。

生显著正向影响,而对本土消费者文化定位的广告态度产生显著负向影响(Nijssen 和 Douglas,2011)。相反,消费者的民族中心主义对外国消费者文化定位的广告态度产生显著负向影响,对本土消费者文化定位的广告态度产生显著正向影响。

与"世界性意识"类似的构念还有"世界主义"(cosmopolitanism)。Özsomer 和 Altaras(2008)提出,世界主义调节全球品牌真实性对全球品牌可靠性的影响。世界主义越高,这两者的正向关系越强。全球品牌真实性(authenticity)可能被具有世界主义消费取向的消费者感知更可靠——全球品牌被看作是过于标准化的、统一的、乏味的,因而世界主义消费者认为其缺乏真实性,当品牌定位于世界主义消费者时,可能缺乏竞争优势,除非培育其真实性。Alden 等(2013)的实证研究表明,在巴西和韩国,世界主义通过全球品牌感知价值(perceive value of global brands)这个中介变量影响全球品牌态度。Riefler(2012)发展了消费者世界主义(C-COSMO)构念,认为世界主义消费者是开放思想的个体,其消费取向超越了任何特定文化、地方或社会;并且欣赏多元化,包括尝试来自各个国家的产品或服务,这个构念由开放思想、欣赏多元化和消费超越国界等三个维度构成。他们在奥地利的实证研究支持了预测,即世界主义消费者并不表现出对全球品牌购买的强烈意向,两者之间并无显著关系。

(二)全球消费取向与全球化态度

Alden、Steenkamp 和 Batra(2006)根据现有文献关于全球扩散对消费选择的态度反应,总结出四个集合,分别是同化/同质/趋同、分离/分化、杂交/混合/全球本地化、缺乏兴趣/边缘化,进而使用全球消费取向构念表示这种态度集合。他们提出影响全球消费取向的先行因素,包括大众媒体接触、大众移栖性的活动、社会规范敏感度、物质主义等,以及全球消费取向的影响结果,包括消费者民族中心主义与全球品牌态度。其中消费者民族中心主义是全球消费取向与全球品牌态度之间的中介变量。结构方程检验广泛地支持路径之间的假设。Riefler(2012)以奥地利居民为调查对象,研究发现,全球消费取向对全球品牌评价具有显著正向影响,同时,全球化态度(globalization attitude,GA)也对全球品牌评价有显著正向影响。此外,品牌来源国具有调节作用。对于来自本国的全球品牌,全球消费取向还对全球品牌态度产生显著影响,而对于外国的全球品牌,全球化态度对全球品牌购买意向产生显著影响。Guo(2013)以中国和印度的青年消费者为调查对象,研究发现,全球消费取向和全球认同都对来自发达国家的全球品牌或进口产品产生正面影响。

（三）其他影响因素

从现有研究看,还有一些心理变量已被研究者提出,用于解释全球品牌态度,但基本上还处于概念和假设发展阶段,需要进一步的实证研究,例如,地位消费(status consumption)和自我解构(self-construal)。

对于地位消费,Üstüner 和 Holt(2010)采用解释学的方法对土耳其的中上阶层妇女进行访谈,探明了低工业化国家中的两种地位消费战略:低文化资本者在本地化的领域进行炫耀性消费,而高文化资本者则以西方生活方式信念作为文化资本进行正统的消费实践。Roy 和 Chau(2011)在澳大利亚进行了初步的实证研究,表明地位寻求消费动机影响消费者对全球品牌与本土品牌的品牌资产评价。高地位寻求动机者(与低地位寻求动机者相比)对于全球品牌在品牌意识、感知质量和总体品牌资产方面具有更高的评价,而低地位寻求动机者(与高地位寻求动机者相比)对于本土品牌在品牌忠诚度和总体品牌资产方面具有更高的评价。在高地位动机寻求者中,全球品牌(与本土品牌相比)在所有基于消费者的品牌资产维度上评价都更高。

对于自我解构,Özsomer 和 Altaras(2008)提出假设,与那些具有高水平独立自我的消费者相比,具有高水平互依自我的消费者,其品牌感知全球性对品牌感知可靠性的影响作用更大。这是因为,互依自我的消费者更可能被品牌全球性带来的社会赞许和渴望度所影响。同时,与那些具有高水平互依自我的消费者相比,具有高水平独立自我的消费者,其全球品牌真实性对品牌感知可靠性的影响作用更大。这是因为,独立自我的消费者更可能视个人的自由为一种真实的生活方式,而不是受差异化需求的驱动;他们把品牌看作建立自我概念的一种真实市场神话或叙事。

第四节　结论与研究展望

十多年来,在全球品牌研究领域,研究者们达成了对全球品牌定义的共识,发展出很多核心构念,形成了基本研究脉络,为该领域的未来研究奠定了良好基础。这些核心构念包括:品牌感知全球性(Steenkamp、Batra 和 Alden,2003)、全球消费者文化定位(Alden、Steenkamp 和 Batra,1999)、品牌本土象征价值(Steenkamp、Batra 和 Alden,2003)或本土象征性(Özsomer,2012)、全球认同与本土认同(Arnett,2002;Zhang 和 Khare,2009)、全球消费取向(Alden、

Steenkamp 和 Batra，2006）等。① 通过本章的回顾我们可以看出全球品牌研究的基本脉络，即品牌感知全球性构念推进了全球品牌概念的界定及操作化，全球品牌维度确立了全球品牌资产的基本来源；全球消费者文化为全球品牌定位提供了基本指引，而品牌全球感知和本土象征价值则成为全球品牌定位的基本关系研究；全球品牌资产存在跨国评价的差异性，其原因包括品牌特征、国家特征及文化价值观的影响。这为如何建立全球品牌定位、实施全球品牌战略提供了基本决策思路（Keller，2013）。

中国很多领先的跨国企业已经萌发了建立全球品牌的雄心，其取得的全球化进展已为在不远的将来成就强有力的全球品牌打下了坚实的基础（Chattopadhyay、Batra 和 Özsomer，2012；Keller，2013；Kumar 和 Steenkamp，2013），但从目前全球品牌有关实证研究的成果看，涉及中国品牌的还很少。立足于中国品牌全球化的角度，结合全球品牌研究已取得的研究成果和经验，我简要提出三点研究建议与展望。

一、重视新兴市场和发达市场引发的基本差异

从理论的角度看，已有很多研究表明，在新兴市场和发达市场，消费者对全球品牌态度及其影响因素的评价机制是存在差异的（Özsomer，2012；Strizhakova、Coulter 和 Price，2011；Madden、Roth 和 Dillon，2012；Eisingerich 和 Rubera，2010）。从实践的角度看，中国是那些走向全球的中国品牌的"大本营"，而北美则是征战全球市场的"制高点"。中国市场和美国市场对中国大品牌都异常重要。因此，对于中国品牌全球化研究来说，联合新兴市场（母国市场）与发达市场（东道国市场）两大市场领域，采取比较的方式，显得尤为重要。根据现有成果，有很多问题还需要进一步研究。例如，"全球性"对中国品牌在母国市场与发达东道国市场是否存在评价机制的差异？质量维度对中国品牌的全球性联想在母国市场与发达东道国市场是否存在重要性方面的差异？走向全球的中国品牌在母国市场与发达东道国市场存在怎样的品牌资产评价差异？这些问题的答案对中国品牌采取何种全球化战略、如何建立强势全球地位具有积极的指引价值。实际上，Chattopadhyay、Batra 和

---

① 我结合国家品牌资产和全球品牌化的研究，发展了"品牌与的国家的联结"这一新构念。参见 He，J. and J. Ge（2022），"The Dual Impetus for Perceived Brand Globalness and Brand Competence in a Rapidly Changing Environment：The Role of Brand-Nation Connection"，*International Marketing Review*，40（1），4-27。有关品牌与国家的联结的进一步研究，参加本书第十四章和第十七章。

Özsomer(2012)已从聚焦于相似的新兴市场还是不相似的发达市场,并结合机械性扩展还是动态性进化这两种能力,提出了新兴市场品牌全球化的四种战略。

二、兼顾营销战略与消费者行为两个研究视角[①]

目前有关全球品牌的实证研究大多是消费者行为视角,但新近出版的有关新兴市场品牌如何走向全球的两本著作(Chattopadhyay、Batra 和 Özsomer,2012;Kumar 和 Steenkamp,2013)都明确提出了战略路径,其中基于中国品牌全球化案例的研究都为之提供了重要依据。从营销战略的角度看,探究中国品牌全球化定位应是研究重点。[②] 例如,以内蕴中国文化价值观为品牌概念进行全球化定位,可以帮助中国跨国企业品牌在全球市场竞争中建立品牌差异化,但如何在全球市场上兼顾东西方文化差异,实现东西方文化价值及元素的融合,以建立中国品牌的全球定位,则是非常重要的学术课题(何佳讯,2013a)。这里有两个理论问题迫切需要进行深入研究。一是扎根于中国文化价值的品牌内涵能否融入西方文化价值体系? 能否融入全球消费者文化? 是否存在冲突? 如何融入? 二是因文化差异,品牌资产在不同国家的评价并不一致(Hsieh,2004;Lehmann、Keller 和 Farley,2008),中国品牌如何在本国和西方国家进行形象定位? 如何解决品牌一致性以提升品牌强度?[③] 从消费者的角度看,则需要探究消费者对中国跨国企业品牌兼容东西方文化价值定位的态度评价机制,以兼顾和平衡不同细分市场的需求,实现品牌价值的最大化。[④]

三、寻求研究方法论的创新与突破

目前有关全球品牌的实证研究大多采用问卷调研法或实验法收集一手数据;在统计方法上大多采用多元统计和结构方程建模方法,通常涉及跨国测量的等同性检验(Steenkamp 和 Baumgartner,1998);在取样范围上,大多采用数个国家到数十个国家不等的跨国数据。在这些常规的做法中,我们仍然可以看

[①]　有关这两个角度结合的新近研究请参见本书第十三章。

[②]　有关采用品牌价值观进行中国品牌全球化定位的实证研究,请参见本书第七章。

[③]　这方面的案例研究请参见何佳讯,2013,《中国品牌全球化:融合"中国元素"的品牌战略——"李宁"案例研究》,《华东师范大学学报(哲学社会科学版)》第 4 期,第 124—129 页。

[④]　我提出文化融合性构念,以衡量中国品牌蕴含西方元素或西方品牌蕴含中国元素等不同情境下的品牌态度。参见 He, J. and C. L. Wang (2017), "How Global Brands Incorporating Local Cultural Elements Increase Consumer Purchase Likelihood: An Empirical Study in China", *International Marketing Review*, 34(4), 463-479。

到一些研究设计创新带来的贡献与突破。例如,全球品牌与本土品牌交互作用模型改变了传统结构方程模型的思路(Özsomer, 2012);对全球产品/本土产品态度测量的四分法创新了常规的态度测量方法(Alden、Steenkamp 和 Batra, 2006;Steenkamp 和 de Jong, 2010);对全球品牌研究对象采取一般性的而非具体品牌的(如福特、梅赛德斯-奔驰、丰田)测量设计(Dimofte、Johansson 和 Ronkainen, 2008;Dimofte、Johansson 和 Bagozzi, 2010;Guo, 2013)简化了取样方法;在统计方法上,多水平线性模型的使用能够揭示国家层面因素与个人层面因素作用的差异(Steenkamp 和 de Jong, 2010),而结构化建模方法(structural modeling)能够使我们利用客观市场数据进行分析(Chu, 2013);在理论应用上,制度理论带来了新的研究视角(汪涛、何昊和岳劲,2010);等等。由于总体上中国品牌在全球消费者心目中的品牌认知度很低(Olsen,2012),因此如何在西方发达市场上对已经进入的中国品牌收集一手或二手数据开展有关研究,还存在很大的挑战。这迫切需要我们在研究方法论上进行创新,这样我们的研究成果才能为中国品牌全球化实践提供前瞻性指引。

第六章

跨国品牌并购：理论与过程

跨国品牌并购是国家品牌战略与全球品牌化相交叉的领域。实施跨国品牌并购是企业整体实力的体现，其行动可以反过来促进企业品牌建设。据《2020 年度中国对外直接投资统计公报》，该年中国企业共实施对外投资并购项目 513 起（较上年增加 46 起），涉及 61 个国家（地区），实际交易总额 282 亿美元。由于产品或服务同质化和全球化竞争加剧，通过获取国际化品牌，可以快速进入新市场或扩大市场份额，因此跨国品牌并购成为降低成本、减少风险和节省时间的一种重要扩张方式。

本章较为系统地回顾了跨国品牌并购领域的文献。首先概括国内外研究者在品牌并购研究中所采用的主要理论及研究视角，包括交易成本理论、资源基础理论、市场结构理论、营销能力理论等；接着对品牌并购主要过程和环节的相关研究进行综述，主要包括一种状态、两个过程和三个方面的测量，即企业的初始禀赋（状态），目标品牌的选择过程和并购后的品牌整合过程，目标品牌价值的测量、并购公告发布后对股价影响的测量以及并购后品牌整合绩效和品牌资产变化的测量；最后对品牌并购未来研究方向提出了若干建议与展望。

第一节　主要理论视角

Larsson 和 Finkelstein(1999)认为，仅从财务管理、战略管理角度或组织行为角度都不能很好地解释并购中的价值创造，他们整合财务管理、战略管理、组织行为和人力资源管理等学科的研究成果，开创性地提出了影响并购价值创造因素的理论模型。Kuzmina(2009)结合市场结构理论、交易成本经济学、企业成长理论和资本市场理论等,基于市场层面、企业层面和品牌组合层面,形成了多层次交叉理论方法,实证研究了企业实施品牌并购决策的影响因素。综合相关研究可知,品牌并购主要的理论视角包括交易成本理论、资源基础理论、市场结构理论和营销能力理论等。

一、交易成本理论

交易成本理论认为,企业在寻找交易对象、洽谈合同、订立合同、执行交易、监督交易、违约后寻求赔偿等一系列过程中都会产生一定的成本与支出(Coase, 1937; Williamson, 1975; Coase, 1990)。企业通过兼并重组,将市场内部化,可以消除市场不确定性所带来的风险,从而降低交易成本。企业要获取品牌,有两条路径可循:一条是自己创建品牌并不断发展起来,另一条是直接并购品牌或者并购拥有品牌的企业。相对成本是企业选择自建还是并购的关键因素(Walker 和 Weber, 1984),如果并购品牌的成本低于自建品牌的成本,企业将选择并购品牌。

Kuzmina(2009)将交易成本理论作为基本理论之一,从目标市场、企业本身及企业品牌组合策略等视角出发,分析了企业选择自建品牌还是并购品牌的有关因素,认为基于被并购品牌现有的市场地位、生产技能、客户和分销网络等,通过并购进行品牌组合扩张的风险会更小。Schuiling 和 Kapferer(2004)也强调,在由多个品牌主导的成熟市场中创建新品牌是极具风险的。Wiles、Morgan 和 Rego(2012)通过对购买拥有品牌的企业和仅购买品牌的情况进行案例研究发现,购买整个企业会减少非正常收益,根据成本节约原则,应尽量避免并购拥有品牌的企业,而仅并购品牌。密切相关的品牌之间存在潜在的协同效应(Wiles、Morgan 和 Rego, 2012),乐琦和华幸(2012)也证实双方业务相关程度对成本降低和效率提高有显著的正向影响;而 Varadarajan、DeFanti 和 Busch(2006)则认为并购双方处于同一行业时,品牌间的冗余度会更大,为了避免冲突,应该并购有一定差异的品牌。

二、资源基础理论

资源基础理论认为,企业是各种资源的集合体,这些资源决定了企业能否高效率、高效益地产出对一些细分市场有价值的东西(Barney, 1991; Hunt 和 Morgan, 1996; Srivastava、Shervani 和 Fahey, 1998)。出于各种不同的原因,企业拥有的资源和能力各不相同且不可能完全转移,这种异质性决定了企业竞争力的差异(Barney, 1991;Conner, 1991; Peteraf, 1993; Pisano、Shuen 和 Teece, 1997)。品牌作为企业的一种资源,同样具有 Barney(1991)所提出的价值性、稀缺性、难以模仿性和难以替代性等特点,研究者普遍认为品牌是企业的价值资源(Aaker, 1996; Kapferer, 1992; Keller, 1993; Shocker、Srivastava 和 Ruek-ert, 1994; Amit 和 Schoemaker, 1993; Capron 和 Hulland, 1999)。

　　企业从内部开发新资源时,会面临技术能力或时间等方面的限制,因此,许多企业转而从市场上获得新资源(Capron、Dussauge 和 Mitchell, 1998)。Capron 和 Hulland(1999)最早尝试采用资源基础视角,研究并购后主并方与被并方之间对营销资源(包括品牌)的重新拓展。他们认为,企业实施并购,可能是为了获取必需的但又不易转移的资源(如品牌),也可能是为了将不易转移的资源(如品牌)拓展到另一方,或是从主并方向被并方拓展,或是从被并方向主并方拓展。因此,企业通过并购获得品牌资源,既可以实现从无品牌到有品牌,也可以实现从弱品牌到强品牌,还可以实现从一个强品牌到多个强品牌的转变,从而提升企业的竞争优势。基于资源基础理论研究并购的另一个关键问题是,并购后应将品牌资源整合到何种程度,以取得更强的竞争地位和更高的财务绩效(Homburg 和 Bucerius, 2005)。

三、市场结构理论

　　市场结构理论主要研究市场集中度、市场领导者的存在、市场高增长率等市场结构特点对经济行为的影响(Bain, 1956; Porter, 1985)。多位研究者证实了这些市场结构特点对品牌自建或并购决策的影响。

　　首先,市场集中度会影响企业选择内部发展还是外部并购(Yip, 1982;Hennart 和 Park, 1993; 等等)。某些市场(比如奢侈品品牌市场)一般不会保持大量的竞争者,这些市场的典型特征是竞争者高度集中,主要品牌数量有限。在这些市场中,并购比内部发展更有利(Hennart 和 Park, 1993)。如果一家企业想进入这样的市场,对某个大品牌采取并购行为可能是唯一的选择(Kapferer, 2004)。

　　其次,目标市场竞争强度是影响企业扩张战略的另一个因素。当市场上有许多成熟品牌时,消费者心目中留给新品牌的余地就很小了(Smith 和 Park, 1992)。在一个已有成熟品牌的市场中,建立新品牌并使其在消费者心目中占据特定位置所需的投资显然会更多,此时选择并购成熟品牌更有利;在成熟竞争者相对较少的市场中,建立新品牌所需的投资会大大减少,而并购品牌的优势明显降低了(Kuzmina, 2009)。

最后,目标市场增长率与通过并购实施扩张呈正相关关系(Hennart 和 Park, 1993)。在快速增长的市场中,由于市场份额的吸引力,进入速度是企业绩效的重要决定因素,此时品牌并购可能是更好的选择(Kuzmina, 2009)。

四、营销能力理论

营销能力理论认为,企业通过组合和部署有效资源来定义、开发和分享价值给客户的这种营销能力,是可以提升其品牌现实价值的一种资产(Amit 和 Schoemaker, 1993; Bahadir、Bharadwaj 和 Srivastava, 2008)。

在品牌价值凸显的时代,并购往往带有品牌扩张的目的,如果并购双方所服务的市场类似,或者同属于消费品行业,或者目标企业的品牌更强,则这一点尤为突出(Capron 和 Hulland, 1999)。在过去的一些品牌并购交易中,企业为获得目标品牌而支付了不菲的价格,如早在 1988 年,菲利普·莫里斯公司就以 129 亿美元的价格收购了卡夫食品公司,该收购价格是后者账面价值的 4 倍;而在另一些并购案中,品牌价值又存在极端差异,一端是占企业价值的 49%,如宝洁收购吉利;而另一端是不到 1.51%,如思科收购在线会议软件制造商 Latitude(Bahadir、Bharadwaj 和 Srivastava, 2008)。品牌资产趋势模型研究(EquiTrend Study)发现,企业品牌资产对投资回报的贡献同样存在巨大差异,最低为-10%,最高可达 30%。因此,将品牌资产作为关键因素贯穿于品牌并购及整合过程显得格外重要(Kumar 和 Blomqvist, 2004)。

营销能力较强的主并方能够更有效地部署被并方的品牌组合,这将影响源于被并方品牌组合的现金流预期水平、增长及波动(Bahadir、Bharadwaj 和 Srivastava, 2008)。企业要通过品牌收购战略提高股东价值,应该以自身营销能力为基础,并确保能够利用定价能力、营销传播和品牌管理等这些必要的、卓越的营销能力来成功地执行这一战略。强大的定价能力可以帮助企业从客户和渠道合作伙伴那里为品牌创造更大的现金流(Dutta、Zbaracki 和 Bergen, 2003)。强大的营销传播能力可以为企业的品牌更高效、有效地创造需求(如 Kapferer, 2004)。品牌管理能力也可以为企业创造现金流,同时建立品牌资产本身(如 Morgan、Slotegraaf 和 Vorhies, 2009)。

此前的文献表明,企业开发和执行相应的营销策略的能力,很可能会在企业从品牌资产创造现金流方面起到作用(如 Vorhies 和 Morgan, 2005)。Wiles、

Morgan 和 Rego(2012)的研究发现,拥有强大营销能力的企业购买独立的品牌资产会获得更大的正回报。Doyle(1989)认为企业会从营销资源、市场份额和财务回报等方面去考虑是选择并购还是创建品牌,以营销资源与市场份额为主要目标的企业会选择创建品牌,而以财务回报为主要目标的企业则会选择并购品牌或购买拥有品牌的企业。

除上述理论视角外,还有一些文献从其他角度开展了品牌并购研究。比如 Pinkse 和 Slade(2004)、Konrad(2010)用博弈论研究了品牌并购对品牌竞争、产品定价及盈利能力的影响,也从基于市场特性的角度解释了为什么有些企业会通过并购获取大量品牌组合;薛艳丽(2010)基于仿生态理念视角,认为并购后企业品牌形象的提升类似于生物的隐性进化过程,并在此基础上构建了企业品牌生态系统层次,提出了并购后品牌战略管理模式;Wiles、Morgan 和 Rego (2012)从股东(而不是管理者)的角度对品牌资产交易进行了研究,并且既从主并方股东的角度,也从被并方股东的角度来考察。

第二节 品牌并购决策过程

根据文献报道,并购失败率一直很高。Kitching(1974)研究发现,并购失败率为46%—50%,而后来 Rostand(1994)与 Schoenberg(2006)的研究都发现,并购失败率仍然居高不下,约为44%—45%。如何才能让品牌并购行为取得成功呢?

Lambkin 和 Muzellec(2010)认为品牌并购的挑战在于:在交易前,能够识别 (identify)和评估(measure)目标企业品牌资产的不同;在交易达成之后,能够找到将品牌资产从一方向另一方进行转移(transfer)的方法。Swaminathan、Dawar 和 Hulland(2007)则认为伟大的品牌并购必须遵循几项原则:对目标品牌进行全面审核,确定被收购品牌属于哪种类型,对品牌资产的现有价值充分了解,做好整合计划(包括保留哪些价值资产和剔除哪些无用资产),根据不同品牌类型而进行不同程度的整合,再次研究成本、客户及竞争对手,调查是否产生溢出效应和蚕食情况,识别并实施品牌交叉销售和品牌拓展的机会,监测整个进程,等等。Kumar 和 Blomqvist(2004)认为品牌并购应该重点关注寻找目标、进行尽职调查、评估品牌价值、确定品牌战略、筛选合适的品牌、建立品牌过渡与终极迁移方案、进行并购后的整合与迁移等环节。Hogan、Glynn 和 Bell (2006)则将品牌并购分为三个阶段:交易前、并购过程以及交易后,并研究三个阶段中不同的流程。

　　Yu(2013)梳理了品牌并购的关键节点:企业禀赋研究,决定自建还是并购,确定品牌战略,选择目标品牌,开展尽职调查,宣布收购后股市反应,并购整合及其影响,评估并购的长期绩效等。本章借鉴 Yu(2013)的研究视角,根据时间轴来确定并购的关键阶段,主要从六个方面重点回顾总结有关研究成果。品牌并购时间轴示意图见图 6-1。

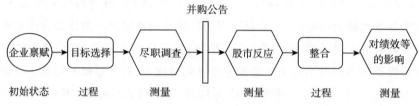

图 6-1　品牌并购时间轴示意图

资料来源:作者根据 Yu(2013)修改。

一、并购前的企业禀赋

　　并购前的企业禀赋是影响品牌并购的关键因素。企业本身的相关经验与禀赋(Hennart 和 Park, 1993; Barkema 和 Vermeulen, 1998; Brouthers 和 Brouthers, 2000; Kuzmina, 2009; 等等)会对品牌并购产生影响,既会影响到品牌并购决策,也会影响到品牌并购最终能否成功。这些相关经验与禀赋包括以下六个方面。

　　第一,之前的并购经验。March(1991)、Levitt 和 March(1988)等通过行为研究发现,企业积累下来的并购经验可能会导致路径依赖。Brouthers 和 Brouthers(2000)的研究发现,企业之前的扩张经验会影响扩张战略的选择。Kuzmina(2009)的研究认为,之前并购经验丰富的企业更倾向于通过并购获得品牌。乐琦和华幸(2012)证实了企业的并购经验对并购绩效具有显著的正向影响。

　　第二,市场营销经验。Hennart 和 Park(1993)的实证研究表明,企业海外运作的经验水平会影响其扩张的首选模式。以营销为导向的企业,具备品牌相关活动的开发经验,从而有能力识别和选择市场上被低估的品牌,并从并购及整合这些品牌中获得显著的经济价值。正如 Sorescu、Chandy 和 Prabhu(2007)的研究发现,与企业自身条件密切相关的产品资本(product capital)是并购成功的关键因素,这种产品资本包括通过长时间建立起来的营销资源。Bahadir、

Bharadwaj 和 Srivastava(2008)认为,主并方市场营销能力越强,越能够更好地运用目标品牌组合的价值。

第三,品牌组合的多样性。企业多元化的主要优势来源于先进的管理控制系统,这种优势是嵌入企业的组织流程和高管团队中的,能够更好地发挥并购的协同潜力。正如 Brouthers 和 Brouthers(2000)的研究发现,企业产品多元化的整体水平与将并购作为海外市场进入模式之间存在正相关关系。企业品牌组合多样性与品牌并购之间也存在正相关关系(Kuzmina,2009),而主并方品牌组合多样性程度越高,将越能充分发挥目标品牌组合的价值(Bahadir、Bharadwaj 和 Srivastava,2008)。

第四,企业的研发生产力水平。企业的研发生产力越高,开发创新产品的可能性越大。由于创新产品的新颖性,更有可能通过新的品牌名称(即通过创建品牌),而不是并购品牌或品牌延伸引入市场(Hultink 等,1998)。研发能力强的企业更可能通过企业内部努力而不是并购来扩张(Andersson 和 Svensson,1994；Hennart 和 Park,1993),其一般倾向于新建品牌而不是进行品牌并购(Kuzmina,2009)。

第五,企业的资本结构。持有企业债权和股权的投资者等利益相关者的态度可能会影响品牌组合扩张战略的选择(Hennart 和 Park,1993；Chatterjee,1990)。基于管理者会采取使现有股东受益的行动这一假设,Chatterjee(1990)认为企业的资本结构会影响内部开发或外部并购的取向,正如 Kuzmina(2009)的研究认为,高杠杆的企业更倾向于进行品牌并购。

第六,人力资源能力。人力资源能力弱的企业,如果通过并购进行品牌扩张,将为企业扩张品牌组合提供一个机会,因为熟悉新品牌的管理者可以从外部获得(Kuzmina,2009)。这也是品牌并购前企业要考虑的因素。

二、品牌并购目标的选择

(一) 选择目标国家、地区或市场

除了主并方的禀赋,品牌并购交易双方所处的外部环境,如制度、市场因素等也是影响品牌并购的重要因素。同样,这些因素既会影响到品牌并购决策,也会影响到品牌并购最终能否成功。

首先是经济发展水平。消费者对产品品牌的联想和偏好与品牌所在地的经济发展水平具有正相关性。已在发达国家市场确立市场地位的品牌,往往更易于向发展中或欠发达地区进行推广,原因在于品牌这一无形资产所承载的内

涵,包括产品的质量、性能、售后服务等,更易于被消费者接受和认同(Clarke Ⅲ、Micken 和 Stanley,2002)。因此,选择充分竞争的发达国家市场为跨国并购的目标市场更有利。

其次是制度环境。制度环境通常由规则、规范和价值观所构成,当企业进入外国市场时,这些规则、规范和价值观会形成一种嵌入同构压力(embedded i-somorphic pressures)(吴先明,2011)。根据 Larsson 和 Finkelstein(1999)的研究结论,对于主并企业来说,品牌并购不仅仅获得了品牌,也继承了被并购品牌所处的制度环境因素,包括其所有利益相关者的关系。乐琦(2012)基于制度理论的视角,证实除了正式制度,非正式的制度,如母国与东道国之间发展程度、文化语言及其他多方面的差异,对并购绩效的影响也非常明显。

再次是地理距离与文化距离。Malhotra、Sivakumar 和 Zhu(2009)通过比较美国和 18 个新兴国家的企业的跨国并购发现,地理距离或文化距离越远,跨国并购越少;Malhotra、Sivakumar 和 Zhu(2011)则进一步发现,国家文化距离越远,无论是美国还是新兴国家的企业,其所发起的跨国并购都越少,但对于美国企业来讲这种负面影响相对低一些。最后是市场潜力与吸引力。Malhotra、Sivakumar 和 Zhu(2011)发现,虽然一般企业都会首选文化上更接近自己的国家或地区作为海外并购的目标,但当目标国家或地区的市场潜力增大时,文化距离对并购的影响会减弱。

(二) 选择目标品牌或目标企业

根据企业品牌架构和战略要求,在目标国家、地区或市场确定之后,就可以选择合适的企业品牌或产品品牌进行并购,以实现品牌架构的整体设想。比如企业品牌不强,则可以选择并购更强的企业品牌;产品品类品牌不全,则可以选择并购新的品类品牌;缺乏某种定位的品牌,则可以选择并购此种定位的品牌,从而实现企业的品牌组合战略。在品牌并购的有关研究中,目标选择的主要影响因素可归纳为以下五个:

第一,品牌契合度。被并方品牌与主并方品牌组合的关系越紧密,主并方会越多受惠于品牌并购,因为密切相关的品牌之间存在潜在的协同效应(Wiles、Morgan 和 Rego,2012)。被并方品牌与主并方品牌的契合度是影响并购效果的重要因素,当主并方与目标企业处于同一行业时,双方品牌间的冗余度会更大(Varadarajan、DeFanti 和 Busch,2006),郭锐和陶岚(2011)则证实了品牌契合度对并购后品牌战略中品牌要素战略和营销支持战略的交互作用对并购后品牌资产的影响起到中介作用。Wiles、Morgan 和 Rego(2012)认为,应该寻求购买任何有效的互补性渠道资产。

第二，目标品牌市场相关性能。Swaminathan、Dawar 和 Hulland（2007）根据市场增长率和市场份额两个维度将并购的品牌分为四种类型：明星品牌、利基品牌、衰退品牌和停滞品牌，并经过实证研究发现，最可能实现市场份额增长和营收增长的是并购明星品牌，最可能实现成本降低和在宣布收购消息时实现股票市场增长的是并购停滞品牌，并购者可根据自身的战略目标来确定所需要的品牌类型。

第三，目标品牌相对强度。当更高的价格被感知为与高感知质量一致时，它们可以转化为品牌组合更大的现金流量（Morgan 和 Rego，2009）。因此，主并方购买比现有品牌质量和价格定位更高的品牌，会提高主并方企业整个品牌组合的平均感知质量和价格定位，也会提升其价值（Wiles、Morgan 和 Rego，2012）。汪涛、刘继贤和崔楠（2011）认为，后进国家在跨国并购时，应努力并购健康度相对更高、与自有品牌互补性强的利基品牌。

第四，目标品牌营销能力。Bahadir、Bharadwaj 和 Srivastava（2008）认为，被并方市场营销能力越强，目标品牌组合的价值也越高。不过，当主并方营销能力较强时，并购营销能力较差的被并方也是明智的，因为这可以充分发挥主并方营销能力强的优势（Wiles、Morgan 和 Rego，2012）。

第五，目标品牌组合多样性水平。目标品牌组合的多样性水平高时，精准营销和定位能力更强，其品牌组合的价值也更高；被并方品牌组合越多样，为主并方提供的品牌延伸或拓展战略选择越多、越灵活，在新市场或新类别中使用目标品牌，主并方可能获得额外的现金流（Bahadir、Bharadwaj 和 Srivastava，2008）。

三、开展尽职调查和评估

并购决策中一个关键的问题是评估该品牌资产对并购方的重要性，由于评估方法不同和信息不对称的存在，并购双方为了各自的利益也可能夸大或隐瞒有关信息，因此目标品牌价值评估十分复杂。

品牌的状态及其在主并方企业战略中的角色，是并购和并购价格的主要决定因素（Kernstock 和 Brexendorf，2012）。同一品牌资产对不同企业的价值不同，对主并方内部的不同决策者也会不同。使用平衡模型（Balance Model）（Farquhar 和 Rao，1976；Rao、Mahajan 和 Varaiya，1991），Mahajan、Rao 和 Srivastava（1994）给出了判断并购决策中品牌资产重要性的一种方法。该方法通过掌握决定并购的每个决策者对品牌资产的独特感知,使得企业决策委员会的成员理解并调整他们在评估潜在并购目标时存在的差异。

虽然 Mahajan、Rao 和 Srivastava(1994)阐述了从主并方的视角来看目标企业品牌价值的重要性,但对并购中主并方和目标企业可能影响目标企业品牌价值的那些特性的作用,他们没有进行实证检验。而 Bahadir、Bharadwaj 和 Srivastava(2008)对并购中目标企业品牌价值的影响因素,既从概念上也从实证上进行了阐述,他们认为目标企业的市场营销能力和品牌组合多样性,对其品牌价值都会起到积极作用。

四、品牌并购信息发布及股市反应

品牌并购信息发布后会对股市非正常收益产生影响,往往会导致股票价格的波动。因此,可通过对比分析品牌并购前后股票价格的异常波动,衡量企业短期内绩效的变化。

Wiles、Morgan 和 Rego(2012)通过研究 31 个消费类行业中品牌收购与出售事项公告后的股市反应发现,品牌并购公告带来的回报,很大程度上取决于三项互补的企业资产:营销能力、渠道关系和品牌组合,但影响是不对称的。主并方市场开拓能力越强,其非正常收益越大;主并方购入的品牌比现有品牌的价格或品质定位越高,其非正常收益越大;对于渠道关系差的卖家和出售多个品牌的卖家而言,其出售的品牌比余下品牌的价格或品质定位越低,或与余下品牌组合越不相关,其非正常收益越大。

Wiles、Morgan 和 Rego(2012)也发现,在其他条件相同的情况下,如果与其他资产相比,被并方不太善于使用品牌资产来创造现金流量,当其出售品牌时,其股价是上升的;而如果与其他资产相比,主并方更善于利用收购来的品牌创造更多现金流,则其股价也是上升的。Swaminathan、Dawar 和 Hulland(2007)研究纯品牌并购案例发现,并购明星品牌、利基品牌、衰退品牌和停滞品牌这四种不同类型的品牌,宣布品牌收购当天的股票市场回报率有很大差异。

五、并购后品牌组合与品牌整合

并购后对品牌等相关资源进行整合和重新配置是影响并购绩效的关键,这已成为大多数研究者的共识(Capron 和 Hulland,1999;Hitt、Harrison 和 Ireland 2001;Shimizu 等,2004;Aaker,2004;等等)。

Balmer 和 Dinnie(1999)认为,合并失败可能因为这样一个事实:管理者总是关注财务这个问题,而诸如企业品牌标识和企业沟通等关键问题被忽视。
Ettenson 和 Knowles(2006)发现,在近三分之二的交易的收购前讨论中,品牌战略的优先级较低。品牌并购后,通过对双方品牌资源的合理配置和进一步开发,可以达到降低运营成本、提高企业整体绩效的目的(Aaker,2004)。Capron 和 Hulland(1999)的研究结果表明,企业既要谨慎地对待通过兼并来收购品牌资源的行为,也要更大胆地将强大的品牌资产重新调配到其他地方。

实际上,早在产生并购意向时就应该全面权衡不同品牌间的差异,力求制定出平衡、有效的整合管理策略,这样才能使品牌间形象、文化、个性等方面更好地融合(胡旺盛和高晓燕,2010)。品牌并购后涉及的整合,可能包括企业和产品品牌的整合,研发、设计与生产的整合,组织结构的整合,人力资源的整合,企业文化的整合,等等。本章仅对品牌整合(包括企业品牌和产品品牌)进行阐述。

（一）并购双方品牌的关系

品牌并购后,应根据品牌架构的设想,厘清双方企业品牌、产品品牌及其品牌组合的关系,优化品牌资源配置,提高品牌管理效能,发挥并购后品牌的协同效应。当企业拥有的品牌数目增加时,由于品牌之间在目标细分市场、定位、价格、分销渠道和产品线等方面可能有重叠,销售的相互蚕食(sales cannibalization)与品牌冗余(brand redundancy)就可能会出现(Kumar,2004)。即使企业能够做到差异化,并在产品品类中明确定位各品牌,但是否能吸引更多的消费者去购买其中某些品牌的产品,依然是个问题(Varadarajan、DeFanti 和 Busch,2006)。

Vu、Shi 和 Hanby(2009)根据品牌的消费者细分市场和地域市场是重叠还是互补,将品牌并购中双方品牌之间的关系分为四种情况:消费者细分市场和地域市场均重叠;消费者细分市场重叠,地域市场互补;消费者细分市场互补,地域市场重叠;消费者细分市场和地域市场均互补。而 Jaju、Joiner 和 Reddy(2006)根据消费者对双方品牌的态度是否类似以及双方品牌感知匹配度的高低,将企业品牌之间的关系分为四种:态度类似且匹配度高,态度不同但匹配度高,态度类似但匹配度低,以及态度不同且匹配度低。

（二）确定并购后的品牌组合战略

经过长时间的积累,一些企业发展为品牌屋战略(branded house),而另一些企业发展为多品牌战略(houses of brands)(Aaker 和 Joachimsthaler,2000)。市场特性(如 B2B 市场还是 B2C 市场)、产品特性(如固定资产主导的产品还是无形资产主导的产品)等因素,都会影响企业选择品牌屋战略还是多品牌战略(Varadarajan、DeFanti 和 Busch,2006)。

Lambkin 和 Muzellec(2008)通过研究国际银行如何实施并购后的品牌化,认为品牌战略会因企业规模和国际化状态而不同。拥有国际品牌的大企业(如花旗银行)会采用品牌屋战略,将主品牌强加于所有被并方,以扩大其规模增强品牌竞争力;地区性企业(如法国农业银行)倾向于选择多品牌战略,被收购的企业仍然会保留自己的名称和品牌在当地市场的特许经营权。Rao、Agarwal 和 Dahlhoff(2004)检验了将企业品牌作为伞状品牌的品牌屋战略是否能从股票市场获得比多品牌战略更高的回报。他们的数据表明,品牌屋战略比多品牌战略的平均回报更高一些,原因或许是前者抵消了非多样性所带来的更高风险。

Basu(2006)认为品牌架构规划在一定程度上也决定着品牌整合的战略,并提出了四种不同的品牌架构战略:一是孤岛架构,企业拥有相互隔离的产品品牌,形成岛形组合;二是伞形架构,各个产品品牌相互独立,但都在伞形企业品牌之下;三是梯子架构,产品品牌以价格或质量排序而形成梯子组合;四是网状结构,产品品牌各具特色,但相互之间有某种联系,处在网状结构中。

(三)是保留还是融合双方品牌

并购之后,处理好主并方品牌与被并方品牌的关系,不仅决定了被并方品牌的存亡,也决定了两个品牌原有消费者是保持对品牌的忠诚还是流失(Kumar 和 Blomqvist,2004)。事实上,企业的并购意图已经基本决定了可供选择的品牌资源整合策略。主并方必须决定是将并购来的品牌作为其品牌组合里的一个独立品牌来运作,还是将其与原有品牌融合在一起。

Basu(2006)提出,当主并方品牌(A)和被并方品牌(B)都是企业品牌时,并购后有四种品牌战略:单一品牌战略(A 或 B)、联合品牌战略(A-B)、灵活品牌战略(A&B)、新品牌战略(C)。品牌并购后,企业可以根据双方品牌不同的特点,进行重新定位,实施互补性品牌整合战略。Kumar 和 Blomqvist(2004)提出两种品牌整合战略:长期持有和短期过渡,区别在于并购方是否会最终用自有品牌来替代并购品牌。Kumar 和 Steenkamp(2013)认为,当与主并方已有品牌相比,被并购品牌满足以下五个条件:在不同的地区和渠道中实力强大、服务于不同的客户群体、具有独特的品牌形象和不同的历史传统、在定位和定价上显著不同、产品重叠很少时,主并方才会将被并购品牌作为独立的品牌保留下来。

（四）双方品牌名称与符号的整合

Ettenson 和 Knowles（2006）认为品牌并购时，不同的整合方法给员工、消费者及投资者等带来的好处和挑战各不相同。根据是否保留双方品牌名称和品牌符号，他们将整合方法分为四类共十种：

第一类是双方合并且采用更强一方的品牌元素，包括仅保留主并方名称与符号、仅保留被并方名称与符号、过渡期保留主并方和被并方名称但最终仅用主并方名称与符号、仅保留被并方名称且创建新符号四种不同方法；第二类是双方合并且采用各自的优点，包括保留双方名称和符号、保留双方名称但创建新的符号、由双方名称和符号组合成新的标识、在被并方的符号中加入主并方的名称四种不同方法；第三类是转型合并，完全采用新名称和符号，这种方式风险最大；第四类是组合式合并，双方名称与符号各自保留并独立运行，这种方式只是被并方的投资者变了，对于双方员工与消费者影响都很小。

Ettenson 和 Knowles（2006）通过研究 1995 年交易价值超过 2.5 亿美元的 207 项并购发现，仅保留主并方名称与符号的最多（39.6%），双方名称与符号各自保留并独立运行的占 23.7%，完全采用新名称和符号的占 8.2%，仅保留被并方名称与符号的占 7.3%，其他六种整合方法合计占 21.1%。

（五）并购后品牌整合的不同路径

一套系统的整合方法能够在增加股东价值的同时提升品牌价值，这也是并购整合过程不可分割的一部分（Yang、Davis 和 Robertson，2012）。资源重新配置和资产剥离是并购后整合的两条主要途径——这里所指的资源和资产当然也包括品牌。品牌资源既可能从主并方向被并方重新配置，也可能从被并方向主并方配置；既可能剥离主并方的品牌，也可能剥离被并方的品牌。当双方战略相似程度越高，即重叠越多时，资源重新配置与资产剥离的可能性都会越大；而且当资源向某个方向重新配置的程度越大时，接受资源的一方资产被剥离的可能性也会越大（Capron、Mitchell 和 Swaminathan，2001）。

Vu、Shi 和 Hanby（2009）认为存在两种整合路径：一种是传统战略视角，强调企业应与其环境相适配，企业高层的任务是将产品适配到其所处的外部环境；另一种是基于资源的视角，强调应利用企业资产或资源以形成更大的竞争优势和提供更好的产品或服务。同时，他们提出四种类型的品牌整合方法：选择（choice），即选择或舍弃某些品牌；增长最大化（growth maximization），即管理品牌组合以实现最大增长；协同（harmonization），即以规模化实现节约成本和提升运营效率而调整合并品牌的过程；打底（foundation），即以并购前的品牌为基础重新组合品牌或其他元素以形成新的品牌或能力。选择与增长最大化属于第一种路径，而协同和打底属于第二种路径。Vu、Shi 和 Gregory（2010）在这四种类型整合方法的基础上，又提出细分的 18 种子策略，这里不再赘述。

六、品牌并购的作用和影响

（一）品牌并购带来的协同效应

Capron 和 Hulland（1999）、Kuzmina（2009）等认为，通过并购后的品牌整合，主并方可以发挥预期的协同效应，或是节约成本，或是增加收入——可能通过企业现有销售队伍来支持并购的品牌，以在更多的品牌销售成本中进行摊销，从而降低销售的平均成本；同时，新收购的品牌可能与企业品牌组合中的其他品牌实现互补，使品牌相互提升并拥有更大的定价权，从而增加收入。

Capron 和 Hulland（1999）发现，重新调配对基于收益的协同效应和整体绩效的影响都值得关注，但对基于成本的协同效应的影响却微不足道；Wiles、Morgan 和 Rego（2012）也认为，虽然品牌整合可能带来成本节约的协同效应，但管理更大的品牌组合会更加复杂，代价也更高昂，企业的最终收益不一定增加。Srivastava、Shervani 和 Fahey（1998）提出，企业充分利用以市场为基础的无形资产（如品牌）可以降低成本和获得溢价。

Homburg 和 Bucerius（2005）认为，整合后合并企业使用品牌相关营销资源的成本（如销售人员等），会在一定程度上比并购前两家企业使用资源的成本之和有所减少，并购中产生的冗余也可通过整合来消除，成本节约幅度与整合程度呈正相关关系；而且当并购双方市场定位相关度越高或者相对规模差越小时，通过整合实现成本节约的潜力越大。Fee、Hadlock 和 Pierce（2012）研究发现，品牌并购发生后，尤其当被并购的品牌与主并方现有品牌存在重叠、主并方是私人企业或者主并方比被并方更善于控制投入时，广告方面的投入会明显减少，企业的营销成本则会明显下降。

（二）消费者对品牌并购的反应

品牌并购作为消费者无法控制的事件，可能会影响消费者与品牌的关系及其对品牌的行为。因此，并购会面临失去与并购相关消费者的风险。Thorbjørnsen 和 Dahlén（2011）从相对弱势的目标品牌出发，调查了目标品牌消费者对并购方主导的品牌并购的反应。调查发现，当得知是由主并方主导时，目标品牌的消费者将对主并方的品牌更加排斥，对被并目标品牌的态度更加积极，且切换到其他品牌的意愿更强。不过他们也发现，让被并目标品牌的消费者参与并购的决策,为并购决策和执行过程提供重要的管理建议,会减轻这种消极反应。

Kapferer(2004)认为品牌并购发生后,原有消费者会质疑被并方品牌的形象和定位,同时新的消费者在购买被并方品牌相关产品时也会犹豫不决。Štrach 和 Everett(2006)通过研究捷豹等三家汽车企业的品牌并购活动后发现,豪华品牌与大众化品牌在一家汽车企业中混配,可以带来规模经济和范围经济,但也可能带来致命的问题,那就是品牌侵蚀(brand corrosion)。不管企业主导车型是豪华品牌还是大众化品牌,消费者对豪华品牌的感知都会被豪华品牌与大众化品牌在平台或组件方面的通用性所影响。

汪涛、刘继贤和崔楠(2011)认为,塑造与并购品牌相匹配的品牌形象,有助于唤起消费者对自有品牌与并购品牌之间的联想,增强消费者对自有品牌的感知;而且,渐进式的品牌整合有助于减少市场波动,能够使自有品牌更易被消费者所接受。郭锐和陶岚(2012)发现,中国消费者更加关注并购后品牌的价格变化(营销支持战略),而较少关心其品牌名称的变化(品牌要素战略),美国消费者则相反。

(三) 品牌并购对品牌资产的影响

尽管并购品牌资产的市场很活跃,但大家对这个重要现象却了解甚少(Bahadir、Bharadwaj 和 Srivastava, 2008)。特别是,很少有人知道企业是否从品牌并购中受益以及如何受益(如 Varadarajan、DeFanti 和 Busch, 2006)。Jaju、Joiner 和 Reddy(2006)通过研究五家知名企业并购活动中的企业品牌整合发现,无论采用什么重置策略,合并都会导致消费者水平上的品牌资产总体下降,且最多下降35%;不过,他们只研究了品牌并购后重置策略对品牌资产的整体影响。而 Lee、Chen 和 Guy(2014)证实了并购后品牌资产各个维度的变化,发现基于消费者的品牌资产会因并购后品牌重整策略的不同而不同。

Lee、Lee 和 Wu(2011)通过实验设计来讨论两种并购类型:弱势品牌企业通过并购强势品牌企业或并购与自己品牌强度相当的企业,来验证两个品牌形象的差异如何影响主并方的品牌资产(感知质量、品牌联想和品牌忠诚)。结果表明,主并方和被并购品牌之间的感知差异越大,主并方的品牌资产增值越大。此外,更强势的那个品牌的品牌资产的所有维度都会显著降低。Lambkin 和 Muzellec(2010)对国际集团并购国内建材企业的案例研究发现,如果主并方的品牌资产超过被并方的品牌资产,被并方根据主并方的名称进行品牌重塑可以产生积极的作用。郭锐和陶岚(2011)从弱势品牌视角出发,围绕如何减少或消除消费者的认知失调,发现采取维持原价的单一品牌战略会更积极作用于品牌资产,品牌契合度在并后品牌战略的交互效应对品牌资产的影响中起着重要的中介作用。

Wiles、Morgan 和 Rego(2012)也对品牌并购是否可以提升企业的绩效和哪些互补性资产可能影响品牌并购的回报等问题进行了研究。Jaju、Joiner 和 Reddy(2006)认为,为使品牌资产损失最小化,仅用主并方企业品牌(品牌 A)和仅用被并方企业品牌(品牌 B)战略要优于名称交替的联合品牌(品牌 AB 或品牌 BA)战略。当并购前消费者对双方企业品牌的态度类似时,与态度不类似相比,合并后品牌资产会多很多;当双方企业品牌感知匹配度高时,与感知匹配度低相比,合并后品牌资产一般也会多很多。消费者对双方品牌态度类似且感知匹配度高时,品牌合并导致的品牌资产损失是最少的,且无论选择哪种整合策略区别都不大;而感知匹配度低且顾客对品牌的态度不同时,选择仅保留主并方品牌比联合品牌的整合策略要好得多。

(四)品牌并购对企业绩效的影响

并购交易往往也会导致企业财务指标的变化,因此可以通过对比品牌并购前后财务数据的变化来分析基于财务产出的品牌资产的变化和企业绩效。通过重新调配以充分利用其战略资源,合并企业才可以创造价值(Anand 和 Singh,1997)。Capron 和 Hulland(1999)研究发现,主并方品牌向被并方重新调配的程度越高,合并后企业的市场份额增加越大;而被并方品牌向主并方重新调配的程度和主并方品牌向被并方重新调配的程度,都与合并企业的盈利能力提升正相关。因此,品牌并购后,与品牌相关的营销资源的重新调配,对企业绩效会产生重要影响。

Swaminathan、Dawar 和 Hulland(2007)评估 1979—2003 年 195 项纯品牌并购案例发现,并购不同类型的品牌时,实现市场份额增长、营收增长、成本降低和股票市场回报的可能性存在很大差异。周小春和李善民(2008)以中国上市企业 2000—2003 年的并购交易为样本,通过问卷调研发现,并购后双方资源整合程度越高,并购创造的价值就越大。Wiles、Morgan 和 Rego(2012)的研究发现,当并购的协同效应被发挥出来时,品牌并购未来还会为企业带来更大的现金流量,而且如果同时考虑在同一品牌交易中的买卖双方所产生的总经济价值,双方股东的净财富也会被创造出来。

Bahadir、Bharadwaj 和 Srivastava(2008)则发现,当并购协同时,主并方品牌组合的多样性对目标企业品牌价值的正面影响会更小,目标企业的营销能力对其品牌价值的正面影响也被减弱。Homburg 和 Bucerius(2005)认为,虽然营销的整合程度对成本节约有积极影响,但市场相关绩效的负面影响会抵消掉这些成本节约。原因有两个方面:品牌并购后的整合程度越高,一方面可能导致品牌、产品品类、有关服务、分销渠道等从数量上减少,可能降低合并后的企业适应特定细分市场的能力;另一方面合并后营销组织结构及人员配备等内部问题的处理,会消耗大量的管理精力,从而影响对消费者相关问题的处理。因此,整合程度与并购后的企业市场绩效呈负相关,不过这种负面影响可以通过加快整合速度或者重视以客户为导向而不是以内部为导向等方法来缓解。

(五)品牌并购对市场或产业的影响

也有研究者对品牌并购如何影响市场(或产业)的定价与盈利能力等问题进行了研究。Konrad(2010)针对并购拥有品牌组合及忠实消费者的企业对定价与盈利影响的均衡分析发现,品牌组合的并购对于合并双方来说增强了盈利能力,但对没有参与并购的企业的影响却是中性的,因此对市场竞争的影响相对中性;但在某些情况下,这种并购也会影响到市场竞争,比如弱势品牌吸收弱势品牌时,弱势品牌间的竞争解除,从而导致相对强势的品牌来抢夺那些忠诚度不是很高的消费者。

Pinkse 和 Slade(2004)对英国生啤市场的并购进行研究后发现,合并导致啤酒产商由 6 个减少为 4 个,且品牌数并无变化的情况下,并购可能会对品牌定价与竞争产生影响:双方品牌的销售地域和产品重叠程度不高时,对价格的影响很小,但销售地域和产品重叠程度高时,价格会上升;相对于全国市场而言,品牌的本地化竞争更激烈,且产品类型相同的品牌间的竞争会更激烈些。Capron 和 Hulland(1999)对并购后合并企业财务绩效的实证研究表明,从目标企业向主并方进行品牌资源的重新调配,尽管对盈利能力的影响不大,但对企业产品的地域覆盖范围和整体市场份额都会产生负面影响;而从主并方向目标企业进行品牌资源的重新调配,对合并后的产品质量和地域覆盖范围均有积极影响。

第三节 结论与研究展望

国内外品牌并购的文献对并购相关的一系列关键流程,包括企业禀赋对品牌并购的影响、目标品牌选择、目标品牌价值评估、品牌并购后的整合、发布品牌并购公告后股市的反应、并购前后企业绩效的变化、消费者对品牌并购的反应、品牌并购对相关市场的影响等,都进行了相关的研究,这些既有成果一方面为国内外研究者进一步开展研究奠定了良好的基础,另一方面也为广大企业管理者通过品牌并购拓展和完善品牌组合、开辟国内外市场提供了良好的实践指引。

越来越多的中国知名企业希望通过品牌并购进入国外市场,拥有全球化品牌,实现跨国经营。通过跨国并购获得品牌,在获得品牌等相关资源的同时,也要接受被并购品牌或拥有该品牌的企业所处的外部环境因素,包括经济发展水平、制度环境、地理距离与文化距离、市场潜力与吸引力等。因此,中国企业选择什么样的国际品牌并购战略,这种并购战略对主并方品牌组合的影响如何,这种影响是否受到一些因素的调节等问题,是未来研究需要考虑的重点。在此,我们提出若干研究建议与展望。

一、基于制度理论视角的研究

一个国家的制度环境会影响企业的行为,因为这个环境反映了企业在该国市场上必须遵循的"游戏规则"(Brouthers 和 Hennart,2007),而品牌并购行为也必然受到制度环境的约束,但目前缺少基于制度理论研究品牌并购的文献。国内外从制度理论视角研究企业并购行为和市场进入模式的文献较多,这些文献为我们基于制度理论研究品牌并购行为提供了很好的借鉴。

实施品牌并购,应该选择何种制度环境的国家或地区?如何正确应对制度、地理、文化的距离?各个国家或地区游戏规则千差万别(比如中国企业国际品牌并购经常遭遇的文化、养老金、工会等问题),如何在品牌并购整合过程中求同存异,更好、更快地适应制度环境?这些问题的研究,对于品牌并购获得成功或取得更好的并购绩效等,很有现实意义。此外,如果将制度理论与交易成本理论、资源基础理论、市场结构理论、营销能力理论等有机地结合在一起,建立一个跨理论、多层次的整合模型来研究品牌并购行为,则会将现有研究引向更深入的层面。

二、对主并方品牌组合收益影响的研究

品牌并购发生后,无论是目标品牌的消费者还是主并方品牌的消费者,对于双方品牌的态度和认知都会受到影响,从而也会引起品牌价值或基于消费者的品牌资产的变化。在并购之前,主并方应站在自身的立场上,采用合适的模型对目标品牌进行详细评估,以确定是否进行并购和给出的价格是否合适。因

此,关于目标品牌及其品牌资产的价值和变化,无论是基于企业视角还是基于消费者视角的研究都很多。

　　企业实施品牌并购会选择不同国家的品牌,也会选择不同类型的品牌,还会采取不同的品牌整合策略等,这些不同的选择如何对主并方品牌组合产生影响,目前的研究还较少,尤其是针对主并方,其品牌资产维度所受到的影响如何,有关实证研究更少。

三、动态品牌整合策略对绩效影响的研究

　　品牌并购发生后,关于企业品牌与产品品牌的架构、不同产品品牌之间的关系、品牌名称和标识的整合等,可以采取的整合策略有很多,而且随着时间的推移,这些整合策略还会因企业战略和竞争环境的变化而动态变化。由于采取的整合策略不同,消费者对并购双方品牌的熟悉和感知程度也不同,消费者的反应也会有很大的差别,这就导致与企业品牌相关的品牌资产常常在并购后发生变化。如何采用不同的整合策略以及整合策略如何实现动态变化,以便实现对企业绩效及品牌资产最积极的影响,还需我们采用纵向研究设计或案例研究的方法进一步开展研究。

实证研究篇

●●●

第七章

品牌价值观：国家品牌与企业品牌新定位

本章是实证研究篇的开篇，是我把国家品牌资产构念从中观推向微观研究的重要开始（详见第一章）。在本章中，我提出品牌价值观作为品牌定位战略。品牌内蕴价值观，不仅适用于国家品牌定位，也可以普遍运用于商业品牌定位。以价值观为纽带，国家品牌与企业品牌之间存在联结。这也是我提出品牌与国家的联结的基础（详见本书第十四章和第十七章）。我们预期"品牌价值观"将成为继"品牌关系"（Fournier，1994，1998）、"品牌个性"（Aaker，1997）之后的又一个基于品牌拟人化（人格化）理论的重要构念，将对以社会心理学为理论基础的关系视角的品牌资产研究（何佳讯，2006a）产生重要而长远的影响。

把品牌象征意义推进到以人类价值观为基础的象征类型研究，能够帮助我们更为深入和具体地理解品牌象征意义的来源，能够把文化象征与品牌消费（McCracken，1986）、文化方式的品牌创建（Cayla 和 Arnould，2008；Holt，2004）等研究推进到一个重要的转折点。站在文化的立场上，中国品牌的全球化承载着中国梦，担负着与世界进行"和而不同"的文化和价值观对话的使命。本章的研究试图在理论上建立起国家品牌与企业（商业）品牌之间的联系及相互影响的基本关系，在实践上为走向全球的中国跨国企业提供战略性管理指引，同时亦可能为全球商业世界贡献新的品牌创建模式。

本章设计了三项研究，收集数据并进行分析。第一项研究采用问卷的方式，选择发达国家、欠发达国家和中国本土的消费者进行调研，以自由联想法了解他们对中国的印象，在此基础上抽出属于价值观的描述，根据 Schwartz 和 Boehnke（2004）的价值观框架进行专门分析，以揭示中国作为国家品牌所具有的价值观维度;第二项研究采用内容分析的方法,选择本土品牌的广告作为研究对象,同样根据 Schwartz 和 Boehnke(2004)的价值观框架进行专门分析,以揭示中国企业的品牌所具有的价值观维度;第三项研究采用定性访谈的方式,以走向全球的海尔(Haier)和联想(Lenovo)两大品牌为研究对象,分析美国消费者对它们的价值观联想。最后,我们在这三项研究的基础上进行综合讨论,提出研究展望。

第一节　实践背景与研究问题

改革开放四十多年来,中国企业的品牌建设进入了新的历史阶段。大批中国跨国企业在建立全球业务的同时,面临着如何创建全球品牌的重大挑战,即如何在全球市场上扭转低端形象,实现价值链升级,创造品牌附加价值。2013年1月16日,世界贸易组织和经济合作与发展组织发布了"全球贸易测算新方法——附加值贸易测算法"。这一更为科学的新测算方法揭示了中国经济在全球价值链中的真实地位与处境:中国虽是出口大国,但也是品牌和技术弱国,附加值很少,利润微薄。

一、探索全球定位战略的需要

总体上,中国品牌仍然缺乏强有力的全球定位战略,缺乏提升品牌形象附加值的有效路径。从品牌管理理论的角度看,赋予品牌文化象征意义是创建品牌概念、创造品牌形象附加值的基本手段(Holt, 2004;McCracken, 1986;Park、Jaworski 和 MacInnis, 1986),而且有关研究表明,抽象的品牌概念比功能性属性能够更多地引发消费者的有利反应(Monga 和 John, 2010;Park、Milberg 和 Lawson, 1991)。近年来,这种抽象的文化意义与价值以"软实力"的提法进入营销领域,正如 Sheth(2011)所主张的,新兴市场国家要把"软实力"作为创建品牌无形资产的重要手段。然而,站在品牌全球化的角度,如何赋予中国品牌象征意义,什么样的文化象征意义在西方世界中具有积极的评价并影响消费者态度,特别是来自中国的品牌如何利用本国的文化价值精髓进行品牌附加值的创造,对于这些问题仍然鲜有实证研究。

二、基于价值观的全球品牌定位

从全球化企业制定品牌战略的角度看,一个基本的学术问题是如何在全球市场上兼顾东西方文化差异，实现东西方文化价值及元素的融合，以建立中国品牌的全球定位。

Kapferer（2005）曾总结欧洲和美国存在两种不同的品牌文化类型，他认为西欧的奢侈品品牌［如香奈儿（Chanel）、圣罗兰（Yves Saint Laurent，YSL）］建立品牌概念的普遍做法是借助历史、艺术和工匠精神；而美国的品牌［如拉夫·劳伦（Ralph Lauren）、汤米·希尔费格（Tommy Hilfiger）］则依赖英勇的个人故事，契合美国文化的核心。这两种现有的模式都彰显了历史和文化遗产对品牌创建的重要性，因此不难理解为什么业界人士在讨论中国品牌全球化可能的道路时，常常提出要"结合东方智慧和当地文化"的观点。

在实践中，我们也不难看到很多融入中国元素的营销案例。例如，李宁（Li-Ning）在产品设计中大量使用低调内敛的东方内涵元素，推出"飞甲""逐风""君临"等系列创新产品；"上海滩"（Shanghai Tang）品牌被历峰集团（Richemont）收购后由西方的团队进行运作管理，但仍然凭借其极具魅力的东方元素和悠久深厚的中国文化吸引西方消费者；上海家化的佰草集（Herborist）以中国文化和传统哲学为底蕴，追求"自然、平衡"的精粹，并以此为独特的品牌理念和产品设计理念，征战法国市场。以内蕴了中国文化价值观的品牌概念进行全球化定位，可以帮助中国跨国企业品牌在全球市场竞争中建立品牌差异化。这是一个十分重要的研究方向，但目前还未见到实际成果。

"中国文化是中国人的命根子。只有深入解析自己的文化，透过现象看本质，与其他文化比较，我们才可以更深刻地了解中国营销的'来龙'并推测其'去脉'"（周南，2012，p.127）。遵循这样的研究价值取向，本章试图引入"品牌价值观"构念，即把人类价值观作为品牌概念表征（Torelli 等，2012），以此为核心进行一项基础性研究，探明中国作为"国家品牌"所蕴含的价值观，以及中国企业的品牌所蕴含的价值观，揭示两者之间的联系，讨论其中蕴含的理论价值与管理含义，从而把品牌象征意义及品牌价值研究引向深入。

第二节　理论基础及相关研究述评

品牌价值观，是把人类价值观作为品牌概念的表征（Torelli 等，2012）从而赋予品牌的文化象征意义。它可以帮助品牌进行定位，使其拥有产品之外的附加价值；消费者则会产生品牌联想信念，因而品牌价值观成为基于消费者的品牌资产的来源。在探究品牌资产来源的问题上，学术界形成了认知视角和关系视角两条路线。它们的基本差异在于,认知视角的研究以认知心理学为理论基础,关系视角则以社会心理学为理论基础,两者对品牌资产具有不同的解释能力和应用图景(何佳讯,2006a)。从理论基础的角度看,品牌价值观研究归属于关系视角的品牌资产范畴,是消费者—品牌关系理论(Fournier, 1998)的新拓展。

一、品牌人格化与品牌价值观研究

关系视角的研究路线基于两种基本假设:一是把品牌人格化作为基本假设,二是把品牌作为组织的品牌(Aaker, 1996, p.82)。品牌人格化即是把品牌"作为人的品牌"(Aaker, 1996, p.83),在这个假设下形成两大方向的经典成果。一是把人格用于品牌,即品牌个性。Aaker(1997)开创性地发展了品牌个性量表,也进行了跨文化的研究(Aaker、Benet-Martínez 和 Garolera, 2001)。二是把人际关系隐喻用于消费者与品牌的相互作用,把品牌作为关系伙伴(Fournier, 1994, p.14),即形成消费者—品牌关系。

品牌价值观是品牌人格化隐喻下的全新视角,有关研究目前仍处于起步阶段。虽然对品牌象征意义的认识由来已久(Levy,1959),关于文化价值观维度与品牌的关系也有很多研究(参见 Gupta、Winkel 和 Peracchio, 2009, p.234,表 12.1),但直接把价值观内蕴于品牌之中并使其成为品牌的抽象性概念,正是全新的开始(Torelli 等,2012;Zhang, 2008)。品牌概念是"由企业选定的,来源于消费者需要(功能性、象征性和体验性)的品牌内涵"(Park、Jaworski 和 MacInnis,1986)。基于品牌概念,企业制定定位战略,并通过营销组合加以实施。

品牌价值观是把人类价值观作为品牌的象征性概念。从消费者的角度看,品牌价值观反映的象征意义可以帮助消费者构建身份认同(Torelli、Keh 和 Chiu, 2010),消费者通过与体现其所崇尚观念的品牌产生密切联系,表达他们想要的自我(Holt, 2004)。品牌价值观如果与消费者看重的价值观一致,就可以增强他们购买决策的信心,从而为其提供价值(Aaker, 1991)。从企业的角度看,选择合适的品牌价值观,可以帮助企业建立品牌形象和定位;品牌价值观成为品牌资产的来源(Keller, 1998),带来产品之外的附加值,为企业提供价值(Aaker, 1991)。

关系视角的研究以社会心理学为理论基础,很好地结合了文化、社会、历史等因素,因而很多研究者据此在探究跨文化间的普适性与差异性方面取得了重要成果。例如，在品牌个性研究方面，Aaker、Benet-Martínez 和 Garolera（2001）的研究证实了跨文化差异的存在：美国品牌个性的独特性维度在于"粗犷"（ruggedness），日本是"平和"（peacefulness），西班牙则是"热情"（passion）；在中国，黄胜兵和卢泰宏（2003）发展出的"仁、智、勇、乐、雅"五维中国品牌个性量表，亦与 Aaker（1997）的量表存在异同性。在品牌关系质量研究方面，我（何佳讯，2006b，2006c）在中国文化背景下发展出中国消费者—品牌关系质量（Chinese brand relationship quality，CBRQ）量表，与 Fournier（1998）的品牌关系质量（brand relationship quality，BRQ）六维模型相比，存在两个独特的维度："社会价值表达"和"真有与应有之情"。这些成果都揭示了在不同社会文化背景下，消费者与品牌关系的特别之处，对品牌进行跨国市场营销具有特别重要的管理含义。

品牌价值观的研究同样需要面对跨文化差异的问题。品牌价值观以人类价值观为隐喻来源，因此必然要反映和体现不同文化体中价值观存在的基本差异（Hofstede，2001；Schwartz，1992，1994；Schwartz 和 Boehnke，2004；Steenkamp，2001）。东西方文化价值观的差异是极为明显的，而中国与美国则成为两种文化对照的代表（Bond，1996）。因此，品牌价值观的研究需要立足于文化背景，揭示特定文化体及不同文化体中品牌价值观所拥有的维度及其可能的差异。

从国内学术界看，无论是有关品牌个性（如黄胜兵和卢泰宏，2003；金立印，2006；张俊妮、江明华和庞隽，2005）还是品牌关系的研究（如何佳讯，2006b，2006c；黄静等，2012；谢毅和彭泗清，2009；周志民和卢泰宏，2004）都取得了重要进展，发表了很多成果。但截至目前，还未见以"把人类价值观当作品牌概念表征"为基本前提的品牌价值观研究。因此，本章试图进行开拓性的工作。

二、国家文化差异与品牌价值观研究

以 Hofstede（2001）的国家文化价值观框架衡量，中国（以台湾地区为对象）在权力距离、不确定性避免、个人主义和男子气概四个维度的指数分值分别为 58、69、17 和 45，而美国分别为 40、46、91 和 62，可看出中国和美国分别是集体主义和个人主义文化的代表；在长期时间取向方面，中国的分值为 118，而美国为 29，差异也十分明显。由于国家文化的差异，来自不同国家的品牌在折射国家的象征性方面也存在相应的差异。

　　例如,Torelli、Keh 和 Chiu(2010)的调查表明,福特、可口可乐和耐克等美国品牌被消费者广泛地看作能够代表美国的象征性品牌。英国 WPP 集团于2014 年发布《中国梦的力量与潜力》报告,分别向美国、英国及中国消费者调查了美国梦、英国梦、中国梦的内容及其与品牌间的关系。调查结果表明,美国梦与英国梦的内容相似,体现的是人们的个体追求;中国梦则是个人理想与国家发展的综合反映。具体到典型特征上,美国梦是"具有冒险精神",英国梦是"直接和宽容",而中国梦则是"坚定自信、值得信赖、反叛、友好和睿智"。

　　进一步的调研结果显示,大部分中国被访者认为全球品牌代表了其来源国的综合实力,中国品牌在世界范围内取得的成功将有助于中国梦的实现,从而将根深蒂固的"中国制造"概念转变成"中国创造"。同时,全面的品牌资产测评发现,一些中国品牌已将能够体现中国梦的价值观融入自身的品牌塑造中,而这些品牌的业绩表现在各方面都优于其他品牌,甚至超过 BrandZ 全球最具价值 100 强品牌。特别地,就中国消费者的感知而言,"海尔""联想""华为""李宁"等这些与"中国梦"最相符的中国品牌,不仅体现了中国和中国人所具备的典型价值观,还反映出与众不同、趣味、勇敢、令人满意、关爱等特征的价值观;后者也是中国梦的未来发展趋势。这项调查表明,国家品牌的价值观与该国的产品品牌价值观之间存在必然的联系,前者是后者基本价值观要素的来源。这正是本章要设计三项研究,把国家品牌与企业品牌结合在一起研究的原因。

　　那么,到底哪些品牌价值观维度能够全面反映不同文化体中的品牌象征意义? 来自不同文化体的国家的品牌价值观维度有何异同? 它们对不同文化体中消费者的品牌态度和行为具有什么样的影响作用? 对这些问题的回答对于全球品牌如何采用一致性的文化象征价值进行全球定位以提高品牌强度,或者如何结合本土文化象征价值进行差异化的定位以提高当地市场对品牌的接受度,都具有基础性、战略性的管理启示。特别地,这种作用对正在走向全球的中国品牌(如"海尔""联想"和"华为")如何在西方发达国家市场有效地建立品牌形象、提高品牌地位和声誉,如何在本国市场增强相对于外国品牌的竞争力,都显得尤为迫切和重要。

　　需要指出的是,Torelli 及其合作者(2012)在使人类价值观能够作为品牌概念的象征性方面做出了开创性的理论贡献,其研究使用的人类价值观框架正是Schwartz 和 Boehnke (2004)所提出的。Schwartz(1992)将人类力求实现的基本需求分为个体需要(即人类作为一般生物的需求,如独立、生活乐趣等)和集体需要（即融入社会交往的必然前提或在群体中生存的福利需求，如诚实、社会公平等），并提出 10 项概念内容不同的基本人类价值观，它们各自对应着特定的抽象目标，从而形成一系列连续的动机。按照人类能否同时实现这些动机，Schwartz 按圆形排列这些价值观，相兼容的价值观彼此靠近，不兼容的价值观则直接对立。随后，这些价值观又被划分成四类高阶的价值观类型，最终形成两极对立（个体主义和集体主义）的基本人类价值观框架。在此理论基础上，Schwartz 和 Boehnke（2004）利用来自多国的问卷数据，通过验证性因子分析验证了上述价值观框架，并将原本的 10 项基本价值观进一步划分成11 项。[①]

目前，Torelli 及其合作者的有关研究涉及的品牌价值观维度仍存在一些不足，未来有必要进一步开展研究：第一，把 Schwartz（1992）、Schwartz 和 Boehnke（2004）的人类价值观直接等同于品牌价值观概念，没有考虑到两者之间可能存在的差异与部分价值观的不适用性。事实上，根据品牌个性研究的经验（Aaker，1997），"不直接等同"是更可取的方法选择。第二，采用实验的方法，以 Schwartz（1992）、Schwartz 和 Boehnke（2004）的高阶价值观类型（自我提升、乐于改变、自我超越和保守）作为品牌概念进行研究，没有考虑到现实世界中品牌价值观概念的复杂性，这是作者自己已认识到的不足（Torelli 等，2012）。第三，该研究没有揭示品牌价值观维度的跨文化（例如中国与美国）差异，因而对来自新兴市场国家（例如中国）的跨国企业的品牌如何进行全球化定位缺乏明显的指导作用。第四，没有探究国家文化价值观与全球消费者文化的融合或冲突关系，而这个关系的研究是非常重要的，因为品牌通常不会纯粹使用最高层面的人类（文化）价值观进行定位。这些不足及未来研究可能性预示着品牌价值观存在很大的研究空间。而本章的目的正是试图以作为国家品牌的"中国"以及中国企业的品牌为研究对象，揭示品牌价值观维度分布的真实性，构建此领域以中国为背景的首项成果。

第三节 研究一：关于"中国"品牌价值观联想分析

研究一的主要目标是，以问卷调研的方式探究和比较不同国家消费者提到

---

① Schwartz 和 Boehnke（2004）将 Schwartz（1992）中的"普遍主义"（universalism）范畴进一步划分成社会关注和关注自然，前者反映对个体所在群体之外的他人福利的关切，后者则反映对自然的关注与保护。

"中国"时首先联想到的价值观词汇,即"中国"作为国家品牌,蕴含了哪些价值观。研究一所要回答的基本问题是,作为中国企业的品牌的来源国,"中国"为它们提供了哪些可能的价值观资源,以及可以成为商业领域品牌概念的可能要素。

一、样本与数据收集

研究一共选定三组样本。第一组样本是西方发达国家消费者,采用随机拦截的方式,在上海世博会现场对国外游客进行调查,数据采集时间为 2010 年 10 月;共计 406 份有效问卷,分别来自 16 个国家:德国(84),荷兰(33),美国(32),澳大利亚(28),法国(27),意大利(25),英国(24),加拿大(22),丹麦(21),瑞士(20),瑞典(20),比利时(19),芬兰(16),西班牙(14),挪威(11),奥地利(10)。其中,男性占 61.82%,女性占 38.18%;年龄分布为 25 岁及 25 岁以下占 23.15%,26—35 岁占 26.60%,36—45 岁占 20.20%,46—55 岁占 13.05%,56—65 岁占 12.81%,65 岁以上占 4.19%。

第二组样本来自欠发达国家喀麦隆,是通过喀麦隆留学生在其母国的人脉关系进行的调查,数据采集时间为 2011 年 3 月;共计 227 份有效问卷,其中,男性占62.38%,女性占 37.62%;年龄分布为 25 岁及 25 岁以下占 47.79%,26—35 岁占 39.82%,36—45 岁占 8.41%,46—55 岁占 3.10%,56—65 岁占 0.88%。

第三组样本是中国本土消费者,以上海某重点大学的 MBA 学员和本科生为调查对象,通过任课教师向授课班级学员发放问卷的方式进行数据收集,数据采集时间为 2011 年 6 月;共计 256 份有效问卷。其中,男性占 49.22%,女性占 50.78%;年龄分布为 25 岁及 25 岁以下占 24.61%,26—35 岁占 64.45%,36—45 岁占 10.94%。

二、研究工具、过程与设计

研究一以 Schwartz 和 Boehnke(2004)修正后的 11 项人类价值观量表作为分析工具。Schwartz(1992)针对 20 个国家(40 个样本)进行问卷调查,采用最小空间分析(smallest space analysis)方法把 56 个被调查的价值项词语划分成 10 个部分,即 10 种类型的人类价值观;接着,按照兼容/不兼容的标准,将这 10 种人类价值观进一步解读成按照圆形排列的结构,并将其归纳为四个高阶维度,即自我提升(权力、成就)、乐于改变(刺激、自我导向)、自我超越(社会关注、关注自然、仁慈)和保守(传统、顺从、安全),享乐主义则单独成一个维度。

其中，相邻部分在意义上兼容，而相对部分则有所冲突。之后，Schwartz和Boehnke(2004)基于27个国家的46个样本数据，运用验证性因子分析确立了上述结构的可靠性。同时，他们将普遍主义划分成社会关注和关注自然两个子维度再次进行因子分析，发现模型拟合优度有显著提升，支持了相关文献理论。因此，本研究使用Schwartz和Boehnke(2004)修正后的11项人类价值观量表，对相关联想词汇进行语义归结和编码。

研究一的过程分为三个阶段。第一阶段，通过问卷收集数据。采用自由联想方法，让被访者分别写下三个短语描述"中国"，从而得到来自不同市场的消费者关于"中国"的联想词汇。问卷结尾让被访者填写国籍、性别及年龄。语言方面，针对西方发达国家的问卷采用英文，针对喀麦隆的问卷将英文翻译成法文，针对中国本土的问卷则采用中文。

第二阶段，针对所有的联想，我们提取能够反映"中国"的价值观词汇。采取Kluckhohn(1951)对价值观的经典定义，对反映"中国"的价值观词汇进行界定。具体而言，价值观是一种外显的或内隐的有关什么"值得"的看法。它是个人或群体的特征，影响人们对行为方式、手段和目的的选择（杨宜音，1998）。在具体判断时，则参照"手段—目的链"的分析方式（Hoyer和MacInnis，2010），将被访者提及的关于"中国"的联想词汇当作将"中国"作为国家品牌时与之相关的各类属性，再基于这些属性推断消费者可能会得到满足的相关利益，并进一步推导与其相联系的人类价值观。例如，被访者提到的联想是"友好的"，可进一步推断，当被访者与中国人交往时会觉得自身感受及利益受到了尊重，由此说明被访者的个体福利得到了保护和提高，根据Schwartz和Boehnke(2004)对人类价值观的划分，这体现出了"仁慈"维度的价值观。另外，负面联想词汇也可以体现价值观。例如，被访者提到的词汇是"污染"，说明在其看来，中国人并不重视对环境的保护，由此推断该被访者认为保护环境不是与中国相联系的典型价值观。接着，两名市场营销方向的硕士研究生针对三个市场的问卷数据同时提取价值观词汇。每次提取完毕后都会进行集体讨论，以进一步明确提取准则。对于无法达成一致的词汇，由第一作者进行识别判断。三次词汇提取的一致率[①]分别是86.4%、89.8%、89.5%。

第二阶段结束后，得到关于"中国"的价值观联想的原始词表。在此基础上，根据Schwartz和Boehnke(2004)的人类通用价值维度框架，我们开始第三

---

① 对于每一个词汇，提取者进行判断的结果只有两种可能：属于价值观范畴或不属于价值观范畴。提取一致率=（两位提取者判断一致的词汇数量/每次需要判断的词汇总数）×100%。

阶段的编码过程。基本编码步骤是：针对已经提取的价值观词汇，首先判断它是否属于通用价值维度量表范畴，并剔除不属于该框架的词汇；对于留下的词汇，再识别它是什么维度下的价值观以进行编码。若词汇无法体现某具体的价值观维度，则赋值为0；若词汇与该维度正向一致，则赋值为1，反之为-1。特别地，被访者提出的词汇可能会被重复归为某一价值观维度。例如，一些被访者认为中国既是"友好的"（friendly），又是"仁慈的"（kindly）。这种情况下我们只赋值一次，即只将"仁慈"维度赋值为1。在正式编码之前，两名编码者就量表的内容、具体编码程序和注意事项进行深入讨论，目的是加深对各价值观维度的理解，提高编码过程的客观性与结果的准确率。编码参照上述过程，三次编码的一致率①分别是53.5%、78.9%、71.6%。

需要指出的是，被访者提出的词汇可能被同时赋值为同一维度下的1与-1。例如，有人认为中国既是"风景优美的"，又是"污染严重的"。由于这种情况并不多见，为了便于表述与后续分析，我们剔除了出现该情况的问卷（共计3份）。最终纳入分析的问卷数量为886份。

三、数据编码结果

依据Schwartz和Boehnke（2004）提出的价值观维度框架，参照各维度下包含的个人价值项词汇，对被提及的联想内容进行汇总。总体上，所提取的与"中国"有关的价值观联想总数达429个，约占所有联想词汇（2 543个）的16.87%。在欧美国家、喀麦隆和中国3个样本中，价值观词汇数量分别为210个、70个及149个，占各自总联想数量的百分比依次是18.06%、11.20%和19.74%，分布较为平均。另外，与各价值观维度一致的正向联想数量（375个）远大于与各维度相悖的负向联想（54个）。由于价值观联想通常取其正向的意义，且在实际分析中负向联想在数量上远小于正向联想，因此后续研究将集中对正向联想进行分析与探讨。

对各联想词汇进行编码后，各样本在价值观维度上的分布状况见表7-1。从全样本数据上看，被访者对传统（39.08%）、仁慈（17.53%）和自我导向（11.21%）的提及比例最高。不同文化体的被访者感知到关于"中国"的正向价值观联想

---

① 对于每一个词汇，编码者进行判断的结果只有四种可能：两人认为该词汇不属于价值观框架，两人将该词汇归入相同的价值观维度，两人将该词汇归入不同的价值观维度，两人就该词汇是否属于价值观框架产生了分歧。判断一致的情况包括前两种。提取一致率＝（两人判断一致的词汇数量/每次需要判断的词汇总数）×100%。

存在明显的共性，但也有差异。欧美被访者提及比例最高的维度集中于仁慈（28.81%）和传统（24.86%），涉及的个人价值项词汇有"亲切友好的""有历史的"和"有文化的"等；此外，成就（10.17%）和安全（9.04%）被提及的比例虽然也较高，但与前两者有相当大的差距。来自喀麦隆的被访者将自我导向（38.60%）及传统（21.05%）视为最能反映"中国"的价值观，具体包括"有创造性的""有历史的"和"有文化的"等；此外，权力（8.77%）、成就（7.02%）和安全（7.02%）也被该国被访者提及。中国被访者提及比例最高的集中于传统（70.18%），其次是安全（9.65%），但两者比例相差很大。具体反映于"有历史的""有文化的"和"和谐的"等词汇上，其他各价值观维度的被提及次数相对分散。

表 7-1　不同样本的数据编码结果在各价值观维度上出现的频次及百分比

类型	维度	欧美	喀麦隆	中国	小计
自我提升	权力	5(2.82%)	5(8.77%)	2(1.75%)	12(3.45%)
	成就	18(10.17%)	4(7.02%)	3(2.63%)	25(7.18%)
乐于改变	刺激	14(7.91%)	2(3.51%)	2(1.75%)	18(5.17%)
	自我导向	13(7.34%)	22(38.60%)	4(3.51%)	39(11.21%)
自我超越	社会关注	2(1.13%)	3(5.26%)	2(1.75%)	7(2.01%)
	关注自然	0(0)	0(0)	1(0.88%)	1(0.29%)
	仁慈	51(28.81%)	3(5.26%)	7(6.14%)	61(17.53%)
保守	传统	44(24.86%)	12(21.05%)	80(70.18%)	136(39.08%)
	顺从	8(4.52%)	2(3.51%)	2(1.75%)	12(3.45%)
	安全	16(9.04%)	4(7.02%)	11(9.65%)	31(8.91%)
无	享乐主义	6(3.39%)	0(0)	0(0)	6(1.72%)
累计		177(100.00%)	57(100.00%)	114(100.00%)	348(100.00%)

注：累计项百分比总和为四舍五入后得出。

将表 7-1 所示结果按照 Schwartz 和 Boehnke（2004）对高阶维度的划分再次进行归类整理，结果见表 7-2。对全样本的统计显示，超过一半的被访者提到"保守"（52.34%）高阶维度的价值观，这与中国的传统价值观一致。具体而言，欧美被访者关于中国的联想集中于保守（39.77%）和自我超越（30.99%）；喀麦隆被访者提及最多的是乐于改变（42.11%）和保守（31.58%）；中国被访者提及比例最高的则是保守（81.58%）。这说明不同文化体的被访者对中国的价值观联想存在共性，但也有各自的差异。

表7-2　不同样本的数据编码结果在各高阶维度上出现的频次及百分比

高阶维度	欧美	喀麦隆	中国	小计
自我提升	23(13.45%)	9(15.79%)	5(4.39%)	37(10.82%)
乐于改变	27(15.79%)	24(42.11%)	6(5.26%)	57(16.67%)
自我超越	53(30.99%)	6(10.53%)	10(8.77%)	69(20.18%)
保守	68(39.77%)	18(31.58%)	93(81.58%)	179(52.34%)
累计	171(100.00%)	57(100.00%)	114(100.00%)	342(100.00%)

注:累计项百分比总和为四舍五入后得出。

过去研究者们一直将中国视作集体主义文化的国家(如 Hofstede,2001;Torelli 等,2012)。研究一揭示出,不同文化体的消费者关于"中国"的正面价值观联想集中于传统、仁慈等维度,与中国的文化价值观一致。但需注意的是,有关联想在反映个体主义文化的一些价值观维度上也有一定的体现,如成就和自我导向等,这在非本土样本(欧美和喀麦隆)上体现得尤其明显。其可能原因一方面在于中国不可避免地在一定程度上融合并呈现出与西方文化相关的文化价值观,另一方面在于被访者的回答还受其本身文化背景的影响。上升到高阶维度,全样本提及比例最高的仍是保守和自我超越,与中国传统文化价值观一致。但是在不同文化体中,消费者对"中国"的价值观联想在各高阶维度上的分布比例仍有所不同。与欧美及喀麦隆消费者对 4 个高阶维度的联想分布特征不同的是,中国消费者提及的价值观联想集中于保守维度上。

进一步来看,"中国"作为国家品牌的价值观是否会传递到企业的品牌上?也就是说,企业的品牌是否蕴含了与其来源国一致的品牌价值观?这需要探明品牌价值观在中国本土品牌上是如何体现的。具体地,我们需要了解:中国本土品牌蕴含了哪些价值观?不同价值观的重要性程度如何?与"中国"作为国家品牌所蕴含的价值观之间是否存在一致性?因此,在接下来的研究二中,我们专门针对中国本土品牌的价值观进行客观分析。

第四节　研究二：通过广告分析中国企业的品牌价值观

研究二的目的是通过对中国本土品牌广告的解读,分析中国品牌试图向消费者传达的价值观内容;同时通过与研究一比较,探求消费者关于"中国"的价值观联想和商业领域的中国企业品牌所传播的价值观维度之间的联系。

一、样本与数据收集

我们对全国具有代表性的 4 家电视台共 6 个频道（CCTV1、CCTV2、CCTV3、北京卫视、江苏卫视及湖南卫视）进行了广告采样。选择依据是，这些频道的收视率在全国名列前茅，且基本覆盖了各个类型的目标受众。采样时间是 2012 年 10 月，对该期间黄金时段（晚上 8 点至 10 点）各频道播出的广告进行录像，共得到 425 支中国本土企业的品牌广告。随后，剔除不具商业性质的、内容重复的或播放时间不足 5 秒的广告，共有 244 支中国品牌的广告被纳入分析。

为便于后续的编码与分析，我们根据广告内容，参考各大电商网站对常见商品的分类标准，将广告划分成 15 个品类：食品（15）、饮料（28）、酒类（36）、调料（12）、美容化妆（14）、个人护理（9）、服饰内衣（12）、厨卫清洁及纸品（4）、家电数码（32）、家居建材（16）、保健滋补（8）、药品（23）、汽车（7）、服务（25）、配饰（3）。

二、编码程序与变量界定

为了保证研究内容的一致性，研究二同样根据 Schwartz 和 Boehnke（2004）的 11 个具体价值观维度，对产品试图通过广告传达的品牌价值观进行编码。如果某广告反映了某一维度的价值观，则对应维度记为 1，否则记为 0。

通常而言，一支广告可反映出两部分内容：广告主题和品牌概念。前者是广告本身宣传的内容，可随广告不同而有所区别；后者则是品牌的稳定性主张，往往体现在广告中最后出现的品牌口号上。举例而言，海尔的品牌概念是"一个世界一个家"，但某支广告的主题可能是"智享舒适"。因此，我们按照下述流程确定广告传达的价值观：当广告主题与品牌概念一致时，针对品牌概念进行编码。当广告主题与品牌概念不一致时，如果广告呈现了品牌概念（即明确的品牌口号），则品牌概念就是需要编码的内容；如果广告没有呈现品牌概念（即无品牌口号），就将广告主题理解为相当于该品牌要体现的概念。

编码由两名市场营销专业的硕士研究生完成。两名编码者均拥有类似的编码经验，且在正式编码前就量表内容及编码程序进行了详细沟通。我们将所有广告均分成三组，依次对子样本进行编码。每次编码结束后针对存在分歧的内容进行讨论，以提高编码一致性。对于经讨论后仍存在疑问的内容，由第一作者最终判定。三次编码的一致率①分别是 85.8%、90.8%、91.0%。

特别地,为了探明企业国际化对品牌价值观的选择和传达可能产生的影响作用,我们设置了"是否国际化"变量。基于通行的"国际化品牌"界定标准,我们将在中国以外的其他市场上出口、销售或运营的品牌判定为国际化品牌。具体操作过程是,依次检阅品牌对应的企业年报、官方网站和相关新闻报道并做出判断。最终结果是,纳入分析的所有广告中,93 支属于国际化品牌,剩余的151 支则属于非国际化品牌。

三、数据编码结果

总体上,共有 164 支广告明显地传达了人类价值观,占所有样本的 67.21%,说明向消费者传达价值观信息是中国品牌进行品牌塑造的普遍之道。从被提及比例来看,中国品牌的广告最常表达的价值观包括仁慈(14.63%)、成就(13.17%)、传统(11.22%)、安全(10.73%)、自我导向(10.24%)和享乐主义(10.24%),涵盖了各个高阶维度。这说明中国品牌的广告所体现的价值观维度并不存在明显的偏向性。相比之下,研究一中关于"中国"的正向价值观联想,被访者最常提及的维度是传统(39.08%),其他维度被提及的比例均低于20.00%。

表 7-3 和表 7-4 分别呈现了国际化品牌和非国际化品牌的广告在不同价值观及高阶维度上的分布状况。从具体的价值观维度来看,国际化品牌最常在广告中传递的价值观维度依次是仁慈(17.98%)、成就(14.61%)和享乐主义(13.48%),而非国际化品牌则侧重于对传统(17.24%)、仁慈(12.07%)和成就(12.07%)的表达。值得注意的是,成就和享乐主义并不是中国的代表性文化价值观。上升到高阶维度层面,国际化品牌最经常涉及的高阶价值观是自我超越(35.06%)和自我提升(25.97%),而非国际化品牌最常反映的是保守(30.84%)和自我超越(28.04%)。

进一步的卡方检验结果显示,国际化品牌和非国际化品牌在权力($\chi^2_{(1)}$ = 0.231, $p>0.10$)、成就($\chi^2_{(1)}$ = 0.294, $p>0.10$)、刺激($\chi^2_{(1)}$ = 0.620, $p>0.10$)、自我导向($\chi^2_{(1)}$ = 0.219, $p>0.10$)、社会关注($\chi^2_{(1)}$ = 2.187, $p>0.10$)、关注自然($\chi^2_{(1)}$ = 1.249, $p>0.10$)、仁慈($\chi^2_{(1)}$ = 0.000, $p>0.10$)、传统($\chi^2_{(1)}$ = 2.887, $p>0.05$)、顺从($\chi^2_{(1)}$ = 0.618, $p>0.10$)、安全($\chi^2_{(1)}$ = 0.552, $p>0.10$)和享乐主义

---

① 针对特定广告,编码者需要对该广告是否体现了某一价值观维度进行逐次判断,因此,编码一致率=(两位提取者判断一致的价值观维度数量/每次需要判断的价值观维度总数)×100%。

($\chi^2_{(1)} = 0.219$，$p > 0.10$)价值观维度上的分布并不存在显著差异。基于高阶维度的卡方检验也表明,国际化品牌和非国际化品牌在自我提升($\chi^2_{(1)} = 0.329$，$p > 0.10$)、乐于改变($\chi^2_{(1)} = 1.134$，$p > 0.10$)、自我超越($\chi^2_{(1)} = 0.004$，$p > 0.10$)和保守($\chi^2_{(1)} = 0.683$，$p > 0.10$)上的频次分布无明显差异。

表 7-3　国际化/非国际化品牌广告的数据编码结果在各价值维度上出现的频次及百分比

类型	维度	国际化品牌	非国际化品牌	小计
自我提升	权力	7(7.87%)	9(7.76%)	16(7.80%)
	成就	13(14.61%)	14(12.07%)	27(13.17%)
乐于改变	刺激	8(8.99%)	9(7.76%)	17(8.29%)
	自我导向	9(10.11%)	12(10.34%)	21(10.24%)
自我超越	社会关注	7(7.87%)	5(4.31%)	12(5.85%)
	关注自然	4(4.49%)	11(9.48%)	15(7.32%)
	仁慈	16(17.98%)	14(12.07%)	30(14.63%)
保守	传统	3(3.37%)	20(17.24%)	23(11.22%)
	顺从	0(0.00%)	1(0.86%)	1(0.49%)
	安全	10(11.24%)	12(10.34%)	22(10.73%)
无	享乐主义	12(13.48%)	9(7.76%)	21(10.24%)
累计		89(100.00%)	116(100.00%)	205(100.00%)

注:累计项百分比总和为四舍五入后得出。

表 7-4　国际化/非国际化品牌广告的数据编码结果在各高阶维度上出现的频次及百分比

高阶维度	国际化品牌	非国际化品牌	小计
自我提升	20(25.97%)	23(21.50%)	43(23.37%)
乐于改变	17(22.08%)	21(19.63%)	38(20.65%)
自我超越	27(35.06%)	30(28.04%)	57(30.98%)
保守	13(16.89%)	33(30.84%)	46(25.00%)
累计	77(100.00%)	107(100.00%)	184(100.00%)

注:累计项百分比总和为四舍五入后得出。

具体到价值观在品类的分布上,仁慈主要体现在服务和饮料品类的广告中,被提及的比例分别是 38.89%和 21.88%;服饰内衣和汽车偏重传递成就价值观,提及的比例分别是 40.0%和 33.33%;酒类广告大多体现的是传统

（30.23%）；强调安全的品类则是调料（46.15%）、药品（38.46%）、汽车广告（33.3%）和食品（30.00%）；自我导向在家电数码（38.10%）品类的广告中得到相对集中的体现。特别地，食品、饮料、酒类、调料、美容化妆、个人护理、家电数码和家居建材这 8 个品类的广告均涉及享乐主义的价值观，比例从 7.69% 至 20.00% 不等。

与上述 6 项价值观相比，其他维度的价值观被提及的次数虽然相对偏少，但也各自拥有代表性品类。家居建材品牌倾向于在广告中体现权力（33.33%），服饰内衣广告更注重表现刺激维度（40.00%），个人护理用品多采用社会关注的价值观（50.00%），美容化妆品广告偏重表现关注自然（50.00%），而仅有一支药品品牌的广告体现了顺从维度的价值观（7.69%）。

进一步的卡方检验结果显示，权力（$X^2_{(14)} = 33.87$，$p < 0.01$）、刺激（$X^2_{(14)} = 22.73$，$p < 0.05$）、关注自然（$X^2_{(14)} = 42.54$，$p < 0.001$）、传统（$X^2_{(14)} = 51.22$，$p < 0.001$）和安全（$X^2_{(14)} = 52.47$，$p < 0.001$）等维度的价值观在不同品类广告上的分布存在显著差异。同时，自我提升（$X^2_{(14)} = 33.926$，$p < 0.01$）和保守（$X^2_{(14)} = 54.709$，$p < 0.001$）等高阶维度的百分比分布也与产品品类存在紧密联系。这表明，品牌价值观的运用与品类存在明显关联。

总体上，与研究一中被访者对"中国"作为国家品牌的价值观联想相比，商业领域的不同品牌在广告中对具体价值观维度的运用分布得更加均衡，对所有价值观均有所涉及，且品牌价值观的呈现与品类之间存在明显关联。具体而言，仁慈和成就是被着重体现的维度，同时传递出与中国传统文化相符的集体主义导向，以及与之相对的个人主义导向。归集到高阶维度的全样本统计结果显示，自我超越和保守被提及的比例仍然最高，符合中国的传统文化价值观取向特征，这与研究一的结果一致；但自我提升和乐于改变这两个高阶维度价值观紧随其后，这表明与国家品牌不同的是，企业的品牌概念定位和塑造存在更大的自由度。进一步细分后发现，虽然国际化和非国际化品牌的广告在各价值观维度上的分布不存在统计学意义上的显著差异，但与国际化品牌对仁慈和成就的集中传递相比，非国际化品牌更多地在广告中体现传统维度的价值观。

上述结果表明，"中国"作为国家品牌所蕴含的价值观与本国企业的品牌，尤其是面向本土的非国际化品牌价值观具有密切一致的联系。这也说明，无论是在本土市场还是在国际市场，国家文化价值是塑造本国品牌定位和价值的直接资源，也是在全球化竞争环境中建立差异化优势的重要手段。那么事实究竟如何呢？为此，我们通过后文的研究三，试图分析在西方市场中，来自中国的全球品牌是否有效地传递了源自本国的价值观，亦即西方消费者究竟是如何体验来自中国的全球品牌所蕴含的价值观的。

第五节　研究三：基于美国消费者访谈的海尔与联想价值观

在研究二的基础上，我们设计研究三，目的是通过深度访谈了解并分析西方消费者如何感知进入全球市场的中国品牌（如海尔与联想）形象，以及中国品牌在价值观层面上向西方消费者传递了什么样的重要信息。

一、访谈样本

美国是世界经济强国，也是中国品牌进入全球市场的制高点。因此，我们将其确定为访谈目标国家，访谈的具体地点是新泽西州的著名旅游城市怀尔德伍德（Wildwood）。本次访谈主要在该市的 Morey's Piers 主题公园中开展，访谈对象是来自全美的游客；访谈执行时间在 2012 年 8 月，整个执行过程共计两周，执行语言为英文。由于联想和海尔是国外消费者熟悉度最高、实力最强的中国自主品牌（Interbrand，2008；Millward Brown，2012，2013），其生产的电子产品和家用电器也是成年消费者在日常生活中很可能会接触到的产品，因此我们将其确定为测试品牌。正式开始访谈前，我们通过甄别问题确保被访者曾经购买或使用过联想或海尔的产品，同时控制被访者在性别和年龄上分布均衡。我们共对 30 位美国消费者进行了正式有效的访谈，其中 17 位就品牌价值观方面的问题给出了明确回答。这 17 位中购买过联想产品的有 5 人，购买过海尔产品的有 12 人；男性 11 人，女性 6 人。被访者教育水平均在高中及以上。

二、访谈过程

访谈全部由一位市场营销专业的硕士研究生执行，整个过程在征得被访者许可后进行录音。访谈者首先进行自我介绍，说明本次访谈的目的及时长，再通过询问甄别问题确定符合条件的被访者，最后进入正式访谈。整个访谈涉及两大部分问题。与被访者对中国品牌的印象及价值观联想有关的问题主要有：当提及该品牌（联想或海尔）时，您联想到了什么？假如将该品牌比喻成一个人，您觉得其具有什么样的价值观？

提问按照一定的顺序进行，访谈者根据被访者的不同回答进行不同程度的追问和互动。在执行过程中,为了确保访谈资料的质量,对于出现以下几种情况的访谈不予以采用:第一,被访者出现明显敷衍或不耐烦情绪;第二,访谈过程中,被访者出现意外情况(如朋友召唤)需要离开;第三,访谈完成后,发现被访者实际未购买或使用过联想或海尔产品。访谈结束后,访谈者通过简短的问卷收集被访者的基本信息资料,如年龄、性别和教育背景等。

总的访谈时间为 5 小时 26 分钟,其中关于联想的访谈时间占 2 小时 35 分钟,海尔的占 2 小时 51 分钟,每位被访者平均访谈时间约为 11 分钟。事后由专人将录音资料转录成文本,共计 39 530 字。另外,我们特别对各被访者的资料采用编码形式进行记录:以 L(Lenovo)代表联想,H(Haier)代表海尔,F(Female)代表女性,M(Male)代表男性,随后的两个数字代表接受访谈的顺序号。

三、访谈结果与分析

总体而言,美国消费者对于来自中国的全球品牌的主要联想仍停留在品类和产品本身,提及频率最高的价值观也多与性能直接相关,但海尔与联想各自拥有独特的联想和形象。通过具体的定性分析,我们概括为以下两大方面:

第一,美国消费者对中国全球品牌的联想内容较为简单,整体评价偏向积极。除了一些被访者(17.65%)只是简单地提到自己购买或使用过某一品牌的产品,关于海尔或联想的品牌联想主要分为三方面的内容,但均停留在较浅的认知层次。

首先,相当比例的被访者(41.18%)首先提到的是产品质量好,价格也让其满意。

I'm just very happy with it, happy with the price, happy with the brand. (我对海尔的价格和品牌都很满意。)[HF23]

Quality. You say Lenovo, I say quality. Good quality, good product. (质量。当你说到联想时,我想到的就是质量。它的质量好、产品好。)[LM30]

其次是品类联想。一部分美国消费者(23.53%)认为,来自中国的特定品牌总是对应着特定的品类。具体而言,联想让消费者直接想到的是电脑,而海尔则是家用电器。

Other association I have is only computers, there is no MP3. Maybe they have television, I don't know; maybe they have camera, I don't know. (我对联想的其他想法就是只生产电脑。它们不生产 MP3,也许还生产电视机

或照相机,但我都不了解。） ［LM28］

Like that the microwave, small kitchen appliance, and just realize air-conditioner later. (海尔的产品包括微波炉、小型厨电,不久后还会推出空调。） ［HF27］

最后是来源国联想。一部分消费者(11.76%)对联想心生疑惑,有人将其视作中国品牌,但也有人认为其成功实现了在美国的实地运营,甚至与 IBM 公司进行了合作,中国的特色已不明显。

It's not from here, I think so. (它应该不是美国品牌。） ［LF26］

My association of this brand is not Chinese. I thought before it was American. (我对于联想的想法是,它不是中国品牌。之前我甚至认为它是美国品牌。） ［LM28］

第二,中国全球品牌的价值观以"可靠"为主,"勤劳""友好"为辅。在所有 30 位被访者中,有 17 位就中国品牌的价值观给出了明确具体的描述。其中,大部分(58.82%)眼中的中国全球品牌是"可靠的""稳定的""牢固的",反映在 Schwartz 和 Boehnke(2004)的价值观框架上即是安全维度的价值观,对应着保守这个高阶维度价值观。

Uh, reliability, he is a dependable friend; he is always there for you, if you need him…But I don't think he is gonna leave you, I don't think he is gonna walk out of you. (可靠性,他是个可靠的朋友,总是在你身边,只要你需要他……但是我认为他不会离开你。） ［HM25］

Well, it's good quality, it's very nice, like laptop, should be, I think. And I was very happy with that, that's why I like it, and it seems sturdy for some reasons. (联想的产品质量很好,比如电脑等,这也是我喜欢这个品牌的原因。从某些角度看来,联想非常稳定坚固。） ［LF19］

也有相当一部分被访者(23.53%)认为中国全球品牌是"勤劳的""努力的"。具体到各个品牌上,联想的品牌价值观甚至向消费者展现出"商务""精明干练"的成功的、有能力的形象。这些联想均归属于成就维度的价值观,对应着自我提升这个高阶维度。

OK, a person. Lenovo would be a business man, with a suit, and brief-case, nice hair, and sort of very slim and very fast, going to the next meeting, and very busy. (好吧,一个人。联想像一位商务人士,西装革履,拎着公文

包,头发一线不乱,精明干练,赶着下一场会议,非常忙碌。)　［LM25］

…It's a hard worker, any works for cheap…（……他是一个勤劳的人,愿意干些酬劳不高的活儿……）　［HM25］

特别地,有被访者(17.65%)提出,海尔还传递了传统和仁慈维度的价值观,表现为"保守的""友好的",分别属于保守和自我超越这两个高阶维度价值观。

…I would say conservative, I also would say loyal, like some people stick to a brand, and all they do would buy that brand, loyal conservatives.（……我想说的是"保守的",也可以说是忠诚的。比如说,一些人总是忠于某个品牌,他们所做的一切就是只购买这个品牌的产品,他们是忠诚的老顾客。）［HM15］

It was easy to use, like friendly.（海尔的产品很好用,做到了用户友好。）　［HF13］

研究三的结果显示,对于来自中国的全球品牌(联想和海尔),美国消费者感知到的品牌价值观大多与安全维度有关。该结果与 Millward Brown(2014)的报告结论一致。这说明美国消费者对中国全球品牌的认识仍主要停留在产品性能上,中国全球品牌还缺乏与消费者之间的情感联系。另外,虽然被提及的比例不高,中国全球品牌也让美国消费者感受到成就、仁慈和传统等其他维度的价值观。整体来看,来自中国的全球品牌向美国消费者传递的价值观体现在保守、自我提升和自我超越这三个高阶维度上,在主要传递代表性的中国文化价值观的同时,还兼具个体主义文化的要素;这与前两项研究的结论一致。

更值得注意的是,研究一中的欧美样本结果揭示出消费者对于"中国"作为国家品牌的最突出联想依次是仁慈、传统和成就。同时,研究二表明,来自中国的品牌(包括国际化和非国际化品牌)在广告中传递的重要价值观也集中在上述三个具体的价值观维度上。而在研究三中,这些也是除基于功能性利益的安全价值观外,来自中国的全球品牌给美国消费者留下的最深刻印象。

上述结论综合表明,西方消费者在对中国品牌进行有关价值观的联想时,会自然地将其与"中国"的价值观联系在一起。这意味着在全球市场上,中国品牌运用与中国文化一致的价值观进行概念定位,具有合理性的基础和优势。

第六节 结论与战略指引

本章通过三项研究，依次揭示了"中国"作为国家品牌所蕴含的价值观、中国企业的品牌向消费者传递的价值观，以及美国消费者对中国的全球品牌（海尔与联想）所蕴含的价值观的感知。

研究一表明，消费者关于"中国"的重要价值观联想包括传统和仁慈，与传统的集体主义文化一致。此外，原本来源于个人主义文化的成就和自我导向等价值观，也分别被欧美和喀麦隆的消费者较为频繁地提及。总体上，保守和自我超越是中国国家品牌最突出的高阶维度价值观联想。

研究二表明，来自中国企业的品牌在广告中倾向于传达仁慈和传统等个人价值观，其在高阶维度上也体现为保守和自我超越，与中国国家品牌的价值观一致；但同时也存在相当比例的体现西方文化的价值观，如成就和自我导向，反映在自我提升和乐于改变这两个高阶维度上。此外，来自中国企业的品牌在广告中体现的价值观与其所在产品类别存在较为紧密的联系。

研究三表明，现阶段美国消费者对来自中国企业的全球品牌的主要感知仍缺乏情感成分，价值观联想以基于产品功能性利益的"安全"为主。更具体地，联想更多地传达成就维度的价值观，而海尔则更多地传达仁慈和传统维度的价值观。也就是说，保守、自我提升和自我超越是中国全球品牌向美国消费者传递的最深刻印象。

综合这三项研究，我们可以得出这样的结论，即"中国"作为国家品牌与中国企业的品牌在价值观方面存在密切的联系。"中国"作为国家品牌，蕴含了与中国文化一致的品牌价值观，而中国企业的品牌既蕴含了与国家品牌一致的价值观，同时也存在相当比例的反映西方文化的价值观。对于已走向全球的两个中国品牌——海尔和联想，目前西方消费者对它们的价值观联想主要与中国国家品牌的价值观一致。其中蕴含的战略含义是，以中国人的价值观建立中国品牌概念是普遍有效之道。特别地，对于走向全球的中国品牌，运用中国文化资源进行品牌概念塑造，是建立起全球品牌定位的重要战略方向，也是中国全球品牌区别于西方品牌的差异化优势。与此同时，如何适当地融入西方文化的品牌价值观，亦是中国品牌走向全球，进行全球化品牌定位，最终赢取全面优势必须考虑的问题。

一、理论贡献与实践意义

在理论上,本章的研究结果预示着企业品牌与国家品牌互动影响的客观存在。站在品牌价值观的角度,国家品牌为企业品牌建设提供了有力支撑。这为后续我的研究打下了基础,即提出品牌与国家的联结新构念,相关研究参见本书第十四章和第十七章。

本章把在品牌理论研究中以品牌拟人化(人格化)为前提创立的品牌个性、品牌关系等经典研究推进到一个新的领域,即"品牌价值观"(把人类价值观作为品牌概念表征)。需要指出的是,虽然"品牌价值观"与"品牌个性"和"品牌关系"同以品牌拟人化为最基本的理论前提,但是三者在品牌管理中的应用方向和价值有所不同。品牌个性适用于消费者形象管理,品牌关系适用于消费者关系管理,而品牌价值观适用于品牌定位战略制定。从"品牌资产金字塔"模型(Keller,2001)四步骤的演进上升路径看,用于品牌定位的"品牌价值观"概念的作用更为基础。

本章把有关"基于消费者的品牌资产"(Keller,1993)研究范式与品牌创建的文化方式(Cayla 和 Arnould,2008;Holt,2004)结合起来,开拓了新的视角。"基于消费者的品牌资产"研究以个体认知带来评价差异为基础,不强调因(国家)文化而带来的评价差异(变动)问题。结合文化取向研究,可弥补这一不足。然而,"品牌化研究中探究文化维度的文献虽增长迅速,但还处于婴儿期"(Gupta、Winkel 和 Peracchio,2009,p.239)。本章的研究融入了这一新的方向,并率先做出了尝试。

本章也很好地印证了文化动态建构理论(Chiu 和 Cheng,2007;Hong 等,2000)。该理论认为,当人们以一种直接或间接的方式体验到某种文化时,他们会发展一种文化的认知表征,进而会期望以这种被激活的文化方式进行思考和行动(Chiu 等,2009)。我们的研究表明,西方消费者在心目中会自然地把来自中国的全球品牌与中国的国家文化价值联系起来。

长期以来,世界上成功的品牌创建模式以欧洲和美国为代表(Kapferer,2005)。本章的研究对进一步探索扎根于中国文化土壤、内蕴中国核心文化价值观的品牌定位方式如何影响全球消费文化,以及其对西方市场(以美国为例)消费者的实际影响,做出了开拓性贡献。得到的肯定性结论将为向全球商业贡献源自中国文化的品牌创建模式提供可能性。本章除了在实践上为中国跨国企业品牌走向全球提供战略指引,还在宏观上为中国作为新兴市场国家如何在国际社会提升自己的"软实力"（Sheth，2011）提供了战略性启示，即哪些独特的文化价值观能够代表中国，并通过商业活动影响世界，为人类贡献共同价值。

二、研究展望

本章的三项研究表明了以中国人的价值观建立中国品牌概念的有效性，在中国品牌迈向全球化的过程中，基于中国文化的品牌价值观概念可以成为中国品牌的差异化优势。但我们应该深入研究的是，这种品牌建立方式如何与西方价值观、全球消费者文化进行融合，以建立具有全面竞争优势的混合定位战略。我们尤其需要考虑全球消费者文化元素对品牌概念融合定位的影响。

首先，需要指出的是，对品牌赋予象征意义以提高品牌形象附加值，并不是指对品牌随意地杜撰概念或虚拟故事，如果那样的话，会使品牌缺失世袭传统以及基础牢固的价值支撑从而不具有真实性。因此，我们主张的品牌形象附加值塑造是建立在中国核心文化价值观的根基之上的，即把源于中国文化价值观的概念作为品牌概念定位元素，以在全球市场上建立品牌的差异化。但是，在全球化过程中，中国品牌还必须考虑以西方文化为核心的全球消费文化概念定位（Alden、Steenkmap 和 Batra，1999）的使用问题。因为"现在的品牌根本性地渗入了全球消费者文化的成分"（Cayla 和 Arnould，2008）。Torelli 等（2012）的研究已表明，以人类价值观作为品牌概念，其意义存在融合或不融合的情况，会提高或降低消费者对品牌的评价。那么，中国品牌如何在西方市场上选择合适的品牌价值观？如何兼容东西方文化价值观进行概念定位？如何兼容国家文化价值观与全球消费文化概念？

在探究混合定位方式设计的时候，我们依据了两项重要的研究成果。首先，按 Alden、Steenkmap 和 Batra（1999）的解释，存在混合的消费者文化定位战略。一个品牌可以只定位于全球消费者文化定位、本土消费者文化定位或外国消费者文化定位；也可以主要定位于一种形式，同时包含其他种类的元素；还可以任何一种形式也不侧重。也就是说，混合定位方式是存在的，而且混合的元素存在主次之分。其次，Roth（1992）的研究把品牌形象战略分为深度和广度两种，前者被界定为以满足一种需要为主（至少是其他次要需要的两倍），后者则被界定为没有主导性需要，三种需要汇合于总体品牌形象。需要指出的是，Roth（1992）在现实中并没有发现纯粹满足一种需要的形象战略。由此可见，混合性品牌定位战略存在主次或不存在主次之分,其有效性与文化和市场环境相关。据此,我们需要研究深度和广度两种类型、多种方式的混合定位,解释其中可能存在的效果差异。

我们需要深入研究解释融合效果的机制。有多种理论(视角)值得研究和比较,以探究它们在何种情形下发生作用。第一,根据同步激发下的调节目标(regulatory goal)融合理论(Labroo 和 Lee,2006;Lee 和 Aaker,2004),认知处理若引起冲突性或不流畅则会降低评价。第二,根据来源国的晕轮效应模型(Han,1989),文化元素诱发来源国线索,通过消费者对国家形象的信念来影响其态度评价。第三,根据文化动态建构理论(Chiu 和 Cheng,2007;Hong 等,2000),同时出现的两种文化表征(相比独立呈现)加大了消费者对两种文化差异的感知,由此推测,消费者对单独呈现中国文化价值观的定位概念的评价要比冲突的两种文化价值观组合的定位概念高。第四,根据定位的共同点和差异点理论(Keller,1998,p.116),当与西方竞争品牌同时出现在某一空间中时,中国文化价值观概念可以带来西方品牌所通常拥有的全球消费者文化或西方文化概念(共同点)之外的差异性联想,从而得到更高评价。总之,我们应该寻找最优的定位概念方式,深入了解融合的中西文化概念,确认可能存在冲突的组合概念,并且寻找可以弱化冲突的方式。

在研究中,我们要对中美文化价值观在定位融合概念中的不同主次侧重进行设计,这是出于现实世界中两种文化影响作用差异的考虑。Arnett(2002)指出,西方价值观建立在个人主义、自由市场经济和民主基础上,也包括选择的自由、个人权利、对变革的开放性以及容忍差异,这些价值观主导了全球文化——部分是因为这些价值观在西方特别是美国有效地提供了全球化背后的驱动能量。我们需要深入地思考和探索如何通过品牌这个有效的文化载体提高中国文化价值观在全球商业世界中的影响力,分析和验证其实际效果。

作为对聚焦于文化价值观融合效果的延伸研究,我们还需要探究质量属性在文化价值观融合方式中的影响作用。这出于三个方面的原因:一是考虑到理性利益和感性利益作为品牌资产金字塔模型的两条上升路径(Keller,2001),具有广泛的现实性;二是中国品牌在走向全球化的过程中,质量在当前及今后相当长的时间内都是西方消费者关注的重要属性;三是现有研究对高质量与品牌全球性之间的关系还存在异议——我们有必要交代一下这一异议的研究背景。

　　Dimofte、Johansson 和 Ronkainen(2008)以美国大学生为被访者进行的定性和定量研究均表明,全球品牌并不与高质量联系在一起。在定量研究中,他们对 8 个全球品牌进行了两次调查统计,表明全球性对质量有显著影响,但引入品牌强度作为协变量后,全球性对质量的显著影响消失。前者的结果与 Steenkamp、Batra 和 Alden(2003)的研究一致,即全球性对(感知)品牌质量存在显著正向影响,但不同的是,在 Steenkamp、Batra 和 Alden(2003)的研究中,他们以品牌熟悉度、来源国形象、品牌虚拟变量(如客观质量、渠道覆盖、市场份额)、产品类别等作为协变量,控制对品牌购买可能性(因变量)的影响作用。通常情况下,品牌强度作为行为(意向)而非质量评价的先行影响变量(如 Park 等,2010)。如果讨论质量与品牌强度之间的关系,逻辑上应该是质量影响品牌强度,而非相反。按 Dimofte、Johansson 和 Ronkainen(2008)的解释,更高的感知质量是由于全球品牌具有更强大的品牌资产(即更强势的品牌),而非其全球性。但事实上,全球品牌所带来的"全球神话"联想(Holt, 2004；Strizhakova、Coulter 和 Price, 2008b),表明全球性本身就是全球品牌的品牌资产(Johansson 和 Ronkainen, 2005；Steenkamp、Batra 和 Alden, 2003)。

　　据此,我们认为在研究文化价值观融合定位效果的过程中,还应当加入质量信息,探究其对品牌全球性感知的影响,以及如何进一步影响全球品牌的态度和行为。中国领先企业的品牌全球化定位,承担着改变西方世界对中国制造"低质低价"刻板印象的艰巨任务(王海忠和陈增祥,2010)。因此,在研究内容中考虑质量因素(变量),研究结果将能更有效地为产业界的现实出路提供战略性指引。

第八章

中国国家形象评价：跨国调查比较

对应于基础理论篇的第三章,本章及后面的第九章和第十章展现了我主持中国国家形象实际调查分析的结果。中国国家形象评价是研究中国作为国家品牌的基本问题。随着中国改革开放和经济社会的发展,中国国家形象不断提升,在国际社会中的软实力不断增强。那么,"中国"国家品牌在世界范围消费者心目中的形象到底如何?中国民众和外国民众对中国国家形象的感知是否有差异?进一步地,发达国家和欠发达国家民众的感知又是否存在差异?此前也有很多研究调查中国国家形象,但鲜少从多国比较的角度进行。有关结果可以参阅本书第四章。

本章介绍在 2010 年至 2011 年间,我的课题组通过收集来自发达国家、欠发达国家和母国(中国)三组样本,并以多元视角对中国国家形象进行描述性比较分析,为"中国"国家品牌形象评价提供了在特定阶段、来自特定群体评价的参考性结果。这三组样本中的相关数据也用于品牌价值观研究,详见本书第七章第三节。

第一节　研究目标与方法

一、数据收集与样本分布

本研究选定三组样本。第一组样本是西方发达国家的消费者,共 16 个国家 406 份有效样本,分别是：美国(32)、澳大利亚(28)、加拿大(22)、德国(84)、荷兰(33)、法国(27)、意大利(25)、英国(24)、丹麦(21)、瑞典(20)、瑞士

（20），比利时（19），芬兰（16），西班牙（14），挪威（11），奥地利（10）。这是在上海世博会现场采用随机的方式，面对面采访国外游客收集到的数据，实施时间为 2010 年 10 月。其中，男性 61.8%，女性 38.2%；25 岁及 25 岁以下 23.2%，26—35 岁 26.6%，36—45 岁 20.2%，46—55 岁 13.1%，56—65 岁 12.8%，65 岁以上 4.1%；被访者中 53.9% 为首次来中国，14.8% 为第二次，9.9% 为第三次，21.4% 为三次以上。

第二组样本是欠发达国家（喀麦隆）的消费者，有效样本共计 227 份。本研究是通过喀麦隆的一位留学生在其母国的人脉关系收集的数据，实施时间为 2011 年 3 月。其中，男性 62.4%，女性 37.6%；25 岁及 25 岁以下 47.8%，26—35 岁 39.8%，36—45 岁 8.4%，46—55 岁 3.1%，56—65 岁 0.9%。

第三组样本为中国本土的消费者，以上海某著名高校的 MBA 学员和本科生为调查对象，有效样本共计 256 份。通过教师向授课班级学员发放问卷进行数据收集，实施时间为 2011 年 6 月。其中，男性 49.2%，女性 50.8%；25 岁及 25 岁以下 24.6%，26—35 岁 64.5%，36—45 岁 10.9%。

二、问卷、量表与态度测量

问卷的主体由测量中国国家形象的题项构成，包括宏观国家形象和微观国家形象，测量形式既有李克特量表，也有自由联想的定性方法。除国家形象的测量外，问卷还包括对中国产品和品牌态度的评价题目，以及人口统计资料。语言方面，对西方发达国家的问卷采用英文，对喀麦隆的问卷翻译为法文，对中国的问卷翻译为中文。

宏观国家形象的测量采用 Martin 和 Eroglu（1993）的"总体国家形象"构念，其定义是"对一个特定国家的所有描述性的、推断性的、信息性的信念的总体"，共有 11 个题项。Pappu、Quester 和 Cooksey（2007）的研究中称之为"宏观国家形象"。为进一步完善宏观国家形象的测量，我们还特别加入 Parameswaran 和 Yaprak（1987）的"人民形象"维度，共有 10 个题项；本研究采用 Knight 和 Calantone（2000）研究中使用的 9 个题项。上述测量采用李克特 11 点量表。

微观国家形象的测量采用 Nagashima（1970，1977）"与国家相关的产品形象"构念，Nagashima（1970）认为，"形象"意味着与一个概念相关的想法、情绪背景和含义，因此，"制造地"形象是商人和消费者有关一个特定国家的产品的图像、声誉和刻板印象。Pappu、Quester 和 Cooksey（2007）的研究中称之为"微观国家形象",共有 12 个题项。上述测量同样采用李克特 11 点量表。

自由联想法从两个方面展开分析:一是对"中国"的联想,让被访者写下三个短语描述中国;二是对"中国制造"的联想,同样让被访者写下三个短语进行描述。统计分析采用两种方法:一是只分析第一联想,二是分析总联想。由两位研究助理独立进行编码,正面联想记为"1",中性联想记为"0",负面联想记为"-1"。结合三组样本,共有 12 组编码结果,两位编码员独立编码的一致性为 89.97%—99.10%。遇到分析结果不一致的短语,再联合第三位研究员进行讨论,取得一致。

产品和品牌态度的测量包括三个方面。一是制造国偏好,选定 6 个品类,包括鞋子、吸尘器、电视机、音响、服装和汽车。采用李克特 7 点量表,"1"和"7"分别表示喜欢"来自中国"和"来自其他国家"这两个极端。二是对"中国制造"的总体态度,采用李克特 7 点量表,共有三个题项:"正面的—负面的""非常不喜欢—非常喜欢"以及"好的—差的"。统计时对反向测量的题项分数进行反转,分数越大表示态度越积极。三是中国品牌购买意向,选定三个品类,包括中国品牌的鞋子、冰箱以及个人电脑。同样采用李克特 7 点量表,"1"表示一定不会买,"7"一定会买。

第二节　调查结果一:中国宏观国家形象

一、对"中国"自由联想的定性分析结果

(一)中国宏观国家形象的第一联想情况

对于中国宏观国家形象的第一联想,总样本以及三类子样本各自的平均分都大于 0,这表明中国在国际上具有普遍积极的第一印象。其中,发达国家样本的评价最高,为 0.41,高于总样本的平均分,而母国(中国)和欠发达国家样本的评价略低于总平均分,分别为 0.27 和 0.20。我们推断其可能的原因是:发达国家的被访者通过现场参观 2010 年上海世博会,提升了对中国印象的评价;中国的被访者对本国存在的各种问题感触较多,从而影响了评价的积极性;而来自欠发达国家喀麦隆的被访者对中国了解甚少。中国宏观国家形象的第一联想评价见图 8-1。

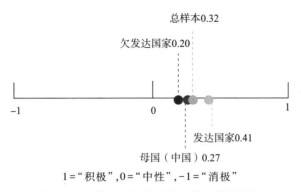

图 8-1　中国宏观国家形象的第一联想评价

1. 总样本的第一联想频次统计

在总样本的第一联想中，前 20 种联想的提及频次（共 588 次）占总频次（878 次）的 66.97%，如图 8-2 所示。其中积极联想 9 种（291 次），占前 20 种联想提及频次的 49.49%，中性和消极联想分别为 7 种（224 次）和 4 种（73 次），占前 20 种联想提及频次的 38.10% 和 12.41%。"大""发展"和"历史、传统"是最常见的积极联想，"拥挤的"和"仿制（假冒）"则是最常见的消极联想。

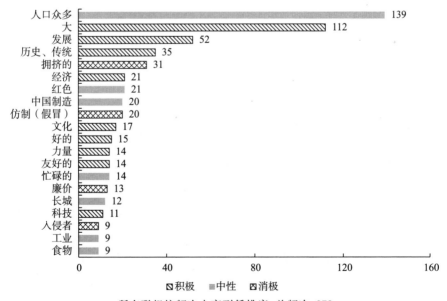

所有联想按频次由高到低排序，总频次：878

图 8-2　中国宏观国家形象的第一联想总样本频次统计

2. 发达国家样本的第一联想频次统计

在发达国家样本的第一联想中前15种联想的提及频次(共272次)占总频次(399次)的68.17%,如图8-3所示。其中积极联想9种(157次),占前15种联想提及频次的57.72%,中性和消极联想分别有4种(78次)和2种(37次),占前15种联想提及频次的28.68%和13.60%。"大""发展"和"友好的"是最常见的积极联想,"拥挤的"和"西藏"则是最常见的消极联想。总体上,这一结果与总样本一致。

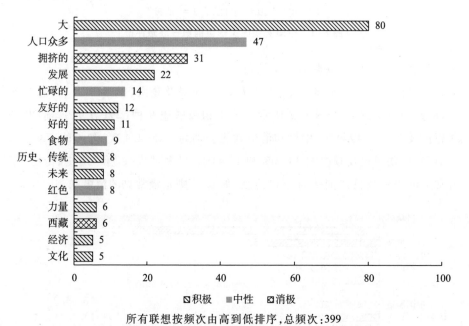

所有联想按频次由高到低排序,总频次:399

图 8-3　中国宏观国家形象的第一联想发达国家样本频次统计

3. 欠发达国家样本的第一联想频次统计

在欠发达国家样本的第一联想中,前15种联想的提及频次(共178次)占总频次(223次)的79.82%,如图8-4所示。其中积极联想9种(74次),占前15种联想提及频次的41.57%,中性和消极联想分别有2种(60次)和4种(44次),占前15种联想提及频次的33.71%和24.72%。"发展""科技"和"经济"是最常见的积极联想,"质量差""仿制(假冒)"和"入侵者"则是最常见的消极印象。这一结果与总样本有所不同,可能是因为喀麦隆作为欠发达国家,经济地位相对较低,并且该国被访者对中国的认识主要源于对中国产品的认识。

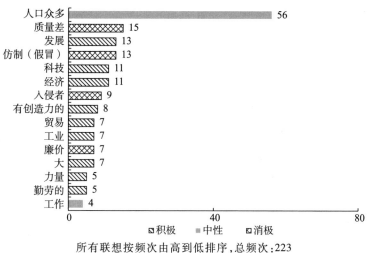

所有联想按频次由高到低排序,总频次:223

图 8-4　中国宏观国家形象的第一联想欠发达国家样本频次统计

4. 母国(中国)样本的第一联想频次统计

在母国(中国)样本的第一联想中,前 15 种联想的提及频次(共 185 次)占总频次(256 次)的 72.27%,如图 8-5 所示。其中积极联想 7 种(90 次),占前 15 种联想提及频次的 48.65%,中性和消极联想分别有 5 种(80 次)和 3 种(15 次),占前 15 种联想提及频次的 43.24%和 8.1%。"历史、传统""大"和"发展"是最常见的积极联想,"仿制(假冒)"和"低成本"则是最常见的消极联想。需要注意的是,提及频次前 8 名的联想都偏向积极。这一结果与总样本有差异,可能是因为母国(中国)的被访者对本国的总体情况有更深入的了解。

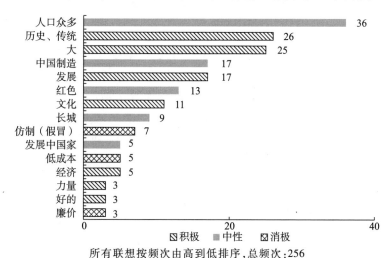

所有联想按频次由高到低排序,总频次:256

图 8-5　中国宏观国家形象的第一联想母国(中国)样本频次统计

（二）中国宏观国家形象的总联想情况

对于中国宏观国家形象的总联想,总样本以及三类子样本各自的平均分都大于0,偏向积极,说明中国在国际上拥有积极的总体印象。其中,发达国家样本的评价最高,略高于总平均分,其次是欠发达国家样本和母国(中国)样本,得分分别为0.66和0.54,均略低于总平均分。

发达国家样本的得分与第一联想的结果一致,可能是因为发达国家的被访者参观2010年上海世博会后对中国有一个积极的印象。然而母国(中国)和欠发达国家样本的得分情况与第一联想的结果不同。欠发达国家样本的总联想评价高于母国(中国)样本,可能原因是母国(中国)的被访者对本国了解更全面,发现了更多的问题。

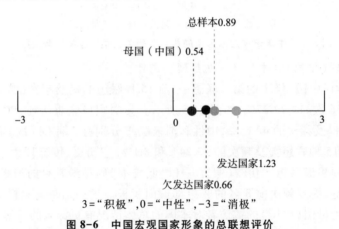

3 = "积极", 0 = "中性", -3 = "消极"

图 8-6 中国宏观国家形象的总联想评价

1. 总样本的总联想频次统计

在提及的所有联想中,前25种联想的提及频次(共1 512次)占总频次(2 527)的59.83%,如图8-7所示。其中积极联想13种(821次),占前25种联想提及频次的54.30%,中性和消极联想分别有7种(484次)和5种(207次),占前25种联想提及频次的32.01%和13.69%。"大""发展""历史、传统"和"经济"是最常见的积极联想,"拥挤的""廉价"和"仿制(假冒)"则是最常见的消极联想。总体上,总样本的总联想情况与总样本的第一联想情况保持一致。

2. 发达国家样本的总联想频次统计

在发达国家样本的总联想中前20种联想的提及频次(共696次)占总频次(1 153次)的60.36%,如图8-8所示。其中积极联想13种(436次),占前20种联想提及频次的62.64%,中性和消极联想分别有5种(187次)和2种(73

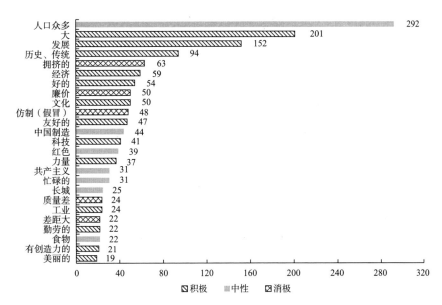

所有联想按频次由高到低排序,总频次:2 527

图8-7　中国宏观国家形象的总联想总样本频次统计

次),占前20种联想提及频次的26.87%和10.49%。"大""发展""好的"和"友好的"是主要的积极联想,而"拥挤的"是主要的消极联想。这一结果与总样本略有差异。

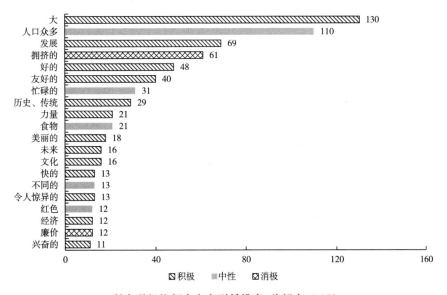

所有联想按频次由高到低排序,总频次:1 153

图8-8　中国宏观国家形象的总联想发达国家样本频次统计

3. 欠发达国家样本的总联想频次统计

在欠发达国家样本的总联想中,前21种联想的提及频次(共445次)占频次(619次)的71.89%,如图8-9所示。其中积极联想11种(209次),占前21种联想提及频次的46.97%,中性和消极联想分别有5种(138次)和5种(98次),占前21种联想提及频次的31.01%和22.02%。"科技""经济"和"发展"是最常见的积极联想,而"仿制(假冒)""廉价"和"质量差"是最主要的消极联想。这一结果与总样本略有差异,可能是因为喀麦隆的经济地位相对较低,并且该国被访者对中国的认识主要源于对中国产品的认识。

此外,相较于第一联想,欠发达国家样本对中国的总联想不仅仅停留在"人口众多"上,更重要的是看到了中国的科技进步和经济发展,但中国产品的假冒伪劣问题也受到关注。

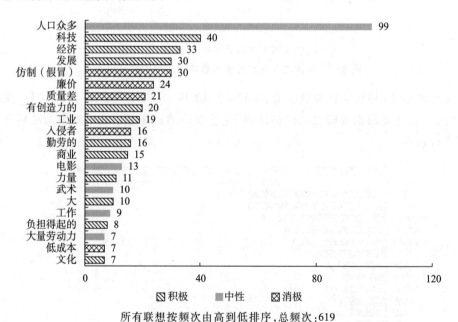

所有联想按频次由高到低排序,总频次:619

图8-9 中国宏观国家形象的总联想欠发达国家样本频次统计

4. 母国(中国)样本的总联想频次统计

在母国(中国)样本的总联想中,前22种联想的提及频次(共514次)占总频次(755次)的68.08%,如图8-10所示。其中积极联想6种(224次),占前22种联想提及频次的43.58%,中性和消极联想分别有9种(203次)和7种(87次),占前22种联想提及频次的39.49%和16.93%。对于母国(中国)的被访者来说，排名前七位的联想偏向积极，其中"历史、传统""大"和"发展"排名前三，但"收入和发展差距大"以及"仿制（假冒）"等问题也被提及。这一结果与总样本有所不同，可能是因为母国（中国）的被访者对本国的总体情况有更深入的了解。

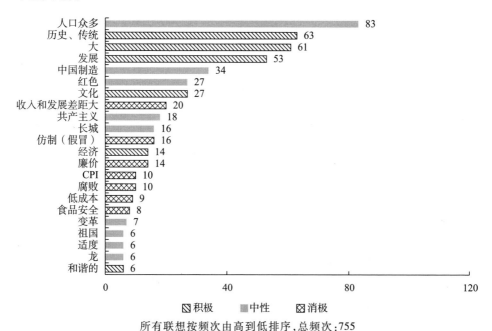

所有联想按频次由高到低排序，总频次：755

图 8-10 中国宏观国家形象的总联想母国（中国）样本频次统计

二、定量描述性统计分析结果

本研究对中国宏观国家形象的测量主要包含了"总体国家形象"和"中国人形象"，下面分别对这两部分的定量统计结果进行分析。

（一）总体国家形象

1. 总样本的中国总体国家形象

总样本对于中国的总体印象略显消极，所有题项的平均分为 5.46。被访者普遍认为中国的员工薪酬（3.96）、民主水平（4.09）和福利体系（4.20）较为欠缺，社会民生建设有待改善；但对中国的经济水平（7.02）持乐观态度。中国总体国家形象量表的总样本分题项评价见图 8-11。

2. 发达国家样本的中国总体国家形象

发达国家样本对于中国的总体印象趋于消极，所有题项的平均分为 5.42。

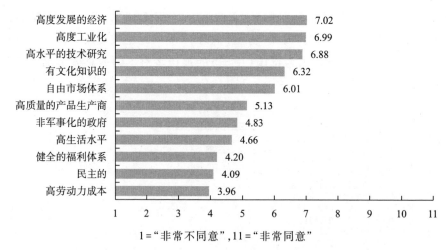

1 = "非常不同意", 11 = "非常同意"

图 8-11　中国总体国家形象量表的总样本分题项评价

发达国家的被访者对中国的员工薪酬（3.48）、民主水平（3.60）和福利体系（4.32）等社会民生建设方面持明显的否定态度，但对中国的经济、技术和文化水平，尤其是工业化程度（7.26）和技术水平（7.05）比较肯定。中国总体国家形象量表的发达国家样本分题项评价见图 8-12。

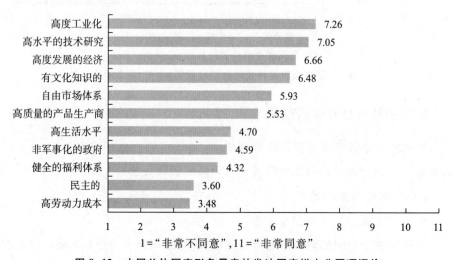

1 = "非常不同意", 11 = "非常同意"

图 8-12　中国总体国家形象量表的发达国家样本分题项评价

3. 欠发达国家样本的中国总体国家形象

欠发达国家样本对于中国的总体印象较为积极，所有题项的平均分为6.56。尤其在工业化程度（9.05）、技术水平（8.93）和经济水平（8.78）方面，喀麦隆被访者给予了高度评价；但他们对中国的民主水平方面（4.94）的态度趋于消极。中国总体国家形象量表的欠发达国家样本分题项评价见图 8-13。

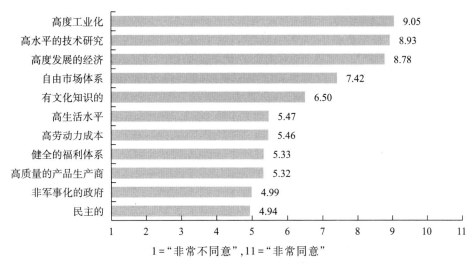

图 8-13　中国总体国家形象量表的欠发达国家样本分题项评价

4. 母国（中国）样本的中国总体国家形象

母国（中国）样本对中国的总体印象持明显的消极态度，所有题项的平均分为 4.59。经济水平（6.08）是唯一得到中国被访者勉强认可的方面，而其他方面的评价都趋于消极，尤其是在福利体系（3.08）、员工薪酬（3.42）和生活水平（3.89）方面的不满情绪较高。中国总体国家形象量表的母国（中国）样本分题项评价见图 8-14。

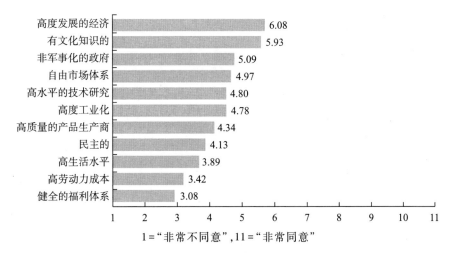

图 8-14　中国总体国家形象量表的母国（中国）样本分题项评价

（二）中国人形象

1. 总样本的中国人形象

中国人在总样本眼中呈现出较为积极正面的形象，所有题项的平均分为7.07。仅在"受到良好的教育"方面的评价略微消极（5.88），其余题项的得分都高于中值（6），尤其是工作努力程度方面得到较高肯定（8.76）。中国人形象量表的总样本分题项评价见图8-15。

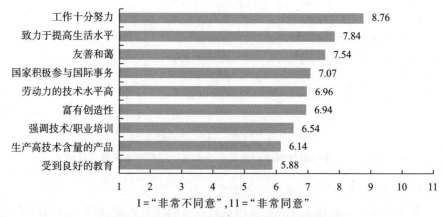

图8-15 中国人形象量表的总样本分题项评价

2. 发达国家样本的中国人形象

发达国家的被访者对中国人的印象总体持肯定态度，所有题项的得分都高于中值（6），所有题项的平均分为7.14。中国人的工作努力程度（8.82）和亲切友好度（8.10）方面尤其得到了较高的评价，而"受到良好的教育"所受评价相对最低（6.16）。中国人形象量表的发达国家样本分题项评价见图8-16。

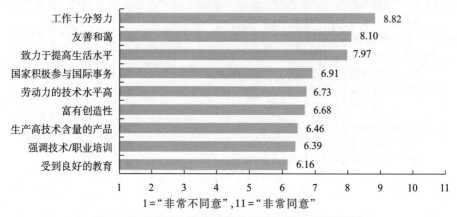

图8-16 中国人形象量表的发达国家样本分题项评价

3. 欠发达国家样本的中国人形象

欠发达国家样本对中国人的评价较为积极,并明显优于发达国家样本和母国(中国)样本做出的评价。所有题项的得分都高于中值(6),所有题项的平均分为8.17。特别地,中国人的工作努力程度(9.76)、创造性(9.43)和劳动力的技术(9.15)得到了高度认可。中国人形象量表的欠发达国家样本分题项评价见图8-17。

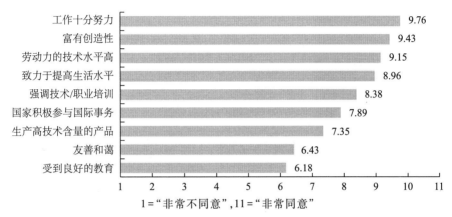

图 8-17　中国人形象量表的欠发达国家样本分题项评价

4. 母国(中国)样本的中国人形象

母国(中国)的被访者对本国人的总体印象略显消极,所有题项的平均分为6.02,明显低于发达国家被访者和欠发达国家被访者的评价。但母国(中国)样本对于工作努力程度(7.80)和亲切友好度(7.59)持较为肯定的态度。中国人形象量表的母国(中国)样本分题项评价见图8-18。

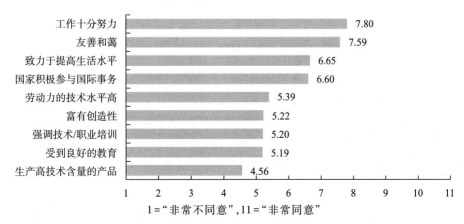

图 8-18　中国人形象量表的母国(中国)样本分题项评价

（三）综合的中国宏观国家形象

综合的中国宏观国家形象由两部分组成:中国总体国家形象和中国人形象。在总样本中,综合的中国宏观国家形象偏向于积极,平均分为6.27,这说明在世界范围内中国宏观国家形象总体上是正面的。实际上,中国人形象要优于中国总体国家形象。分样本来看,欠发达国家样本对中国宏观国家形象的评价最高,发达国家样本次之,母国(中国)样本最低。综合的中国宏观国家形象见图8-19。

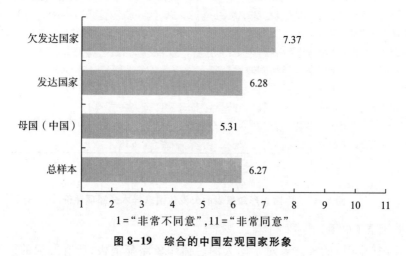

1="非常不同意",11="非常同意"

图8-19 综合的中国宏观国家形象

从上述分析可以看出,无论是用定性研究方法还是定量描述性研究方法,中国国家形象在总样本和子样本中都趋于积极。

对于发达国家样本,两种方法测得的中国国家形象都趋于积极。具体来说,发达国家样本最认可中国的"大""发展"和"友好的",但也比其他市场更关注中国的政治问题。

对于欠发达国家样本,两种方法测得的中国国家形象都趋于积极。具体来说,欠发达国家样本比其他市场更为认可中国的"发展""科技"和"经济",但也更关注与中国产品相关的问题。

对于母国(中国)样本,定性方法测得的中国国家形象倾向于积极,但定量方法所得结果倾向于消极。这表明中国民众对本国有更全面的认识,也观察到更多问题。具体来说,中国样本更重视本国的"历史、传统""大"和"发展",也关注更广泛的民生问题。

第三节　调查结果二：中国微观国家形象

一、对"中国制造"自由联想定性分析结果

（一）中国微观国家形象的第一联想情况

对于"中国制造"的第一联想，不论是发达国家、欠发达国家还是母国（中国）样本都偏向消极。其中，发达国家样本对"中国制造"的评价相对较高，而中国被访者对本国制造的产品的评价明显低于其他两个市场，表现出强烈的消极态度。中国微观国家形象的第一联想评价见图8-20。

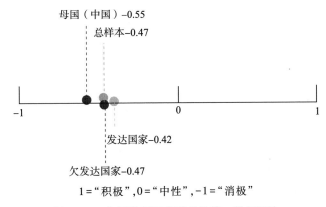

图 8-20　中国微观国家形象的第一联想评价

1. 总样本的第一联想频次统计

在总样本的第一联想中，前20种联想的提及频次（共605次）占总频次（889次）的68.05%，如图8-21所示。其中消极联想11种（共440次），占前20种联想提及频次的72.73%，中性和积极联想分别有4种（共73次）和5种（共92次），占前20种联想提及频次的12.07%和15.20%。

总样本对"中国制造"的第一联想总体偏消极。绝大多数被访者的第一反应是价格低廉，其次在产品仿造、质量参差不齐、大规模制造、成本较低、代工生产这几方面也达成了一定的共识。一些被访者还认为中国产品缺乏创新性、比较低端且不可信赖，但产品遍布各地、随处可买。

2. 发达国家样本的第一联想频次统计

在发达国家样本的第一联想中，前15种联想的提及频次（共321次）占总频次（406次）的79.06%，如图8-22所示。其中消极联想6种（229次），占前

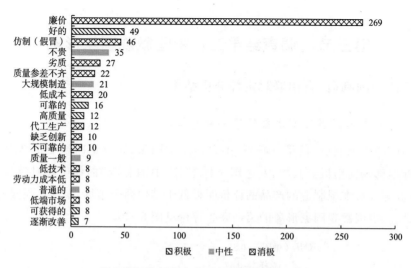

所有联想按频次由高到低排序,总频次:889

图 8-21　中国微观国家形象的第一联想总样本频次统计

15 种联想提及频次的 71.34%,中性和积极联想分别有 4 种(43 次)和 5 种(49 次),占前 15 种联想提及频次的 13.40% 和 15.26%。

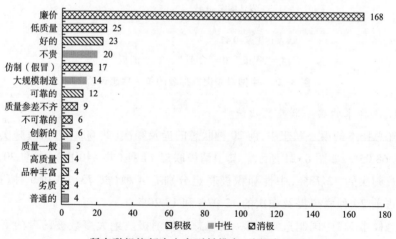

所有联想按频次由高到低排序,总频次:406

图 8-22　中国微观国家形象的第一联想发达国家样本频次统计

发达国家的被访者对"中国制造"的第一联想总体偏消极,他们最强烈的第一反应是价格低廉,之后是质量较差。但也有部分被访者认为产品不错,而且价格不贵、负担得起。此外,一些被访者认为中国产品是仿造他国且大规模制造的,存在质量参差不齐、不可信等问题。

3. 欠发达国家样本的第一联想频次统计

在欠发达国家样本的第一联想中,前 15 种联想的提及频次(共 177 次)占总频次(227 次)的77.97%,如图 8-23 所示。其中消极联想 9 种(132 次),占前 15 种联想提及频次的 74.58%,中性和积极联想分别有 2 种(19 次)和 4 种(26 次),占前 15 种联想提及频次的 10.73%和 14.69%。

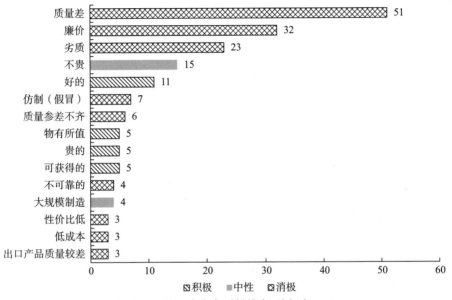

所有联想按频次由高到低排序,总频次:227

图 8-23　中国微观国家形象的第一联想欠发达国家样本频次统计

欠发达国家的被访者对"中国制造"的第一联想总体趋于消极,他们对中国产品的第一反应主要是质量差、价格低廉和劣质,其中质量差是最为突出的。当然,也有一部分被访者认为中国产品很不错。此外,在少数被访者的心目中中国产品遍布各地,比较容易买到,但价格昂贵。

4. 母国(中国)样本的第一联想频次统计

在母国(中国)样本的第一联想中,前 16 种联想的提及频次(共 213 次)占总频次(256 次)的 83.20%,如图 8-24 所示。其中消极联想 12 种(184 次),占前 16 种联想提及频次的 86.38%,中性和积极联想分别有 1 种(4 次)和 3 种(25 次),占前 16 种联想提及频次的 1.88%和 11.74%。

母国(中国)的被访者对"中国制造"的第一联想呈现明显的消极态度。他们普遍认为中国制造的产品存在价格低廉、质量差和仿制(假冒)的特性,其中价格低廉是最为突出的。此外,部分被访者认为中国是世界代加工的大工厂,产品生产成本较低、技术含量低且质量参差不齐,几乎都是进入低端市场。

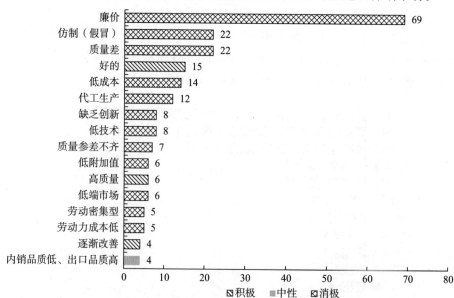

所有联想按频次由高到低排序,总频次:256

图8-24 中国微观国家形象的第一联想母国(中国)样本频次统计

(二)中国微观国家形象的总联想情况

对于"中国制造"的总体联想,不论是发达国家、欠发达国家还是母国(中国)样本的态度都偏消极。其中,发达国家样本的评价相对较高,而中国被访者对本国制造的产品的评价明显低于其他两个市场,表现出较为强烈的消极态度。中国微观国家形象的总联想评价见图8-25。

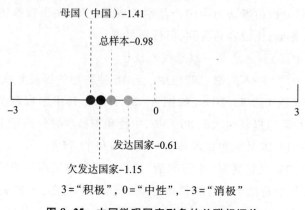

图8-25 中国微观国家形象的总联想评价

1. 总样本的总联想频次统计

在总样本的总联想中，前 25 种联想的提及频次（共 1 798 次）占总频次（2 348 次）的 76.58%，如图 8-26 所示。其中消极联想 14 种（1 249 次），占前 25 种联想提及频次的 69.47%，中性和积极联想分别有 3 种（207 次）和 8 种（342 次），占前 25 种联想提及频次的 11.51% 和 19.02%。

总样本对"中国制造"的总体态度偏消极，普遍认为其最大的特点是产品价格低廉，其次是质量较低、常模仿或伪造他国产品。也有部分被访者认为中国制造的产品整体不错，遍布各地、品种丰富，都是大规模制造且价格不贵。另外，质量参差不齐、技术含量较低、缺乏创新性、缺乏品牌意识和安全性问题也被很多被访者所感知。

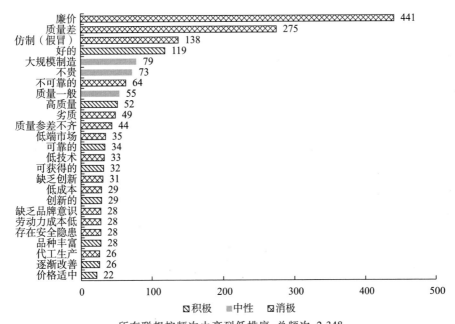

所有联想按频次由高到低排序，总频次：2 348

图 8-26　中国微观国家形象的总联想总样本频次统计

2. 发达国家样本的总联想频次统计

在发达国家样本的总联想中，前 24 种联想的提及频次（共 748 次）占总频次（1 007 次）的 74.28%，如图 8-27 所示。其中消极联想 10 种（429 次），占前 24 种联想提及频次的 57.35%，中性和积极联想分别有 5 种（122 次）和 9 种（197 次），占前 24 种联想提及频次的 16.31% 和 26.34%。

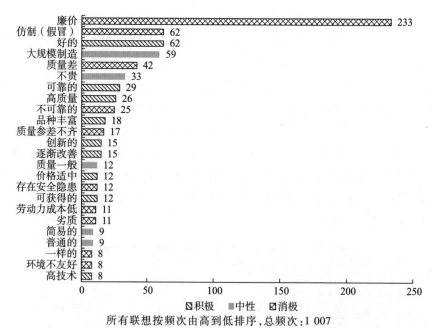

所有联想按频次由高到低排序,总频次:1 007

图 8-27　中国微观国家形象的总联想发达国家样本频次统计

发达国家的被访者对"中国制造"的总体联想趋于消极。半数之多的被访者认为中国制造的产品比较廉价,相当一部分的被访者认为中国产品都是大规模制造、模仿甚至伪造国外的,且产品质量较差。中国产品的安全性问题、环保问题、品牌意识问题也被发达国家的被访者指出。但是,也有很大一部分被访者认为中国产品很不错,中国产品也存在很多显而易见的优点,如品种丰富、遍布世界各地、处于不断改善中。

3. 欠发达国家样本的总联想频次统计

在欠发达国家样本的总联想中,前 22 种联想的提及频次(共 499 次)占总频次(577 次)的 86.48%,如图 8-28 所示。其中消极联想 10 种(共 342 次),占前 22 种联想提及频次的 68.54%,中性和积极联想分别有 3 种(52 次)和 9 种(105 次),占前 22 种联想提及频次的 10.42% 和 21.04%。

欠发达国家的被访者对"中国制造"的联想总体上呈现较为消极的态度。他们认为中国产品的最大特点是质量较差,其次是价格便宜。相当一部分被访者认为中国制造的产品总体很差、不可靠,且多是仿造他国的。但也有一部分人认为中国产品很不错、具有创新性、遍布各地且比较昂贵。此外,一些被访者还认为中国产品质量较高、设计不错,以及都是成本较低的大规模制造。

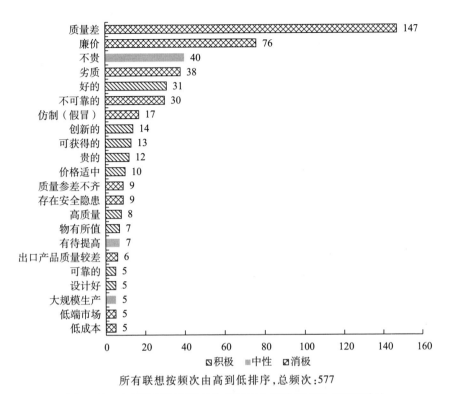

所有联想按频次由高到低排序,总频次:577

图 8-28 中国微观国家形象的总联想欠发达国家样本频次统计

4. 母国(中国)样本的总联想频次统计

在母国(中国)样本的总联想中,前 25 种联想的提及频次(共 644 次)占总频次(742 次)的 86.79%,如图 8-29 所示。其中消极联想 16 种(510 次),占前 25 种联想提及频次的 79.19%,中性和积极联想分别有 4 种(74 次)和 5 种(60 次),占前 25 种联想提及频次的 11.49% 和 9.32%。

母国(中国)的被访者对"中国制造"的总体联想持明显的否定态度。他们普遍认为中国产品的最大特点是价格低廉,其次认为大多数产品品质较差,缺乏产品创新意识,总是模仿其他国家的产品,从而导致山寨产品的泛滥。部分被访者指出中国产品技术含量较低、附加值低,主要活跃在低端市场,是国际代加工的产物。此外,"中国制造"也存在着内销产品品质低而出口产品品质高、设计较差、安全性不足等问题。

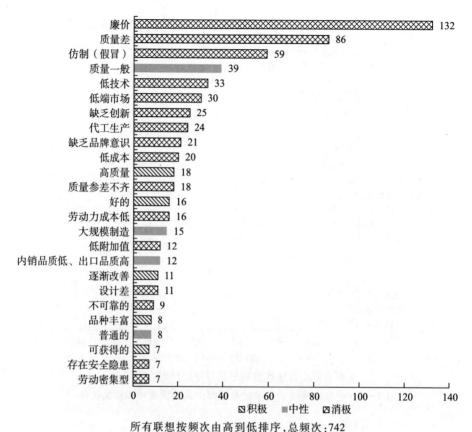

所有联想按频次由高到低排序,总频次:742

图8-29 中国微观国家形象的总联想母国(中国)样本频次统计

二、定量描述性统计分析结果

这里将中国微观国家形象具体界定为被访者对"中国制造"的形象评价,对问卷数据进行定量描述性统计分析的结果如下。

(一)总样本的中国微观国家形象

在总样本对"中国制造"的印象中,所有题项的得分都低于中值(6)。其中"先进的科技"得分最高,为5.87,"昂贵的"得分最低(3.80)。所有题项的平均分为4.98,意味着"中国制造"的总体形象偏向负面。中国微观国家形象量表的总样本分题项评价见图8-30。

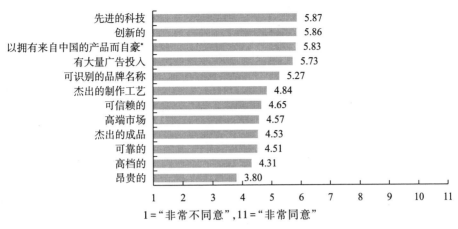

图 8-30　中国微观国家形象量表的总样本分题项评价

注：＊本题仅在发达国家和欠发达国家的问卷中出现。

（二）发达国家样本的中国微观国家形象

在发达国家样本对"中国制造"的印象中，所有题项的得分都低于中值（6）。其中"有大量广告投入"得分最高，为5.85，"昂贵的"得分最低（3.57）。所有题项的平均分为5.08，意味着在发达国家被访者的心目中，"中国制造"的总体形象偏向负面，这与总样本的结果一致。中国微观国家形象量表的发达国家样本分题项评价见图8-31。

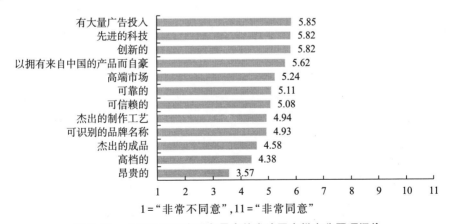

图 8-31　中国微观国家形象量表的发达国家样本分题项评价

（三）欠发达国家样本的中国微观国家形象

在欠发达国家样本对"中国制造"的印象中，有3个题项高于中值（6），分别是"创新的""先进的科技"和"以拥有来自中国的产品而自豪"，得分依次为

7.94、7.51 和 6.22。所有题项的平均分为 5.07,低于中值,意味着在欠发达国家的被访者心目中,"中国制造"的总体印象偏向负面,这与总样本的结果一致。中国微观国家形象量表的欠发达国家样本分题项评价见图 8-32。

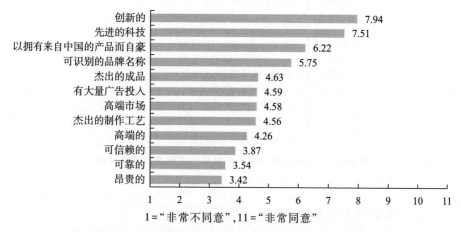

图 8-32　中国微观国家形象量表的欠发达国家样本分题项评价

（四）母国（中国）样本的中国微观国家形象

在母国（中国）样本对"中国制造"的印象中,高于中值（6）的题项只有"有大量广告投入"（6.54）,其余题项的得分普遍较低,尤其是产品档次方面得分最低,在 4 分以下。所有题项的平均分为 4.66,低于中值,意味着在母国（中国）被访者心目中,"中国制造"的总体印象偏向负面,这与总样本的结果一致。中国微观国家形象量表的母国（中国）样本分题项评价见图 8-33。

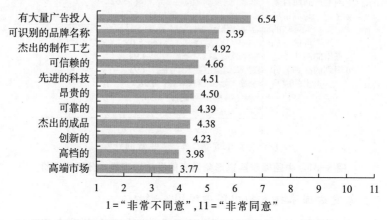

图 8-33　中国微观国家形象量表的母国（中国）样本分题项评价

注:因为"以拥有来自中国的产品而自豪"不适合母国国内被访者,量表中剔除了这一题项。

（五）综合的中国微观国家形象

综合的"中国制造"形象来源于以上 11 项因素得分的平均值，欠发达国家样本和发达国家样本的平均分分别为 5.07 和 5.08，略高于总样本的平均分（4.96），并高于母国（中国）样本的平均分（4.66）。但所有平均分都低于中值（6），这表明，在世界范围内"中国制造"的总体形象趋于消极。具体来看，母国（中国）样本对"中国制造"的总体印象比其他两个市场更消极，这可能是因为他们使用了更多的中国产品，因而对于假冒伪劣问题有更深的体会。综合的中国微观国家形象见图 8-34。

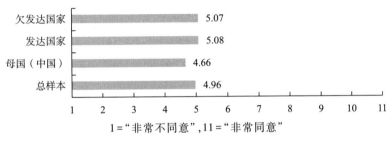

1 = "非常不同意"，11 = "非常同意"

图 8-34 综合的中国微观国家形象

从上述分析可以看出，无论是使用定性研究方法还是定量研究方法，总体上"中国制造"的形象在总样本或三类子样本中都趋向消极。需要注意的是，在两种方法中，三个市场样本心目中的"中国制造"形象按分数高低排序是一致的，即发达国家市场最高，欠发达国家市场次之，中国市场最低。

对于发达国家样本来说，他们的不良印象主要在于中国产品的"廉价"，其次是"仿制（假冒）"和"质量差"。相较于其他因素，发达国家样本更认可中国产品的广告支持力度。

对于欠发达国家样本来说，他们的不良印象集中于"质量差""廉价"和"劣质"；但相较于其他市场，他们也更加认可"中国制造"的创新性和高科技，同时也更"以拥有来自中国的产品而自豪"。

对中国样本来说，"廉价""质量差"和"仿制（假冒）"是提及频次最高的一些消极联想。在所有因素中，中国样本也更认可中国产品的广告力度。总体上，中国样本与发达国家样本的情况类似。

第四节　调查结果三：中国产品和品牌态度

一、对制造国的偏好

对制造国的偏好,总样本及三类子样本的平均分都大于中值(4),说明三个市场均喜欢非中国制造的产品。其中,发达国家样本相对较为喜欢中国制造的产品,而欠发达国家样本最不喜欢中国制造的产品。不同样本对制造国偏好的评价见图 8-35。

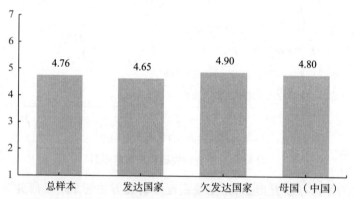

1 = "喜欢来自中国的产品",7 = "喜欢来自其他国家的产品"

图 8-35　不同样本对制造国偏好的评价

注:发达国家和母国(中国)测试的产品类别是鞋子、真空吸尘器、电视机、音响系统、服装和汽车。欠发达国家测试的产品类别是服装和鞋子、陶瓷制品、Led/Lcd 电视机、手机、电器配件和汽车。

二、对"中国制造"的态度

对"中国制造"的评价,总样本的平均分为 3.92,低于中值(4),这说明三个市场的评价均一般。欠发达国家样本的评价最低,说明该国消费者倾向于非中国制造的产品;而中国与发达国家样本的评价相似,趋于中性。不同样本对"中国制造"的态度评价见图 8-36。

三、对中国品牌的购买意愿

对中国品牌的购买意愿,总样本的平均分(3.85)略低于中值(4),表明三个市场的消费者均不倾向于购买中国品牌的产品。欠发达国家样本的平均分

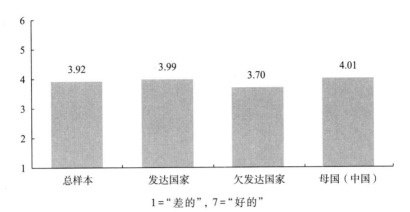

图 8-36 不同样本对"中国制造"的态度评价

注：上述分数是"负面的/正面的""非常不喜欢/非常喜欢""差的/好的"得分的平均值。

最低(3.69)，相对而言最不可能购买中国品牌的产品。只有中国样本的评价(4.11)略高于中值(4)。不同样本对中国品牌的产品购买意愿的评价见图8-37。

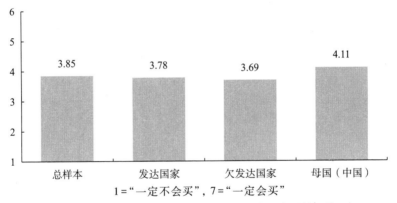

图 8-37 不同样本对中国品牌的产品购买意愿的评价

从上述分析可以看出，三个市场对"中国制造"和中国品牌的态度都为中性偏向消极。比较而言，中国品牌的知名度与接受度低于"中国制造"。分市场来看，欠发达国家市场对"中国制造"和中国品牌的认可度最低，发达国家市场对"中国制造"的认可度较高，中国市场对中国品牌的认可度较高。

综合前面的三项分析结果表明，无论是在总样本还是三类子样本中，中国宏观国家形象(总体国家形象和人民形象)均优于中国微观国家形象("中国制造"的形象)。我们得出的总体结论可概括为如下三点：

首先，无论是使用定性研究方法还是定量研究方法，中国宏观国家形象在总样本和分市场中均趋于积极。所有市场都认可中国的"大"和"发展"，但对中国问题的关注各不相同。相比之下,欠发达国家样本对中国宏观国家形象给出的评价最高,发达国家样本次之,母国(中国)样本最低。

其次,无论是使用定性研究方法还是定量研究方法,"中国制造"的形象在总样本和分市场中均趋于消极。需要注意的是,在两种方法中,三个市场心目中的"中国制造"形象按分数高低排序是一致的,即发达国家样本最高,欠发达国家样本次之,母国(中国)样本最低。而且三个市场所关注的中国产品问题也很一致,主要是"廉价""仿制(假冒)"和"质量差"。

最后,所有市场对中国产品和中国品牌的态度都为中性偏消极。其中,欠发达国家样本对中国产品和中国品牌的认可度最低,发达国家样本相对更偏好中国产品,而母国(中国)样本对本国品牌的评价更高。

本章的结论客观记录了在北京奥运会和上海世博会之后的特定阶段,中国国家形象在国内外消费者群体中的评价。2012 年以后,中国经济告别了高速增长,中国进入科技创新引领发展的新时代,世界格局和宏观环境发生了很大变化。如果在十年后的今天,重新开展相似的调研,应该会有新的结果。但本章调研结果所留下的记录,已经蕴含了未来发展的密码。

第九章

中国国家形象评价：意大利消费者调查

本章采用与第八章相同的调查方法,以意大利消费者为调查对象,采用定量与定性研究相结合的方法,分别测量了意大利消费者心目中的中国宏观国家形象、中国微观国家形象及其对中国产品和品牌的态度。本调查开展的时间是2013年3月。调查结果显示:意大利消费者心目中中国宏观国家形象和中国微观国家形象比较消极负面,其在制造国偏好、"中国制造"总体态度及中国品牌购买意愿三个方面的评价也均未达到中间值水平。与第八章相同,本章的研究成果作为一个记录,为"中国"国家品牌形象评价提供了在特定阶段、来自特定群体评价的基础性数据。

第一节　研究方法

一、数据收集与样本分布

本研究样本是发达国家消费者,以意大利消费者为调查对象,通过意大利某大学的一位教授采集数据,调查时间为2013年3月。回收问卷864份,剔除填写不完整的问卷后,有效样本共计668份。其中,男性40%,女性59.9%,1人性别变量缺失。年龄分布为:25岁及25岁以下14.1%,26—35岁45.7%,36—45岁21.1%,46—55岁13.2%,56—65岁3.9%,65岁以上2.0%。绝大部分被访者没有来过中国(93.1%),5.2%的被访者来过2次,0.3%来过3次,0.4%来过4次,1%来过5次及以上。在受教育程度上,1.2%小学毕业,5.7%初中毕业,32.2%高中毕业,46.0%本科毕业,13.0%硕士及以上学历,缺失值占1.9%。

二、问卷、量表与态度测量

问卷的主体由测量中国国家形象的题项构成,包括宏观国家形象和微观国家形象,测量形式既有李克特量表,也有自由联想的定性方法。除国家形象的测量外,问卷还包括对中国产品和品牌态度的评价题目,以及人口统计资料。问卷采用意大利语编写。

宏观国家形象的测量采用 Martin 和 Eroglu(1993)的"总体国家形象"构念,其定义是"对一个特定国家的所有描述性的、推断性的、信息性的信念的总体",共有 11 个题项。Pappu、Quester 和 Cooksey(2007)在研究中称之为"宏观国家形象"。为进一步完善宏观国家形象的测量,我们还特别加入 Parameswaran 和 Yaprak(1987)的"人民形象"的维度,共有 10 个题项。本研究采用 Knight 和 Calantone(2000)研究中使用的 9 个题项。上述测量采用李克特 11 点量表。

微观国家形象的测量采用 Nagashima(1970,1977)"与国家相关的产品形象"构念,Nagashima(1970)认为,"形象"意味着与一个概念相关的想法、情绪背景和含义,因此,"Made in"形象是商人和消费者有关一个特定国家的产品的图像、声誉和刻板印象。Pappu、Quester 和 Cooksey(2007)在研究中称之为"微观国家形象",共有 12 个题项。该测量同样采用李克特 11 点量表。

自由联想法从两个方面展开分析。一是对"中国"的联想,让被访者写下三个短语描述中国;二是对"中国制造"的联想,同样让被访者写下三个短语进行描述。统计分析采用两种方法:一是只分析第一联想,二是把三个联想合在一起作为总联想展开分析。由两位研究助理独立进行编码,正面联想记为"1",中性联想记为"0",负面联想记为"-1"。两位编码员独立编码的一致性为91.62%—96.11%。遇到分析结果不一致的短语,再联合第三位研究员进行讨论,取得一致。

产品和品牌态度的测量包括三个方面。一是制造国偏好,选定八个品类,包括鞋子、真空吸尘器、电视机、音响系统、服装、汽车、电冰箱和个人电脑。采用李克特 7 点量表,"1"和"7"分别表示偏好于"来自中国"和"来自其他国家"这两个极端。二是对于"中国制造"的总体态度,采用李克特 9 点量表,共有三个题项:"正面—负面""非常不喜欢—非常喜欢"以及"好的—差的"。统计时对一个题项的分数进行反转,分数越大表示态度越消极。三是中国品牌购买意向,选定八个品类,包括中国品牌的鞋子、真空吸尘器、电视机、音响系统、服装、汽车、电冰箱和个人电脑。采用李克特 7 点量表,"1"表示肯定不想购买,"7"表示肯定想购买。

第二节　调查结果一：中国宏观国家形象

一、对"中国"自由联想的定性分析结果

（一）中国宏观国家形象的第一联想情况

意大利被访者对于中国宏观国家形象的第一联想的平均分为-0.06,接近中性评价（0）,表明意大利被访者对于中国的第一印象为中性偏消极。提及频次最高的 24 种第一联想（共 371 次）,占总频次（661 次）的 56.13%,包括:5 种积极联想（96 次）,占前 24 种联想提及频次的 25.88% ;11 种中性联想（164 次）,所占比例为 44.20%;8 种消极联想（111 次）,所占比例为 29.92%。中国宏观国家形象的第一联想意大利样本频次统计见图 9-1。

具体到第一联想的内容,多集中于"人口众多""长城""黑社会""大米""共产主义""大/伟大""发展""便宜的商品"等词汇。值得注意的是,这 24 种联想词汇并未包括"中国制造"。

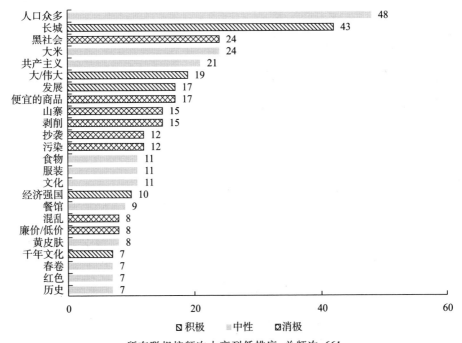

所有联想按频次由高到低排序,总频次:661

图 9-1　中国宏观国家形象的第一联想意大利样本频次统计

（二）中国宏观国家形象的总联想情况

意大利被访者对于中国宏观国家形象的总联想的平均分为-0.12,略低于中性评价(0),表明意大利被访者对于中国的整体印象为中性偏消极。提及频次最高的26种总联想(共969次),占总频次(1 945次)的49.82%,包括:5种积极联想(185次),占前26种联想提及频次的19.09%;13种中性联想(471次),所占比例为48.61%;8种消极联想(313次),所占比例为32.30%。内容方面,总联想统计情况类似于第一联想结果,"人口众多""大米""共产主义"是最常见的中性联想;"长城""发展""大/伟大"是最常见的积极联想;而"剥削""污染""山寨"和"便宜的商品"则是主要的消极联想。中国宏观国家形象的总联想意大利样本频次统计见图9-2。

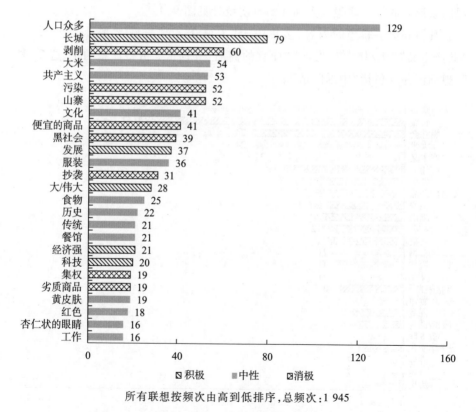

所有联想按频次由高到低排序,总频次:1 945

图9-2 中国宏观国家形象的总联想意大利样本频次统计

本部分采用自由联想的定性方法测量意大利被访者对中国宏观国家形象的评价。操作步骤是,让被访者写下三个关于"中国"的联想词汇。统计分析采用两种方法:一是只分析第一联想,二是把三种联想合在一起作为总联想展开分析。结果显示,对"中国"的第一联想评价和总联想评价具有较高的一致性。总体上,意大利被访者关于"中国"的联想词汇多偏向消极或中性,积极联想词汇的被提及频次相对不高。无论是第一联想还是总联想,"人口众多"都是提及最多的中性词汇,"长城"都是提及最多的积极词汇。

二、定量描述性统计分析结果

(一) 中国总体国家形象

中国总体国家形象量表的意大利样本分题项评价如图 9-3 所示。总体得分比较低,所有题项的平均得分为 4.44,多数题项的均值小于量表所设分数的中值(6),只有三个题项的平均得分高于 6,分别为"高度工业化""高水平的技术研究"和"高度发展的经济"。这说明中国在意大利的总体形象并不是很好,但是经济和技术方面的评价相对高一点。

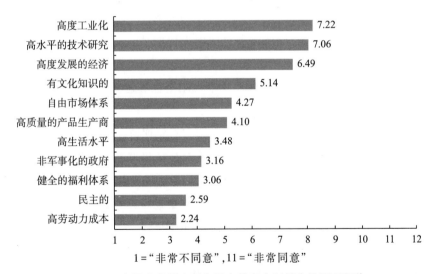

图 9-3　中国总体国家形象量表的意大利样本分题项评价

(二) 中国人民形象量表

如图 9-4 所示,意大利被访者对中国人民的评价偏向积极正面,所有题项的平均得分为 6.84。除了"友善和蔼""受到良好的教育""劳动力的技术水平高"这三个题项,其余各题项平均评价分数均高于一般水平(6),尤其是中国人民的工作努力程度,以及国家积极参与国际事务方面得到了高度肯定。

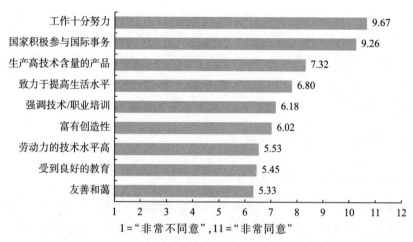

图 9-4　中国人民形象量表的意大利样本分题项评价

　　将意大利被访者的总体国家形象量表评分与人民国家形象量表评分相结合,可得到其关于中国的综合宏观国家形象评分。如图 9-3 所示,意大利被访者对于中国的总体国家形象持消极态度,平均分为 4.44,低于一般水平。与此同时,如图 9-4 所示,意大利被访者对中国人民的评价却相对积极正面,平均分为 6.84,高于一般水平。

　　通过以上分析发现,在意大利样本中运用定性和定量研究方法,所测得的中国宏观国家形象有所区别。

　　自由联想分析结果显示,意大利宏观国家形象评价,多集中于中性联想,尤其是“人口众多”“大米”“共产主义”等,其次是消极联想,积极联想最少。对量表数据的描述性统计结果显示,被访者虽然对中国总体国家形象持消极否定态度,但对中国人民形象的评价总体持积极肯定态度。总体国家形象方面,被访者比较肯定中国的经济文化水平,但对涉及社会民生或政治话题的评价不高;人民国家形象方面,被访者几乎对各个题项的评价都偏向积极,尤其是中国人民的工作努力程度,以及国家积极参与国际事务方面等。

　　综合而言,中国宏观国家形象在意大利比较消极负面。未来可以考虑将中国人民作为中国宏观国家形象的典型代表,将与之相关的积极联想转移到中国宏观国家形象上,以促进对中国宏观国家形象的塑造。

第三节　调查结果二：中国微观国家形象

一、对"中国制造"自由联想的定性分析结果

（一）中国微观国家形象的第一联想情况

意大利样本关于"中国制造"的第一联想平均分为-0.68,低于中性评价
（0）,表明"中国制造"在意大利具有普遍消极的第一印象。提及频次最高的15
种第一联想（共516次）,占总频次（668次）的77.25%,包括:9种消极联想
（450次）,占前15种联想提及频次的87.21%;1种中性联想（6次）,所占比例
为1.16%;5种积极联想（60次）,所占比例为11.63%。中国微观国家形象的第
一联想意大利样本频次统计见图9-5。最常见的第一联想有:"劣质/质量差/
易坏""价格便宜""有毒/有害/不安全""山寨/抄袭""高科技/技术领先""有
的产品不错"等。

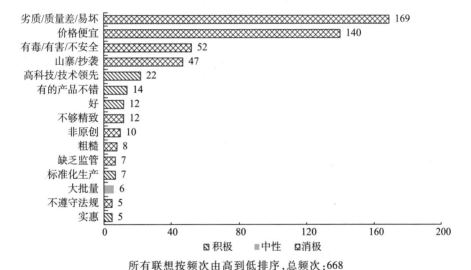

所有联想按频次由高到低排序,总频次:668

图9-5　中国微观国家形象的第一联想意大利样本频次统计

（二）中国微观国家形象的总联想情况

意大利样本关于中国制造的总联想平均分为-0.63,低于中性评价（0）,表
明"中国制造"在意大利具有普遍消极的总体印象。提及频次最高的23种联
想词汇（共1 451次）,占总频次（1 936次）的74.95%,包括:12种消极联想
（1 239次）,占前23种联想提及频次的85.39%;3种中性联想（39次）,所占比

例为 2.69%;8 种积极联想(173 次),所占比例为 11.92%。中国微观国家形象的总联想意大利样本频次统计见图 9-6。

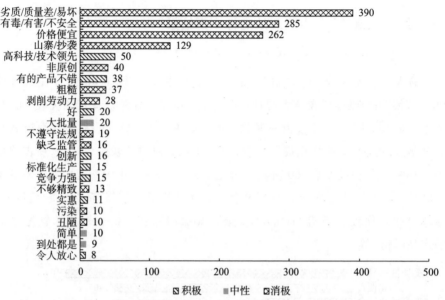

劣质/质量差/易坏　390
有毒/有害/不安全　285
价格便宜　262
山寨/抄袭　129
高科技/技术领先　50
非原创　40
有的产品不错　38
粗糙　37
剥削劳动力　28
好　20
大批量　20
不遵守法规　19
缺乏监管　16
创新　16
标准化生产　15
竞争力强　15
不够精致　13
实惠　11
污染　10
丑陋　10
简单　10
到处都是　9
令人放心　8

◫积极　■中性　⊠消极

所有联想按频次由高到低排序,总频次:1 936

图 9-6　中国微观国家形象的总联想意大利样本频次统计

本部分采用自由联想的定性方法测量被访者对中国微观国家形象的评价。操作步骤是,让被访者写下三个关于"中国制造"的联想词汇。统计分析采用两种方法:一是只分析第一联想,二是把三种联想合在一起作为总联想展开分析。结果显示,对"中国制造"第一联想评价和总联想评价结果具有较高的一致性。整体而言,意大利被访者对于"中国制造"的评价偏向负面,消极联想词汇被提及的频次较高,远远高于积极联想和中性联想的总和。

二、定量描述性统计分析结果

这里将中国微观国家形象具体定义为被访者对"中国制造"的形象评价。中国微观国家形象量表的意大利样本分题项评价如图 9-7 所示。总体而言,除了"先进的科技"一项,量表各题项分数都低于一般水平(6),量表总体平均分为 3.43,说明"中国制造"在意大利被访者心目中的形象比较消极负面。

与本研究自由联想定性分析结果一致的是,"可靠的""昂贵的""高档的"和"高端市场"四个题项得分最低,"劣质/质量差/易坏""有毒/有害/不安全"

和"价格便宜"是最突出的几种联想。另外，"先进的科技"这一题项得分最高，这也与自由联想中"高科技/技术领先"是提及率最高的积极联想相一致。

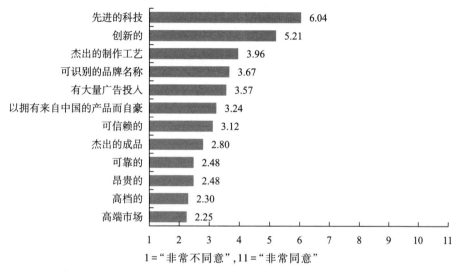

1="非常不同意"，11="非常同意"

图 9-7　中国微观国家形象量表的意大利样本分题项评价

通过以上分析发现，在意大利样本中运用定性和定量研究方法，所测得的中国微观国家形象结果趋于消极。自由联想分析结果显示，发达国家被访者对中国微观国家形象的评价，多集中于对"中国制造"价格与质量等产品直接相关特征的评价，例如"价格便宜""劣质/质量差/易坏"和"有毒/有害/不安全"等。对量表数据的描述性统计结果显示，意大利被访者相对比较肯定"中国制造"的产品科技先进程度，但对"高端市场""高档的"和"昂贵的"程度评价极低。

总体上，意大利消费者对中国微观国家形象的评价比较消极负面。结合前文结论，被访者对中国的宏观国家形象的联想相对偏中性。提高"中国制造"的国际声誉，当务之急在于加强对"中国制造"本身的质量控制与形象塑造。另外，可以考虑将中国宏观国家形象的一些积极联想转移到中国制造的产品上，从而改善中国微观国家形象。

第四节　调查结果三：中国产品和品牌态度

一、制造国偏好

本研究中对发达国家意大利和母国（中国）测试的产品品类包括鞋子、真空吸尘器、电视机、音响系统、服装、汽车、电冰箱和个人电脑。采用李克特7点量表，"1"和"7"分别表示偏好"来自中国"或"来自其他国家"这两个极端。如图9-8所示，总体而言，意大利被访者对产品制造国偏好的平均值高于"4"，说明大部分被访者在对这些品类的产品，尤其是鞋子、汽车和服装进行购买决策时，均偏向购买来自其他国家的产品。

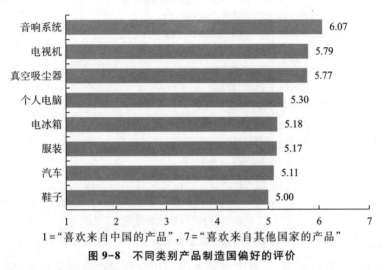

1="喜欢来自中国的产品"，7="喜欢来自其他国家的产品"

图9-8　不同类别产品制造国偏好的评价

二、"中国制造"总体态度

意大利被访者对"中国制造"总体态度的评价平均分值为6.10，这说明整体上其对"中国制造"的评价偏向消极。三个题项的得分非常接近，这从侧面说明该量表的内部一致性程度很高。

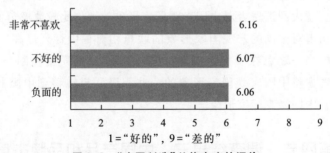

1="好的"，9="差的"

图9-9　"中国制造"总体态度的评价

注：上述分数是"正面的/负面的""非常喜欢/非常不喜欢""好的/差的"得分的平均值。

三、中国品牌购买意愿

本研究选定了八个品类，包括中国品牌的鞋子、真空吸尘器、电视机、音响系统、服装、汽车、电冰箱和个人电脑。同样采用李克特 7 点量表，"1"表示一定不会买，"7"表示一定会买。如图 9-10 所示，意大利样本中国品牌购买意愿的评价平均分值为 2.80，这说明整体上其对中国品牌的购买意愿不强。结合前文的自由联想分析结果，其关于"中国制造"最显著突出的联想是"劣质/质量差/易坏"和"有毒/有害/不安全"，这影响了其对中国品牌产品的购买意愿。另外，与制造国偏好相一致，意大利被访者对中国品牌的鞋子、汽车和服装的购买意愿最低。

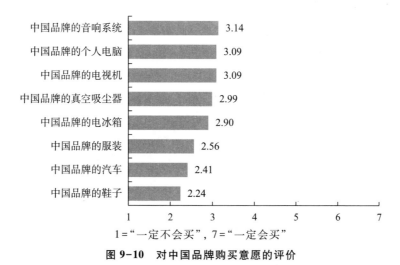

1 = "一定不会买"，7 = "一定会买"

图 9-10 对中国品牌购买意愿的评价

在制造国偏好方面，针对所测试的八个产品品类，意大利被访者都偏向购买来自其他国家的产品。对"中国制造"的总体态度上，被访者的评价偏向消极。对中国品牌的购买意愿上，被访者对于所测试的八个品类的购买意愿不强。

综上，意大利被访者在制造国偏好、"中国制造"总体态度及中国品牌购买意愿三个方面的评价都未达到中间值水平，说明"中国制造"在意大利市场竞争中不占优势。本部分结论在一定程度上印证了前文被访者关于"中国制造"的评价，尤其是中国产品缺乏高端感、质量差、可靠程度低等方面。意大利消费者对"中国制造"的自由联想和评价都不佳，他们在产品制造国偏好、"中国制造"总体态度及中国品牌购买意愿上的评价自然就比较低。

需要指出的是，本项结果客观记录了在 2013 年 3 月开展的调查，分析数据来自意大利消费者的便利样本。因此，对这个有关中国国家形象和"中国制造"评价结论的使用有明显的限制范围，需要谨慎对待。

第十章

中国国家形象评价：英国和美国消费者调查比较

本章以英、美消费者为调查对象，主要运用定量研究方式分析并比较了英、美两国消费者在中国宏观国家形象、中国微观国家形象、"中国制造"评价以及中国制造产品购买意愿方面的看法。本调查开展的时间是 2012 年 2 月至 3 月。① 结果表明：两国消费者对中国国家形象的评价趋同，但美国消费者的评价相对高于英国消费者；两国消费者对中国微观国家形象的评价高于宏观国家形象；两国消费者对"中国制造"的评价普遍不高，美国消费者的评价相对高于英国消费者，两国消费者对中国制造产品均表现出略显积极的购买意愿。与第八章和第九章类似，本章为"中国"国家品牌形象评价提供了在特定阶段、来自特定群体评价的参考性结果。

第一节　研究方法

一、数据收集与样本分布

本研究以英国和美国消费者为调查对象，通过与市场研究公司 Ayton Global Research(AGR)的合作，采用配额抽样的方法和在线调查的方式进行，

---

① 本章展现的是针对英美两国消费者调查样本的描述性分析结果。在本数据样本的基础上，我还开展了实证研究，见发表的论文：何佳讯、朱良杰、黄海洋，2017，《国家形象战略的有效性：国家形象如何影响"中国制造"的态度评价？——基于英美消费者的角度》，《华东师范大学学报(哲学社会科学版)》，第 49 期(5)，第 124—135 页。全文转载于人大复印报刊资料《市场营销·下半月(理论版)》，2018 年第 2 期。

调查时间为 2012 年 2 月至 3 月。在英国市场回收问卷 995 份,有效问卷共计 824 份,有效率为 82.8%。其中,男性 46.8%,女性 53.2%。年龄分布为:25 岁及 25 岁以下 10.9%,26—35 岁 34.1%,36—45 岁 38.7%,46—55 岁 16.3%。绝大部分(89.5%)被访者没有来过中国,7.0%的被访者来过 1 次,1.6%来过 2 次,0.6%来过 3 次,1.3%来过 4 次及以上。在美国市场回收问卷 469 份,有效问卷共计 398 份,有效率为 84.9%。其中,男性 15.6%,女性 84.4%;女性的比例明显高于男性,这主要是因为 AGR 美国数据库中女性比例较高,接受调查邀请的男性相对较少。年龄分布为:25 岁及 25 岁以下 12.1%,26—35 岁 34.9%,36—45 岁 31.2%,46—55 岁 21.8%。绝大部分被访者没有来过中国(91.5%),5.3%的被访者来过 1 次,2.3%来过 2 次,0.5%来过 3 次,0.4%来过 4 次及以上。

二、问卷、量表与态度测量

问卷的主体由测量中国国家形象的题项构成,包括宏观国家形象和微观国家形象,测量方法采用李克特量表。除国家形象的测量外,还包括对中国制造产品的评价和购买意愿调查。问卷采用英语编写。

宏观角度的测量采用 Martin 和 Eroglu(1993)量表中的两个题项以 Pappu、Quester 和 Cooksey(2007)的量表,一共有 11 个题项。微观角度的测量采用 Nagashima(1970,1977)量表中的四个题项以及 Pappu、Quester 和 Cooksey(2007)的量表,共有 12 个题项。上述测量均采用李克特 11 点量表,"1"表示强烈不同意,"11"表示强烈同意。

在中国制造产品评价和购买意愿的测量上,本调研选定了 10 个品类,包括手机、微波炉、太阳镜、电视机、玩具、服装、手表、厨具、鞋和个人电脑。关于"中国制造"的评价共有两个题项:"积极的—消极的"以及"好的—差的",采用李克特 7 点量表。"1"表示积极的,"7"表示消极的;"1"表示好的,"7"表示差的。统计时对一个题项的分数进行反转,分数越大表示态度越为消极或差。在中国制造产品购买意愿题项上,同样采用李克特 7 点量表,"1"表示强烈不同意,"7"表示强烈同意。

第二节　中国国家形象评价

一、宏观国家形象描述性统计分析

(一)中国宏观国家形象:基于英国消费者

对英国消费者样本数据进行信度分析,克朗巴哈系数(Cronbach's α)为

0.87,说明具有较高的信度水平。效度检验中,平均方差提取值(average variance extracted, AVE)为0.51,大于0.5的要求。从描述性数据统计角度看,英国消费者对中国宏观国家形象的整体评价平均评分为5.16,接近中值(6)。其中,"高度工业化""高水平的研究技术"和"高度发展的经济"3个题项得分超过了中值,表明英国消费者对中国宏观国家形象在经济和技术方面存在相对较高的评价。而"民主的""健全的福利体系"和"高劳动力成本"评分均低于4分,这说明英国消费者普遍认为中国具有低劳动力成本、福利体系不够健全的宏观形象,且中国的民主制度没有得到认可。

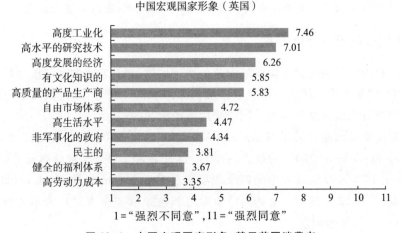

中国宏观国家形象(英国)

题项	评分
高度工业化	7.46
高水平的研究技术	7.01
高度发展的经济	6.26
有文化知识的	5.85
高质量的产品生产商	5.83
自由市场体系	4.72
高生活水平	4.47
非军事化的政府	4.34
民主的	3.81
健全的福利体系	3.67
高劳动力成本	3.35

1="强烈不同意",11="强烈同意"

图10-1 中国宏观国家形象:基于英国消费者

(二)中国宏观国家形象:基于美国消费者

对美国消费者样本数据进行信度分析,克朗巴哈系数为0.91,大于0.7的接受水平,说明具有较高的信度水平。效度检验中,AVE值为0.56,大于0.5的要求。从描述性数据统计角度看,美国消费者对中国宏观国家形象的整体平均评分为5.47,接近中值(6)。其中,"高度工业化""高水平的研究技术""有文化知识的"和"高度发展的经济"4个题项得分超过了中值。美国消费者对中国宏观国家形象在经济、文化和技术方面具有较高的评价。而"民主的"和"高劳动力成本"评分低于4分,这说明美国消费者普遍认为中国具有低劳动力成本、福利体系不够健全的宏观形象,同样,中国的民主制度没有得到认可。

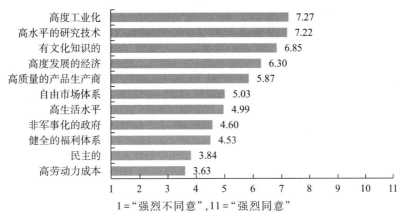

中国宏观国家形象（美国）

题项	得分
高度工业化	7.27
高水平的研究技术	7.22
有文化知识的	6.85
高度发展的经济	6.30
高质量的产品生产商	5.87
自由市场体系	5.03
高生活水平	4.99
非军事化的政府	4.60
健全的福利体系	4.53
民主的	3.84
高劳动力成本	3.63

1="强烈不同意"，11="强烈同意"

图 10-2　中国宏观国家形象：基于美国消费者

（三）中国宏观国家形象：英、美消费者的比较

从统计结果来看，英国和美国消费者对中国宏观国家形象的平均评分都接近中值（6），分别为 5.16 和 5.47。英、美消费者对中国宏观国家形象的认知趋于一致，但总体上，美国消费者给予了比英国消费者更高的评价。首先，在"高度工业化""高水平的研究技术"和"高度发展的经济"三个题项上两国消费者都给予了积极的评价。其次，在"有文化知识的"这一题项上，美国消费者较英国消费者的评价更高。最后，在"民主的"和"高劳动力成本"两个题项上两国消费者也趋于相同的认知，同样表现为不认同中国的民主制度，认为中国更符合低劳动成本的宏观国家形象。另外，两国消费者对于"健全的福利体系"题项的评分均偏低，但美国消费者的评价相对高于英国消费者。

二、微观国家形象描述性统计分析

（一）中国微观国家形象：基于英国消费者

对英国消费者样本数据进行信度分析，克朗巴哈系数为 0.95，大于 0.7 的接受水平，表明具有较高的信度水平。效度检验中，AVE 值为 0.64，大于 0.5 的要求。从描述性数据统计角度看，英国消费者对中国微观国家形象的整体平均评分为 5.67，接近中值（6）。其中，"先进科技""创新的"和"可识别的品牌名称"三个题项得分超过了中值，"可信赖的"题项得分（5.99）接近中值。英国消费者对中国微观国家形象在科技、技术方面具有较高的评价，对中国品牌也有较高的熟悉度。而"昂贵的""高端市场"和"高档的"评分排在后三位，说明英国消费者普遍认为中国具有低廉、非高端产品生产国的微观国家形象。

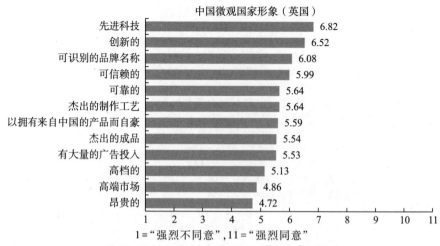

图 10-3　中国微观国家形象：基于英国消费者

（二）中国微观国家形象：基于美国消费者

对美国消费者样本数据进行信度分析，克朗巴哈系数为 0.96，大于 0.7 的接受水平，表明具有较高的信度水平。效度检验中，AVE 值为 0.70，大于 0.5 的要求。从描述性数据统计角度看，美国消费者对中国微观国家形象的整体平均评分为 5.79，接近中值（6）。其中，"先进科技""创新的"和"可识别的品牌名称"三个题项得分超过了中值，"可信赖的"题项得分（5.89）接近中值。美国消费者对中国微观国家形象在科技、技术方面具有相对较高的评价，同样，对中国品牌也有较高的熟悉度。而"昂贵的""高档的"和"高端市场"评分排在最后三位，说明美国消费者普遍认为中国具有低廉、非高端产品生产国的微观国家形象。

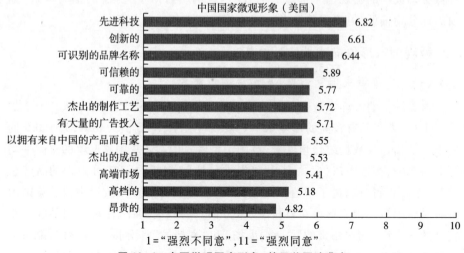

图 10-4　中国微观国家形象：基于美国消费者

（三）中国微观国家形象：英、美消费者的比较

从统计结果看,英国和美国消费者对中国微观国家形象的平均评分都接近中值（6）,分别为5.67和5.79。英、美消费者对中国微观国家形象认知趋于一致,在"先进科技""创新的"和"可识别的品牌名称"三个题项上都给予了积极的评价,在"昂贵的""高端市场"和"高档的"三个题项上则给予了较低的评价,两国消费者都普遍认为中国具有低廉、非高端产品生产国的微观国家形象。但整体上,美国消费者的评价相对高于英国消费者。

从描述性统计结果看,英、美两国消费者对中国国家形象（宏观、微观）的总体评价趋于中值（6）。总体上,一是中国微观国家形象评分高于宏观形象评分;二是美国消费者对中国国家形象的评价整体高于英国消费者的评价;三是两国消费者在对中国国家形象认知上存在趋同性。在宏观国家形象上,经济、技术和文化方面具有更高的评价,而民主、福利体系等方面的评价更低,两国消费者都不认为中国是一个高劳动成本的国家。在微观国家形象上,科技、创新方面的评价相对更高,"可识别的品牌名称"题项评分也位于前列,说明英、美消费者都对中国品牌有一定的熟知度,但更多地认为其具有低廉和低端的形象。

第三节　"中国制造"评价和产品购买意愿

一、"中国制造"评价

（一）"中国制造"评价：基于英国消费者

对英国消费者样本数据进行信度分析,克朗巴哈系数为0.88,大于0.7的接受水平,表明具有较高的信度水平。效度检验中,AVE值为0.80,大于0.5的要求。在对"中国制造"的评价上,英国消费者的整体评分为4.07,略超过中性。

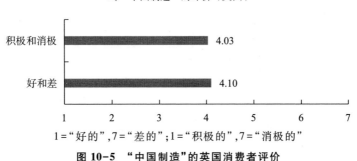

对"中国制造"的评价（英国）

1＝"好的",7＝"差的";1＝"积极的",7＝"消极的"

图10-5　"中国制造"的英国消费者评价

(二)"中国制造"评价:基于美国消费者

对美国消费者样本数据进行信度分析,克朗巴哈系数为 0.90,大于 0.7 的接受水平,表明具有较高的信度水平。效度检验中,AVE 值为 0.83,大于 0.5 的要求。在对"中国制造"的评价上,美国消费者的整体评分为 3.95,总体接近于中性。

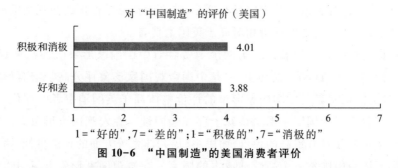

图 10-6 "中国制造"的美国消费者评价

在对"中国制造"的评价上,英、美消费者评价总体为中性状态,但美国消费者的评价高于英国消费者,其整体评分分别为 3.95 和 4.07。

二、中国制造产品购买意愿

(一)中国制造产品购买意愿:基于英国消费者

对英国消费者样本数据进行信度分析,克朗巴哈系数为 0.89,大于 0.7 的接受水平,表明具有较高的信度水平。效度检验中,AVE 值为 0.71,大于 0.5 的要求。整体而言,英国消费者的购买意愿为 4.11,表示都能够尝试购买中国制造的产品。

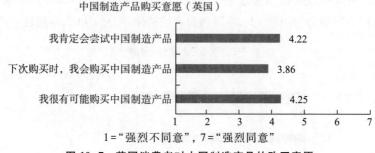

图 10-7 英国消费者对中国制造产品的购买意愿

(二)中国制造产品购买意愿:基于美国消费者

对美国消费者样本数据进行信度分析,克朗巴哈系数为 0.93,大于 0.7 的接受水平，表明具有较高的信度水平。效度检验中，AVE 值为 0.76，大于 0.5 的要求。整体上，美国消费者的购买意愿为 4.12，表示都能够尝试购买中国制造的产品。

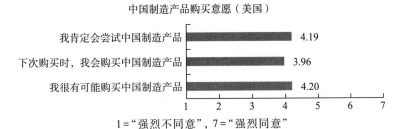

中国制造产品购买意愿（美国）

1="强烈不同意"，7="强烈同意"

图 10-8　美国消费者对中国制造产品的购买意愿

在对中国制造产品的购买意愿上，英、美消费者都给出了略为积极的回应，其态度无明显差异，总体评价得分分别为 4.11 和 4.12。

本章结果反映了在 2012 年 2 月至 3 月开展调查时期，英、美两国消费者对中国国家形象的评价，我们主要对比了中国宏观国家形象、中国微观国家形象、"中国制造"评价以及对中国制造产品的购买意愿。通过描述性统计分析，可以得出以下结论：

总体而言，两国消费者对中国国家形象的评价趋同，但美国消费者的评价相对高于英国消费者。同样的情况是，两国消费者对中国微观国家形象的评价高于宏观国家形象。在宏观国家形象评价上，高度发展的技术、经济和文化都被认为是积极的方面；但两国消费者并不认可中国的民主制度，也都认为中国呈现出缺少健全的社会福利和低劳动成本的国家形象。在微观国家形象评价上，科技、创新方面的评价最高，但两国消费者仍然认为中国呈现出低廉产品和低端市场的形象。在"中国制造"评价和对中国制造产品的购买意愿上，英、美消费者对前者的评价处于中性状态，美国消费者的评价相对高于英国消费者；在产品购买意愿上，两国消费者均表现出略显积极的购买意愿。

第十一章

国家文化认同：作为中国城市市场细分战略

本章对应于第一章中有关微观国家品牌资产的实证研究。国家文化认同是微观国家品牌资产的消费者因素，相应的理论也可以参阅第五章中有关全球认同和本土认同的研究。本章通过实证的方式探究国家文化认同与消费者民族中心主义在细分市场方面的有效性，对中国六大城市消费者进行问卷调查，以多品类集合数据探究国家文化认同与消费者民族中心主义构念在细分市场中的不同作用。[①]

研究表明，在中国文化背景下，国家文化认同包括"民族传统"和"文化同一性"两个方面，它与消费者民族中心主义是两个不同性质的构念。这两个构念从两个维度对中国城市消费群体进行了显著的差异化细分，在消费者层面聚类形成的三大族群，以及在城市层面通过描述性框架将六大城市归集成的四大类别，都具有不同的消费者特征与行为。这个结果对企业制定营销战略具有直接的指引意义。本章把传统的消费者民族中心主义研究推进到了新的阶段，蕴含了新的理论意义和实践价值。其核心的战略启示在于：在全球化环境下，强化国家文化认同推进中国品牌建设的时代已经来临。

---

① 本文的国家文化认同构念在我第一次发表的论文中称为文化认同，详见：He, J. and C. L. Wang (2015), "Cultural Identity and Consumer Ethnocentrism Impacts on Preference and Purchase of Domestic versus Import Brands: An Empirical Study in China", *Journal of Business Research*, 68 (6), 1225-1233。

第一节　研究背景与文献回顾

一、研究背景与问题

文化自信已成为中国民众广泛认同的价值取向。它是中国软实力建设的重要成果。文化自信是一个民族、一个国家以及一个政党对自身文化价值的充分肯定和积极践行，以及对其文化的生命力持有的坚定信心。它从根本上影响着民众的消费心态和行为。

在盛世中国时代背景下，很多企业纷纷以"中国"的强盛为后盾设计营销战略；外资企业以此亲近中国消费者，本土企业则以此建立差异化优势。例如，洋快餐品牌肯德基和麦当劳曾掀起"中国风"之争：坐落于上海国家会展中心的肯德基概念店"Original+"的装潢使用青瓦白墙、圆形洞门、古树流水，尽显水乡风情；而在新开幕的麦当劳旗下餐厅 Eatery 中，随处可见大红灯笼、算盘珠子、竹编蒸笼和墙面花纹等，处处显露出郁的本地民俗特色。这种"明争暗斗"也延续到广告创意上。肯德基为其招牌人物形象"肯德基爷爷"换上黑白唐装，而麦当劳则推出一系列以玉帝、七仙女、许仙等古典人物为主题的工笔风漫画，甚至将四大名著融入广告中。这些做法的共同点是在营销中嵌入了中国文化元素，这显然与从经济角度出发以保护本国产业为诉求的营销战略是不同的。后者的目的是通过激发消费者的民族情感，鼓励其购买国货。与之相关的营销事例在现实生活中比比皆是。例如，南海仲裁案的最终判决结果一出，各大 P2P（个人对个人）平台及淘宝卖家纷纷借势营销，主打口号不外乎"抵制美日韩菲，爱我中华民族"等，通过激发消费者的爱国热情而促进自身的销售业绩。又如 20 世纪 90 年代中期消费者耳熟能详的广告口号"非常可乐，中国人自己的可乐"、TCL 的取名由来"Today China's Lion"（今日中华雄师）等。

从理论角度来看，企业利用"国家文化"或"民族情感"设计营销战略，其有效性可以通过引入不同的价值观构念进行分析。对于"国家文化"营销战略，营销者试图激发的是消费者对本国民族文化的整体认同，反映的是消费者对于自己作为某国国民的身份认同程度，这种认同建立在文化的基本元素（宗教、历史、习俗和社会制度）之上，是"在国家边界内把亚文化联结在一起""带来国民身份的感受"（Keillor 和 Hult，1999），它可以通过语言、文化产品及像国旗那样的象征等多种方式加以强化（Billig，1995），强调的是文化象征性因素。确切地说，国家认同是国家文化认同。对于"民族情感"营销战略，营销者激发的是消费者的民族中心主义或国货意识,即本国消费者对于购买外国产品的适宜性甚至道德性所持的信念(Shimp 和 Sharma,1987),或本国消费者出于对本国或本民族的热爱以及对外国货可能给本国利益造成伤害的忧虑而对于源自本国企业的品牌之认同和推崇程度(庄贵军、周南和周连喜,2006)。也就是说,"民族情感"营销战略反映了出于对本国与外国经济力量差距的考虑,消费者所表达的支持购买国货而非外国货的信念。

有关理论和实证研究表明,尽管国家文化认同与消费者民族中心主义在概念上非常相关,都为道德性驱动的行为提供了解释(Steenkamp 和 Geyskens,2006;Verlegh,2007),但两者只是表面上相似,实际性质却是不同的(He 和Wang,2015;Verlegh,2007;Zeugner-Roth、Žabkar 和 Diamantopoulos,2015)。前者反映的是消费者的社会心理动机,而后者则聚焦于经济性动机。但综观现有文献,仍有一些问题需要探究:第一,目前的研究成果过于关注国家文化认同和消费者民族中心主义对国产/国外产品或品牌的差异化影响机制,而作为归属于具体类型的社会认同,如何共同或单独地存在于消费者心智中进而表现为其消费行为,未能得到深入研究;第二,国家文化认同究竟仅仅是个体层面的构念,还是亦能够反映更高层面(如城市、国家等)的群体认同程度,以更有效地指导营销者制定合适的营销战略战术,未能得到充分关注与说明;第三,尽管在理论上国家认同是多维度构念(Dinnie,2002;Keillor 等,1996),但现有研究仅将其作为单维度构念与消费者民族中心主义进行直接比较,单独的文化认同的影响作用未能得到凸显。

二、国家认同构念的性质

国家是某种形式的社群,公民是该群体的组成部分。因此,国家认同是一种具体形式的社会认同(亦可称为民族认同,或民族国家认同),指的是"归属于某一国家的重要程度及该国成员赋予其与特定国家间内在联系的主观意义"(Blank 和 Schmidt,2003),它表明了人们对自身国家的认同程度、因归属于该国而产生的积极感受的程度及赋予该感受的重要程度(Feather,1981)。这是一个跨学科的构念(Keillor 等,1996;Keillor 和 Hult,1999;Treanor,1997),其最早起源于社会学和政治学领域,亦至少在心理学、政治地理学和历史学等多个学科领域得以发展(Treanor,1997)。

基于社会认同理论,个体对其所在群体的认同程度越高,则对该群体的判断就会存在越大程度的偏差(Tajfel,1978)。所以,与国家认同较低的消费者相比,国家认同较高的消费者往往对本国产品持有更加积极的态度。遵循这种基本逻辑,营销学研究者们也开始关注国家认同对消费者行为的可能作用。例如,Steenkamp 和 Geyskens(2006)以网站为研究对象进行跨国(23 个国家)调查,发现高"国家认同"国家的消费者会对网站与他们自身之间的文化一致性给予更高的关注度,这说明国家认同具有调节作用。Carvalho 和 Luna(2014)发现,当在媒体报道中激活消费者的国家认同意识时,与未被激活的消费者相比,他们对突出国家认同符号或词语的广告和产品持有更为积极的态度。即使是对于那些没有刻意表达国家认同信息的产品广告,被激活的国家认同意识也会影响消费者的广告态度。然而,这些研究反映出"国家认同"构念在概念界定上的某些不一致性。

第一,国家认同究竟是在消费者层面还是在国家等更高层面进行衡量比较的构念。一方面,国家认同可被视作特定文化所拥有的、使其区别于其他文化的意义集合(Keillor 等, 1996),这是从国家或文化的角度进行的界定。Steenkamp 和 Geyskens(2006)、Keillor 等(1996)、Thelen 和 Honeycutt Jr.(2004)等研究均采用了这一视角,以进行跨国(区域)、跨文化(体)比较,或是描述经历重大社会和经济转型的国家内不同世代族群的差异化表现。另一方面,国家认同属于个体自我概念的一部分(Mackie 和 Smith, 1998)。受保持积极自我形象的动机驱使,国家认同往往会促进个体夸大并拥趸所在国家的特殊性和优越性(Mackie 和 Smith, 1998)。即使身处同一国家,个体成员的认同程度也存在高低之分,因为由此引起的评价偏差会对个体自身产生影响(Tajfel, 1978)。Verlegh(2007)及 Zeugner-Roth、Žabkar 和 Diamantopoulos(2015)都从个体层面出发,关注国家认同如何差异化地影响消费者对于国产和国外产品/品牌的态度及行为。

第二,国家认同究竟只是单维度构念还是存在多维度的内涵划分。个体对其所在国家认同程度的大小,源于"一国地域范围内人口所共享的历史领地、宗教神话、历史记忆、重大事件、公共文化、经济体制、法律义务及所有成员承担的相同责任"(Smith, 1991)。因此,可将个体对国家整体的认同进一步细分成对不同方面的认同程度(Dinnie, 2002)。在所有的维度划分方式中,在营销领域得到最广泛应用与讨论的是 Keillor 等(1996)的操作化测量,即将国家认同创新性地定义为由四大维度共同组成的构念(Keillor 等, 1996; Keillor 和 Hult, 1999; Phau 和 Chan, 2003)。但是,那些关注国家认同与消费者行为关系的研究,却更多地将国家认同当作单维度构念进行测量(比如,Steenkamp 和 Geyskens，2006；Verlegh，2007）。不同维度的国家认同对消费者是否存在差异化的影响机制，现有研究尚未进行充分探讨。

本章认为，既需要从个体层面理解国家认同对消费者行为的影响机制，又需要从更高的层面揭示城市或国家的国家认同程度。同时，将国家认同看作多维度构念，更有利于从理论和实践的角度把握这一构念在营销领域的作用和影响。因此，在后续研究中，我们将国家认同视作多维度构念进行操作化测量，并试图通过统计分析证明，国家认同是需要同时从个体和城市层面进行关注的构念。

三、消费者民族中心主义构念的性质

在社会学领域，民族中心主义是指"人们将其所在群体视为一切的中心并以其作为评定他人的标准。群体内成员都会存在夸大自身优越性而蔑视群体外成员的倾向"（Sumner，1906）。Shimp 和 Sharma（1987）另辟蹊径地将该概念引入营销学领域，提出"消费者民族中心主义"的概念以反映消费者关于购买外国产品的适宜性和道德性的信念，同时开发出消费者民族中心主义量表（Consumer ethnocentrism tendency scale，CETSCALE）用于操作性测量。随后三十多年间，该量表的各类信度、效度及跨文化适用性在许多国家得到了检验与应用（比如 Cleveland、Laroche 和 Papadopoulos，2009；王海忠和赵平，2004）。一般而言，消费者民族中心主义源于人们对本国的热爱和关切，以及对本国是否会因产品进口而使经济利益受损的担忧。因此，高消费者民族中心主义者往往偏爱本国产品甚于外国产品，甚至对外国产品持有个人偏见（Shimp 和 Sharma，1987；Sharma，2015）。

尽管关于消费者民族中心主义的研究已日趋成熟丰富，但一些研究还是为我们理解消费者民族中心主义的预测作用提供了不同的视角。Sharma（2015）指出，CETSCALE 的题项内容过于直接地强调个体对"外国产品"的态度和行为，侧重于聚焦社会规范或经济利益对消费者的约束作用。但从定义来看，消费者民族中心主义实质上是一种稳定的社会心理特质，其题项内容应该能够预测而非直接强调消费情境下个体关于进口产品或进口服务的一般性态度。与之对应的是，一些研究者也开始将消费者民族中心主义视为某种形式的社会认同，将其与作为单维度构念的国家认同放到一起，区分两者在概念内涵和影响机制上的异同（比如，Verlegh，2007；He 和 Wang，2015；Zeugner-Roth、Žabkar 和 Diamantopoulos，2015）。事实上，消费者民族中心主义确实与国家认同存在中等程度的正相关性（$r = 0.40, p < 0.01$，参见 Verlegh，2007），而在 Keillor 等（1996）开发的民族认同量表中，消费者民族中心主义则是组成国家认同的维度之一。

综上所述，有必要从理论上厘清国家认同和消费者民族中心主义的关系，并进一步检验和区分它们共同对国产及国外产品或品牌产生影响的机制。这也是本章试图基于中国城市消费者展开研究的目的之一。

四、国家认同、国家文化认同与消费者民族主义

国家认同与消费者民族中心主义是两个不同的概念（Verlegh，2007）。从心理机制来看，前者反映了对个体所处文化群体的积极感受，更具社会心理学含义，属于亲内群体（pro-in-group）构念；后者则反映出个体出于保护本国经济利益等考量而表现出既对外群体或其他国家持有消极情绪，又对内群体或自身国家持有积极情绪，因而既属于亲内群体构念，又属于反外群体（anti-out-group）构念（He 和 Wang，2015；Zeugner-Roth、Žabkar 和 Diamantopoulos，2015）。

在对产品或品牌消费行为的影响机制上，高国家认同的消费者关于本国产品的综合评价不会完全脱离客观现实，与之相关的积极内群体偏见（in-group bias）不一定能弥补本国产品在感知质量、性价比等客观属性上的不足。因此，国家认同只能正向预测消费者关于本国产品的评价与意愿，而消费者民族中心主义则还可负向预测消费者对国外产品的评价（Verlegh，2007）。进一步地，国家认同聚焦于消费者稳定的社会心理动机，消费者民族中心主义则因发端于经济规范动机而仅显著作用于特定情境（如竞争情境或群体内成员感知到潜在威胁的情境），因此国家认同对消费者关于国产产品的态度、评价和购买意愿的促进效应大于消费者民族中心主义（Zeugner-Roth、Žabkar 和 Diamantopoulos，2015）。

事实上，研究者们对国家认同的界定始终立足于对文化含义的关注。对国家认同最精简的定义是，某一文化认同其"文化重心"（cultural focus）的程度。"文化重心"是指各文化在某些方面具备更高的差异性，而这些方面能被用来对特定文化进行刻画（Herskovits，1948）。很多研究在操作化定义国家认同时，对国家与文化的概念并不做特别清晰的区分（比如，He 和 Wang，2015；Gomez 和 Torelli，2015）。Keillor 等（1996）的民族认同量表同样侧重于对文化内涵的界定，他们认为国家认同包括四个维度：信仰系统（belief system）反映的是个体的宗教信仰融入社会整体架构、能够代表整个国家或民族的程度；民族传统和文化同一性分别指的是个体认为特定文化的社会制度对形成其整体国

家认同的重要性和特殊性;消费者民族中心主义则反映的是个体出于利于国家或文化的考虑所维持的自身消费行为。

我们结合中国市场背景对该量表进行重新审视。首先,由于中国是多民族国家,其民族国家模式是"多族多教一国",在多神信仰基础上发展出"和而不同"的儒家文化,这与西方世界的"一族一教一国"论有本质不同(张践,2012)。信仰系统维度是基于 Huntington(1993)文化四要素中的"宗教"元素而建立的,其题项围绕"一种特定宗教思想"(a specific religious philosophy)而发展起来,因此对该维度的测量并不适合中国消费者。其次,民族传统和文化同一性都反映了对国家文化的认同,从理论角度存在意义相关性,体现了"文化"和"国家"两个概念的联系(Keillor 等,1996),因而可共同形成更具宽泛含义的"国家文化认同"的概念。消费者民族中心主义沿袭了 Shimp 和 Sharma(1987)所界定的内涵,本身就是独立完整的构念,有关题项直接来自他们所开发的量表。最后,Keillor 和 Hult(1999)基于美国、瑞典、日本、中国香港地区和墨西哥五个经济体的调研发现,在特定国家/地区的文化中,较高水平的民族传统和文化同一性并不伴随着对应水平的消费者民族中心主义,这说明两者在理论含义上存在一定程度的区别性。

综上,本章提出,Keillor 等(1996)的国家认同概念在中国消费者中会进一步区分成国家文化认同与消费者中心主义两大构念。具体而言,更具普遍意义的国家文化认同概念是指一种基于某国共同历史和文化传统的、存在于特定群体间的文化认同(Jameson,2007),而消费者民族中心主义则不从属于反映"文化重心"的国家认同的概念范畴。同时,民族认同量表也正好可以被用来探索并验证国家文化认同和消费者民族中心主义在内涵及作用机制上的差异。在表 11-1 中,我们概括了国家文化认同与消费者民族中心主义这两大构念在多个维度上的差异。

表 11-1　国家文化认同和消费者民族中心主义对消费者国产/国外品牌态度的影响

	国家文化认同	消费者民族中心主义
心理机制	认同国家的文化遗产 社会心理性聚焦 对国家文化遗产的正面感受	民族主义 经济规范性聚焦 对群体外或其他国家的负面情绪 对群体内或自身国家的正面情绪
国产品牌态度	对国产品牌的喜爱源于其象征性文化含义	对国产品牌的偏好出于规范性义务,但不一定喜欢这些品牌

（续表）

	国家文化认同	消费者民族中心主义
国外品牌态度	不一定排斥国外品牌	因道德合法性而排斥国外品牌
偏好与行为的关系	受内在情感的驱动,对国外/国产品牌的偏好与品牌购买行为一致	受外在规范的约束,对国外/国产品牌的偏好可能与品牌购买行为不一致

资料来源:作者根据相关资料整理。

第二节 研究方法

一、调查样本分布

本章针对上海、南昌、深圳、昆明、杭州和长春六地的消费者展开问卷调查。这些城市在地理区域上覆盖了东部沿海、中西部和北方地区,且均属于中国的一线和二线城市(AC 尼尔森,2010)。数据来源包含两个部分:一是通过各地高校任课教师向其所在学校的在校大学生和在职 MBA 学员发放的问卷;二是通过作者的社会关系向企事业单位员工发放的问卷。共发出 1 491 份问卷,在剔除存在重要项目缺失及答题不认真的问卷后,得到有效问卷 1 268 份,有效率达 85.0%。

从地理区域看,上海 226 份(17.8%),南昌 204 份(16.1%),深圳 202 份(15.9%),昆明 208 份(16.4%),杭州 208 份(16.4%),长春 220 份(17.4%)。在最终样本中,男性占 49.2%,女性占 50.8%;未婚占 45.9%,已婚占 54.1%;出生年份在 1986—2000 年间的占 30.7%,1974—1985 年间的占 31.2%,1965—1973 年间的占 22.4%,1951—1964 年间的占 15.7%;教育程度在本科及以上的占 75.2%,其余为大专及以下学历;家庭经济条件由被访者自行进行主观评估,分为高等、中上、中等、中下及低等五档,占比依次为 3.3%、14.7%、55.1%、19.7% 和 7.2%,总体上呈正态分布。

二、测试品类与品牌选取

本章选取洗发水、运动鞋、手机和瓶装水四个品类进行测试。我们针对四大品类,设计了四个版本的问卷,在具体施测时为每个被访者随机分配某一个品类。这主要出于以下考虑:第一,这些品类市场覆盖面广,消费者对其具有普遍的实际使用与购买经验;第二,这些品类在价格、用途、评价属性、技术含量和购买频次方面存在显著差异,可以提高研究结论的外部效度;第三,在中国市场上,所选品类下存在许多国内外知名品牌供消费者选择。从测试品类看,洗发水、运动鞋、手机及瓶装水的实际有效样本分布分别是 320 份(25.2%)、319 份(25.2%)、313 份(24.7%)及 316 份(24.9%),分布较为均衡。

我们按照下述步骤筛选出了各品类下的品牌。首先,查询欧尚、家乐福、沃尔玛、苏宁、国美、淘宝、太平洋在线(手机 IT 产品门户网站)等官方网站,记录每类产品的所有品牌名称。其中,洗发水 43 个,运动鞋 24 个,手机 41 个,瓶装水 30 个。接着,参考某全国性市场调研公司的调研报告以及中华排名网等网站上的品牌知名度年度排名,选出知名度相对较高的品牌。这样可以保证被访者听说过至少一个被调查品牌,进而能够回答问卷中的问题。最后,我们为 4 类产品各选定 10 个品牌,包括国(境)外知名品牌和国内知名品牌。

三、调查问卷与测量方法

问卷首先询问被访者关于每个品类 10 个中外品牌的知名度、质量、性价比、偏好度的评价,并请其勾选过去一年里购买过的品牌名称。接下来对被访者进行有关国家文化认同和消费者民族中心主义的测量,最后是人口统计信息题项。

(一)国家文化认同和消费者民族中心主义

对该部分的测量采用 Keillor 等(1996)创立的民族认同量表。该量表涵盖"重视国家遗产"(3 个题项)、"重视文化同一性"(4 个题项)、"重视信仰系统"(5 个题项)以及"重视消费者民族中心主义"(5 个题项)四个维度,同时涉及文化认同和民族中心主义两方面的内容,可以使本研究方便地把相关概念放在一起。

我们首先采用翻译加回译(back-translation)的方法把该量表转换为中文,并保证其与英文原意保持一致。然后,先后召集两个焦点小组(18—24 岁女生组及 25—30 岁男生组,各 6 人,均为来自上海某 985 高校的本科生和研究生),对各题项的适用性进行讨论。意见集中认为,国家认同中"重视信仰系统"维度的 5 个句子不适用于中国情境,这与我先前的分析判断一致。因此我们在题项中删去了这一维度,只采用余下三个维度(共 12 个题项)。根据题项内容,我们把"重视国家遗产"和"重视文化同一性"作为"国家文化认同"构念的组成部分,但需要检验其是双维度还是单维度。而该量表中的"重视消费者民族中心主义"下的所有题项均源自 Shimp 和 Sharma(1987)开发的"消费者民族中

心主义"量表。测量使用李克特 7 点量表,即 1 分表示"完全不同意",7 分表示
"完全同意"。

（二）品牌偏好、品牌资产和品牌购买

本研究对品牌偏好、品牌资产的测量以及品牌选取的方式均参考了庄贵
军、周南和周连喜（2006）的做法。采用相对测量方式,并在考虑被访者的最佳
调查时长和调研实际情况的基础上进行适当调整。所有测量均采用李克特 7
点量表,1 分表示"非常低",7 分表示"非常高",另设 0 分表示"无法回答"。

首先,针对随机选择的特定品类下的 10 个品牌,请每位被访者按照个人喜
爱程度进行逐一评价。其次,以品类为单位,计算各品牌的平均得分,再按照由
高到低的顺序,将各品类下的中外品牌进行配对抽取,结果如表 11-2 所示。
例如,在洗发水中,共有 7 个国（境）外品牌和 3 个国产品牌,只能配出 3 对。最
后,分别计算每一品类中被抽出的国产品牌和国（境）外品牌的总体均值,之后
再用国产品牌总体均值除以国（境）外品牌总体均值乘以 100,作为被访者对国
产品牌偏好的分值。当样本的数据值大于 100 时,说明消费者偏爱国产品牌更
甚于国（境）外品牌。按照类似的步骤,计算国（境）外品牌偏好。

表 11-2　基于品牌偏好的配对结果

	洗发水	运动鞋	手机	瓶装水
国产品牌	舒蕾（4.03）	李宁（4.85）	OPPO（4.04）	农夫山泉（5.53）
	拉芳（3.84）	安踏（4.27）	联想（3.84）	娃哈哈（5.27）
	霸王（3.77）	361°（3.95）	步步高（3.77）	康师傅（4.82）
		特步（3.85）	金立（3.24）	
		匹克（3.80）		
国（境）外品牌	海飞丝（5.09）	耐克（5.49）	诺基亚（5.69）	雀巢（4.88）
	飘柔（5.08）	阿迪达斯（5.35）	苹果（5.57）	屈臣氏①（4.74）
	潘婷（5.07）	匡威（4.55）	HTC（4.85）	依云（4.36）
		彪马（4.43）	三星（4.74）	
		背靠背（Kappa）（4.40）		

注：括号中为各品牌偏好均值。

---

①　屈臣氏是香港和记黄埔有限公司旗下屈臣氏集团所拥有的品牌,该品牌源于 1828 年由一位叫
A. S. Watson 的英国人在广州创立的西药房,1841 年迁至中国香港地区,1984 年成为和记黄埔全资子公
司。根据 Samiee 等（2005）的定义,品牌来源国/地区是与品牌相关联的特定国家/地区,或者消费者所
感知的品牌所有者的总部所在国/地区,而不考虑品牌是在哪里生产的,结合屈臣氏和中国香港地区的
特殊历史背景,本研究把该品牌归入"国（境）外品牌"处理。

在衡量品牌资产时,首先,请被访者分别从知名度、质量和性价比三个方面对各个品牌进行评价。接着,基于品牌偏好的配对结果,分别计算被访者对于被抽出的国产品牌总体和被抽出的国(境)外品牌总体在三个方面的平均得分。最后,用国产品牌在三个方面的均值分别除以国(境)外品牌的对应均值,并乘以100,作为国产品牌资产的评价分数。按照相同的步骤,计算国(境)外品牌资产得分。

在衡量品牌购买时,要求被访者勾选过去一年中购买过的每一个品牌,然后统计购买过的国产品牌和国(境)外品牌的实际个数。将前者减去后者,即为被访者对国产品牌的购买分数;反之,则为国(境)外品牌的购买分数。需要指出的是,这里所测的品牌购买是指被访者实际购买过的品牌,而非其仅有购买意向的品牌。

第三节　研究结果

一、构念的信度和效度检验

(一) 探索性因子分析

由于民族认同量表在中国文化背景下的适用性尚未得到验证,因此需要对该量表的信度和效度进行检验。前文的焦点小组访谈结果在一定程度上保证了该量表的内容效度。项目分析结果则显示:第一,三个分量表下的各题项在对应维度的高低分组[1]上的 t 检验结果均为显著,对应 t 值均高于2.58,说明各题项的区分性明显。第二,国家认同总量表的克朗巴哈系数值为0.87,"重视国家遗产""重视文化同一性"及"重视消费者民族中心主义"三个分量表的克朗巴哈系数值分别是0.64、0.72和0.81。第三,各题项与对应维度的相关系数均大于0.65,且删除后都不提高分量表的信度,因此全部保留。

针对所有的12个题项进行探索性因子分析。采用主成分方法,以 Kaiser 正规化最大变异法抽取因子,得到两个因子(KMO = 0.87),总体方差贡献率为54.58%。但是,"我们最好购买国货"这一题项在两个因子上的负荷都超过0.40。将其删除后再进行因子分析,仍然呈现两个因子(KMO = 0.860),总体方差贡献率为55.42%,且各题项均只在一个因子上的负荷超过0.40。对照原始民族认同量表,发现原"重视国家遗产"维度与"重视文化同一性"维度合而为

---

① 对应分量表总分最高和最低的27%对应为高分组和低分组。

一（共 7 个题项,克朗巴哈系数 = 0.83）,而"重视消费者民族中心主义"（共 4 个题项,克朗巴哈系数 = 0.80）与原量表一致,验证了本章开始的理论推演,也印证了焦点小组访谈结论。

（二）验证性因子分析

按得到的两因子结构进行验证性因子分析,结果如表 11-3 所示。各拟合指数和因子载荷表明,该模型基本可以被接受,且量表的构建效度良好。进一步地,为了比较现有的两因子结构与 Keillor 等（1996）原量表设定的三因子结构（不包括"重视信仰系统"维度）的优劣,按后者的设定进行再次分析。拟合指数显示,$\chi^2_{(41)} = 635.43, \chi^2/df = 15.50, \text{CFI} = 0.93, \text{IFI} = 0.93, \text{NFI} = 0.93, \text{RFI} = 0.90, \text{RMSEA} = 0.11$。总体拟合优度与两因子模型相差不大,但拆分出的"重视国家遗产"维度与"重视文化同一性"维度之间的相关系数为 1.05,大于 1,表明模型估计不恰当。

因此,应该选定由 11 个题项构成的两因子模型为最终模型。按照其实际内涵,将"重视国家遗产"与"重视文化同一性"合并形成的新因子正式命名为"国家文化认同"。如表 11-3 所示,除题项"中国拥有强大的历史遗产"外,各变量维度的标准化因子载荷值均大于 0.50,并在统计学意义上显著（$t > 1.96$）;组合信度（Composite reliability,CR）均大于 0.7,超过 0.5 的判断标准,收敛效度良好;而两个因子之间的相关系数为 0.55（$t = 11.50$）,且其 AVE 值均大于两个维度间的方差,说明因子间的区分效度良好。

表 11-3　国家文化认同与消费者民族中心主义的测量操作和量表信度

维度	题项	标准化路径系数	t 值
国家文化认同	$\rho_c = 0.82, \text{AVE} = 0.40,$ 克朗巴哈系数 = 0.83, M = 5.11, SD = 1.09		
	中国人为他们的国籍感到骄傲	0.69	—
	人们经常参加一些能表明他们是"中国人"的活动	0.72	22.17
	中国以前的重要人物为现在的人们所敬仰	0.71	21.74
	中国人拥有其他人所不具备的某些文化特质	0.55	17.49
	中国的优势之一就是它重视历史上的重要事件	0.66	20.57
	中国人通常认为他们具有一个共同的历史背景	0.58	18.36
	中国拥有丰富的历史遗产	0.49	15.71

（续表）

维度	题项	标准化路径系数	t 值
消费者民族中心主义	$\rho_c = 0.80, AVE = 0.51,$ 克朗巴哈系数 $= 0.80, M = 3.62,$ $SD = 1.38$		
	从长远看,购买国产货会花费我更多的钱,但我宁可主张购买国货	0.62	——
	中国人不应该购买外国产品,因为这有损本国的产业并引起失业	0.75	19.86
	我们应该购买中国制造的产品,而不是让其他国家从我们这里把钱赚走	0.81	20.55
	只有那些在中国市场买不到的产品才应该进口	0.66	18.25
拟合指数	$\chi^2_{(43)} = 637.76, \chi^2/df = 14.83(p<0.001), CFI = 0.93, IFI = 0.93, NFI = 0.93,$ $RFI = 0.91, RMSEA = 0.11$		

（三）跨群组测量恒等性

进行后续分析的基本前提是:关于国家文化认同和消费者民族中心主义两个变量的测量方式在六个城市具有恒等性,即具体题项对潜变量的载荷路径和路径系数一致(见表 11-4)。

表 11-4　跨群组测量恒等性

模型	χ^2	df	$\Delta\chi^2$ (p 值)	CFI (ΔCFI)	NFI (ΔNFI)	RMSEA (ΔRMSEA)	CAIC (ΔCAIC)
模型 1:形态恒等性	966.33	258	——	0.92 (——)	0.89 (——)	0.11 (——)	2 075.39 (——)
模型 2:测度恒等性	1 062.23	303	88.60 ($p>0.10$)	0.91 (-0.01)	0.88 (-0.01)	0.11 (0.00)	1 812.44 (-262.95)

按照 Steenkamp 和 Baumgartner(1998)介绍的步骤,首先验证形态恒等性。按照前文的模型设定,将 6 个城市作为 6 个不同的群组,限定各题项对不同因子的载荷路径,但允许自由估计对应的路径系数,进行多群组分析。模型的整体拟合优度良好($\chi^2_{(258)} = 966.33, \chi^2/df = 3.75, p<0.001$; CFI $= 0.92$, IFI $= 0.92$; NFI $= 0.89$, RFI $= 0.86$, RMSEA $= 0.11$)。在不同城市内部,60 条路径(共 66 条

路径)的标准化路径系数超过 0.50。因此,两因子结构在 6 个群组中均成立,本研究采取的测量操作与结构划定在不同城市间存在形态恒等性。

接着,限定各题项对应因子的路径系数在 6 个群组中相同,再次进行多群组验证性因子分析。$\Delta \chi^2_{(45)} = 88.38 (p > 0.10)$,变化不显著,其余拟合优度指标也不具有明显变化($\chi^2_{(303)} = 1062.23$, $\chi^2/df = 3.51$, $p < 0.001$; CFI = 0.91, IFI = 0.91; NFI = 0.88, RFI = 0.87, RMSEA = 0.11),但 CAIC 值大幅下降。这进一步证明了测度恒等性的存在。最后可进行正式的市场细分研究。

二、基于两个构念的消费者细分

基于国家文化认同和消费者民族中心主义的均值,分两个步骤细分整体样本。首先,进行层次聚类分析,采用 Ward 法并基于欧氏距离平方值,以确定合适的聚类数量。谱系图和聚类系数变化显示,将原始数据聚为 3 类是较优的选择,与两步聚类分析的结果一致。在随后的步骤中,采用 K-均值聚类法,选定 3 个类别群体,对整体样本数据进行聚类分析。表 11-5 表明,国家文化认同和消费者民族中心主义在三类间差异的显著性均达到 0.000,表明这两个变量能够有效区分城市消费者。

最终类中心值可以进一步表征各聚类群体特征。双低特征族表现出较低的国家文化认同(3.68,7 点量表)和较低的消费者民族中心主义(2.61),即既未怀有对本国文化的亲近感,也不轻易受经济规范压力而改变自己的消费决策。这类群体占整体消费者的比例最低,为 25.2%。文化认同族具有较高的国家文化认同(5.45)和较低的消费者民族中心主义(2.92),他们认同本身的民族文化,但不会出于保护本国产业等经济或道德性目的而进行消费决策。这类消费者所占比例最高,达到 39.3%。该群体的基本特征和占有比例均表明,国家文化认同与消费者民族中心主义是意涵不同的构念。双高特征族具有较高的国家文化认同(5.73)和较高的消费者民族中心主义(5.10),既受文化认同感的驱动,又拥有很强的国货意识。该群体占整体消费者的 35.5%,略低于文化认同族。

基于人口统计特征的卡方检验表明(见表 11-5),三类群体在年龄、婚姻状况、收入水平、教育程度的比例分布均具有显著差异($ps < 0.05$),性别在类别间的差异则不显著($p > 0.10$),说明该市场细分结果能够有效反映不同消费者的特征。具体而言,文化认同族中年轻消费者(出生年份在 1974—2000 年间)的比例(66.6%)稍高于双高特征族(51.7%),这表明,越年轻,文化认同的影响面越大。事后检验同样证实,三类群体在年龄分布上存在两两之间的显著差异

（$ps<0.017$）①。文化认同族和双低特征族在婚姻状况、收入水平和教育程度的比例分布相似，但与双高特征族存在显著差异（$ps<0.017$）。具体而言，两个群体中已婚消费者的比例（文化认同族：49.9%；双低特征族：50.2%）均低于双高特征族（61.6%）；从收入水平看，在三个群体中，文化认同族的中产群体最多（无论是中等水平还是中等水平加中上水平的分布比例）。从教育程度看，文化认同族与双高特征族相比，受过大学或大学以上教育的比例更高（文化认同族：75.3%；双高特征族：63.2%）。

表 11-5　基于整体的市场细分结果及人口统计学轮廓

	细分市场			检验值
	双低特征族	文化认同族	双高特征族	
细分市场规模（样本占比）	319（25.2%）	498（39.3%）	451（35.5%）	—
国家文化认同	3.68	5.45	5.73	922.136***
消费者民族中心主义	2.61	2.92	5.10	1 173.185***
性别（组内占比）				
女	157（49.2%）	247（49.6%）	240（53.2%）	1.660
男	162（50.8%）	251（50.4%）	211（46.8%）	
出生年份（组内占比）				
1951—1964 年	35（11.0%）	68（13.7%）	97（21.5%）	46.326***
1965—1973 年	65（20.4%）	98（19.7%）	121（26.8%）	
1974—1985 年	123（38.6%）	143（28.6%）	129（28.6%）	
1986—2000 年	96（30.0%）	189（38.0%）	104（23.1%）	
婚姻状况（组内占比）				
单身/未婚	159（49.8%）	250（50.1%）	173（38.4%）	17.403**
已婚	160（50.2%）	248（49.9%）	278（61.6%）	
收入水平（组内占比）				
高等水平	9（2.8%）	11（2.2%）	22（4.9%）	18.281*
中上水平	39（12.2%）	70（14.1%）	77（17.1%）	
中等水平	175（54.9%）	291（58.4%）	233（51.7%）	
中下水平	72（22.6%）	100（20.1%）	78（17.3%）	
低等水平	24（7.5%）	26（5.2%）	41（9.0%）	

---

① 根据卡方分割法，进行两两比较需要调整 α 检验水平，调整后的检验水平 $\alpha'=(2\alpha)/[k×(k-1)+1]$，$k$ 为实验组数。在本章中，调整后检验水平为 0.017。

（续表）

	细分市场			检验值
	双低特征族	文化认同族	双高特征族	
教育程度(组内占比)				
中学/中专/技校	26(8.2%)	46(9.2%)	68(15.1%)	
大学专科	35(11.0%)	67(13.5%)	72(16.0%)	
大学本科	141(44.2%)	243(48.8%)	204(45.2%)	58.363***
MBA/硕士	112(35.1%)	123(24.7%)	76(16.9%)	
博士	3(0.9%)	9(1.8%)	5(1.1%)	
其他	2(0.6%)	10(2.0%)	26(5.7%)	

注：* $p<0.05$，** $p<0.01$，*** $p<0.001$。

　　基于行为变量再次描绘该市场细分结果，以进一步证明上述市场细分结果的有效性（见表11-6）。ANOVA 检验结果显示，不同群体的消费者在国产/国（境）外品牌资产、国产/国（境）外品牌偏好以及国产/国（境）外品牌购买上均存在显著差异（$ps<0.001$）。考虑到变量内涵上的关联性，将国产品牌资产、国产品牌偏好和国产品牌购买同时作为因变量，进行 MANOVA 检验，同样发现三个群体在对国产品牌的态度和行为上存在显著差异（Wilk's $\lambda = 0.972$，$F = 5.434$，$p<0.001$）。与之类似，将关于国（境）外品牌消费的三个行为变量同时作为因变量的 MANOVA 检验也证实存在显著差异（Wilk's $\lambda = 0.957$，$F = 8.557$，$p<0.001$）。

　　进一步的事后检验采取 Scheffe 法进行分析。在品牌资产评价和品牌偏好方面，双高特征族对国产品牌资产和偏好的评价都显著高于文化认同族，这表明消费者民族中心主义因素确实对国产品牌态度产生正面影响。但是，在国产品牌购买方面，双高特征族与文化认同族并无显著差异。这蕴含的意义是，一方面，消费者民族中心主义者对国产品牌的偏好与购买行为并不一致。另一方面，双高特征族对国（境）外品牌资产和偏好的评价都显著低于文化认同族，这表明消费者民族中心主义因素确实对国（境）外品牌态度产生负面影响。但在国（境）外品牌购买方面，双高特征族与文化认同族并无显著差异。这同样蕴含了一定意义，即消费者民族中心主义者对国（境）外品牌的偏好与购买行为并不一致。有意思的是，如果我们观察品牌购买变量，就会发现文化认同族对国产品牌的购买显著高于双低特征族，对国（境）外品牌的购买又显著低于双低特征族。这表明,国家文化认同因素的确会对国产品牌购买产生实际的正向影响,对国(境)外品牌购买产生显著的负向影响。因此,我们可以认为,与消费者民族中心主义构念相比,国家文化认同构念更能有效地预测消费者对国产品牌和国(境)外品牌的行为。

表 11-6 三类基本族群的国产品牌消费行为

行为变量	细分市场			F 值	事后检验
	双低特征族	文化认同族	双高特征族		
国产品牌资产	92.70	94.47	98.54	9.401 ***	(1,3), (2,3)
国产品牌偏好	84.30	88.17	100.31	14.788 ***	(1,3), (2,3)
国产品牌购买	-0.81	-0.41	-0.21	7.661 ***	(1,2), (1,3)
国(境)外品牌资产	113.47	110.36	104.53	12.601 ***	(1,3), (2,3)
国(境)外品牌偏好	148.85	140.23	115.00	23.277 ***	(1,3), (2,3)
国(境)外品牌购买	0.81	0.41	0.21	7.661 ***	(1,2), (1,3)

注: *** $p < 0.001$。

三、基于两个构念的城市细分

对城市进行细分的前提是,国家文化认同和消费者民族中心主义在城市层面具有理论分析的价值和意义。本章的数据来自个体消费者,因而必须证明这些数据在城市层面能够进行聚合(Kenny 和 LaVoie,1985)。首先,经计算发现,六个城市下国家文化认同的 $r_{wg(j)}$ 值在 0.972 至 0.983 之间,消费者民族中心主义的 $r_{wg(j)}$ 值在 0.962 至 0.975 之间,均超过 0.70 的最低阈限,即其群体内部一致性较高。其次,两个变量的 ICC(1) 值均大于 0,且对应 F 检验的显著性都达到 0.000。最后,国家文化认同和消费者民族中心主义的 ICC(2) 值分别为 0.866 和 0.950[1],同样超过 0.70 的最低阈限,说明其评分者间信度良好。综上,个体层面的国家文化认同和消费者民族中心主义可以聚合到城市层面(Klein 等,2000)。

用矩阵表征国家文化认同和消费者民族中心主义在总体样本及各城市中

---

① 由于六个城市的样本量不等,这里取其均值(221)进行计算。

的均值,如图 11-1 所示。横轴代表国家文化认同(NCI),纵轴代表消费者民族中心主义(CET),横、纵两条中间线分别反映总体样本在两个构念上的均值得分。与两个构念的总体均值进行比较,六个城市分布于由两条中间线勾勒的四个不同象限中,即Ⅰ:高 NCI 和高 CET(长春);Ⅱ:高 NCI 和低 CET(南昌);Ⅲ:低 NCI 和低 CET(昆明、上海和深圳);Ⅳ:低 NCI 和高 CET(杭州)。

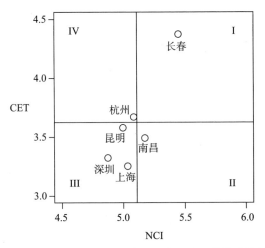

图 11-1　基于国家文化认同和消费者民族中心主义整体均值的城市分布

对国家文化认同、消费者民族中心主义和品牌消费行为进行描述性统计,如表 11-7 所示。在不同城市之间,上述各变量的均值均存在显著差异($ps<0.001$),再次说明了从城市层面进行分析的必要性。总体上,消费者对国产品牌的偏好和品牌资产评价略低于国(境)外品牌,在过去一年内对其购买的比例也低于国(境)外品牌。城市层面的品牌消费行为与该城市在矩阵上的对应区间存在一定的吻合之处。长春和杭州消费者对国产品牌的资产评价和偏好均高于总体均值,且两城市正好处于矩阵的第Ⅰ、Ⅳ象限。南昌和上海消费者对国(境)外品牌的资产评价和偏好均高于总体均值,且两城市分别位于矩阵的第Ⅱ、Ⅲ象限,不仅说明双低特征族更容易接纳本国之外的品牌,还表明高文化认同的消费者不一定完全排斥国(境)外品牌。在实际购买上,上海和深圳的消费者整体上购买国(境)外品牌的数量更多。但是,尽管昆明位于双低特征区间,其对国产品牌的购买数量相对于国(境)外品牌还是更多,可能的原因在于其经济发展水平相对落后。

表 11-7　城市差异:均值和标准差

城市	国家文化认同	消费者民族中心主义	国产品牌资产	国产品牌偏好	国产品牌购买	国(境)外品牌资产	国(境)外品牌偏好	国(境)外品牌购买
上海	5.02 (1.01)	3.25 (1.22)	93.80 (14.74)	82.85 (38.24)	−0.66 (1.89)	109.43 (18.77)	148.41 (79.10)	0.66 (1.89)
南昌	5.17 (1.04)	3.49 (1.38)	93.28 (20.99)	90.79 (44.80)	−0.38 (2.40)	115.13 (40.28)	140.88 (88.71)	0.38 (2.40)
深圳	4.87 (1.07)	3.32 (1.43)	95.20 (23.43)	92.87 (55.32)	−0.55 (2.09)	109.80 (22.41)	136.35 (75.18)	0.55 (2.09)
昆明	5.01 (1.19)	3.58 (1.36)	95.27 (16.68)	89.96 (35.79)	−0.06 (2.51)	108.22 (19.58)	137.41 (86.45)	0.06 (2.51)
杭州	5.08 (1.09)	3.67 (1.30)	97.18 (23.57)	96.49 (54.10)	−0.52 (2.15)	108.69 (26.87)	126.30 (61.78)	0.52 (2.15)
长春	5.45 (1.04)	4.37 (1.28)	97.87 (13.17)	96.85 (27.32)	−0.44 (1.69)	104.14 (15.94)	111.42 (36.37)	0.44 (1.69)
总体均值	5.11 (1.09)	3.62 (1.38)	95.51 (19.05)	91.62 (43.68)	−0.44 (2.14)	109.01 (24.83)	133.21 (73.70)	0.44 (2.14)

注:括号外为均值,括号内为标准差。

　　因此,虽然所涉及的城市数量偏少,难以进行城市层面的聚类分析,但仍可以将该层面的变量与总体进行均值比较,得到与个体消费者市场细分结果相似但不相同的四大子群。长春属于"双高特征群",消费者整体上表现出较高的国家文化认同和较高的消费者民族中心主义;南昌属于"文化认同群",仅表现出比全国平均水平更高的国家文化认同感;深圳、昆明和上海同为"双低特征群",对本国文化的亲近程度和国货意识均低于全国平均水平;杭州则单独位于个体细分结果中未包含的"民族中心主义群",即该城市的消费者比总体更易受民族情感的影响。需注意的是,无论是国家文化认同还是消费者民族中心主义,杭州的城市均值与总体均值的差异均不及其他子群与总体均值的差异明显。因此,在城市层面是否存在单独的"民族中心主义群",值得后续研究。综上所述,通过计算城市层面的均值,可以从国家文化认同和消费者民族中心主义的角度为每一个城市进行新的特征界定。

第四节　结论与战略指引

一、总体结论

本章通过中国六个城市的大样本调查，对多品类的集合数据进行分析，验证了在中国文化背景下，Keillor 提出的国家认同构念（Keillor 等，1996；Keillor 和 Hult，1999）中的"民族传统"和"文化同一性"合并为同一因子"国家文化认同"。同时，定性访谈的结果表明，"信仰系统"不适用于中国情境。因此，原构念被进一步区分成"国家文化认同"和"消费者民族中心主义"两个因子。

基于这两个因子，中国城市消费者可被细分成"双低特征族""文化认同族"和"双高特征族"三大基本族群。其中，文化认同族所占比例最高。同时，国产/国（境）外品牌资产、国产/国（境）外品牌偏好以及国产/国（境）外品牌购买能够由基于国家文化认同和消费者民族中心主义而形成的细分群体的特征有效地反映出来。双高特征族对国产品牌资产和偏好的评价都显著高于文化认同族，但在国产品牌购买方面，双高特征族与文化认同族并无显著差异。双高特征族对国（境）外品牌资产和偏好的评价都显著低于文化认同族，但在国（境）外品牌购买方面，双高特征族与文化认同族并无显著差异。这表明，消费者民族中心主义者对国产品牌/国（境）外品牌的偏好与购买行为并不一致。另外，文化认同族对国产品牌的购买显著高于双低特征族，对国（境）外品牌的购买又显著低于双低特征族，因而可以认为国家文化认同因素对国产品牌购买产生实际的正向影响，对国（境）外品牌购买产生显著的负向影响。总体上，我们可以认为，与消费者民族中心主义构念相比，国家文化认同构念能更有效地预测消费者对国内品牌和国（境）外品牌的行为。

进一步的统计指标表明，个体层面的国家文化认同和消费者民族中心主义可以聚合到城市层面，在更高层面进行分析。将城市均值与总体均值进行比较，可以将六大城市划分为"双高特征群""文化认同群""民族中心主义群"及"双低特征群"四大类别。四大类别层面的品牌消费行为基本上也与其消费者族群特征一致。就本章抽样的六个城市而言，长春属于"双高特征群"，南昌属于"文化认同群"，杭州属于"民族中心主义群"，昆明、上海和深圳属于"双低特征群"。

二、理论贡献

本章的研究在若干方面具有显在的理论贡献。第一，本章提出并验证，国家文化认同和消费者民族中心主义两个构念之间虽然存在一定相关性,但具有实质性区别。基于对民族认同量表的结构调整,本章将"民族传统"和"文化同一性"合并为单独的"国家文化认同"因子,与原来的"消费者民族中心主义"存在区别。以往的研究在探讨本国消费者关于国内外产品或品牌的态度与行为时,最常使用的变量是消费者民族中心主义(Shimp 和 Sharma,1987)。本章则结合了新的构念:"国家文化认同",对中国城市消费者进行市场细分,结果表明"文化认同族"是占比最高的族群。并且与消费者民族中心主义构念相比,国家文化认同构念更能有效地预测消费者对国内品牌和国外品牌的行为。这些结论为 Verlegh(2007)、He 和 Wang(2015)及 Zeugner-Roth、Žabkar 和 Diamantopoulos(2015)的研究提供了新的证据。总体上,我们有理由认为,在当前时代背景下需要特别重视国家文化认同的研究,区分国家文化认同与消费者民族中心主义的差异,并理解国家文化认同所具有的独特内涵和预测效力。

第二,过去关于国家认同的研究通常以国家为单位,忽视了地区间的差异(比如,Keillor 等,1996;Phau 和 Chan,2003)。然而,中国不同城市间的地域文化存在较大差异,因此这种做法既不能准确描绘中国城市消费者的国家文化认同特征,也不能有效解释城市消费者关于国产品牌的偏好与购买情况。本章从理论上进一步辨清了国家(文化)认同的概念内涵,将它们界定成可同时从个体层面和群体层面进行定义、测量和分析的多维度构念,这在国家(文化)认同研究领域还属首次。我们在实际测量时,从地域代表性和品牌消费意识的角度选取了六大城市进行调研,后续的统计检验指标表明,可以对国家文化认同进行城市层面的归集。同时,本章还建立起基于国家文化认同和消费者民族中心主义的城市层面描述性轮廓。这些都为理解与应用国家文化认同构念提供了新的理论视角。

三、实践意义

本章研究也蕴含了丰富的实践指导价值。首先需要认识到,在当前全球化环境与中国经济发展的新阶段下,企业利用民族中心主义战略激发消费者对国货偏好的时代可能已经过去,迎来的是国家文化认同战略的新时代。我们的数据显示,消费者民族中心主义的总体均值仅为 3.62(李克特 7 点量表),而国家文化认同的总体均值却高达 5.11(李克特 7 点量表)。同时,文化认同族是占比最高的细分族群,对国产/国(境)外品牌的实际购买数量与双低特征族存在显著差异,即与双低特征族相比,文化认同族对国产品牌的购买更多,而对国

(境)外品牌的购买更少。因此，与以往惯常的利用民族情绪的营销战略相比，利用国家"软实力"进行品牌建设和营销战略将更为有效。虽然很多外来的全球品牌在中国市场已经开始在产品或沟通中融入中国文化元素(如哈根达斯的冰激凌月饼、可口可乐的春节广告等)，但与外国品牌相比，根植于本土的中国企业对本国文化具有更深刻的理解。因此，在利用本土文化元素进行品牌定位和品牌形象塑造时，中国企业理应开发出更有效的创新性战略，从而占得市场先机。

其次，国家文化认同可以与消费者民族中心主义一起，作为细分全国市场的关键变量。这有助于企业找到适合自己产品和品牌定位的核心目标群体，对进入中国市场的全球化企业以及面临国外品牌竞争的本土企业而言均具有重要的指导意义。对于同时具有高国家文化认同和高消费者民族中心主义水平的目标群体，兼具"国家文化"和"民族情感"的营销活动将最行之有效。如美特斯邦威在"我是新国货"运动中，把带有本土内涵和文化印记的创意元素(如上海电影制片厂的经典动画)设计到T恤上，而来自不同行业的新锐人物则激发出年轻一代的民族自豪感。对于仅表现出较高国家文化认同水平的目标群体，企业可以在营销沟通或产品研发中直接利用本国在文化、艺术和娱乐方面的遗产，为品牌进行形象重塑或再定位，如泸州老窖集团的高端品牌"国窖1573"推出的"中国品味"款白酒等。对于文化认同和民族中心主义都不高的消费群体，则应该采用世界主义或全球认同的战略，以与这类群体形成价值观念上的共鸣。上述营销战略同样适用于中国市场上的外国品牌。

最后，在中国市场上，当企业试图从国家文化认同和消费者民族中心主义的角度开展营销活动时，应该意识到地区之间存在的差异。在本章的研究中，与总体均值相比，长春具有较高的国家文化认同和较高的消费者民族中心主义，杭州只具有较高的消费者民族中心主义，南昌只具有较高的国家文化认同，而昆明、上海和深圳均具有较低的国家文化认同和较低的消费者民族中心主义。也就是说，在全国范围内进行营销实践时，应该基于不同城市在国家文化认同和消费者民族中心主义两个变量上的均值水平而形成不同的区域细分市场，制定相应的营销战略，而非基于地理位置做简单划分。

第十二章

中国元素战略：全球品牌全球本土化战略研究

　　本章对应于第一章有关微观国家品牌资产理论的实证研究。"中国元素"是在微观层面承载中国国家品牌资产的载体和形式。在实践中，中国元素战略用于两大领域：一是在全球市场中，作为中国品牌实施差异化战略的手段；二是在中国市场中，作为西方全球品牌实施全球本土化战略的手段。本章是针对后者的研究。这两种使用战略都在微观层面通过商业品牌的路径扩大了国家品牌资产的影响力。

　　本章是以实证研究方法，从对"中国元素"进行定义开始的第一项成果。[①]全球品牌在产品研发和设计中使用中国元素，是一种非常显著的全球本土化战略。本研究探究的是这种战略的有效性。这既具有明确的实践价值，也具有普遍的理论意义。本章有三大创新性贡献。首先，从理论上分析营销领域中中国元素的现象与做法，对中国元素进行定义，并引入"刻板印象一致性"概念，把它作为评价本土文化元素运用合适性的一个新构念；其次，我们建立了一个基本模型，分析这种"刻板印象一致性"如何对全球品牌的产品态度产生影响，引入品牌本土象征性作为中介变量；最后，我们分析这种影响过程如何对不

---

　　① 我在国际上发表本领域的论文参见：He, J. and C. L. Wang（2017），"How Global Brands Incorporating Local Cultural Elements Increase Consumer Purchase Likelihood: An Empirical Study in China", *International Marketing Review*, 34（4），463—479。更早期的论文参见：何佳讯，2013，《中国品牌全球化：融合"中国元素"的品牌战略——"李宁"案例研究》，《华东师范大学学报（哲学社会科学版）》第4期，第124—129页。

同细分市场产生不同的实际效果,通过引入全球—本土认同构念,探究它们的调节作用。

第一节　研究背景、文献回顾与理论假设

一、研究背景与问题

很多年以来,"中国元素"在全球品牌中国市场营销活动中得到了大量运用,这一趋势愈演愈烈,并成为"国潮"的重要代表。过去,中国元素的运用主要体现在营销组合的广告环节,现在则渗透于产品研发、设计和包装等方面。在产品研发上,中国元素通常被用来调整产品成分、推出了新产品。例如,夏士莲不仅主打黑芝麻系列洗发水,还与南京同仁堂联合推出中药配方的洗发水。在产品设计上,中国元素的广泛运用遍及珠宝、服饰、汽车、家具、数码产品等品类。越来越多的西方设计师在中国元素中寻找灵感,织锦刺绣、写意泼墨、云龙图腾和青花瓷等具有中华民族特色的元素频频出现在路易威登、迪奥、普拉达和香奈儿等品牌中。中国元素运用的广泛流行,折射出中国文化作为国家"软实力"(Sheth, 2011;Wang 和 Lin, 2009)的地位提升,无论对于全球品牌还是本土品牌,都预示着一种建立品牌定位、创建品牌资产的新方式(何佳讯,2013a);但从企业发展营销战略的层面上看,迫切需要我们从消费者态度的角度把握其运用的边界,探究其影响消费者正面态度的条件和过程。

在理论上,有关国际营销标准化和当地适应性的研究由来已久(Theodosiou 和 Leonidou, 2003;胡左浩,2002)。自 Levitt(1983)在《哈佛商业评论》(Harvard Business Review)上发表著名的"The Globalization of Markets"一文后,围绕"全球化与本土化"这一核心议题的争论,研究者们提出了从全球标准化到本国当地化的两极以及介于两极之间的各种混合的战略选择(Douglas 和 Craig, 2011; Kapferer, 2012; Ritzer, 2003; Shocker、Srivastava 和 Ruekert, 1994)。在全球扩张过程中,品牌通常"通过本地化生存而获得全球化繁荣"(Shocker、Srivastava 和 Ruekert, 1994),因此如何把握本土文化要素的运用效果显得十分重要。在 Steenkamp、Batra 和 Alden(2003)的开创性研究中,他们把品牌本土象征价值作为与品牌感知全球性相对应的构念,研究它们对品牌购买可能性的影响。之后,Swoboda、Pennemann 和 Taube(2012)研究了这两者对中国消费者惠顾国外零售商和本土零售商的影响问题,Özsomer(2012)则研究了这两者在新兴市场和发达市场中对本土品牌和全球品牌的相互作用问题。这些研究为我

们在新兴市场上进一步探究品牌感知全球性与品牌本土象征价值的作用机制提供了良好基础。但我们需要深入揭示在新兴市场上影响品牌感知全球性或品牌本土象征价值的前因，以及这种影响效果是否对于不同细分市场存在差异。

二、中国元素定义

对"中国元素"提法的公开正式使用来自中国的广告界（Wang 和 Lin，2009）。2006 年，中国广告协会主办首届"中国元素国际创新大赛"，其使命是复兴中华文化，重建民族自信。大赛鼓励广告界、设计界和创意界深度挖掘中国传统文化内涵，中西融合、古意新法地创新中国元素的运用，用中国元素打造高端形象，协助民族品牌走向世界，提升中国创意经济软实力。之后，中国元素概念在媒体中被大量使用。但学术界对此尚未有公认的严格定义。有研究者（徐协，2011）总结现有文献，将中国元素的定义归纳成三个层面：第一，从符号层面定义中国元素的外在表征系统，可将中国元素归纳成动物、人物、景观、建筑、色彩等多种类别；第二，从观念层面明确中国元素的内核，其是指"中国几千年发展、积淀下来的无形的思想精髓"；第三，从文化层面进行理解，强调中国元素是根植于社会语境中的、与时俱进的文化系统，兼具外在有形符号和内在无形精神两个方面。

在上述种种理解中，人文中国系列活动组委会等于 2007 年创办"人文中国"大型系列活动时的提法颇具代表性，即凡是被大多数中国人（包括海外华人）认同的、凝结着中华民族传统文化精神，并体现国家尊严和民族利益的形象、符号或风俗习惯，均可被视为中国元素。我们认为，中国元素不应局限于符号和精神层面，还应拓展至实物层面。这样在营销学领域，我们对中国元素的研究和讨论可以从传统的营销传播范畴拓展至产品研发和设计方面。为此，我们对中国元素定义如下：来源于中国文化传统，或在中国现代社会发展中产生的与中国文化紧密联系的符号、精神内涵或实物，它们被大多数中国人认同，消费者能够借此联想到中国文化而非其他国家文化。这里需要指出的是，全球品牌在营销组合中运用中国元素，是一种重要的全球本土化战略，但两者并非等同。例如，肯德基在国内推出"深海鳕鱼条"，尽管这是适应本土化需求的做法，但并非中国元素战略，因为"深海鳕鱼条"无法让人联想到中国文化。但是肯德基推出"皮蛋瘦肉粥"，就可以被认为是中国元素战略，因为"皮蛋瘦肉粥"是经典的广东汉族特色美食，反映出了中国饮食文化。

对国内外现有文献的检索表明，目前大部分研究采取广告学或传播学的视角，对广告中的中国元素进行描述、分析及解读，仅有少数文献从营销学的角度进行研究。Wang 和 Lin（2009）通过回顾中国消费者价值观的变迁路径，提出当前的中国消费者对传统文化元素的需求正日益增长，进一步强调在品牌塑造与产品设计中引入中国元素的重要性。Wu（2011）运用肌电描记法（electro-myography，EMG），研究了产品中的中国文化元素对 60 位来自中国台湾地区的女性被访者引发的愉悦反应（pleasure response）。临床试验结果显示，蕴含文化元素的产品更能引起被访者的愉悦感受，且事先理解产品中文化元素意义的被访者表现出的愉悦程度更高。我（何佳讯，2013a）、Heine 和 Phan（2013）、Song（2013）等以案例研究的方法，分别阐释了中国元素在李宁、上海滩及红旗汽车等品牌中的运用状况。

综上所述，中国元素已成为跨界关注的一个话题。但从学术研究的角度看，目前的研究主要以概念分析和案例研究为主，尚未进入实证研究阶段。为此，本章试图做出开拓性贡献。

三、刻板印象一致性

全球品牌在运用中国元素时，方式和途径差异很大。有些品牌保留了中国元素的外形和内涵，将其与自身相融合。例如，可口可乐每年推出的春节系列广告，不仅充分运用鞭炮、春联、烟花、舞龙等传统文化元素，还将品牌口号"分享快乐"嵌入到极具中国特色的家庭团聚场景中。有些品牌只保留元素的外形，但赋予其新的内涵，如哈根达斯的冰激凌月饼、星巴克的星冰粽等。有些品牌则只保留元素的实质，但对其使用情境和场合进行创新，如高露洁冰爽茶香牙膏、夏士莲黑芝麻洗发水等。这些被"化用"于不同品牌和产品的中国元素，有些和消费者的固有认知非常吻合，有些却会引起消费者的困惑甚至排斥。那么，是否只要使用了中国元素，产品就一定能大获成功？也就是说，对于产品中的中国元素而言，哪种表现形式最为有效？我们引入"刻板印象一致性"的概念对上述问题进行探究。

从刻板印象的定义（Greenwald 和 Banaji，1995；王沛，2002）来看，对于不同的中国元素，本土消费者拥有特有的观念和认知结构，包括外形、内涵、使用情境等。由于刻板印象是基于以往经验形成的总结，本土消费者关于中国元素的原有"印象标签"会在其融入的产品情境中重新进行信息处理。对此，我们用"刻板印象一致性"概念表征。具体而言，"刻板印象一致性"反映了产品中的中国元素与其在消费者心目中固有形象关联程度的高低。"刻板印象一致性"高,表明产品中的中国元素与其在消费者心中固有形象的关联度高,反之则低。

刻板印象的作用机制包括自动(刻板印象激活)和控制(刻板印象应用)两种过程(Martin、Lee 和 Lancy,2011)。自动过程是指人们在某一环境中接触到刻板印象化的物体,会自动激发刻板印象。该过程是无意识的,具有自发性,其结果是记忆中的刻板想法更易被获取(Devine,1989)。控制过程指的是个体能够控制刻板印象的自发过程,从而改变由刻板印象产生的对事物的固有看法(Blair 和 Banaji,1996;Kawakami 等,2000)。一般情况下,若刻板印象效应占主导地位,则与刻板印象相关的联系更易于获取(连淑芳,2006)。因此,延伸到本章情境下,中国消费者在看到产品中包含中国元素时,如果其与刻板印象一致程度高,就会自动激活消费者关于该中国元素的所有想法,对产品试图传递的信息与含义产生更深的理解;相反,即使产品中有意识地融入了某些中国元素,但其表现形式让消费者感到与传统认知中的印象存在差距,刻板印象一致性程度低,该产品也不会激发消费者关于该元素的刻板印象。

关于刻板印象一致性信息的专门研究也支持上述推断。首先,与刻板印象不一致的信息相比,个体更易记住刻板印象一致信息(比如,Kashima、Lyons 和 Clark,2013)。那么,个体也很有可能对携带刻板印象一致信息的事物(融入的中国元素与其刻板印象一致性程度较高的产品)心生亲近,产生更为积极的评价。其次,人们倾向于传播刻板印象一致信息,而刻板印象不一致信息则会在传播过程中逐渐消弭(Lyons 和 Kashima,2001),这在同一社会群体内的个体之间表现得尤为明显(Kurtz 和 Lyons,2009)。其主要原因在于,如果需要传播的信息与刻板印象差距过大,人们会怀疑信息的真实性(Lyons 和 Kashima,2003),甚至认为接收者无法理解该内容(Clark 和 Kashima,2007),进而选择性地传播刻板印象一致信息。从该角度看,如果产品中包含的中国元素刻板印象一致性程度高,消费者更愿意表达并接受关于这些产品的积极想法,具备形成良好口碑效应的潜力。最后,非西方文化背景下的个体更易受刻板印象效应的影响(Williams 和 Spencer-Rodgers,2010),来自亚洲的被访者更倾向于传递刻板印象一致信息(Yeung 和 Kashima,2012)。因此,如果设计得宜,全球品牌推出的本土文化元素产品更易获得中国消费者的青睐。综上所述,我们提出如下假设。

H_1：消费者对全球品牌产品中中国元素的刻板印象一致性程度越高，他们购买产品的可能性越大。

四、全球品牌、品牌感知全球性与本土象征性

一般来说，在国际市场上广泛可得并且在世界上具有高认知度的品牌被称为全球品牌（Dimofte、Johansson 和 Ronkainen，2008；Dimofte、Johansson 和 Bagozzi，2010）。在学术界，对全球品牌的定义首先来自营销标准化的有关研究（何佳讯，2013b）。按照营销标准化的思路，企业建立全球品牌的首要动机是从范围经济和规模经济中获益。因此，标准化的品牌能够从营销、研发、采购和制造中节省巨大的成本（Levitt，1983）。从这个角度出发，全球品牌通常被认为在大多数市场中使用相同的品牌名称、定位战略和营销组合。因此，全球品牌即是在多个国家以相同的名称，一般采用相似的集中式协调的营销战略的品牌（Steenkamp、Batra 和 Alden，2003）。但事实上，对全球品牌如何实现标准化并没有达成共识。大多数研究认为完全标准化是难以实现的，品牌只是在标准化程度上存在差异而已。按照标准化程度的差异，一些品牌比其他品牌的全球化程度更高。这是按照在不同市场中使用标准化营销战略和方案的程度对全球品牌进行定义（何佳讯，2013b）。

基于消费者感知对全球品牌进行定义化解了标准化的争议，为研究全球品牌打开了新的视角（何佳讯，2013b）。所谓全球品牌，是指被消费者感知为全球性的程度。这个定义以 Steenkamp、Batra 和 Alden（2003）提出的品牌感知全球性构念为基础，认为消费者对这种全球性的感知能够这样形成，即消费者相信品牌在多个国家销售并且在这些国家中总体上被认为是全球性的。这个定义基本上认同全球品牌是一个认知构念，不同个体的评价存在差异（Dimofte、Johansson 和 Bagozzi，2010）。这样，有关全球品牌的跨市场标准化程度的界定就转变为品牌全球性（Globalness 或者 Globality）程度的衡量。按 Steenkamp、Batra 和 Alden（2003）的做法，品牌的全球性是根据消费者感知品牌在本国之外的外国市场进入数量程度进行操作化测量的。也就是说，作为全球品牌，可以存在更多或更少的全球性。

另外，全球化与当地化总是交织在一起（Strizhakova、Coulter 和 Price，2012）。从跨文化的角度看，Griffith、Hu 和 Ryans（2000）以及 Kustin（2004）的研究分别证实，营销组合的过程和要素方案在文化相似的国家中是可转移的，标准化成功的可能性较大，而在不同的市场上，标准化是不合适的，其成功的可能

性不大。通常,很多营销者需要在全球和本土产品之间进行决策(Tu、Khare 和 Zhang, 2012)。由此,研究者们提出了从全球标准化到本国当地化的两极以及介于两极之间的各种混合的战略选择(Ritzer, 2003;Douglas 和 Craig, 2011)。国内一些研究者的研究成果也体现了全球标准化与本土化相结合的战略取向(比如,胡左浩,2002;吴晓云、卓国雄和邓竹箐,2005)。正因如此,品牌感知全球性并非全球品牌获得成功的唯一路径。还有一种基本方式是使品牌成为当地文化的象征,从而对消费者行为和个体认同产生重要影响。Steenkamp、Batra 和 Alden(2003)把品牌本土象征价值作为与品牌全球感知相对应的构念,研究它们对品牌购买可能性的影响。结果发现,品牌全球感知正向显著影响对品牌声望和品牌感知质量的评价,本土象征价值正向显著影响品牌声望,但不影响品牌质量。尽管从总体影响效果看,品牌全球感知对品牌购买可能性的影响要大于本土象征价值,但是品牌全球感知并不直接对品牌购买可能性产生影响,而本土象征价值直接对品牌购买可能性产生影响。与之类似,Özsomer(2012)提出本土象征性构念,即品牌象征着本国成员的价值观、需要和渴望的程度,并以此作为与品牌感知全球性对应的构念。

根据前面的定义,中国元素是反映或代表中国文化的载体,在消费者中具有广泛的共识。但是中国文化源远流长、博大精深,能够反映或代表中国文化的元素纷繁复杂、类别众多,它们在反映或代表中国文化方面存在程度上的差异。对于同样的元素,消费者的看法也会存在差异。正因如此,当品牌以某种方式使用中国元素时,消费者对其带来的本土象征性评价是不同的。品牌本土象征性是衡量品牌使用“中国元素”成效的重要变量。进一步推究,消费者对品牌中使用的中国元素的刻板印象一致性程度越高,就越能激发更多真实的中国本土文化意义,因而能够带来更高的品牌本土象征性评价。根据 Steenkamp、Batra 和 Alden(2003)的研究,品牌本土象征性直接对购买可能性产生正面影响。由此,我们提出如下假设。

H_2:中国元素的刻板印象一致性通过品牌本土象征性对产品购买可能性产生影响。换言之,品牌本土象征性是刻板印象一致性对产品态度影响效果的中介变量。

五、全球认同与本土认同

站在消费者的角度,消费者文化认同(全球认同与本土认同)是解释全球与本土品牌/产品态度的重要心理学变量（何佳讯，2013b）。这发端于 Arnett（2002）发表的"The Psychology of Globalization"一文。多年之后，全球认同与本土认同被用于营销学领域（Tu、Khare 和 Zhang，2012；Zhang 和 Khare，2009）。现有研究已表明，全球认同和本土认同与消费者对全球品牌和本土品牌态度的评价之间存在较为一致的关系（Guo，2013；Swoboda、Pennemann 和 Taube，2012；Strizhakova、Coulter 和 Price，2012；Zhang 和 Khare，2009）。Tu、Khare 和 Zhang（2012）根据 Arnett（2002）的开创性理论，进一步明确了全球认同和本土认同的定义，开发了由八个题项构成的专门量表，并验证了它们与消费者民族中心主义、国家主义和全球消费取向构念的区分效度。本土认同由这样的精神表征组成，即消费者信仰并尊重当地传统和习俗，认同当地社群的独特性，对当地活动感兴趣；而全球认同的精神表征构成是，消费者相信全球化的积极效果，更认同全世界人们的共同性而非差异性，对全球活动感兴趣。

Arnett（2002）认为，全球化对身份认同产生了重要的心理影响，他把在个人层面测量全球化影响的结果概念化为双文化认同，包括全球认同与本土认同，即部分认同根植于当地文化，部分认同来源于与全球文化关系的意识。很多人在发展全球认同的同时仍然保持着本土认同。事实上，只有极少消费者的全球认同和本土认同是等同的，绝大多数的情况是一种认同强于另一种认同。Zhang 和 Khare（2009）通过系列实验表明，无论是稳定的还是可及性的全球认同或本土认同，当消费者的认同与产品的全球定位或本土定位相一致时，对产品的态度评价都更积极。需要指出的是，这种效应可以颠倒过来，无论是采用直接操控方式把可及性认同变为稳定的，还是通过间接的方式引入差异性（对应于整合性）处理模式。可及性认同效应的发生是因为消费者喜欢持有积极的自我观，因而与其认同一致的信息被判断为与处理目标更为相关，相较于与其认同不一致的信息被赋予了更大的权重（Wheeler、Petty 和 Bizer，2005）。

具体到本章情境，产品中中国元素刻板印象一致性程度的高低反映了本土文化真实性意义的多少，这为本土认同者或全球认同者提供了处理与本土相关的信息更一致或更相反的可能性，从而被消费者更积极或更消极地处理（Wheeler、Petty 和 Bizer，2005）。与低本土认同者相比，高本土认同者更认同刻板印象一致性的中国元素，因而会对其产品购买可能性产生更积极的影响。与低全球认同者相比，高全球认同者更不认同刻板印象一致性的中国元素，因而对其产品购买可能性产生更消极的影响。因此，我们提出如下假设。

H_3：全球认同和本土认同调节刻板印象一致性对产品购买可能性的整体影响作用在于，本土认同程度越高，刻板印象一致性与产品购买可能性的正向关系越强（H_{3a}）；而全球认同程度越高，刻板印象一致性与产品购买可能性的正向关系越弱（H_{3b}）。

在本节第三点中，我们把品牌本土象征性假设为刻板印象一致性与产品购买可能性之间的中介变量，因此，如果把调节作用和中介作用同时纳入考虑范围之内，则会存在两种可能的情况。第一，全球认同和本土认同在第一阶段（刻板印象一致性对品牌本土象征性的影响）存在调节作用。我们认为该作用微小甚至不显著。这是因为，刻板印象一致性带来的品牌本土象征性评价是客观存在的，并不受消费者不同价值观（比如文化认同）的影响。第二，我们认为全球认同和本土认同会调节第二阶段效应（品牌本土象征性对产品购买可能性的影响）。Steenkamp、Batra 和 Alden（2003）假设消费者民族中心主义在品牌本土象征性对品牌购买可能性的影响中起到调节作用，即对民族中心主义强的消费者而言，品牌本土象征性对购买可能性的影响更大。其理由是，对于民族中心主义强的消费者，他们的世界主义和对外来文化的开放性水平更低，因而对全球品牌具有更负面的态度。他们甚至可能愿意牺牲"客观"的物质利益（高质量、低价格等），去享受避免接触外群体（即全球文化）的心理利益。我们认为，尽管消费者民族中心主义与对外来文化的开放性具有相关性，但两者毕竟是不同的概念。消费者民族中心主义的定义是"消费者对购买外国制造产品的合适性，实际上为道德性的信念"（Shimp 和 Sharma，1987），并未涉及文化认同含义。Tu、Khare 和 Zhang（2012）分析了本土认同与消费者民族中心主义的区分效度，确实表明这两个构念存在显著的差异。事实上，在 Steenkamp、Batra 和 Alden（2003）的研究结果中，消费者民族中心主义在品牌本土象征性对品牌购买可能性影响过程中的调节作用并没有得到证实。由此我们提出如下假设。

H_4：全球认同和本土认同主要在第二阶段发挥调节效应，即在品牌本土象征性对产品购买可能性的影响过程中具有调节作用，也就是说，本土认同程度越高，品牌本土象征性对产品购买可能性的影响作用越大（H_{4a}），而全球认同程度越高，品牌本土象征性对产品购买可能性的影响作用越小（H_{4b}）。

我们把上述四个假设关系用图 12-1 的形式标示出来，作为本章研究的概念模型。接下来，我们介绍研究方法。

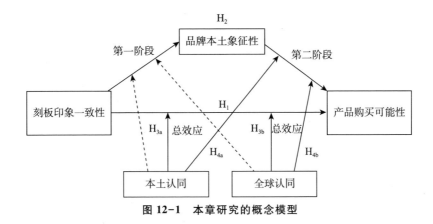

图 12-1 本章研究的概念模型

第二节 研究方法、数据分析与结果

一、测试产品与样本

本研究采用问卷调查的方法,在真实环境下测试中国消费者对运用了中国元素的全球品牌产品的购买可能性的影响。我们通过三个步骤确定测试的产品范围。

首先,根据近年业界著名的品牌排行榜(如 Interbrand 全球最佳排行榜、BrandZ 全球品牌百强排行榜等),对所有的全球品牌进行筛选。最终留下的品牌符合以下几个标准:第一,近十五年来该全球品牌曾在本土市场上推出过运用中国元素的产品,且这些产品受到一定关注或欢迎。第二,品牌的目标消费群体在人口统计变量上存在多样性。例如,高洁丝是面向女性消费者的品牌,因此本研究不予考虑。第三,为了保证结论的外部效度,本研究按照快速消费品、耐用消费品和奢侈品三种产品类型,确定品牌的范围。最终得到 13 个品类下共 39 款由全球品牌推出的运用中国元素的产品。

接下来进行前测一,以排除被消费者认为中国元素表现得不太明显的素材。样本主要为南京某重点高校本科生($N=42$),男女比为 22∶20,有效问卷率为 95.23%。我们先向被访者出示一组产品图片。当他们观看完毕后,请其根据图片,对这些产品中是否含有中国元素、是什么中国元素,以及中国元素的明显程度这三个问题依次做出回答。其中,第一、第三题用语义差异量表进行测量,−3 表示"产品中不含有中国元素/产品体现的中国元素非常不明显",3 表示"产品中含有中国元素/产品体现的中国元素非常明显"。第二题是开放题,需要被访者具体写出产品中的中国元素,被访者能够准确识别的赋值为1,否则为-1,核对依据是企业官网或官方微博对产品的描述和介绍。通过前测一,剔除了三款得分均值为负的产品,留下 13 款产品作为前测二的材料。

之后进行前测二,以确定最终的实验素材。研究样本为上海某重点高校硕士研究生(N=43),男女比为 20∶23,有效问卷率为 97.67%。与前测一不同,前测二中的产品图片旁增加了对产品的介绍。当被访者浏览完毕后,请其根据图片及介绍,为产品中的中国元素与传统印象的一致性程度进行等级评分(-3表示"与原有印象完全不一致",3 表示"与原有印象完全一致"),分别计算出13 款产品的评分均值,在各品类下分别选择分值最高和最低的产品作为最终的实验素材。需要指出的是,测试结果中耐用消费品下有两款产品的分值相同,我们结合细分品类的考虑做出进一步的取舍。最终确定的测试素材是:属快速消费品的哈根达斯月饼和肯德基皮蛋瘦肉粥;属耐用消费品的惠普 Mini牡丹上网本和带有鱼漾纹饰的戴尔 Inspiron1320 上网本;属奢侈品的古驰(Gucci)赤龙纹手提包(Shanghai Dragon Bag)和蒂芙尼(Tiffany) Charm 系列红包挂坠。

本研究采用电子邮件的形式发送问卷,被访者是上海某重点高校的 MBA学员,问卷回收期为 10 天。共向 435 位被访者发出电子邮件邀请,回收问卷255 份,回收率为 58.6%。在此基础上,我们进一步剔除了空白或不完整、答题不认真的问卷。最终确定有效问卷为 221 份,有效问卷率为 86.7%。其中,男性占 45.7%,女性占 54.3%;33.0%为未婚,67.0%为已婚;平均年龄为 31.8 岁;月收入在万元以上的占 81.4%。每个品牌产品的问卷数量为 35 份到 39 份不等,平均为 37 份。

二、问卷与测量

针对三大品类下 6 个品牌的产品,本研究设计了 6 个版本的问卷,卷首放置被测试产品的图片和文字介绍。各变量的测量方法简述如下。关于中国元素刻板印象一致性的测量,采取 Gardner、Wonnacott 和 Taylor(1968)的两极特质法,运用语义差异量表测量消费者对实验素材中运用的中国元素与传统印象的一致性程度。设单独题项,采用-3 到 3 的等级评分进行测量。

对品牌本土象征性的测量,采用 Steenkamp、Batra 和 Alden(2003)研究中使用的量表,其有效性已得到充分验证(Özsomer, 2012; Swoboda、Pennemann 和

Taube，2012），采取－3 到 3 的等级评分。对全球认同和本土认同的测量，采用 Tu、Khare 和 Zhang（2012）开发的八题项量表，采用李克特 7 点量表，1 分表示"完全不同意"，7 分表示"完全同意"。对于产品购买可能性的测量，使用 Steenkamp、Batra 和 Alden（2003）的测量语句，含"一定会／一定不会购买"和 "非常可能购买／一点也不可能购买"两个题项，采取－3 到 3 的等级评分。对品牌的感知声望、感知质量、品牌熟悉度、先备经验及产品涉入度等协变量的测量，前三者源自 Steenkamp、Batra 和 Alden（2003）的研究，先备经验及产品涉入度从 Jain 和 Srinivasan（1990）的量表中选取，均按照－3 到 3 的等级评分进行。控制变量包括被访者的性别、年龄、婚姻状况及收入水平等背景信息。其中，性别（男＝0，女＝1）、婚姻（未婚／单身＝0，已婚＝1）设哑变量处理；年龄变量使用实际年龄；收入水平以被试家庭的每月总收入进行衡量，从低到高共分 12 个档次（最低档次赋值为 1，依次类推）。来自英文文献的量表，都采用中英文回译的方式。所有量表的具体题项构成及信度见表 12-1。

表 12-1　有关构念的测量及信度

量表	题项
刻板印象一致性	我认为这个产品上的［具体的中国元素］与我对它的传统印象完全不一致／我认为这个产品上的［具体的中国元素］与我对它的传统印象完全一致
品牌本土象征性 （克朗巴哈系数＝0.902）	我将［品牌名］这个品牌与中国的东西相联系／我不将［品牌名］这个品牌和中国的东西相联系；对我来说，［品牌名］代表了和中国相关的一切／对我来说，［品牌名］不代表与中国相关的一切；对我来说，［品牌名］是一个与中国相关的非常好的象征／对我来说，［品牌名］不是一个与中国相关的非常好的象征
全球认同 （克朗巴哈系数＝0.750）	我的心主要属于全世界；我认为人们应该更加清楚地意识到，我们是如何与世界其他地方相联系的；我将自己视为一位全球公民；我想了解全球事件
本土认同 （克朗巴哈系数＝0.781）	我的心主要属于本地社群，我尊重本地传统，我将自己视为一位本地公民，我想了解本地事件
质量感知 （克朗巴哈系数＝0.811）	这是个优质的品牌／这是个劣质的品牌；这个品牌的整体质量非常高／这个品牌的整体质量非常低
品牌熟悉度 （克朗巴哈系数＝0.847）	我对这个品牌非常熟悉／我对这个品牌非常不熟悉；我很了解这个品牌／我从未听说过这个品牌

（续表）

量表	题项
先备经验 （克朗巴哈系数 = 0.976）	我一直使用这个品牌/我从未尝试过这个品牌;我对这个品牌有丰富的使用经验/我对这个品牌没有使用经验
产品涉入程度 （克朗巴哈系数 = 0.803）	如果我买错了[品类名],那是没什么大不了的;如果买了不称心的[品类名],那真让人懊恼;如果没选好买什么样的[品类名],我会心烦意乱
声望感知	这不是个非常有声望的品牌/这是个非常有声望的品牌
产品购买可能性 （克朗巴哈系数 = 0.976）	一定会购买/一定不会购买;非常可能购买/一点也不可能购买

注:所有的克朗巴哈系数值均高于 0.700。对采取-3 到 3 等级评分测量的变量,将相应数值转换成 1—7 后再进行信度计算。

三、数据分析与结果

本研究采用 SPSS 19.0 进行统计分析。首先,对各变量进行描述性统计分析。通过计算平均值,得到各变量的组合分数。表 12-2 所示为各变量的平均值、标准差及变量间的相关系数。其次,通过多元层次回归模型检验品牌本土象征性在消费者刻板印象一致性对产品购买可能性影响过程中的中介作用。最后,使用 Edwards 和 Lambert（2007）提出的"总效应调节模型"（total effect moderation model）,分别检验消费者的全球认同和本土认同在刻板印象一致性对产品购买可能性的直接效应及在不同阶段的调节作用。

（一）品牌本土象征性的中介效应检验

层次回归模型的分析结果如表 12-3 所示。所有回归模型的 R^2 在 0.342 和 0.628 之间,证明本研究提出的预测变量对消费者行为的解释程度较高。具体地,由 M1 可知,刻板印象一致性对产品购买可能性存在显著的正向预测作用（$\beta = 0.541$, $p < 0.001$）,H_1 得到验证。

对中介效应的检验,我们采用 Baron 和 Kenny（1986）提出的因果逐步回归法。步骤如下:第一,前因变量（刻板印象一致性）对结果变量（产品购买可能性）具有显著的影响;第二,中介变量（品牌本土象征性）对结果变量（产品购买可能性）具有显著的影响;第三,构建前因变量（刻板印象一致性）和中介变量（品牌本土象征性）同时对结果变量（产品购买可能性）回归的模型,如果中介变量的回归系数显著,同时前因变量的回归系数不显著或显著减少,则说明中介效应存在。按照该程序,构建三个层次的回归模型进行分析,结果如

表12-2 有关构念的平均值、标准差及相关系数

构念	1	2	3	4	5	6	7	8	9	10	11	12	13	14
1. 刻板印象一致性	1.000													
2. 品牌本土象征性	0.774*	1.000												
3. 全球认同	0.101	0.088	1.000											
4. 本土认同	0.060	0.063	-0.171**	1.000										
5. 产品购买可能性	0.542***	0.490***	0.188**	-0.030	1.000									
6. 质量感知	-0.027	-0.085	0.228***	0.237***	0.071	1.000								
7. 品牌熟悉度	-0.003	0.061	0.206**	0.102	0.051	0.238***	1.000							
8. 先备经验	-0.021	0.100	0.204**	0.041	0.066	0.000	0.569***	1.000						
9. 产品涉入程度	-0.061	0.038	-0.027	0.064	-0.071	0.161*	0.111	0.027	1.000					
10. 声望感知	-0.018	-0.058	0.190**	0.253***	0.008	0.767***	0.245***	0.085	0.164*	1.000				
11. 性别	0.026	-0.039	-0.099	0.073	-0.074	0.244***	-0.091	-0.285***	-0.022	0.201**	1.000			
12. 年龄	0.025	0.029	-0.032	-0.084	-0.001	-0.134*	-0.044	0.011	0.045	-0.163*	-0.174**	1.000		
13. 婚姻	0.048	0.012	-0.010	-0.050	0.120	-0.096	-0.065	0.046	0.020	-0.088	-0.123	0.433***	1.000	
14. 收入	0.009	0.030	0.057	-0.082	0.009	-0.080	0.066	0.166*	-0.021	-0.159*	-0.190*	0.556***	0.490***	1.000
M	4.030	3.792	4.962	5.431	3.529	5.830	5.579	4.380	4.302	5.910	0.540	31.830	0.670	6.100
SD	2.011	1.721	1.000	0.964	1.899	0.741	1.004	1.824	1.633	0.944	0.499	4.108	0.471	2.753

注：*p<0.05，**p<0.01，***p<0.001。对采取-3到3等级评分测量的变量，将相应数值转换成1—7后再进行均值和标准差的计算。

表 12-3 所示。根据 M1 的结果,刻板印象一致性对产品购买可能性具有显著的预测作用($\beta = 0.541, p < 0.001$);由 M2 可知,刻板印象一致性能够显著提升品牌本土象征性($\beta = 0.783, p < 0.001$);最后,M3 的结果显示,当将中介变量纳入回归模型时,品牌本土象征性对产品购买可能性存在显著的积极影响($\beta = 0.203, p < 0.05$),刻板印象一致性对产品购买可能性的预测作用仍显著($\beta = 0.383, p < 0.001$),且与第一步检验结果相比,其系数明显减小了。因此,品牌本土象征性在刻板印象一致性对产品购买可能性的影响过程中发挥部分中介作用,从而验证了 H_2。

表 12-3　层次回归结果

变量	M1:产品购买可能性		M2:品牌本土象征性		M3:产品购买可能性	
	步骤 1	步骤 2	步骤 1	步骤 2	步骤 1	步骤 2
控制变量						
性别	−0.085	−0.102	0.017	−0.007	−0.085	−0.101
年龄	−0.031	−0.042	0.018	0.001	−0.031	−0.042
婚姻	0.178*	0.147*	−0.008	−0.053	0.178*	0.158*
收入	−0.093	−0.080	0.003	0.022	−0.093	−0.085
质量感知	0.209	0.229	−0.098	−0.069	0.209	0.243**
品牌熟悉度	0.026	0.006	0.035	0.007	0.026	0.005
先备经验	0.049	0.065	0.084	0.109*	0.049	0.043
产品涉入程度	−0.093	−0.060	0.048	0.097*	−0.093	−0.079
声望感知	−0.135	−0.142	−0.007	−0.017	−0.135	−0.138
自变量						
刻板印象一致性		0.541***		0.783***		0.383***
中介变量						
品牌象征本土性						0.203*
ΔR^2	0.052	0.290	0.021	0.607	0.052	0.305
ΔF	1.281	9.643***	0.505	34.941***	1.281	9.290***
合计 R^2	0.052	0.342	0.021	0.628	0.052	0.357
调整后 R^2	0.011	0.311	−0.021	0.610	0.011	0.324

注:表中所示均为标准化系数。 $*p < 0.05$, $**p < 0.01$, $***p < 0.001$。

（二）全球认同与本土认同的调节作用

我们采用 Edwards 和 Lambert（2007）提出的总效应调节模型，将调节效应和中介效应纳入同一个框架中进行分析。具体而言，该模型假设中介过程的三条路径（前因变量→中介变量、中介变量→结果变量、前因变量→结果变量）都有可能受到调节变量的影响，因而将直接效应（前因变量→结果变量）和间接效应（前因变量→中介变量→结果变量）结合起来进行调节作用分析。该模型可分析调节变量在三个方面的作用：首先，对每一路径的调节效应进行统计检验，确定中介模型中受到调节的路径；其次，估计通过中介变量传递的间接效应，同时揭示调节变量对间接效应的影响作用；最后，在单独分析直接效应和间接效应在调节变量不同水平变化情形的基础上，进一步估算调节变量对总效应（直接效应+间接效应）的调节情况。本章遵照 Edwards 和 Lambert（2007，p.4，Model H）的方法，验证全球认同和本土认同的调节作用。为此，本研究构建了下列两个方程：方程（1）反映了第一阶段的影响，方程（2）反映了第二阶段的影响及直接效应。

$$PBL = a_{o5} + a_{x5}SC + a_{z5}CI_i + a_{xz5}(SC \times CI_i) + e_{m5} \tag{1}$$

$$PL = b_{o20} + b_{x20}SC + b_{m20}PBL + b_{z20}CI_i + b_{xz20}(SC \times CI_i) + b_{mz20}(PBL \times CI_i) + e_{y20} \tag{2}$$

其中，CI_i 代表不同的调节变量（全球认同和本土认同），PBL、SC、PL 分别代表品牌本土象征性、刻板印象一致性及产品购买可能性。然后，通过构建多元回归方程来计算各回归系数，如表 12-4 所示。

表 12-4　参数估计

调节变量	a_{o5}	a_{x5}	a_{z5}	a_{xz5}	R^2	b_{o20}	b_{x20}	b_{m20}	b_{z20}	b_{xz20}	b_{mz20}	R^2
本土认同	−0.003	0.767***	0.017	0.061	0.604	−0.210	0.386***	0.148	−0.071	0.083	0.264**	0.443
全球认同	0.001	0.773***	0.010	−0.002	0.599	0.024	0.389***	0.196*	0.102	−0.148	−0.100	0.378

注：在分析之前，已对表中的所有变量进行了中心化处理（使平均值为 0）（Aiken 和 West，1991）。所有参数值均为非标准化系数。* $p<0.05$，** $p<0.01$，*** $p<0.001$。

接着，基于表 12-4 的参数估计值，计算调节变量在不同水平下的各路径系数、不同效应及差异的数值大小。第一阶段的效应是指前因变量（刻板印象一致性）到中介变量（品牌本土象征性）的回归系数；第二阶段的效应值是中介变量（品牌本土象征性）到结果变量（产品购买可能性）的回归系数；直接效应反映了前因变量（刻板印象一致性）到结果变量（产品购买可能性）的回归系数；间接效应由第一阶段和第二阶段的回归系数值相乘得到；总效应是直接效应与间接效应加总后的结果;差异是不同水平下的效应值相减后的结果。

基于此,我们通过拔靴法(bootstrap method)确定各路径系数及效应值的显著性。首先以 221 个个案为原始样本,采取有放回的随机重复抽样,每次抽取数量为 221 个。随后,基于抽取的样本(221 个个案)计算各单纯路径系数、间接效应和总效应的估计值。重复上述步骤 1 000 次,最终得到 1 000 组样本及估计值,并在此基础上确定偏差校正置信区间(bias-corrected confidence intervals)。最后判断各效应差异的显著性。第一、第二阶段的路径系数及直接效应的差异的显著性与表 12-4 中 a_{xz5}、b_{mz20} 及 b_{xz20} 的显著性相同;间接效应和总效应的差异的显著性则根据偏差校正置信区间进行判断。如果对应置信区间中不包含 0,则该系数在该置信水平下显著。另外,调节变量在不同水平下的各路径系数及效应值的显著性,同样依据偏差校正置信区间进行判断。具体操作过程参见 Edwards 和 Lambert(2007),分析结果如表 12-4 和表 12-5 所示。

由表 12-4 可知,b_{xz20} 是指刻板印象一致性对产品购买可能性的直接影响过程中调节变量效应的系数,结果是本土认同的系数为 0.083(ns),而全球认同的系数为 -0.148(ns),表明消费者文化认同在该过程中发挥的调节作用不显著。a_{xz5} 是指刻板印象一致性对品牌本土象征性的影响过程中调节变量效应的系数,结果是本土认同的系数为 0.061(ns),而全球认同的系数为 -0.002(ns),表明消费者文化认同在该过程中发挥的调节作用也不显著。b_{mz20} 是指品牌本土象征性对产品购买可能性的作用过程中调节变量效应的系数,结果表明本土认同存在显著的调节作用(0.264,$p<0.01$),而全球认同不存在显著的调节作用(-0.100,ns)。因此,仅本土认同在第二阶段具有正向调节作用。

表 12-5　简单效应分析

调节变量	阶段		效应		
	第一阶段	第二阶段	直接效应	间接效应	总效应
本土认同					
低	0.706***	-0.116	0.303***	-0.082	0.221**
高	0.828***	0.412***	0.469***	0.341***	0.811***
差异	-0.122	-0.528**	-0.167	-0.423***	-0.590***

（续表）

调节变量	阶段		效应		
	第一阶段	第二阶段	直接效应	间接效应	总效应
全球认同					
低	0.775***	0.295**	0.536**	0.229*	0.765***
高	0.771***	0.096	0.241*	0.074	0.315***
差异	0.004	0.199	0.295	0.155	0.450***

注：表中不同水平（高/低）下的全球认同和本土认同所对应的各行数据，是根据表 12-4 中关于方程（12-2）的参数估计值计算而得的。调节变量的分组依据为 $Z_{high} = mean + 1sd$，$Z_{low} = mean - 1sd$，由于表中各变量在分析前已经过中心化处理，各变量均值为 0。差异系数等于低组系数减去高组系数。* $p < 0.05$，** $p < 0.01$，*** $p < 0.001$。

表 12-5 可进一步表明调节变量在不同水平下各效应值的大小及显著程度。从本土认同的角度看，在不同本土认同水平下，刻板印象一致性对产品购买可能性影响的总效应存在显著差异（-0.590，$p < 0.001$），且高水平群体的系数值大于低水平群体，说明本土认同在该过程中发挥正向调节作用，从而验证了 H_{3a}。从第一阶段影响（刻板印象一致性对品牌本土象征性的影响）看，本土认同较低和较高的消费者都显示出正向作用（分别为 0.706，$p < 0.001$；0.828，$p < 0.001$），但两者之间的差异并不显著（-0.122，ns）。在第二阶段，品牌本土象征性对产品购买可能性的影响仅在高本土认同消费者中表现为显著（0.412，$p < 0.001$）。在不同本土认同水平的消费者之间，这种影响的差异达到显著水平（-0.528，$p < 0.01$），说明本土认同在该过程中发挥正向调节作用。就直接效应而言，刻板印象一致性对产品态度的影响在低、高两类人群中均表现为显著（分别为 0.303，$p < 0.001$；0.469，$p < 0.001$），两者之间的差异未达到显著性水平（-0.167，ns）；就间接效应上，仅高本土认同的消费者显著（0.341，$p < 0.001$），两者之间的差异达到显著性水平（-0.423，$p < 0.001$）。综上所述，本土认同对第二阶段的正向调节作用较显著，从而支持了 H_{4a}。

从全球认同的角度看，在不同全球认同水平下，刻板印象一致性对产品购买可能性影响的总效应具有显著差异（0.450，$p < 0.001$），说明全球认同对总效应的负向调节效果显著，H_{3b} 得到证实。从第一阶段影响效果看，全球认同较低和较高的消费者都显示出正向作用（分别为 0.775，$p < 0.001$；0.771，$p < 0.001$），但差异并不显著（0.004，ns）。从第二阶段（品牌本土象征性对产品购买可能性）影响效果看，对全球认同较低和较高的消费者体现出不同的作用（分别为

$0.295, p<0.01; 0.096, \text{ns}$），两者之间的差异也不显著（$0.199, \text{ns}$）。就直接效应而言，对低全球认同的消费者而言，刻板印象一致性对产品购买可能性起到显著的正向作用（$0.536, p<0.01$），对高全球认同人群也是如此（$0.241, p<0.05$），但两者之间的差异并不显著（$0.295, \text{ns}$）；就间接效应而言，仅对低全球认同的消费者显著（$0.229, p<0.05$），对高全球认同的消费者并不显著（$0.074, \text{ns}$），两者之间不存在显著差异（$0.155, \text{ns}$）。因此，全球认同对第二阶段的负向调节作用不显著，H_{4b} 不成立。

第三节　结论与战略指引

本章提出的假设基本都得到了证实。研究表明，消费者对中国元素的刻板印象一致性既直接对产品购买可能性产生正向影响（H_1），同时也通过品牌本土象征性对产品购买可能性产生正向影响（H_2）。在这个过程中，消费者的文化认同具有调节作用。具体而言，消费者的本土认同在刻板印象一致性对产品购买可能性的整体影响过程中起到正向调节作用（H_{3a}），而消费者的全球认同对此起到负向调节作用（H_{3b}）。但具体到该过程中的各个阶段，仅消费者的本土认同在品牌本土象征性对产品购买可能性的影响过程中起到正向调节作用（H_{4a}），全球认同对此的负向调节作用没有得到证实（H_{4b}）。另外，本土认同和全球认同在刻板印象一致性对产品购买可能性的直接影响过程中发挥的调节作用并不显著。在全球品牌化领域，本章的研究具有若干显著的理论贡献与实践意义。

一、结论与理论贡献

从理论上看，本章证实了全球品牌在新兴市场中采用本土适应性战略的一种有效方式及条件，即采用代表东道国当地文化的元素进行产品开发和设计，可以积极地影响消费者对此新产品的态度，而其基本前提条件则是消费者对其文化元素刻板印象的一致性。这个新构念对全球品牌本土适应性战略评价提供了新的理论视角。

此前，研究者们把品牌感知全球性和本土象征性作为先行变量，探究它们对质量感知和声望感知的影响及其如何进一步影响产品购买意愿（Özsomer, 2012; Steenkamp、Batra 和 Alden, 2003）。在本研究中，我们进一步探究了影响品牌本土象征性的前因，即对本土文化元素的刻板印象一致性。我们发现了品牌本土象征性所起的中介作用。我们的研究也表明，在控制了质量感知、声望感知、品牌熟悉度、先备经验、产品涉入程度等因素后，品牌本土象征性仍然对产品态度产生显著影响作用。这从理论上进一步证实了本土象征性是全球品牌价值的必要组成部分。在进入新兴市场的过程中，全球品牌采用文化取向的本土适应性战略是普遍有效之道。

本章对进一步探明消费者文化认同的影响作用也做出了贡献。此前，全球认同和本土认同被用来分析消费者对外国产品和本土产品态度的差异，共同的结论是全球认同者偏好全球产品，而本土认同者偏好本土产品。而本章的研究表明，全球认同和本土认同还可以用来解释消费者对全球品牌不同定位效果的态度差异，即与那些全球认同者相比，本土认同者更易受到本土文化元素策略对其产品态度产生影响。这意味着，消费者文化认同是研究全球品牌定位态度与全球/国际市场细分的重要变量。

在 Steenkamp、Batra 和 Alden（2003）的研究中，消费者民族中心主义在品牌本土象征性对品牌购买可能性影响过程中的调节作用没有得到证实。而本章证实了本土认同对此影响过程有显著的调节作用，即对于高本土文化认同者，品牌本土象征性对产品购买可能性的影响作用更大。这进一步表明，消费者民族中心主义与文化认同（本土认同）是两个不同性质的构念，对全球品牌和本土品牌态度具有不同的解释作用（He 和 Wang，2013）。这是由于前者是出于消费者感知外国经济对本土经济造成威胁而偏向于购买国货，是受外部道德规范的影响，但并不一定从内心喜欢国货；而后者是出于对本土品牌或本土文化的认同而偏向于购买国货，是受内在动机的驱动。因此，对于民族中心主义强的消费者，品牌本土象征性并不能对产品态度产生更大的影响力，而对于高本土认同者，品牌本土象征性会对产品态度产生更大的影响作用。当前，中国已发展成为世界第二大经济体，与之对应的是，民众对本国文化的自信度大大提高。因此，我们有理由相信，在预测全球品牌与本土品牌态度、评价全球品牌不同定位战略效果等方面，文化认同构念比消费者民族中心主义构念更为有效。

二、实践意义

在实践上，我们使用刻板印象一致性这个新构念，可以解释为什么并不是所有运用当地文化元素的产品设计都是有效的。全球品牌在采用本土适应性战略时，需要很好地理解本土文化元素的真实内涵，把握其传统意义以及使用场合与情境，同时结合全球品牌自身的情况（品类及意义），使得本土文化元素很好地融入全球品牌中，两者并不产生明显的反差，这样才能真正发挥本土文化元素的作用,使其对产品态度产生独特的积极影响。例如,在我们的测试产品中,蒂芙尼 Charm 系列用珐琅和 18k 金打造的"中国红"吉祥如意红包挂坠,尽管设计很创新,寓意又吉祥美好,但是在中国消费者的心目中红包多用于送礼场合,如果做成坠子挂于胸口,则与消费者对它的刻板印象有较大距离;而古驰的赤龙纹手提包是在白色帆布上印上鲜红的双龙形图腾,使人产生一种强烈的视觉冲击感,在消费者看来,龙是中华文化的主要图腾与象征,使用场合广泛,经常作为装饰性图案,因此,赤龙纹图案出现在手提包上并不唐突。我们的测试表明,两者的刻板印象一致性评价在均值上存在差异,后者高于前者($M_{\text{Tiffany}} = 3.06, M_{\text{Gucci}} = 5.13, p < 0.001$)。

我们的研究表明,品牌本土象征性有利于正面影响消费者的产品态度。这一方面意味着,全球品牌在进入新兴市场国家时,以适当的方式建立起品牌与当时市场的相关性是提高消费者态度的有效路径,比如在产品设计中融入东道国的当地文化元素;另一方面也预示着这样的信号:那些惯常使用标准化策略、通过一致性追求品牌强度的全球品牌,如果转而在营销组合的某些方面融入本土文化元素,则会进一步提升其市场反应效果。一些著名的全球品牌已经开始做出尝试,比如本章开头提到的麦当劳。一般地,在新兴市场中,本土品牌和全球品牌各具差异化优势,前者具有较高的品牌本土象征性优势,后者具有较高的品牌感知全球性优势。根据已有研究,品牌感知全球性和品牌本土象征性都能对消费者态度产生正面影响。但从品牌定位的角度看(Keller, 2013),只有当全球品牌拥有了品牌本土象征性的特征,才能抵消本土品牌的差异化优势;而对于本土品牌来说,则需要建立品牌感知全球性特征,才能抵消全球品牌的差异化优势。

我们的研究还表明,全球认同在刻板印象一致性对产品态度的整体影响作用中起到反向调节作用,而本土认同则为正向调节作用,并在品牌本土象征性对产品态度的影响过程中也起到同样的作用。这意味着消费者的文化认同能够有效地区分他们对全球品牌全球本土化战略的态度反应。也就是说,全球认同和本土认同可以成为细分全球品牌新兴市场消费群体的有效变量。对于高全球认同的消费群体,全球品牌如何运用本土文化元素不见得需要以十分谨慎的方式,相反,如果刻板印象一致性程度低,反而能够减弱其对产品态度的负面影响;而对于高本土认同的消费群体,则需要严格地把握本土文化元素的内涵。因此,只要我们从文化认同取向角度认清和理解了目标市场的特征,那么,营销者对策略正确与否的评估就很容易把握了。

第十三章

国家品牌战略：企业制度性行为的影响效应

本章采用实证研究方法，以当前中国推行国家品牌战略为背景，站在消费者角度，探究企业围绕提升质量目标的制度性行为与品牌资产之间的内在关系。本章聚焦于以下三个问题来展开研究：首先，明确在中国制度环境下，企业制度性行为是否能对品牌资产的提升产生正向影响力；其次，结合制度理论，站在消费者意识规范角度，研究企业制度性行为如何影响企业品牌资产；最后，鉴于企业所处的制度环境是由多种因素动态结合所形成的（Scott，1987），还需探究企业制度性行为对品牌资产的影响作用是否还会受到其他市场环境因素的影响。将此影响因素纳入研究范围内，能更全面、深刻地剖析中国制度环境对品牌建设的影响机制。本章在此研究基础上进行综合讨论，以期为政企合力打造强势中国品牌提供战略性启示与建议，丰富制度理论与品牌理论的交叉研究成果。

第一节　研究背景、理论基础与研究假设

一、研究背景与问题

自 2016 年 6 月 20 日国务院办公厅印发《关于发挥品牌引领作用推动供需结构升级的意见》以来，全国上下掀起了实施品牌战略的热潮。品牌战略的核心是以品牌为引领，大力提升产品质量，推动供给结构和需求结构升级，塑造高水平的国家品牌形象，实现经济转型。在国际上，德国和日本也都曾通过实施以提升质量为核心的国家品牌战略成功扭转了质量低劣的形象，获得全球消费

者的认可,跻身世界强国之列。目前我国拥有的全球知名品牌很少,产品质量也参差不齐,"中国制造"还曾一度被贴上质量差、不安全的标签,中国来源国效应也常常表现为消极影响(Essoussi 和 Merunka, 2013; Ar 和 Kara, 2012)。具体可参见本书第四章以及第八章、第九章和第十章的有关调查结果。

在我国国家品牌战略指导下,2017 年 9 月《中共中央 国务院关于开展质量提升行动的指导意见》发布,明确指出通过建立公共品牌为引领,引入与全球接轨的高标准质量认证体系,促进质量全面提升。相关企业也开始纷纷加入此行列,采用国际最新质量标准,努力与政府通力合作共同打造高品质的强势品牌。那么,这种政企合力的品牌建设制度是否能够以及如何切实有效地促进我国企业品牌发展,这成为我国当前亟待解决的重要课题。

虽然国内外学术界对品牌理论的研究由来已久,但基于制度理论视角研究品牌建设却是刚刚起步,目前更是尚无从消费者层面研究国家制度效力与品牌建设的关系的研究。这为本章弥补该研究空白提供了研究契机,也是本章的创新所在。随着全球经济一体化的发展,越来越多的品牌需要进入国际市场,但很多企业品牌因与目标国制度规范的不一致产生了诸多制度压力,由此国别之间形成了制度距离(刘英为、汪涛和徐岚, 2017),人们开始认识到制度对品牌的重要影响。Drucker(1964)就曾指出制度不仅会对宏观经济社会产生影响,还会对营销等微观经济领域产生深刻影响,但其更多的是从全社会交易角度来阐述该问题。直至 Handelman 和 Arnold(1999)通过实验法明确验证企业可以通过自身合理的制度性行为获得基于消费者认知的营销提升表现和收益,这对企业营销利用制度效力具有明确的、可操作性的重要意义。

延续他们的研究思路,有为数不多的研究者将某一特殊制度行为与品牌连接起来(Virutamasen、Wongpreedee 和 Kumnungwut, 2015; Ismah 等, 2015),认为制度化的意识、信念等对社会群体的规范作用会引起消费者品牌感知的变化,进而影响品牌资产。虽然目前此类研究成果较少,且基本为他国环境中的特定制度行为,却明确揭示出制度和品牌建设之间在消费者层面存在显著的因果关系,值得研究者们继续深入研究下去。另外,中国作为全球最大的新兴市场,本身是社会主义市场经济体制,独特的经济制度环境能更充分地发挥制度效力(Peng、Wang 和 Jiang, 2008)。那么,在我国向品牌经济转型的关键历史时期(Thun, 2006; Zhang 和 Yu, 2018),研究我国品牌建设制度作用机制将更有助于该理论研究向纵深发展。

二、国家品牌战略与制度安排

在国际上，一些享誉全球的国家都曾依靠充分发挥制度效力成功实施了国家品牌战略（蒂普曼和粟志敏，2014；张驰，2017），显著促进了经济发展，成为全球最具竞争力的国家。整体上看，德、日、美等国均以大力发展科技实现产品创新与质量提升为战略核心，成功打造了众多强势的全球品牌（张丽虹，2014）。但德国和日本实施国家品牌战略时所处的情形和美国完全不同，两国在此之前都面临着产品质量低劣的严重问题。美国则是在被后起之秀日本赶超的情况下，针对性地提出了《质量振兴法案》，意在重建美国世界霸主地位。虽然这些国家的国家品牌战略实施路径和侧重点不同，但其都非常重视提升本国产品质量（"制造质量强国战略研究"课题组，2017），并以此为基础展开了更全面的国家品牌形象塑造与宣传，这一点在国家品牌战略实施初期尤为明显。而同样拥有鲜明国家形象的另一部分国家，如瑞士、韩国等，则是通过特殊政治地位或文化特色在全球独树一帜，使得自身旅游业和文化产业等迅速发展，深受全球消费者认可。鉴于中国经济体量庞大但缺乏优质高端产品等现状，并结合我国政府制定实施的《质量强国建设纲要》强国战略，本章将重点分析德、日两国以提升质量为核心的国家品牌战略。

19世纪时，德国产品因假冒伪劣而深受英国等欧洲国家厌恶和诟病。"德国制造"在第二次世界大战后更被看作质量低劣且带有侮辱色彩的标志。为此，德国政府采用多项措施在全国范围内不断加强产品质量管理，逐渐摸索出从上到下全方位打造高端品质的"德国制造"的国家品牌战略之路。从2008年开始，德国政府将提升产品质量的重点放在中小企业而非大型企业上（张驰，2017）。除了给予中小企业持续的制度保障和资金等特别支持，政府还成立了"联邦高科技和创业园区协会"，专门为中小企业提供各项服务，不断完善从中央到地方的系统性帮扶制度。历经百年努力，德国产品的高品质被世界所公认，饱含"工匠精神"的"德国制造"也已成为精准的代名词。21世纪信息技术革命以来，德国政府又提出"工业4.0"计划，相继发布《德国2020高技术战略》及行动计划，引起世界各国的高度关注。其战略核心是在新技术时代为全球市场提供更高品质的产品和服务，由此可见，德国始终将持续打造高品质产品和服务作为保持"德国制造"国家品牌优势的重要基础（森德勒，2014）。

同德国一样，日本在第二次世界大战后产品质量低劣问题愈发突显，国家品牌形象更是无从谈起，经济发展受到严重阻碍（黄爱群，1994）。为此，日本政府于 20 世纪 50 年代提出"质量救国"的国家品牌战略,主导实施了一系列持续性的质量管理政策(梁红霞和南萍,2011)。其在全社会范围内实施供需双动力策略,以此驱动"日本制造"质量的快速精准提升(Cristiano、Liker和 White Ⅲ,2000),这一点有别于德国侧重强调提高供给水平的实施策略,却非常符合日本作为后起发达国家的特点与国情。企业供给方面,日本政府主导开展"产业合理化运动",将提升质量升级到国家战略层面,积极倡导企业树立全面质量意识。日本在 1951 年设立了全球首个国家级质量奖项——"戴明质量奖",以此鼓励在质量提升方面有所成就的组织和个人。同时,其积极借鉴美国国家标准技术体系,逐步建立起以市场认证为主、政府认证为辅的多重保障质量标准体系,有效降低了市场质量信息的不确定性,加速了质量提升。消费需求方面,日本于 1968 年颁布了《消费者保护基本法》,在此基础上相继出台了多项消费者质量权益保护的法律法规,并不断培育消费者质量保护社会组织,加强企业产品质量的消费者外部监管。这一系列质量改革措施,有效促进了日本企业从速度转为质量盈利模式,"日本制造"凭借其质量优势在全球市场上更是获得了良好的品牌声誉,国家品牌形象也因此大大改善。

为提升中国产品的美誉度和竞争力,实现经济转型,我国政府自 2016 年开始制定和实施了一系列以品牌发展为引领的围绕质量提升的品牌建设制度和法规。与德国和日本相比,我国当前制定与实施国家品牌战略的时间节点正处于市场全球化的新世纪,信息技术使消费者能在全球范围内进行消费选择,这意味着我国企业面临的竞争空前激烈。因此,消费者对质量的感知及评价变得更为重要(Cristiano、Liker 和 White Ⅲ,2000)。当代质量提升必须以发展强势品牌为目标和指引(蒂普曼和粟志敏,2014;张丽虹,2014),这样才能获得消费者的认可,在全球竞争中取胜。针对这一现状,在我国国家品牌战略指导下,农业部率先于 2017 年 9 月发布"中国农垦"公共品牌,对入选的优质企业进行该公共品牌背书,实行全产业链质量监督以及推行高标准质量体系,助推一批农垦企业品牌化,以期通过品牌引领整个中国农产品企业提升质量,增强消费者信心,扩大消费。但当前中国国家品牌战略实施处于初始阶段,相关研究时间较短,已有理论研究成果中还没有从消费者角度对此开展的实证研究。

综上所述,关于德国和日本国家品牌战略的已有文献和实践为我国相关研究提供了有益的经验和启示,据此可以结合我国的特殊国情和时代发展变化,对国家品牌战略的影响效应进行实证研究,为我国品牌经济发展提供更多有益的建议。

三、制度与品牌理论的关系研究

(一) 制度效力影响企业营销

制度理论认为,任何一个国家或地区的制度体系都通过各种规则对制度内所有参与群体进行约束和规范。早期,制度理论学者普遍只认识到制度对宏观社会的重要影响和推动力,直至管理学宗师 Drucker(1954)提出制度对微观社会也同样具有重要的推进作用,制度理论研究才扩展到全新的社会和企业战略管理领域,但其始终都着重强调制度效力及其对世界的改变意义。Drucker(1992)还从企业和消费者形成的全社会交易规范角度,提出了营销制度理论,认为合理的营销制度能有效保证社会交易公平、达到消费者预期等,有效实现消费者价值诉求,对全社会及企业营销本身的发展都具有重要的指导和管理意义。Handelman 和 Arnold(1999)则首次利用实验法验证了制度对企业营销具有积极影响。

全社会营销制度一旦建立,就会在特定区域形成独特的影响机制和效应,形成相应的制度环境。因此,研究者们认为制度环境能从更加综合、协同的角度研究制度特性及其对内部参与群体的影响,也应作为研究制度理论的一个重要角度。制度环境具体是指在特定范围内所有参与群体及其交互关联所形成的特定行动范围(Scott, 1987),包括社会和文化体系及相关事项,其定义为社会现实(DiMaggio 和 Powell, 1983；Scott, 1987),如大众观点、教育体系、信念、思想体系和社会认证等。制度环境一旦确立,就会形成相应的规则规范并调节着内部各参与群体的关系及行为(DiMaggio 和 Powell, 1991),这种调节带有一定的柔性和灵活性。组织以有机组成形式存在于已建立的制度环境中(Scott, 1987；Meyer 和 Rowan, 1977),双方相互渗透影响,并逐渐融合(Handelman 和 Arnold, 1999)。

(二) 制度性行为影响品牌资产

学术界已开始从消费者层面研究制度对品牌的影响,相关理论研究成果虽然很少,却明确揭示出了制度效力和基于消费者的品牌资产之间存在因果关系,这也为本章的研究提供了重要的理论基础。

Handelman 和 Arnold(1999)基于制度理论,在商业领域首次提出将企业行为分为营销表现性行为和制度性行为。营销表现性行为是指企业为适应特定销售目标而实施的直接有形行为,如其针对零售业指出此类行为包括与产品陈列、价格、店铺选址这三种相关内容的活动。而制度性行为则被定义为企业为遵守或符合其所在社会和群体的规则、规范实施的一系列相关行为。这种社会规则和规范是蕴含在特定制度环境中的,对人们具有较强的管制、约束和指导意义。已有文献明确指出(Meyer 和 Rowan, 1977),企业等组织通过合适或合理的行为,以外在行为为必要表现形式,才能获得人们的支持和肯定。同时,结合制度理论可知,制度约束和规范包括社会管制和文化认知等众多方面(DiM-aggio 和 Powell, 1983; Scott, 1987),因此相应的制度性行为也会表现为多种形式。

　　两位研究者的定义为研究企业组织如何在特定制度环境中合理开展经营活动奠定了重要基础。以此为基础,有研究者开始从消费者层面借助企业制度性行为研究品牌与制度之间的关系,如 Osman 等(2015)将企业营销表现性行为和制度性行为共同作为影响企业组织形象的两种因素,并进一步研究这两种企业行为之间的关系,证明企业的制度性行为会对消费者感知的组织形象等品牌资产产生重要影响。另外,由上述制度与营销的关系研究可知,品牌作为营销的重要组成部分,同样会受到特定制度环境的影响。以此为理论基础,Hum-phreys 和 Thompson(2014)分析了在 1989 年埃克森·瓦尔迪兹号油轮漏油事件和 2010 年英国石油公司墨西哥湾漏油事件中,主流媒体通过对风险焦虑的制度化意识形态修正的方法重获消费者信任,挽救了品牌灾难,证明了制度效力对企业应对品牌危机具有重要作用。Ertimur 和 Coskuner-balli(2015)也从制度化的大众观点和信念转变机制的角度,证明在印度瑜伽核心信念与美国传统文化相冲突的情况下,其可以通过调整品牌输出信息以适应美国文化意识形态的战略品牌管理策略成功进入美国市场。以上研究表明,包括政府、社会媒体和企业在内的主体通过合理的制度性行为都可以在消费者层面正向影响企业品牌建设,尤其当品牌面临危机和挑战时,这种制度性行为的影响力更为显著。

　　进入 21 世纪以来,中国政府在全国范围内实施的经济制度性改革,对在中国的国内外企业均产生了重要影响(Peng、Wang 和 Jiang,2008)。同时,国内外研究者也都普遍认为新兴经济体转型将更多依靠国家制度法规的重要推动力(Thun, 2006),加之全球化带来的制度的国别特殊性也越发明显,不同国家的社会和企业发展也需要独特的制度环境(Peng、Wang 和 Jiang, 2008)。中国是社会主义市场经济体制,制度效力的发挥更具有先天优势(Toyne 和 Nigh, 1998)。在经济转型的重要历史时期,中国政府制定的发挥品牌引领作用推动供需结构升级的国家品牌战略将如何指导中国企业实现品牌升级成为重要的历史课题。因此,在中国当前的制度环境中,本章将以在政府引领的品牌相关制度规范下,企业产品质量提升的政企合力型制度性行为作为研究对象,从消费者视角探讨国家品牌战略的制度效力。

四、品牌合理性的中介效应

任何一个国家或地区的制度体系中形成的各种规则都是由管制系统、规范系统以及文化认知系统三大系统共同形成的(Scott,2001),其中管制系统属于正规约束,规范系统、文化认知系统是非正规约束,在制度实施的过程中,它们互相协同,综合作用于社会群体,形成特定范围内的制度环境(Scott,1987),并逐渐发展为社会现实(DiMaggio 和 Powell,1983;Scott,1987),规范和调节内部各参与群体的关系及行为(DiMaggio 和 Powell,1991)。据此,市场学中基于消费者认知的合理性被分为三种(Suchman,1995):实用合理性、道德合理性和认知合理性。实用合理性指参与者以计算形式判断企业是否满足了相关利益者的需求,是组织和相关利益者发生交易的结果,其中对消费者而言即是其感知评估的符合自我利益的合理性认知,是消费市场领域合理性认知基本且关键的衡量标准。道德合理性是基于不同利益主体的社会逻辑对组织及其行为的正面规范性评价。认知合理性指组织的"普遍有理"特征,代表了最强有力的合理化来源,因为文化认知在社会特定历史阶段内很难改变(Kumar 和 Dan,2005)。其认为可通过支持已有的制度环境、寻找适合自身情况的制度环境及通过新建合理标准和大众心理模式获得有利的制度环境。

在市场学领域,Handelman 和 Arnold(1999)首次对企业的营销表现性行为和制度性行为如何通过合理性获得消费者支持展开研究,并证明了合理性是沟通消费者和企业营销之间关系的重要因素和工具。目前,通过制度性行为对合理性与品牌的关系研究尚属初步阶段,有研究者延续营销与合理性关系研究的思路,通过测量消费者对品牌制度性行为的合理性评价来证明其对品牌资产具有重要影响。这种中介评价的重要性随着全球品牌扩张和社会发展水平的提高而不断提升,因此,有越来越多的研究者开始对此展开研究。Virutamasen、Wongpreedee 和 Kumnungwut(2015)结合新兴的社会型企业商业模式,研究企业进入国际市场模式选择和制度距离的关系,表明品牌联想和目标国消费者感知的组织合理性水平正相关,这意味着企业可通过有效的制度性行为,提升组织合理性,正向影响消费者品牌联想。Ismah 等(2015)证明了企业制度性行为(如宗教信仰、非利润最大化组织形象等)可以通过营销表现性行为影响企业合理性,进而和营销性行为共同影响组织形象。另外,Guo 等(2017)则从制度理论角度研究得出,中国石化粉饰自身绿色承诺的消极的制度性表现行为会造成消费者对企业的品牌信任危机,不利于组织长期发展。

另外,需要指明的是,国内的一些研究者(陶岚、郭锐和严良,2010;刘洪深、何昊和周玲,2016)还从品牌合理性视角对国外品牌在中国市场的表现和中国品牌在国外市场的表现进行了相关研究,证明了品牌合理性对整体品牌资产的重要战略意义。这些研究主要是对企业在市场上的整体合理性,而非针对企业特定行为进行评价。本章研究的是我国国家品牌战略背景下政企合力提升质量的制度效力问题,故本章研究将继续延续制度性行为与品牌合理性中介关系的研究方法和思路展开。

综上可知,制度性行为会对品牌合理性直接产生影响,而品牌合理性则会直接引起品牌信任、形象等品牌资产的增减。因此,本章认为企业参与政府相关机构牵头举办的质量保障型的制度性行为,有助于提高消费者对品牌合理性的评价,获得消费者更多的支持和认可,提升消费者信心,进而提升企业品牌资产。当下,我国本土品牌普遍面临的最大问题是在外资品牌的竞争压力下,消费者对其产品,尤其是附加值高的产品品质信心不足,导致本土品牌较难实现品牌高端化等。针对此现状,中国企业应着重在以下三项品牌资产方面付出更多的努力,尽快实现品牌升级。

首先是品牌真实性。基于消费者的品牌真实性是指消费者对品牌所表现出来的产品质量承诺、诚信等方面的评价(Napoli 等,2014)。已有文献明确指出品牌真实性是品牌形象的核心所在(Bruhn 等,2012),而品牌形象本身即是一项重要的品牌资产(Keller 和 Lehmann,2003);品牌真实性也被一些研究者确定为品牌资产,并将其作为品牌资产的核心(Beverland,2005)。对于中国企业,消费者对产品质量的品牌真实性感知尤为重要,这不仅是衡量品牌资产高低的重要指标,其更是其他品牌资产的重要前提和基础。

其次是品牌溢价。品牌高端化升级的重要市场表现之一就是品牌的溢价能力,其是指由于品牌效应而产生的价格溢出收益(Ailawadi、Lehmann 和 Neslin,2003)。Keller 和 Lehmann(2003)明确指出应广泛地将包括意识、联想、态度、依恋和活动(如购买、消费等)在内的五种基于消费者的品牌表现都视为衡量品牌资产的重要指标。品牌溢价是衡量品牌资产的重要市场外化活动测量指标(Keller 和 Lehmann,2003;Steenkamp、Heerde 和 Geyskens,2010)。对我国产品而言,消费者认为其"质量不高,所以价格低",这是本土品牌产品溢价能力低的主要原因,因此,在中国有效提升消费者质量感知是提升品牌溢价能力的关键。

最后是品牌忠诚。品牌忠诚是从消费者依恋角度研究品牌资产来源的,反映了消费者对品牌的偏爱心理,是衡量品牌竞争力的重要指标(Keller 和 Lehmann,2003)。面对国外品牌在中国市场的竞争,在消费者心目中,本土品牌的竞争短板多年来始终都是质量不过关,近些年我国海淘盛行也源于此;这也是消费者对本土品牌忠诚度普遍不高的一个重要原因,使得本土品牌缺乏市场竞争力。因此,改变消费者固有观念,提升其对本土产品质量的信心将会对本土品牌的品牌忠诚这一重要竞争性品牌资产产生影响。综上可知,通过品牌真实性、品牌忠诚和品牌溢价的共同测评,能从不同层面衡量消费者对本土产品质量的信心是否有所提升,进而反映我国国家品牌战略实施的制度效力。因此,本章提出如下假设。

H₁：企业制度性行为会正向影响品牌合理性。

H₂：品牌合理性会正向影响品牌真实性、品牌溢价和品牌忠诚。

此外,在假设 H₁ 和 H₂ 的基础上,进一步可以看出,品牌合理性对企业包括积极和消极在内的制度性行为与品牌资产建设之间的关系起到了重要的中介连接作用。因此,本章提出如下假设。

H₃：品牌合理性对企业制度性行为和品牌真实性、品牌溢价和品牌忠诚之间的关系具有中介影响作用。

五、消费者不确定性的调节作用

现有大量研究证明消费者不确定性会对消费者心理产生重要影响,更会直接影响消费者购买意愿等结果变量,甚至导致消费者弃用(Shiu、Walsh 和 Hassan,2011)。不确定性具体是指在某一环境中的参与者因为对环境的模糊不清而产生的不舒适感(Hofstede,2001)。Vermeir 和 Verbeke(2006)认为在人类行为模式中,人们会自动启用不确定性来理解非常规或不熟悉的事物和对象,采取预防措施进行规避。基于此,消费者在市场上活动时,不确定性则成为其进行消费决策和行为的重要意识基础(Chang 和 Liu,2008)。当消费者关于某类产品的相关专业知识不足或缺乏可信度高的信息渠道时,其会对该类产品产生较高的不确定性判断(Urbany、Dickson 和 Wilkie,1989)。他们又进一步对消费者不确定性进行广泛研究,发现食品品类具有最显著的不确定性表现,包括食品添加剂、有机性等问题。

根据信号传递理论可知(Akerlof, 1970),产品质量信号可以通过能够观察到的行为传递给消费者,并且其传递效果会受到消费者对产品信息的获取或理解程度的影响。结合消费者不确定性理论分析可知,消费者对产品质量信息的获取和理解在食品等质量敏感型市场中将直接表现为消费者不确定性。而本章中的政企合力提升质量的企业制度性行为即为政府建立质量信号传递机制的重要信号表现,其影响效用同样会受到消费者不确定性的影响,据此展开对此类型市场中政府质量信号传递的机制效用具有十分重要的意义(张红霞和安玉发,2014)。

另外,消费者关于产品或品牌的相关信息搜索主要来自消费者自身和环境两种方式 (Engel、Blackwell 和 Miniard,1990)。研究表明消费者自身信息收集会受到个体特性、已有知识与经验的直接影响(Beatty 和 Smith, 1987),Cole 和 Balasubramanian(1993)还发现其与消费者年龄层级也存在显著的相关关系。就我国而言,自改革开放以来,我国消费者因社会经济发展水平的不同还展现出鲜明的世代划分特点(You、Sun 和 Lei, 2013)。而影响消费者信息获取的外部因素则包括市场环境和产品特征(Beatty 和 Smith, 1987)。随着 21 世纪信息技术的高速发展,Ratchford、Debabrata 和 Lee(2001)发现网络成为消费者获取产品或品牌信息最主要的外部来源,网络能为消费者提供更为实时、详细且包含图片和视频等多种形式的信息模式,网络及口碑传播更会对消费者购买行为产生显著影响力(Seock 和 Bailey, 2008)。据此可知,由于消费者关于产品或品牌的信息搜索与获取受到内、外部多种因素的影响,消费者不确定性会因此表现出较大差异,进而对消费者心理产生具有显著区别的影响。在本研究中,消费者心理直接表现为品牌合理性评价。

综上所述,研究政企合力提升质量的企业制度性行为必须结合消费者不确定性的调节作用,才能准确衡量企业制度性行为对消费者品牌合理性评价的影响效用,进而通过影响品牌资产最终体现为国家品牌战略的制度效力。显然,消费者不确定性越高,企业制度性行为对消费者品牌合理性的影响越小,越难符合消费者实用合理性判断,最终会降低其对品牌资产的提升作用。因此,本章提出如下假设。

H_4:消费者不确定性负向调节制度性行为通过合理性对品牌真实性、品牌溢价和品牌忠诚的影响效应。

本研究概念模型如图 13-1 所示。

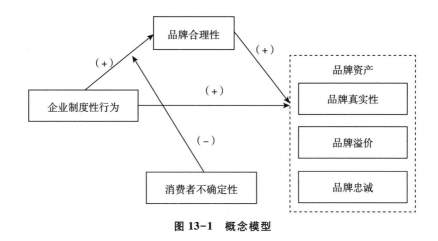

图 13-1　概念模型

第二节　研究方法、数据分析与结果

一、数据收集与样本

为了更好地从实证角度探索本章研究问题,提高研究成果的公信力,本章选择关乎中国民生且消费者对其品牌升级有迫切需求的中国乳制品行业作为研究对象。具体选择的企业品牌是未进入荷兰合作银行发布的2017"全球乳业20强企业排行榜"的"光明乳业"品牌,其虽有百年历史,却始终未能成为具有高附加值的强势品牌,品牌升级刻不容缓。

本研究采用问卷调查的方式收集样本数据。为保证问卷测量的内容效度和表面效度,本研究在正式发放问卷前,进行了小范围的问卷预测试,共计发放50份问卷,并以此反馈为基础,对问卷编写逻辑和措辞等方面进行了调整和完善,确保被访者能准确理解与回答问卷问题;同时在问卷指导语中说明回答无对错之分,鼓励被访者如实回答问题,控制社会期望效应对测量结果可能产生的偏差。之后,统一采用专业网上平台"问卷星"在全国范围内进行问卷发放并收集数据,共收到448份问卷。

为使数据真实有效,本研究通过以下两个步骤来严格甄别和删除无效问卷。第一步,删除填写时间过短的问卷;第二步,根据题项之间的逻辑关系,删除选项之间明显存在矛盾回答的问卷。通过以上操作,本研究共剔除了不符合要求的57份问卷,最终有效问卷确定为391份,问卷有效率为87.28%。其中,样本来自河南(25.50%)、广东(13.00%)、福建(7.14%)、北京(5.36%)、浙江(4.85%)、上海(2.81%)等多个地区,较有效地规避了区域偏好影响。

二、变量测量和分析方法

本研究对制度性行为的测量,主要参考的是 Mira、Zinn 和 Silva(2015)以及 Guo 等(2017)的量表。为保证被访者能准确理解制度性行为,本研究在该部分测试前,设置了关于光明乳业参加中国农垦乳业联盟且签署《中国农垦生鲜乳生产和质量标准》(以下简称《质量标准》)的信息说明。对于中介变量合理性的测量,参照 Pratima 和 Clelland(2004)提出的成熟的合理性量表。对于调节变量市场不确定性的测量,因为乳制品为食品,故本研究参考的是 Teng 和 Lu(2016)对于有机食品的市场不确定性的做法。对因变量品牌真实性、品牌溢价和品牌忠诚的测量,均采用国外已有的成熟量表,以保证量表具备更高的信度和效度。考虑到本章研究对象"光明乳业"的产品特点,最终确定选择消费者最关心的可靠性这一品牌真实性维度(Bruhn 等, 2012)进行测量,品牌溢价参考 Steenkamp、Heerde 和 Geyskens(2010)的做法,品牌忠诚参考 Kim(1998)的做法。以上所有题项均采用李克特 5 点量表,1 分代表"完全不同意",5 分代表"完全同意"。

为检验问卷的信度和效度,本章对制度性行为、合理性、市场不确定性、品牌真实性、品牌溢价、品牌忠诚等关键变量进行了验证性因子分析(Bagozzi、Yi 和 Phillips, 1991),并构建测量了模型。统计结果显示该测量模型拟合较好($\chi^2 = 498.310$, $df = 284$,$p < 0.001$;GFI $= 0.91$;AGFI $= 0.90$;CFI $= 0.97$; IFI $= 0.97$; RMSEA $= 0.043$),各变量题项因子载荷均在 0.6 以上,说明该问卷关键变量测量具有较高的信度以及聚敛和区分效度。具体结果如表 13-1 所示。

表 13-1 关键变量题项和测量模型结果

测量		标准化因子负荷
制度性行为	1.光明乳业参加此联盟且签署《质量标准》颁布令能更有效控制其乳制品全产业链过程	0.786[***]
	2. 光明乳业参加此联盟且签署《质量标准》颁布令比不参加能更好保障产品质量	0.726[***]
	3. 光明乳业参加此联盟且签署《质量标准》颁布令有助于其生产安全乳制品意识的加强	0.714[***]
	4. 光明乳业参加此联盟且签署《质量标准》颁布令对其自身的好处大于坏处	0.618[***]

（续表）

测量		标准化因子负荷
品牌合理性	1. 光明的乳制品品质是令人满意的	0.748***
	2. 光明的乳制品品质是对公众有益的	0.710***
	3. 光明的乳制品品质符合行业和社会规范	0.741***
	4. 光明的乳制品品质是适当的	0.667***
	5. 光明是天然的乳制品品牌	0.732***
	6. 光明的乳制品品质和我对乳制品品质的认知差不多	0.770***
品牌真实性	1. 就我的购买经历而言，我认为光明是信守承诺的品牌	0.829***
	2. 光明品牌能够兑现它的承诺	0.756***
	3. 光明的承诺是可靠的	0.824***
	4. 光明会做出让人信赖的承诺	0.780***
品牌溢价	1. 我愿意购买光明的产品，即使它的价格要比其他品牌高一些	0.819***
	2. 在乳制品中，与其他品牌相比，我愿意多花些钱购买光明的产品	0.865***
品牌忠诚	1. 因为我对光明品牌比较满意，所以我会继续购买这个品牌的产品	0.771***
	2. 即便其他品牌的乳制品降价，我也会继续购买光明的产品	0.762***
	3. 我会购买更多的光明产品	0.818***
消费者不确定性	1. 我不太了解乳制品相关的品质知识	0.811***
	2. 我对自己对于乳制品品质的判断标准没什么信心	0.889***
	3. 乳制品品质标签使我不确定什么是最好的产品选择	0.859***
	4. 市场上太多的乳制品品质信息使我无法做出正确的选择	0.824***
	5. 我没信心能挑选出优质的乳制品产品	0.871***
	6. 我对目前市场上的优质乳制品没什么信心	0.840***

注：*** $p < 0.001$。

　　本研究利用 Mplus7.0 来验证本章假设。相较于其他统计软件，其不仅在使用拔靴法进行中介效应检验时可以达到明确的统计学意义上的显著性水平，还能更稳健地使用最大似然法对潜变量交互作用进行估计。并且，本章所使用的版本还可运算潜调节结构（latent moderated structural equation，LMS）方程，提供非正态分布的估计值和标准误差。众所周知，潜调节结构方程目前是被理论界普遍认可的一种估计潜变量交互作用的研究方法，其最大的优点是很好地解决了交互项极可能为非正态分布的统计学难题以及人为指定造成的偏差（Klein 和 Moosbrugger，2000），更符合事实地进行假设检验。

三、数据分析结果

（一）描述性统计

本研究首先计算各变量的平均值，得到各变量的组合分数。在此基础上，对各变量进行描述性统计，包括变量间的相关系数、各变量均值和标准差，结果如表 13-2 所示。

表 13-2　关键变量相关系数、均值和标准差

构念	1	2	3	4	5	6
1. 制度性行为	1.00					
2. 品牌合理性	0.56**	1.00				
3. 品牌真实性	0.55**	0.86**	1.00			
4. 品牌溢价	0.30**	0.60**	0.63**	1.00		
5. 品牌忠诚	0.37**	0.71**	0.75**	0.78**	1.00	
6. 市场不确定性	-0.13**	-0.24**	-0.25**	-0.16**	-0.25**	1.00
均值	4.22	4.11	4.16	3.81	4.04	3.05
标准差	0.67	0.65	0.69	0.86	0.77	1.13

注：** $p < 0.01$，双尾检验。

（二）品牌合理性的中介效应

本研究针对品牌合理性作为中介变量对制度性行为和品牌溢价及品牌忠诚之间的影响效应分析，构建结构方程模型进行路径系数显著性检验（Macho 和 Ledermann，2011），并采用目前较为严谨的拔靴法进行中介效应检验，样本量选择为 10000。其中，自变量为制度性行为（X），中介变量为品牌合理性（M），因变量分别为品牌真实性（$Y1$）、品牌溢价（$Y2$）和品牌忠诚（$Y3$），控制变量为品牌熟悉度、年龄、性别，数据分析结果如表 13-3 所示。结果显示，针对三个因变量分别建立的结果方程模型拟合指标均符合标准，模型拟合度较好。对于品牌真实性，制度性行为正向显著影响品牌合理性（$\beta = 0.70, p < 0.01$），品牌合理性正向显著影响品牌真实性（$\beta = 0.97, p < 0.01$）。对于品牌溢价，制度性

行为正向显著影响品牌合理性 $(\beta=0.69,p<0.01)$，品牌合理性正向显著影响品牌溢价 $(\beta=0.83,p<0.01)$。对于品牌忠诚，制度性行为正向显著影响品牌合理性 $(\beta=0.70,p<0.01)$，品牌合理性正向显著影响品牌溢价 $(\beta=0.94,p<0.01)$。因此，假设 H_1 和 H_2 得到验证。

当因变量为品牌真实性时，制度性行为对品牌真实性的直接影响效应不显著，但在引入品牌合理性作为中介变量后，制度性行为显著影响品牌真实性，间接影响效应为 $0.68(p<0.01)$，制度性行为对品牌溢价的总影响效应为 $0.70(p<0.01)$。当因变量为品牌溢价时，制度性行为对品牌溢价的直接影响效应不显著，但在引入品牌合理性作为中介变量后，制度性行为显著影响品牌溢价，间接影响效应为 $0.58(p<0.01)$，制度性行为对品牌溢价的总影响效应为 $0.40(p<0.01)$。当因变量为品牌忠诚时，制度性行为对品牌忠诚的直接影响效应不显著，但在引入品牌合理性作为中介变量后，制度性行为显著影响品牌忠诚，间接影响效应为 $0.65(p<0.01)$，制度性行为对品牌忠诚的总影响效应为 $0.50(p<0.01)$。故本研究认为品牌合理性对制度性行为和品牌真实性、品牌溢价以及品牌忠诚之间的影响关系起到完全中介效应作用，即制度性行为必须通过品牌合理性才能显著影响这三个因变量。因此，假设 H_3 得到验证。

表 13-3　品牌合理性对品牌真实性/品牌溢价/品牌忠诚的中介效应检验

		系数	标准误
品牌真实性	$X \longrightarrow M$	0.70**	0.07
	$M \longrightarrow Y1$	0.97**	0.08
	$X \longrightarrow Y1$（控制中介变量后）	0.03	0.05
	$X \longrightarrow M \longrightarrow Y1$	0.68**	0.08
	$X \longrightarrow Y1$	0.70**	0.06
	$\chi^2=166.236,df=87,p<0.001;CFI=0.974,TLI=0.969,RMSEA=0.048$		
品牌溢价	$X \longrightarrow M$	0.69**	0.06
	$M \longrightarrow Y2$	0.83**	0.13
	$X \longrightarrow Y2$（控制中介变量后）	-0.18	0.09
	$X \longrightarrow M \longrightarrow Y2$	0.58**	0.09
	$X \longrightarrow Y2$	0.40**	0.08
	$\chi^2=152.308,df=74,p<0.001;CFI=0.967,TLI=0.959,RMSEA=0.052$		

（续表）

		系数	标准误
品牌忠诚	$X \longrightarrow M$	0.70**	0.06
	$M \longrightarrow Y3$	0.94**	0.10
	$X \longrightarrow Y3$（控制中介变量后）	−0.15	0.09
	$X \longrightarrow M \longrightarrow Y3$	0.65**	0.09
	$X \longrightarrow Y3$	0.50**	0.08
	$\chi^2 = 181.370, df = 74, p<0.001; CFI = 0.957, TLI = 0.947, RMSEA = 0.061$		

注：** p<0.01，双尾检验。

（三）消费者不确定性的调节效应

根据中介效应检验可知，品牌合理性对制度性行为和品牌溢价及品牌忠诚之间的影响关系具有完全中介效应。因此，本研究将聚焦于市场不确定性如何调节影响品牌合理性的中介作用，进而影响制度性行为和品牌溢价及品牌忠诚之间的关系。本研究参照 Klein 和 Moosbrugger（2000）提出的潜调节结构方程分布分析方法进行调节检验，在潜调节结构方程中调节交互项无须人为给予指标，且不需要交互乘积项正态假设，从而能有效解决交互乘积项非正态分布问题，有效提高估算精度。

具体而言，本章把制度性行为（X）设置为自变量，品牌合理性（M）为中介变量，市场不确定性（W）为调节变量，因变量为品牌真实性（$Y1$）、品牌溢价（$Y2$）和品牌忠诚（$Y3$），控制变量为品牌熟悉度、年龄、性别，分析结果如表 13-4 所示。结果显示，对于品牌真实性，消费者不确定性的间接调节效应为 −0.21（$p<0.01$）；对于品牌溢价，消费者不确定性的间接调节效应为 −0.20（$p<0.01$）；对于品牌忠诚，消费者不确定性的间接调节效应为 −0.19（$p<0.01$）。这表明消费者不确定性通过品牌合理性负向调节制度性行为与品牌真实性、品牌溢价和品牌忠诚的关系，假设 H_4 得到验证。由此可见，本章提出的概念模型具有较强的稳定性，对于品牌真实性、品牌溢价和品牌忠诚这三个因变量，消费者不确定性均显著负向调节制度性行为通过品牌合理性所产生的影响效应。

表 13-4　消费者不确定性调节制度性行为对品牌真实性/品牌溢价/品牌忠诚的影响效应

		系数	标准误
品牌真实性	$M \longrightarrow Y1$	1.00**	0.07
	$X \cdot W \longrightarrow M$	−0.21**	0.05

（续表）

		系数	标准误
	Akaike(AIC):17 671.136;Adjusted BIC:17 726.043		
品牌溢价	$M \longrightarrow Y2$	1.09^{**}	0.12
	$X \cdot W \longrightarrow M$	-0.20^{**}	0.05
	Akaike(AIC):18 017.561;Adjusted BIC:18 070.081		
品牌忠诚	$M \longrightarrow Y3$	1.01^{**}	0.09
	$X \cdot W \longrightarrow M$	-0.19^{**}	0.05
	Akaike(AIC):17 591.944;Adjusted BIC:17 644.464		

注：$**\ p<0.01$，双尾检验；表中报告数据为非标准化数据和标准误差。

第三节　结论与战略指引

一、结论与理论贡献

在当前我国实施以提升质量为核心的国家品牌战略大背景下，本章首次以制度理论为基础，从消费者层面采用实证分析方法研究企业制度性行为对品牌资产的影响机制。实证分析结果表明，企业积极参与政府组织的围绕质量提升的制度性行为可通过品牌合理性显著正向影响品牌真实性、品牌溢价和品牌忠诚。针对本章所选择的乳业市场而言，品牌合理性起到完全中介效应作用，证明企业制度性行为通过品牌合理性对品牌资产的提升产生显著影响。另外，由于消费者不确定性在特定制度环境中对消费者评价的影响最为直接，故本章在此基础上研究了消费者不确定性对品牌合理性的调节作用。结果表明，消费者不确定性会弱化企业制度性行为对品牌合理性的影响，进而影响品牌真实性、品牌溢价和品牌忠诚的提升。据此，本章认为以上研究结果明确回答了开篇最初提出的三个待解决问题，达成了研究目标。有关理论贡献主要体现在以下几个方面：

第一，本章丰富了围绕国家品牌战略开展的相关理论研究。到目前为止，国内外学术界从目的地营销、来源国效应等角度围绕国家品牌战略开展了一些研究，大多是将国家形象作为企业品牌进入全球市场的一个重要既定影响因素来对待。我们（何佳讯和吴漪，2015）还从品牌价值观角度对中国国家品牌与企业品牌的关系进行了深刻理论探讨，但对在国家品牌战略背景下的企业相关行为仍未涉及。整体来看,鲜少有研究从国家战略管理层面研究国家与企业品牌发展的关系,针对中国市场的相关研究更是屈指可数。我们(何佳讯,2017)经过多年调查研究发现,"中国制造"在世界上的宏观形象评价有所好转,接近中性,但"仿制便宜、低质量"等负面联想仍是制约"中国制造"国家品牌形象的突出因素。因此,面对经济转型的关键时期,结合中国情境,从上到下的国家品牌战略的制定与实施势在必行,中国实践需要更多科学的针对性理论成果作为重要发展基础。据此,本研究基于制度理论对我国国家品牌战略实施过程中的相关企业制度性行为展开研究,并对这一特殊行为进行量化,有助于更科学地分析国家品牌战略实施的效力,深化对国家与企业品牌发展关系的认识和理解,丰富该领域研究内容。

第二,本章丰富了企业制度性行为的内容研究。由于社会制度规则包括管制系统、规范系统以及文化认知系统(Scott, 2001),相应的企业制度性行为也应该区分类别,大而化之则可能掩盖或错判制度与品牌的关系。理论界对企业制度性行为的研究目前尚属初始阶段,已有的理论成果较少,且大多为社会或文化认知规范,较少涉及政府制度化管制与规范。本研究的制度性行为是在我国当前实施国家品牌战略的大背景下,由政府主导,企业积极参与的提升质量的制度性活动,这有别于已有文献的制度性行为,丰富了企业制度性行为研究的内涵与内容。本研究发现,在我国特有的社会主义市场经济制度环境下,国家品牌战略实施的政企合力围绕质量提升的制度性行为必须要通过符合消费者自身合理性认知判断即品牌合理性来有效提升相关品牌资产,从而充分发挥制度效力。此结果同时证明在品牌合理性中介机制的研究中注意结合特定的制度环境和制度性行为,有助于更清晰地揭示出制度与品牌之间的广泛内在联系,进一步推进品牌合理性的相关研究。

第三,本章丰富了企业提升品牌资产的理论视角。新兴市场国家在经济飞速发展的同时,市场产品质量参差不齐的问题日渐突出,中国也不例外。据此,品牌真实性作为品牌资产在我国等新兴市场国家具有更为重要的理论和实践意义。本研究基于制度理论证明当前我国实施的以提升质量为核心的国家品牌战略对品牌真实性具有正向影响作用。另外,学术界关于提升品牌溢价和品牌忠诚等品牌资产的研究成果已有很多,但鲜少有研究借助制度理论对其进行针对性研究。本章研究结论表明企业通过恰当的制度性行为可以显著提高品牌溢价和品牌忠诚等品牌资产,帮助研究者更全面地理解基于消费者的品牌资产来源,扩展了提升品牌资产的研究方法。该方法充分考虑到整个制度环境的影响,比如研究中加入对消费者不确定性影响的考察,即在时间和空间上对品牌建设进行双重考量,相较于以往的研究更具有宏观社会属性。同时,本章是针对我国制度环境的研究,展现了制度效力对品牌建设影响的国别特殊性,也为我国制度与品牌理论的交叉研究提供了一些素材,弥补了该领域的部分空白。

二、实践意义

除上述理论意义外,本章对我国企业如何在国家品牌战略指导下通过制度性行为提升品牌资产建设还具有管理启示。

第一,我国市场环境下,政企合力可以有效营造社会良好氛围。本章研究结论证明我国政府牵头引导和组织的行业公共品牌,推行国际高质量标准体系,以及企业以此为指导并积极响应,能有效扭转消费者对国产产品质量的已有认知,进而提升企业品牌资产。因此,我国政府和其他社会组织应积极发挥我国制度优势,大力实施国家品牌战略,规范企业行为,做好品牌基础建设工作。政企合力以维护消费者利益为首要目标,努力建设质量强国,营造良好市场环境和氛围,培育一批强势中国品牌,引领中国经济持续健康发展,重拾消费者信心,满足消费升级需求,成功迈入品牌经济时代。

第二,在我国现有制度规范体系下,本土品牌应积极与政府通力合作,实施高标准的品质保障型制度性行为,这样可以有效提升品牌资产,促进品牌升级。目前我国较缺乏全球知名的强势品牌,消费者普遍对国产产品质量信任度不高,究其原因主要在于我国产品质量本身参差不齐,整体质量不高。同时也应该看到,整体质量不高导致的消费者信心缺乏也使得消费者在一定程度上对中国产品产生消费偏见,这种消费偏见代表着特定制度环境下的社会认知,具有一定的稳定性,不易更改。为此,我国政府通过建立公共品牌对优质企业进行质量背书及引入高质量标准体系,如本章的研究对象——中国农垦公共品牌,意在为消费者培育和展示一批优质企业,提振消费信心。本研究通过实证研究证明这种制度性行为是科学可行的,企业积极参与品质保障型制度性行为可以有效减少消费偏见,增强消费者对我国产品的信心,进而提升品牌资产。

第三,在我国制度环境下,企业需要根据市场和行业特点,深刻理解消费者需求和不确定性,这样才能获得制度性行为的有效性。品牌合理性来自消费者对制度环境的意识认知,其会受到全社会多方因素的影响。因此,对于消费者的品牌合理性认知,企业应进行动态跟踪调查,及时发现其发展变化态势,这样才能真正理解消费者需求。针对某一具体企业,这种理解还表现在企业应根据自身特点找到与之匹配的制度性行为上,分阶段、分步骤不断提升自身水平。以本章所选"光明乳业"为例,其充分结合乳制品市场特点和现状,选择第一批加入中国农垦乳业联盟,并签署《中国农垦生鲜乳生产和质量标准》,直面消费者最关心的乳制品品质和质量标准体系问题。"光明乳业"通过政府及行业品质保障行为高度契合中国消费者当下的合理性认知,即是准确理解消费者需求的体现,因此可以有效提升品牌资产。

第十四章

品牌与国家的联结：品牌刻板印象的影响机制

本章对应于基础理论篇的开篇，为推进国家品牌资产研究从中观层面走向微观层面开创了新的方向。本章在我提出品牌与国家的联结构念的基础上，开展新的实证研究。① 具体是将品牌与国家的联结和品牌刻板印象这两个构念结合起来，探究它们对于消费者购买意愿的作用机制，以及品牌刻板印象的中介作用、品牌典型性和文化象征性的调节作用。本章聚焦于以下问题开展研究：第一，被解构为两个维度的品牌与国家的联结构念对于消费者购买意愿的影响是否能被区分为两条路径？第二，在上述两条路径中，品牌刻板印象所包含的品牌能力和品牌温暖两个维度是否对应地发挥了中介作用？第三，品牌典型性和文化象征性在该影响关系中的调节机制如何？通过对这三个基本问题的回答，本章深入探究了品牌与国家的联结产生影响效力的过程机制。

第一节　研究背景、文献回顾与研究假设

一、研究背景与问题

随着全球化的发展以及品牌在商业战略中地位的提升，各国对国家品牌的

---

① 我提出品牌与国家的联结构念发表的第一篇论文参见：He, J. and J. Ge (2023), "The Dual Impetus for Perceived Brand Globalness and Brand Competence in A Rapidly Changing Environment：The Role of Brand-Nation Connection", *International Marketing Review*, 40(1), 4-27。

重视程度加深,如德国推行"工业 4.0"计划。中国政府近年来也将品牌战略上升至国家层面(何佳讯和吴漪,2020),通过发布中国自主品牌扶持计划、设立"中国品牌日"等一系列举措来引领中国品牌的建设。然而与发达国家相比,中国品牌在全球市场中的影响力尚显不足。据 Interbrand 发布的"2020 年全球最佳品牌排行榜",在贡献了约五成品牌价值的前十名中,七个是美国品牌;而百强榜单中,美国品牌占比超过 50%。相比之下,中国品牌仅有华为上榜,位列第 80 名。汲取发达国家打造全球化品牌的成功经验显然对我国具有重要参考意义。不难发现,这些占据重要国际地位的美国品牌既是美国强大国家实力的"代言人",又反过来贡献于美国国家形象和声誉;也即其彰显出作为一种品牌资产的来源国与品牌之间的联结关系。

在理论上,现有研究对于来源国效应的主要关注点是国家对品牌的正向影响路径,认为国家应该培养和强调其正面形象,使之转移到产品上,从而提升消费者的态度(He、Wang 和 Wu,2021)。而品牌全球化对于国家形象的逆向影响常被忽略。事实上,新近研究已表明品牌全球化反过来会对国家形象产生正面影响,进而再影响消费者对产品的态度(何佳讯、黄海洋和何盈,2020)。这意味着,品牌与国家之间具有相互影响的关系(Halkias、Davvetas 和 Diamanto-poulos,2016;He、Wang 和 Wu,2021)。有关研究者先后提出品牌与来源国之间的联系(Swaminathan、Page 和 Gürhan-Canli,2007),或与国家相关的品牌联想(Carvalho、Samu 和 Sivanamakrishnan,2011),就品牌与国家之间的联系强度进行简单的测量研究(Andéhn 和 Decosta,2016;Kock、Josiassen 和 Assaf,2019)。新近研究正式提出了品牌与国家的联结构念,并建立了双维度测量结构(He 和 Ge,2022)。

一个国家的形象是一种描述、声誉或刻板印象,由企业和消费者的认知附加到来自该国的产品之上(Nagashima,1970)。近年来,有研究者关注到刻板印象内容与国家形象之间的关联,并将其应用在来源国(Chen、Mathur 和 Ma-heswaran,2014)和品牌(Kervyn、Fiske 和 Malone,2012)等领域的研究中。刻板印象内容模型是一个帮助理解社会心理学中的社会判断和感知现象的工具,它认为人们对某事物做出能力和温暖维度上的判断,并基于此产生刻板印象所引发的积极或消极情感(Fiske、Cuddy 和 Glick,2007),并导致不同的行为结果。但品牌与国家的联结对刻板印象内容可能产生的影响较少被考量。

二、来源国效应与逆向来源国效应

来源国,又称原产国,早期研究将产品制造国看作来源国(Schooler,1965)。

随着全球化发展趋势下国际劳动分工的日益加深，来源国构念变得更为复杂，并在营销学领域中不断被细分、具象化，如被解构为设计来源国、技术来源国和品牌来源国等相近但不同的概念（Thakor，1996）。来源国被视为一种类似于产品属性的外显的质量线索，品牌来源国显著影响消费者产品认知和评价，并由此影响消费者行为（Phau 和 Prendergast，2000）。

　　品牌与国家之间的关联，以及其对消费者品牌态度和购买行为的影响一直是来源国效应研究中的重点。国家形象可能会产生光环效应（Johansson、Douglas 和 Nonaka，1985），也即消费者将对一个国家的积极形象认知关联至该国的商业品牌，从而影响到其自身的品牌态度（Han，1989）和行为意图（Guercini 和 Ranfagni，2013）。具体地，消费者不仅通过来源国提供的信息和线索来评估产品质量（Hong 和 Wyer，1989），还会根据对品牌来源国的了解来推断品牌的属性，诸如性价比、耐用性、可靠性等（Lee 和 Ganesh，1999；Maheswaran，1994）。此外，国家对品牌的影响不仅表现在功能层面的认知上，还体现在消费者认同等情感层面的判断上（Bagozzi、Gopinath 和 Nyer，1999；Lerner 等，2015）。Roth 和 Diamantopoulos（2009）则将来源国信息分成三大类：功能层面，将来源国作为产品质量判断线索；情感和象征价值层面；消费者和来源国之间的社会规范性层面。

　　逆向来源国效应中，企业品牌对国家形象的反向影响也不容忽视（Dinnie，2008；Van Ham，2001）。强大的品牌可能会正向影响国家形象，并对其他不太知名的品牌产生溢出效应（Kleppe、Iversen 和 Stensaker，2002）。企业品牌可以是最具影响力的国家品牌大使（Van Ham，2001）。消费者对品牌形象的认知会塑造其来源国的形象，一个国家的品牌对该国整体形象和竞争声誉的提升具有积极作用（He 和 Ge，2022）。近十年来，中国企业的品牌全球化取得了重大进展，我们的研究表明品牌全球化反过来会对国家形象产生正面影响，进而产生对产品品类内外的溢出效应（何佳讯、黄海洋和何盈，2020）。

三、品牌与国家的联结的相关研究

　　Swaminathan、Page 和 Gürhan-Canli（2007）认为消费者与品牌的关系可以建立在个人或群体层面的联结基础上，并就群体层面的联结提出品牌与来源国联系概念，它表示一个品牌在多大程度上被用来表达和体现一个人爱国性的国家认同。循着这一线索，后续研究指出品牌与国家之间的联结包括理性和感性两个维度，且都能对消费者的品牌认知和行为产生影响（Chen、Mathur 和 Maheswaran, 2014；Herz 和 Diamantopoulos, 2013)。我曾提出探讨了国家品牌构念,按照宏观、中观、微观的划分将其界定为三类,即独立的国家品牌资产、与产品/品牌关联的国家品牌资产以及融于品牌资产中的国家品牌资产(何佳讯,2017)。

　　先前,关于品牌与国家的联结的考察集中于两个方面:一是关注品牌能在多大程度上代表其国家形象,并从两个维度测量品牌和来源国的联结;二是关注品牌和国家之间的联结强度,并加以测量。相关的主要研究见表 14-1。

表 14-1　品牌与国家的联结的主要研究

文献	主要构念	测量量表	研究结论
Swaminathan、Page 和 Gürhan-Canli, 2007	品牌与来源国联系	• 我将［品牌］与［来源国］的事物联系在一起 • 对我来说,［品牌］代表着［来源国］的一切	品牌与来源国联系可以显著提高消费者面对负面信息时的容忍度,并且在相互依存的自我建构条件下,来源国的作用更大
Carvalho、Samu 和 Sivaramakrishnan, 2011	国家相关的品牌联想(country related brand association)	• 2×2 实验设计 • 两个层次的品牌来源国联想(强—弱国家形象)、制造国联想(强—弱国家形象)和产品属性强度(强—弱)	当品牌来源国和制造国不协调时,有形产品属性信息能够解决这一问题;当消费者对品牌来源国和制造国都存在积极感知时,产品属性变得无关紧要
Andéhn 和 Decosta, 2016	品牌和国家联系强度(association strength)	• 对品牌与国家联系强度的感知	国家和品牌联系强度调节来源国形象对消费者品牌态度的作用路径
Kock、Josiassen 和 Assaf, 2019	国家意象(country imagery)	• 联系强度:您将这个［产品］属性与［国家］相联系的程度有多高? • 联系效价:作为一个消费者考虑购买［产品］,从［国家］来看,这个属性是消极还是积极的	国家意象是指消费者感知到的国家与品牌的关联,通过一个整合的框架,用联系强度和联系效价(association valence)进行衡量

（续表）

文献	主要构念	测量量表	研究结论
He 和 Ge，2022	国家与品牌的联结	• 从国家联想到品牌的维度 • 从品牌联想到国家的维度	品牌创新和国家传统通过影响品牌与国家的联结作用于感知品牌全球性和品牌竞争力；技术动荡与文化变化则分别起到调节作用。品牌与国家的联结和品牌感知全球性都对品牌竞争力产生正向影响，其中前者的影响作用更大

资料来源：作者根据相关文献整理。

　　本研究引入国家与品牌的联结构念，其定义为"商业品牌与该品牌的来源国之间产生关联性与对其代表性的程度"。它由两个维度构成：一是从国家联想到品牌的强度（strength of nation-to-brand association），即提到某个国家，联想到哪些品牌的可能程度，也可称之为国家地位优势，反映定义中的"代表性"概念；二是从品牌联想到国家的强度（strength of brand-to-nation association），即提到某个品牌，联想到哪个国家的可能程度，也可称之为来源特征优势，反映定义中的"关联性"概念。国家与品牌的联结是在全球化背景下对来源国概念的重新思考，对来源国的评价应从"线索基础"（clue-based）转向"程度导向"（degree-oriented）（代表性和关联性的程度）以及"性质聚焦"（nature-focused）（代表性和关联性的差异）（He 和 Ge，2022）。

四、品牌刻板印象相关研究

　　刻板印象是一种社会性偏差，即人们脑海中固有的对于某一社会群体的观念或态度（Schenck-Hamlin，1978）。Fiske 等（2002）提出了一个适用于不同群体判断的刻板印象内容模型（stereotype content model，SCM），构建了能力和温暖两个层面的内容，并区分了四种能力—温暖组合的基本框架。其中，能力描述了对一个群体的能力和效率的认知，温暖则是指人们对一个群体的感知为友好、善良和温暖。刻板印象内容模型（Fiske、Cuddy 和 Glick，2007）认为，人们对目标做出热情或称职的判断，并基于此形成刻板印象所引发的积极或消极情感。

随着消费者感知价值内容的延伸,品牌可以通过象征性价值与消费者建立互动关系和情感联结(Fournier, 1998),研究者们逐渐关注到品牌给消费者带来的情感价值,品牌研究的重心从功能价值向心理价值转移。Kervyn、Fiske 和 Malone(2012)基于刻板印象内容模型提出了品牌意图能力框架(brands as intentional agents framework, BIAF),证实了能力和温暖两个维度可以应用于消费者品牌感知价值研究。Bennett 和 Hill(2012)进一步证明了能力和温暖影响消费者的品牌感知,这两个维度可以有效预测消费者对品牌的反应(Ivens 等,2015)。

本研究引入 Halkias、Davvetas 和 Diamantopoulos(2016)关于品牌能力和品牌温暖构念及测量维度的研究,即如何通过刻板印象内容模型的两个维度来运作国家感知和预测消费者购买意愿。其中,品牌能力包含了胜任力、能力、高效和才智四种属性,品牌温暖包含了温暖、体贴、友好和亲和四种属性。

五、研究假设

(一) 品牌与国家的联结对消费者购买意愿的影响

从国家联想到品牌的维度体现了品牌对国家的代表性及其国家地位优势。当消费者意识到某个品牌源于某个国家时,则会发生价值转移。消费者对品牌形象和品牌来源国的认知均会对品牌来源国的形象产生正向影响(White,2012)。当品牌拥有较大影响力且与国家关联程度高时,企业形象会在更大程度上向国家形象转移(Gotsi、Lopez 和 Andriopoulos, 2011)。相反,当品牌出现违规行为时,负面影响也会波及来源国形象及该国其他品牌,导致消费者对国家形象感知的转变(Magnusson 等, 2014)。在全球化进程中,在国际市场拥有良好声誉对国家的发展至关重要,因此,从国家联想到品牌的维度以及品牌形象转移的相关研究对于提升国家形象意义重大(Van Ham, 2001)。

从国家联想到品牌的程度高,意味着该品牌拥有较大的影响力和较高的国家地位,且作为该国的代表性品牌出现并受到国际市场的广泛认可,对消费者购买意愿有促进作用。由此,本研究提出如下假设。

H1:从国家联想到品牌的维度正向影响消费者购买意愿。换言之,从国家联想到品牌的程度越高,消费者的购买意愿越强。

从品牌联想到国家体现了品牌与来源国之间的关联性及其来源特征优势。来源国相关研究表明国家形象会对品牌形象产生影响。来源国形象可以通过品牌定位、品牌价值观（何佳讯和吴漪，2015）等内容，对品牌形象、品牌资产（Pappu、Quester 和 Cooksey，2007）、产品或服务质量（Balestrini 和 Gamble，2006）以及品牌购买意向（Sharma，2011；何佳讯，2017）等产生正向影响。Hong 和 Kang（2006）指出当消费者对特定国家有强烈的积极或消极情绪时，即使这些情绪与产品性能没有直接关系，也会影响消费者对这些国家的产品的偏好（Josiassen 等，2013）。声誉良好的品牌通常与具有优秀来源国形象的国家／地区联系在一起（He 和 Ge，2022）。由此可知，良好的国家特征联想会对消费者的品牌态度产生积极影响，促使其产生更强的购买意愿。

从品牌联想到国家的程度高，表明该品牌具有鲜明的来源国特征，内蕴本国独特的文化资产或国家资产，这有助于品牌在全球市场竞争中建立差异化形象。因此，本研究提出如下假设。

H2：从品牌联想到国家的维度正向影响消费者购买意愿。换言之，从品牌联想到国家的程度越高，消费者的购买意愿越强。

（二）品牌与国家的联结对消费者购买意愿的中介机制

1. 品牌与国家的联结对品牌能力和品牌温暖的直接作用

从国家联想到品牌的维度体现了强势品牌对于国家的代表性。代表性品牌通常拥有较好的品牌声誉与强大的品牌资产（Balabanis 和 Diamantopoulos，2011）。品牌能力则表现为一个品牌的产品或服务质量高且创造了价值（Aaker、Vohs 和 Mogilner，2010），品牌具有一定知名度和影响力，能够满足消费者的需求（Macinnis，2012）。诸多实证研究表明，品牌能力能够影响品牌感知（Kervyn、Fiske 和 Malone，2012）、有效预测消费者对品牌的反应（Ivens 等，2015）以及提升消费者的购买意愿（Bennett 和 Hill，2012），品牌能力是消费者购买意愿最主要的激励因素（Aaker、Vohs 和 Mogilner，2010；Aaker、Garbinsky 和 Vohs，2012）。

由此可知，从国家联想到品牌的程度高，意味着该品牌可被称为国家强势品牌或冠军品牌，具有较强的代表性，在国际市场上拥有较高知名度和地位。而品牌能力高则意味着该品牌拥有高质量和好声誉（Aaker、Vohs 和 Mogilner，2010）。由此，本研究提出如下假设。

H3：从国家联想到品牌的维度正向影响品牌能力。换言之，从国家联想到品牌的程度越高，品牌能力越强。

从品牌联想到国家的维度体现了品牌与来源国之间的关联性。国家品牌可以通过加强民族主义和爱国主义等实现政治或文化认同，从而提高其在国内市场上的吸引力。具体可使用国家文化、标识、名人代言等要素来强化品牌与来源国的联系,或者将与某国有关的文化资源应用到品牌名称、产品设计中,从而实现品牌战略定位和优势(Alden、Steenkamp 和 Batra, 1999;何佳讯、吴漪和谢润琦,2014)。被视为当地国家文化标志的品牌受益于更高的声望和积极认知(Özsomer, 2012; Steenkamp、Batra 和 Alden, 2003)。品牌温暖的相关研究则表明,品牌可以通过象征性价值建立与消费者的互动关系和情感联结(Fournier, 1998)。

由此可知,从品牌联想到国家的程度高,意味着该品牌拥有较大的来源国特征优势。彰显了来源国文化内涵的品牌使消费者感知到更高的亲近度,有助于增强其与品牌之间的情感联结。而品牌温暖则指代了品牌所具有的温暖、亲和等类人特性(Halkias、Davvetas 和 Diamantopoulos, 2016)。由此,本研究提出如下假设。

H4:从品牌联想到国家的维度正向影响品牌温暖。换言之,从品牌联想到国家的程度越高,品牌温暖程度越高。

2. 品牌能力和品牌温暖的中介作用

从国家联想到品牌的维度对消费者的购买意愿有积极影响。其一,该维度体现了强势品牌对来源国的代表性。如前所述,这种代表性品牌拥有较好的声誉和较大的影响力,例如麦当劳在其所属品类中排名领先,能够在消费者进行购买决策时脱颖而出。其二,该维度体现了国家地位优势,当提到来源国时消费者会联想到此类品牌(例如华为),并且其拥有较高的产品质量,在国际市场享有较高的知名度。而与能力相关的判断会产生能力感知(Kervyn、Fiske 和 Malone, 2012),其影响被认为与产品评价直接相关。有能力的品牌的产品或服务是高质量的,且创造了价值(Aaker、Vohs 和 Mogilner, 2010),品牌能力会带来消费者购买意愿的提升(Bennett 和 Hill, 2012)。

综上,从国家联想到品牌的维度会对消费者购买意愿产生正向影响,而拥有较高的品牌能力意味着该品牌在国际市场上拥有较高知名度和认可度,这提高了消费者对产品功能的认知(Kolbl 等,2020),继而提升了其购买意愿。由此,本研究提出如下假设。

H5:品牌能力在从国家联想到品牌的维度对消费者购买意愿的影响中发挥中介作用。

从品牌联想到国家的维度体现了品牌与来源国的关联性。来源国会影响消费者对品牌的判断和印象,它被视为产品质量、品牌资产(Pappu、Quester 和

Cooksey，2007）以及购买意愿（Laroche 等，2005）的重要影响因素。品牌与国家之间的联结还表现在感性层面，即有助于建立消费者与品牌的情感联结。研究已证实品牌温暖在消费者品牌识别（Kolbl、Arslanagic-Kalajdzic 和 Diamanto-poulos，2019）、品牌影响（Davvetas 和 Halkias，2019）、品牌认同（Kolbl 等，2020）和购买意愿（Kervyn、Fiske 和 Malone，2012）等方面的影响机制。感知温暖会激活消费者情绪温暖的概念，进而提升对于产品的感知和评价（Zwebner、Lee 和 Goldenberg，2014）。

由此可知，从品牌联想到国家的维度对消费者购买意愿具有正向影响。而品牌温暖作为品牌功能、情感和社会价值认知的关键驱动因素，能够显著影响消费者购买意愿。由此，本研究提出如下假设。

H6：品牌温暖在从品牌联想到国家的维度对消费者购买意愿的影响中发挥中介作用。

3. 品牌典型性和文化象征性的调节作用

品牌典型性被认为是一个品牌代表其所在产品类别的程度（Goedertier 等，2015）。典型性有助于激活自发的类别联想（Tversky，1972），使得消费者在接触某一品牌或某一产品类别后能更快地对品牌进行分类（Loken 和 Ward，1990）。当消费者将某一品牌视为某一类别的典型品牌，并且将其与所属的国家相关联时，他们可能会将自身对该国的认知转移到品牌资产中（Hamzaoui-Essoussi、Merunka 和 Bartikowski，2011）。典型性品牌在某种意义上象征着一个国家，其可以提高人们对与产品相关的国家形象的认可度（White，2012）。一方面，当消费者认为一个品牌是典型的来源国品牌时，他们对该国的刻板印象将被激活，品牌与来源国之间的关联增强。另一方面，品牌典型性强意味着品牌因自身能力出众而在品类或行业内占据领军地位，会显著影响品牌评价（Goedertier 等，2015）。

由此可知，品牌典型性强表示该品牌的竞争力强、知名度高，消费者会更多地将从国家联想到品牌的维度与品牌能力相关联。由此，本研究提出如下假设。

H7a：品牌典型性越强的品牌，从国家联想到品牌的维度对品牌能力的正向影响越大。

文化象征性是指能够反映某一特定文化内涵的象征。进一步地，品牌的文化象征性是从消费者角度感知到的该品牌与来源国文化相关联且能够作为该国象征的程度（Steenkamp、Batra 和 Alden，2003）。Kubat 和 Swaminathan（2015）正式将品牌文化象征性定义为"品牌象征某个文化群体抽象形象的感知共识程度"。本研究的文化象征性特指品牌能够反映其来源国文化内涵的象征。在文化启动效应下,品牌中包含的来源国的文化元素能触发消费者对该国文化知识的积极联想(Chiu 和 Hong, 2006)。商业品牌会通过价值定位、文化等来源国特征强化其与来源国的联系,从而加强消费者对自身的认同。

由此可知,品牌的文化象征性强,意味着其包含了独特的感知价值和情感联结,消费者会更多地将从品牌联想到国家的维度与品牌温暖相关联。因此,本研究提出如下假设。

H7b:文化象征性越强的品牌,从品牌联想到国家的维度对品牌温暖的正向影响越大。

综上,本研究的理论模型如图 14-1 所示。

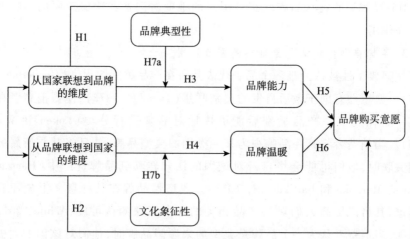

图 14-1 理论模型

第二节 研究方法、数据分析与结果

一、测试客体及样本

本研究中的问卷选取了三大品类(科技、饮料和餐饮)中的三个代表性品牌(苹果、可口可乐和麦当劳)。选取条件有两个:一是在两大品牌咨询公司 Interbrand 和明略行所发布的 2020 年最具价值品牌排行榜中同时出现且排名靠前;二是原产国为美国。

本问卷调查包含三个独立品牌问卷,以在线方式开展。为了确保填写人群不重复,我们主要通过三个渠道收集数据:一是面向上海市重点高校的学生发放,二是通过第三方专业平台公开有偿发放,三是借助微信、豆瓣等社交平台发放。最终共回收问卷 286 份,三个品牌(苹果、可口可乐和麦当劳)分别为 95 份、98 份和 93 份,其中有效问卷 225 份,回收有效率为 78.67%。我们主要通过两种方式筛除无效问卷:一是剔除未通过答题者注意力测试的样本,二是删除后台 IP 地址和填写时间明显异常的样本。

二、变量测量及数据质量控制

本问卷所采用的构念均基于成熟量表,以确保内容效度。具体而言,品牌与国家的联结的测量采用 He 和 Ge(2022)的量表,品牌刻板印象的测量源于 Halkias、Davvetas 和 Diamantopoulos(2016),品牌典型性的测量采用 Loken 和 Ward(1990)的量表,文化象征性的测量参照 Özsomer(2012),Steenkamp、Batra 和 Alden(2003)以及 Swoboda、Pennemann 和 Taube(2012)所使用的题项,消费者购买意愿的测量则采用 Steenkamp、Batra 和 Alden(2003)的量表。为确保中英语境下的语义一致性和易懂性,我们对所有构念的相关题项执行了回译程序。在测量过程中,我们尝试打乱品牌与国家的联结量表中题项的顺序,以降低因行为惯性所导致的回答偏差。

本研究采用 Harman 单因素法对共同方法偏差进行实证检验,对涉及的变量做旋转主成分分析。事前控制包含了以下方式:问卷标题只提及"品牌态度调查",没有向被访者暴露本研究的真实目的;问卷首页声明数据仅用于学术研究,每个题项均说明答案无对错之分。并给予 2—4 元现金奖励,以鼓励被访者如实填写。另外,问卷中还插入了注意力检查题项。

三、信度、效度及描述性统计

本问卷共包含品牌、性别、家庭月收入水平、教育程度和年龄五个分类指标。性别分布上,女性占比 83%,男性占比 17%。年龄分布上,被访者大多集中在 18—35 岁,尤以 19—25 岁占比最高(75%)。教育水平上,被访者绝大部分(96%)为本科及以上。家庭月收入水平上,五个收入区间段的分布较为均衡,又以 5 001—10 000 元和 10 001—15 000 元两个区间的最多,共占比 57%。

本研究构建了含有七个潜变量的验证性因子测量模型,结果表明该模型具备较好的拟合优度($\chi^2 = 369.271$,$\chi^2/df = 1.599$,$p < 0.001$;CFI = 0.948,IFI = 0.949,NNFI = 0.938,TLI = 0.938;RMSEA = 0.052)。各构念的测量操作与量表信度、效度具体如表 14-2 所示。组合信度(CR)和克朗巴哈系数值均大于

表 14-2 各构念测量操作与量表信度、效度

构念及测量		因子载荷	T 值	CR	克朗巴哈系数
从国家联想到品牌的维度	提起美国的形象，我脑海中会联想到这个品牌	0.630	—	0.881	0.870
	提起美国，我会联想到与这个品牌有关的方面	0.855	10.9		
	如果要用一个品牌来比喻美国，我认为这个品牌是合适的	0.864	10.6		
	说起美国的文化，我可以联想到与这个品牌相关的方面	0.767	10.4		
从品牌联想到国家的维度	我觉得这个品牌体现了美国商业的某个方面	0.850	—	0.844	0.835
	这个品牌会让我联想到与美国有关的方面	0.792	13.4		
	如果谈论这个品牌，我会把它与美国有关的元素联系在一起	0.689	9.7		
	我觉得这个品牌体现了美国文化的某个方面	0.738	12.3		
品牌能力	极其没能力/极其有能力	0.812	—	0.859	0.855
	极其没胜任力/极其有胜任力	0.857	11.6		
	极其没效率/极其有效率	0.769	10.9		
	极其没才智/极其有才智	0.817	11.4		
品牌温暖	极其不体贴/极其体贴	0.743	—	0.849	0.845
	极其不友好/极其友好	0.794	9.6		
	极其不温暖/极其温暖	0.819	10.2		
	极其不亲和/极其亲和	0.842	10.2		
消费者购买意愿	一定不会购买/一定会购买	0.611	—	0.819	0.806
	一点也不可能购买/非常常可能购买	0.711	11.8		

（续表）

构念及测量		因子载荷	T 值	CR	克朗巴哈系数
品牌典型性	这个品牌不是/是该品类的代表	0.825	—	0.838	0.834
	这个品牌不是/是该品类的典型品牌	0.848	11.2		
	这个品牌不是/是该品类的一个很好的案例	0.848	11.2		
文化象征性	我不会/会将这个品牌与美国有关的事物联系起来	0.633	—	0.755	0.752
	这个品牌不能/能代表有关美国的文化	0.787	9.6		
	这个品牌不是/是非常好的美国文化的象征	0.815	7.7		

0.70;各题项的标准化因子载荷值均大于 0.50,已达到显著性水平,说明量表具有良好的聚合效度。此外,表 14-3 显示各构念之间的相关系数介于 0.136 至 0.586 之间,各潜变量的 AVE 平方根值均大于该变量与其他变量的相关系数。这些指标表明本研究所采用的测量量表具有较高的信度和效度。

表 14-3　各构念的相关系数与 AVE 平方根值

构念	1	2	3	4	5	6	7
1.从国家联想到品牌的维度	0.811						
2. 从品牌联想到国家的维度	0.500**	0.844					
3. 品牌能力	0.260**	0.125	0.859				
4. 品牌温暖	0.261**	0.305**	0.314**	0.849			
5. 购买意愿	0.397**	0.321**	0.290**	0.308**	0.819		
6. 品牌典型性	0.136*	0.113	0.261**	0.136*	0.586**	0.838	
7. 文化象征性	0.478**	0.421**	0.151*	0.104	0.370**	0.237**	0.755
M	5.12	4.65	5.36	5.12	5.58	5.18	4.92
SD	1.03	1.08	0.97	0.91	0.90	1.24	0.96

注: * $p<0.05$, ** $p<0.01$, *** $p<0.001$。其中,M 代表均值,SD 代表标准差。对角线为各变量的 AVE 值平方根。

四、假设检验与结果

(一) 品牌能力和品牌温暖的中介作用

本研究基本模型的影响系数如表 14-4 所示,中介作用分析结果如表 14-5 所示。从直接影响路径上看,自变量从国家联想到品牌的维度显著正向影响因变量消费者购买意愿($\beta = 0.287, p<0.001$)和中介变量品牌能力($\beta = 0.260, p<0.01$),因此 H1 和 H3 得到证实。自变量从品牌联想到国家的维度对因变量消费者购买意愿未呈现显著影响($\beta = 0.152, p>0.05$),因此 H2 未得到证实;该维度对中介变量品牌温暖具有显著的促进作用($\beta = 0.370, p<0.001$),因此 H4 得到证实。

表 14-4　路径系数：基本模型

影响路径	路径系数	标准误	CR	p
购买意愿←从国家联想到品牌的维度	0.260	0.074	2.845	**
购买意愿←从品牌联想到国家的维度	0.152	0.073	1.622	0.105
品牌能力←从国家联想到品牌的维度	0.287	0.063	3.746	***
品牌温暖←从品牌联想到国家的维度	0.370	0.074	4.731	***
购买意愿←品牌能力	0.190	0.076	2.482	*
购买意愿←品牌温暖	0.180	0.066	2.269	*

$\chi^2 = 198.041, \chi^2/df = 1.547, p < 0.001; CFI = 0.964, IFI = 0.964, NFI = 0.905, TLI = 0.956;$
$RMSEA = 0.049$

注：* $p<0.05$，** $p<0.01$，*** $p<0.001$。

在控制了相关变量后，本研究首先构建了自变量从国家联想到品牌的维度对因变量购买意愿产生影响的模型 M1。结果如表 14-5 所示，从国家联想到品牌的维度对购买意愿呈现正向的显著影响（$\beta = 0.286, p<0.01$）。之后，构建自变量对中介变量品牌能力产生影响的模型 M2。在控制了相关变量后，从国家联想到品牌的维度显著正向影响品牌能力（$\beta = 0.249, p<0.01$）。最后，把自变量和中介变量一起纳入模型 M4，检验两者共同对因变量的影响。在考虑了控制变量后，品牌能力显著影响购买意愿（$\beta = 0.144, p<0.05$），而从国家联想到品牌的维度对购买意愿的影响虽存在（$\beta = 0.230, p<0.01$），但系数较模型 M1 存在一定程度的下降。这表明品牌能力部分中介了从国家联想到品牌的维度对消费者购买意愿的影响效应。因此，H5 得到验证。

进一步地，在控制了相关变量后，本研究首先构建了自变量从品牌联想到国家的维度对因变量购买意愿产生影响的模型 M1。结果显示，从品牌联想到国家的维度对购买意愿的影响依然显著（$\beta = 0.138, p<0.05$）。之后，本研究构建了自变量对中介变量品牌温暖产生影响的模型 M3。在控制了相关变量后，从品牌联想到国家的维度显著正向影响品牌温暖（$\beta = 0.192, p<0.01$）。最后，把自变量和中介变量一起纳入模型 M4，检验两者共同对因变量的影响。在考虑了控制变量后，品牌温暖显著影响购买意愿（$\beta = 0.161, p<0.05$），而从品牌联

表14-5 中介作用分析结果

	购买意愿（M1）				品牌能力（M2）				品牌温暖（M3）				购买意愿（M4）			
	β	标准误	t	p	β	标准误	t	p	β	标准误	t	p	β	标准误	t	p
控制变量																
性别	0.098	0.147	0.668	0.505	-0.112	0.170	-0.663	0.508	-0.078	0.155	-0.502	0.616	0.127	0.142	0.891	0.374
年龄	-0.164	0.096	-1.698	0.091	-0.033	0.111	-0.299	0.765	0.075	0.102	0.740	0.460	-0.171	0.093	-1.830	0.069
教育水平	0.097	0.095	1.017	0.310	0.064	0.110	0.581	0.562	-0.006	0.101	-0.063	0.950	0.089	0.092	0.961	0.338
收入水平	-0.001	0.032	-0.039	0.969	-0.008	0.037	-0.206	0.837	0.014	0.034	0.411	0.681	-0.002	0.031	-0.077	0.939
自变量																
从国家联想到品牌的维度	0.286**	0.062	4.632	0.000	0.249**	0.071	3.498	0.001	0.124	0.065	1.898	0.059	0.230**	0.061	3.741	0.000
从品牌联想到国家的维度	0.138*	0.060	2.304	0.022	0.002	0.069	0.035	0.972	0.192**	0.063	3.028	0.003	0.107	0.059	1.802	0.073
中介变量																
品牌能力													0.144*	0.059	2.437	0.016
品牌温暖													0.161*	0.064	2.498	0.013
R^2	0.194				0.072				0.113				0.252			
F值	$F(6,218)=8.744, p=0.000$				$F(6,218)=2.824, p=0.011$				$F(6,218)=4.617, p=0.000$				$F(8,216)=9.095, p=0.000$			

注：*$p<0.05$，**$p<0.01$，β表示路径系数。

想到国家的维度对购买意愿的影响效应消失（$\beta = 0.107, p > 0.05$），这表明品牌温暖完全中介了从品牌联想到国家的维度对消费者购买意愿的影响效应。因此，H6 得到验证。

本研究总体的结构模型如图 14-2 所示。由假设检验结果可知，品牌与国家的联结对消费者购买意愿具有正向影响。品牌能力在从国家联想到品牌的维度对消费者购买意愿的影响路径中发挥了部分中介作用，而品牌温暖在从品牌联想到国家的维度对消费者购买意愿的影响路径中发挥了完全中介作用。经计算可知，从国家联想到品牌的维度和从品牌联想到国家的维度这两个变量显著相关，且相关系数为 0.532。

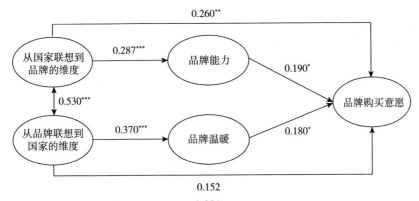

注：* p<0.05，** p<0.01，*** p<0.001。

图 14-2　总体样本的结构模型

（二）品牌典型性和文化象征性的调节作用

针对品牌典型性的调节效应检验，我们构建了 3 个模型，具体分析结果见表 14-6。其中，模型 1 计算了在不考虑调节变量（品牌典型性）的作用时，自变量从国家联想到品牌的维度对于因变量品牌能力的效应机制。结果显示，从国家联想到品牌的维度对品牌能力产生显著影响（$t = 4.040, p = 0.000 < 0.01$）。从调节效应来看，模型 3 中从国家联想到品牌的维度与品牌典型性的交互项呈现出显著性（$t = 2.027, p = 0.044 < 0.05$），这意味着当调节变量（品牌典型性）在不同水平时，从国家联想到品牌的维度对于品牌能力的影响幅度具有显著差异。因此，H7a 得到支持，即品牌典型性正向调节从国家联想到品牌的维度对品牌能力的影响路径。

表 14-6 品牌典型性的调节效应分析结果

	模型 1				模型 2				模型 3			
	β	标准误	t	p	β	标准误	t	p	β	标准误	t	p
控制变量												
性别	-0.112	0.168	-0.664	0.507	-0.039	0.166	-0.236	0.813	-0.005	0.165	-0.028	0.977
年龄	-0.033	0.111	-0.299	0.766	-0.018	0.108	-0.161	0.872	-0.018	0.108	-0.166	0.868
教育水平	0.064	0.110	0.583	0.561	0.047	0.107	0.435	0.664	0.001	0.109	0.009	0.993
收入水平	-0.007	0.037	-0.203	0.839	0.006	0.036	0.155	0.877	0.012	0.036	0.349	0.727
自变量												
从国家联想到品牌的维度	0.251	0.062	4.040	0.000 **	0.217	0.061	3.549	0.000 **	0.234	0.061	3.812	0.000 **
调节变量												
品牌典型性					0.177	0.051	3.484	0.001 **	0.186	0.051	3.671	0.000 **
从国家联想到品牌的维度×品牌典型性									0.090	0.044	2.027	0.044 *
R^2	0.072				0.121				0.137			
F 值	$F(5,219)=3.404, p=0.006$				$F(6,218)=5.004, p=0.000$				$F(7,217)=4.937, p=0.000$			

注:因变量为品牌能力。* $p<0.05$,** $p<0.01$。

类似地,针对文化象征性的调节效应检验,我们同样构建了 3 个模型,具体分析结果见表 14-7。模型 1 计算了在不考虑调节变量(文化象征性)的作用时,自变量从品牌联想到国家的维度对于因变量品牌温暖的效应机制。结果显示,从品牌联想到国家的维度对品牌温暖产生显著影响($t=4.509, p=0.000 < 0.01$)。从调节效应来看,模型 3 中从品牌联想到国家的维度与文化象征性的交互项并未呈现出显著性($t=-0.655, p=0.513 > 0.05$),这意味着当调节变量(文化象征性)在不同水平时,从品牌联想到国家的维度对品牌温暖的影响幅度没有显著差异。因此,H7b 未得到支持,即文化象征性不能正向调节从品牌联想到国家的维度对品牌温暖的影响路径。

表 14-7 文化象征性的调节效应分析结果

	模型 1				模型 2				模型 3			
	β	标准误	t	p	β	标准误	t	p	β	标准误	t	p
控制变量												
性别	-0.087	0.156	-0.554	0.580	-0.087	0.156	-0.559	0.577	-0.089	0.157	-0.571	0.568
年龄	0.091	0.102	0.888	0.376	0.090	0.102	0.876	0.382	0.087	0.103	0.844	0.400
教育水平	-0.007	0.101	-0.068	0.946	-0.003	0.102	-0.027	0.979	0.001	0.102	0.013	0.989
收入水平	0.012	0.034	0.358	0.721	0.012	0.034	0.359	0.720	0.011	0.034	0.326	0.745
自变量												
从品牌联想到国家的维度	0.251	0.056	4.509	0.000 **	0.260	0.061	4.256	0.000 **	0.255	0.062	4.115	0.000 **
调节变量												
文化象征性					-0.026	0.067	-0.390	0.697	-0.021	0.068	-0.311	0.756
从品牌联想到国家的维度 * 文化象征性									-0.036	0.055	-0.655	0.513
R^2	0.098				0.099				0.100			
F 值	$F(5,219)=4.763, p=0.000$				$F(6,218)=3.979, p=0.001$				$F(7,217)=3.463, p=0.002$			

注：因变量为品牌温暖。* $p<0.05$，** $p<0.01$。

第三节 结论与战略指引

一、结论与理论贡献

本研究聚焦于品牌与国家的联结两个维度通过品牌能力和品牌温暖对消费者购买意愿的影响，并进一步探究了品牌典型性、文化象征性在其中发挥的调节作用。实证结果表明，从国家联想到品牌的维度对消费者购买意愿有正向影响，而从品牌联想到国家的维度对消费者购买意愿没有直接的影响效应。品牌与国家的联结对品牌能力和品牌温暖有正向影响，并通过两者的中介作用对消费者购买意愿产生积极影响。品牌典型性在从国家联想到品牌的维度对品牌能力的影响中发挥调节作用，而文化象征性未在从品牌联想到国家的维度对品牌温暖的影响中发挥显著的调节作用。本研究具有以下理论贡献和实践意义：

第一,进一步揭示了品牌与国家的联结两个维度的性质差异。来源国效应领域的研究应当更为深入地触及"程度导向"以及"性质聚焦"的讨论(He 和 Ge,2022)。沿循学界的这一观点,本研究进一步厘清了品牌与国家的联结两个维度所具备的不同性质,表征为联想方向的不同。其中,从国家联想到品牌的维度正向作用于品牌能力,从品牌联想到国家的维度正向作用于品牌温暖。一方面,品牌对于来源国的代表性反映了其国家地位优势,代表性品牌在品牌声誉与品牌资产上表现突出,进而促进了品牌能力的提升,即意味着品牌的产品或服务质量高并且创造了价值。另一方面,品牌与来源国的关联性反映了其来源特征优势,呈现出来源国文化要素的品牌具备更高的象征性价值,有助于消费者对其产生信任感、亲近感等情感认同,进而增强了品牌温暖,即意味着消费者感知到品牌拥有友好等类人特质。本研究的研究结论推进了对于品牌与国家的联结构念的透彻理解,表明两个维度分别更为偏向理性及感性层面。

第二,从新的角度揭示了品牌刻板印象的影响前因。前人已从多角度探寻了品牌刻板印象的影响因素,例如品牌行为的特征及频率、依恋理论和移情准确性(Fournier 和 Alvarez,2012),以及人口统计变量(Bennett 和 Hill,2012)等。本研究则立足于更为宏观的来源国视角,首次洞察了品牌能力和品牌温暖如何受到品牌与国家的联结的影响,突破了以往较为微观的考察视角。这不仅丰富了刻板印象内容模型的相关研究,而且有助于更好地理解全球品牌背景下消费者—品牌关系的驱动因素。

第三,证实了品牌典型性的调节作用机制。品牌典型性在从国家联想到品牌的维度对品牌能力的影响路径中发挥了正向调节作用。典型性强的品牌在所属品类中占据代表性地位,预示着该品牌竞争力强、知名度高——契合了消费者对品牌能力的判断标准,即高地位、高质量和好声誉。因此,面对这类品牌,消费者会更多地将从国家联想到品牌维度和品牌能力相关联。

但是,文化象征性在从品牌联想到国家的维度对品牌温暖的影响路径中的调节作用未得到验证。可能的原因是,本研究面向中国消费者开展研究,选取的品牌却均源自美国。文化象征性程度高意味着该品牌可在更大程度上被视为反映其来源国文化内涵的象征,但在中国消费者看来,美国品牌是外来的品牌,因此这种文化象征性感知并不能增进消费者对品牌的亲和、体贴、友好等温暖感知。

二、管理启示

第一,品牌全球化背景下,品牌打造的两大路径是提升品牌能力与增强品牌温暖。品牌刻板印象内容和消费者购买意愿之间的积极联系表明,发展旨在激活消费者品牌刻板印象的品牌传播是提高其购买意愿的有效策略。以往的研究表明品牌刻板印象会导致更有利的品牌评价、购买意愿等(Aaker、Garbinsky和Vohs,2012;Ivens等,2015)。消费者对品牌能力和品牌温暖的感知可能会转化为对品牌的敬佩,进而转化为对它的喜爱(Chen、Mathur和Maheswaran,2014;Halkias、Davvetas和Diamantopoulos,2016)。在塑造品牌形象的过程中,一方面可以通过品牌能力的建设,提高全球市场影响力,使消费者产生该品牌品质优于其他品牌的判断,从而增强其购买意愿;另一方面可以通过品牌温暖的打造,激发消费者的情感联结和归属感,从而影响其购买决策行为。更高的品牌温暖评估可以通过增加感知利益(如享受)和减少感知牺牲(如社会不认同)对消费者价值感知产生积极影响。

　　第二,从国家联想到品牌的维度以及从品牌联想到国家的维度分别对品牌能力和品牌温暖具有积极影响。本研究的实证研究表明,品牌能力随着从国家联想到品牌的维度的提高而增强,消费者的购买意愿也会相应提升。若品牌希望提升能力维度,则应当着力构建国家地位优势,在实践中表现为响应国家战略,与之保持一致。具体而言,2016年中共中央、国务院印发《国家创新驱动发展战略纲要》,提出了创新驱动发展战略,相应地,品牌应当努力以创新驱动发展,以科技手段提升品牌强度。根据本研究的研究结果,品牌温暖感知随着从品牌联想到国家的维度的提高而增强,消费者的购买意愿也会相应提升。若品牌希望提升温暖维度,则应当从突出来源特征优势入手,在实践中表现为彰显自身的文化内涵,充分运用来源国文化要素。针对中国品牌而言,即遵循中国元素战略,例如在品牌名称、标识等方面凸显极具中国特征的元素。此外,从国家联想到品牌的维度更显著地积极作用于品牌购买意愿。这表明,为提升消费者购买意愿,品牌可以更多地考虑提高从国家到自身的联想强度。

　　第三,品牌典型性在品牌能力作用于品牌购买意愿的过程中发挥调节作用,因而增强品牌典型性对于选择打造品牌能力的品牌而言意义深刻。品牌典型性强,表明该品牌在所属品类中的影响力大。此种影响力包含了两个方向:一是从品类联想到品牌的强度;二是从品牌联想到品类的强度,即品类优势与例证优势。品牌的理想化地位是能够代表所属品类的佼佼者,实现品类优势,而这又反过来需要例证优势加以支撑。为实现这一目标,品牌应当在某一品类中深耕,以获取独特的品类定位,而不能盲目或激进地发展多元化。

应用评估篇

•••

第十五章

国家品牌战略：多国实践经验

本章是应用评估篇的开篇,以代表性案例的方式展现世界范围内国家品牌战略的实践,选取德国、瑞士、日本和韩国四个国家,对它们各具特色的国家品牌战略实践进行阐述和分析。这四个国家在经济、政治、资源、历史文化等方面迥然相异,但都有凸显的国家品牌战略行动和成果。本章勾勒了它们在国家品牌战略规划和实践、国家品牌形象塑造和传播等方面的运作轨迹,在揭示国家品牌战略建设的复杂性和特殊性的同时,为中国国家品牌战略和实践提供有益的共性启示和实践借鉴。本章的案例经验为进一步理解国家品牌评估(第十六章)和新评价方法(第十七章)做了必要的铺垫。

第一节 德国国家品牌战略

德国是一个人口不足 9 000 万、国土面积仅 36 万平方公里的国家,却拥有 2 300 多个享誉全球的品牌,在世界范围内具有良好的国家形象。在 Interbrand 全球最佳品牌百强排行榜中,美国通常位列榜首,位列第二的便是德国。在 2021 年益普索(IPSOS)发布的国家品牌指数全球调研中,德国连续第五年夺得"全球最佳国家"称号,加拿大和日本位列第二和第三。2021 年共有 60 个国家参评,收集到超过 6 万条在线调查数据,评估内容涉及文化、出口贸易、人民生活、旅游、政府治理和投资吸引力六个方面。从一个农业国到工业强国,德国是如何成功转型的?德国品牌又是怎样造就的?本节将从"德国制造"、国家品牌战略规划和国家形象传播管理三个方面进行阐述。

一、"德国制造"品牌

一谈起德国企业,人们就会联想到奔驰、宝马、大众和西门子等世界级知名品牌,大到汽车,小到一颗螺丝钉,德国高品质的产品和服务早已深入人心。目前,德国产品是世界上公认的质量最过硬的产品,"德国制造"已成为精准、可靠、高品质的代名词,融入了"工匠精神"的"德国制造"也已成为德国对外形象的重要名片。然而,19世纪时,处于从农业经济向工业革命转型时代的德国,以偷学技术和仿造产品为主,当时的产品质量低劣且价格低廉。为了保护本国市场,英国议会在1887年修改了《商标法》,要求所有进入英国的德国产品必须注明"德国制造",加上第二次世界大战留下的负面影响,"德国制造"一度被看作一个带有侮辱色彩的标志。但一百多年来,尤其是第二次世界大战结束后的七十多年时间里,德国产品发生了翻天覆地的变化,德国人凭借自身严谨的精神创造出了众多全球领先的制造品牌,德国的机械制造、化工和环保技术等行业在世界享有盛誉。回归制造业,"德国制造"适时崛起,带领德国走出了困境。

(一)"德国制造"的源起:振兴制造业

自第二次工业革命以来,刚实现统一的德国全力投入工业建设中。这时期"德国制造"作为国家品牌其实是一个落后的标志,但德国很快意识到"德国制造"对德国国家品牌建设的重要性,通过不断提升产品及服务质量摸索出了构建"德国制造"国家品牌之路。

19世纪,德国明确提出"理论与实践相结合"的国家战略,重新整合资本与劳动力,将世界一流的科学家、工程师和技术工人聚集在一起,基于德国雄厚的科研基础,重点发展应用科学,为工业经济带来突破性、跳跃式的提升。2008年金融危机之后,主要发达国家开始重新重视制造业以寻找促进经济增长的新出路,欧盟整体上开始加大制造业科技创新扶持力度。在时任德国总理默克尔的领导下,德国大力发展机械、汽车、化工、电气等先进制造业,重视实业而非虚拟经济。从数据上可以看出,2008年以来制造业在美国、德国国内生产总值的占比明显提升,到2010年,制造业对德国国内生产总值的贡献达到20%[①]。2009—2012年欧洲深陷债务危机,德国经济却依然坚挺不受影响,其增长动力正是来自德国基础产业——制造业所维持的国际竞争力;制造业成为德国工业

---

① 数据来源:联合国国民核算主要总量数据库。

增长的关键因素。

（二）"德国制造"的灵魂：专注与创新的中小企业

与其他国家相比，德国的优势并非仅仅体现在像奔驰、宝马和西门子这样的知名国际化大企业，而在于分布在各行业领域的中小企业"隐形冠军"。德国的中小企业贡献了 60%—70% 的出口额，平均每年创造 10 万个就业机会，并保持每年 8.8% 的平均增长率。① 这些中小企业主要集中在化工、医疗技术、电子设备和专用设备等领域，它们被称为"散落在德国各地的珍珠"，一般较少被公众和媒体熟知，但正是这些凭借技术创新走在行业前沿的"隐形冠军"成为德国经济发展和品牌成功的坚实基础，成为"德国制造"的灵魂。

德国中小企业的成功与源源不断的创新动力，离不开德国政府在国家战略方面的高度重视与一以贯之的特别支持。1988 年，德国成立"联邦高科技和创业园区协会"，专门负责园区建设工作，为中小企业提供服务；2008 年 7 月，德国联邦经济部整合相关政策并重新推出中小企业核心创新计划，到 2010 年年底资助的经费达到 3 亿欧元；此外，德国还为中小企业创新提供制度保障，建立从中央到地方的相关帮扶制度。②

德国前驻华大使施明贤曾经总结了"德国制造"的竞争优势：首先是注重质量而不是数量，重视特殊的、专业性强的产品，而不鼓励大规模制造。作为德国工业发展的中坚力量，这些中小企业通常将业务聚焦在非常专业的细分领域，瞄准利基市场，采用精准定位，逐渐形成持久的竞争优势，同时努力将市场拓展至全球，达到市场占有率世界第一、第二。其次，这些中小企业非常重视研发与创新，拥有多项专利和"专有技术"，技术人员与研发人员比例较高。最后也最为重要的是，德国中小企业高度重视产品的核心质量和价值，精益求精，将"完美"和"执着"的德国"工匠精神"注入企业的生产经营活动中。这些企业大多名气不大，却在各行各业中独具特色并富有活力，被统一刻上了"德国制造"的烙印。上百年来，德国的优质产品使德国经济持续保持全球领先地位，并造就了人们对这个国家的整体印象。

（三）"德国制造"的核心动力：品牌价值

创新、严谨、注重品质是品牌长盛不衰的根本。"德国制造"的良好声誉不仅体现在德国企业对理性的崇尚、对计划性的遵守以及对精确度的执着上，还

---

① 西蒙，赫尔曼；杨一安，2019，《隐形冠军：未来全球化的先锋（原书第二版）》，北京：机械工业出版社。

② 孙新，2016，《德国政府怎样"力挺"中小企业》，《理论导报》第 7 期，第 60—61 页。

体现在德国人精益求精、严谨的工作态度上。正是因为德国企业高度重视品牌价值建设,包括清晰的品牌理念、优质的产品、完善的服务以及持续创新的精神,加上民众对民族的深厚情感与文化认同,"德国制造"成为世界上颇具影响力的一个国家品牌。

清晰的品牌理念是德国企业品牌战略的出发点。纵观德国企业,无论时代如何变迁,每一个品牌背后都有一个明确的价值理念。以德国的汽车行业为例,奔驰的理念是"要么拥有所有,要么一无所有"(The Best or Nothing),宝马提出"纯粹的驾驶乐趣"(Sheer Driving Pleasure),奥迪的理念则是"突破科技启迪未来"(Vorsprung durch Technik)。同样地,生产铣齿和磨齿机床的制造商克林贝格(Klingelnberg)已有近二百年的历史,已进入家族管理的第七代,但其"制造优质产品"的理念依然传承至今。① 德国企业普遍是先有一个理念之后再形成一个品牌,品牌战略是企业战略的一部分,在清晰的品牌理念下制定被员工与合作伙伴接受的品牌战略,成立由设计、制造、质量、采购和营销等部门组成的委员会协调品牌建设工作,并将品牌理念贯彻到生产经营的每个环节。这是立足综合和全局的企业级品牌战略(何佳讯,2021)的体现,而非强调营销职能导向的品牌资产建设。

优质的产品与完善的服务是德国品牌发展的根本支撑。"德国制造"的优势不在于价格,而在于过硬的质量、专有的技术和优秀的售后服务等方面。以德国知名的清洁器械公司卡赫(Kärcher)为例,尽管其价格比同类产品高出很多,但订单仍源源不断,原因在于它能提供不会造成任何损害和污染的非研磨清洗方案,这种清洗任务由专业团队执行,甚至能够完成如清洗美国总统雕像(拉什莫尔山)这样要求极高的任务,并在全球范围内胜任著名历史建筑的清洗工作。宝马公司也特别注重服务质量,制定了从订车到取车的一整套完整的销售服务体系,用户在世界任何地方购车后都可以到宝马总部取车,真正体验到"纯粹的驾驶乐趣"这一品牌理念。

持续创新是品牌增值的不竭动力。德国的大多数企业都拥有多项专利,把创新作为日常工作的中心,通过创新实现技术领先以确保质量。例如,德国最大的风机制造商爱纳康(Enercon)拥有全球风能领域30%的专利。在过去的100年中,德国人先后发明了阿司匹林、隐形眼镜、汽车安全气囊、MP3播放器和SIM卡(用户识别卡)等,构建起商界的专利壁垒,许多德国企业至今还享受

---

① 参见《德国品牌战略的灵魂:先有一个理念,再有一个品牌》,浙江大学企业家学院微信公众号,2016年1月19日(访问日期:2016年6月11日)。

着这些老一代发明所带来的专利红利。数据显示,2012 年德国在新技术开发和创新领域的投入达到 794 亿欧元,是国内生产总值的 2.98%,欧盟的平均值为 1.97%,中国同期的比值是 1.98%。相较于创业投资和天使投资基金,德国政府与私人企业在创新上的投入占了较高比例。①

二、"工业 4.0"战略

历经几百年的发展,积累下来的知名企业代表了"德国制造"的整体水平,诸如奔驰、思爱普(SAP)、宝马、西门子和大众等世界级的品牌,更是"德国制造"国家品牌的代表。21 世纪以来,随着新一轮工业革命的孕育和兴起,移动互联网、云计算、大数据、物联网等与现代制造业逐步结合,万物互联为制造业带来了"工业 4.0"。"工业 4.0"作为"德国制造"的国家品牌战略,是德国制造业在国家竞争优势上的进一步深化与探索。

德国"工业 4.0"战略从酝酿到出台主要经历了六个关键阶段:2010 年 7月,德国政府发布《德国 2020 高技术战略》,并重点推出 11 项德国未来发展的项目,其中一项就是要支持工业领域中制造技术的革命性研发和创新。2011年 1 月,在德国科学—产业经济研究联盟的倡导下,德国开始研究 11 项未来项目中的未来制造业。2010 年,德国政府发布《德国 2020 高技术战略》行动计划,将 11 项未来项目缩减为 10 项,"工业 4.0"一词首次出现,并计划为其投资 2 亿欧元。随后,德国科学—产业及经济研究联盟联合德国国家科学与工程院着手制定"工业 4.0"发展战略。2013 年 4 月,德国政府在汉诺威工业博览会上正式发布"工业 4.0"发展战略,掀起了制造领域技术革命的新一轮浪潮,引起世界各国的高度重视与关注。并且德国政府宣布由德国机械设备制造业联合会,德国信息产业以及电信和新媒体协会、德国电子电气制造商协会等机构组成秘书处,共同组建"工业 4.0"平台。紧接着,2014 年 4 月"工业 4.0"实施计划于"工业 4.0"平台发布,从发布的文件内容来看,德国"工业 4.0"战略的核心之一就是提供高品质的产品和服务,而继续打造未来的高品质产品和服务将成为"德国制造"国家优势得以延续的基础。

什么是"工业 4.0"? 在德国,"工业 4.0"概念被认为是以智能制造为主导的第四次工业革命,旨在通过深度应用信息技术和互联网、物联网,将制造业向

---

① 郝倩,《为什么德国企业不创新会死》,https://finance.sina.com.cn/zl/international/20150114/161321297440.shtml(访问日期:2022 年 12 月 28 日)。

智能化转型①。与第三次工业革命主要采用电子和信息技术实现生产自动化不同的是,德国"工业4.0"旨在将各种资源、信息、物品和人融合在一起,通过互联网将众多信息汇聚起来组成一个应用信息物理系统,其中包括智能设备、数据存储系统和生产制造业务流程管理,从生产材料采购到产品出厂,整个生产制造和物流管理过程都依托于信息技术,从而实现了新一代互联网技术与制造业的数字化融合。②

在平台组织架构方面,德国"工业4.0"平台网站显示,其组织架构共包含四个层面:指导委员会、战略董事会、行业联盟和国际标准化。其中,指导委员会下面有不同的工作组,分别负责发展架构、研发、安全、法律事务、隐私和知识保护等工作;战略董事会主要负责确定重点研究领域和方向;行业联盟涵盖了如汽车、铁路和航空航天等多个行业;国际标准化主要负责制定行业标准与规范,对行业发展非常重要。另外,参与德国"工业4.0"平台的机构主要由德国企业[如德国电信、博世、西门子、思爱普、大众、费斯托(Festo)和威腾斯坦(Wittenstein)等知名企业]、国外企业(目前仅有瑞士的ABB、美国的惠普和IBM三家)和大学及研究机构(包括慕尼黑工业大学、德国国家科学与工程院、柏林艺术大学等)组成。

在研究领域和工作重点方面,德国科学—产业经济研究联盟是参与制定德国"工业4.0"的主要机构之一,它由来自企业、大学、研究机构的28名成员组成。德国国家科学与工程院是另一个参与制定德国"工业4.0"的主要机构,其主要工作内容包括对未来课题提出技术上的见解,搭建科学与经济交流的平台,扶持青年人才,以及向国内外传播工学研究的声音。德国"工业4.0"的主要研究领域共有五项,除了信息物理系统和支持新型工作与生产方式的外围环境,主要是三大集成:实现制造系统的横向集成、纵向集成和工程的端到端集成。德国"工业4.0"的工作重点包括:管理复杂系统的工具建立、提供全面宽带的基础设施建设、数字化时代工作的组织和设计、持续的职业培训和发展、规章制度建设等。③

"工业4.0"战略取得了成效。据媒体报道,西门子前总裁乔·凯瑟(Joe Kaeser)带领公司进行了一场"工业4.0"变革,他认为,"过去,我们要做的是贴

---

① 王喜文,2015,《工业4.0:通向未来工业的德国制造2025》,北京:机械工业出版社。

② 工业4.0工作组、德国联邦教育研究部,2013,《德国工业4.0战略计划实施建议(上)》,《机械工程导报》7—9月刊,第23—55页。

③ 同上。

近客户,但是现在更多的是要能够满足客户的需求,比如说在医疗领域和能源领域,价值链有了进一步的变化,在这种情况下必须改变方法以满足客户的需求"①。思爱普全球高级副总裁、全球研发网络总裁 Clas Neumann 认为,在"工业 4.0"战略中,所有的事情都变得数字化了。每个产品都有自己的独立识别码,企业可以突破地理空间的限制,实现远程操作与服务,在生产过程中,企业也能够实现更好的能源管理和弹性生产。德国工程师协会中负责"工业 4.0"推广工作的 Dagmar Dirzus 女士表示,德国国内生产总值的 1/4 依赖制造业,需要通过推动"工业 4.0"尽早实现大规模定制。

"工业 4.0"是德国政府的战略支柱,是制造业强国对于先进制造业发展方向和升级路径的决策,在战略制定和促进政策的设计上目标明确,立足于自身优势,发展路径清晰,措施务实。"德国制造"的国家品牌形象源于德国对技术和创新的追求,而德国"工业 4.0"主要期望能继续领跑全球制造业,保持德国制造业的全球竞争力,是对"德国制造"国家品牌形象的强化与提升。

三、重大事件与文化外交

德国作为一个在战后废墟上重建工业文明的国家,在近百年内成为工业与贸易出口强国并塑造了良好的国家形象,这不仅取决于其制造业的崛起,对外传播与有效的形象管理也是德国塑造国家形象的重要手段。本节主要介绍如下三点:

第一,善于利用重大事件,积极向海外推广国家形象。在 2006 年世界杯期间,8 000 万德国人作为向世界开放的东道主出现在世人面前,一向以刻板严肃而闻名的德国人形象消失了,德国国旗随处可见,屋前和街道上挤满了乐于助人的球迷,让世人见识了德国人热情奔放的另一面。德国还以灵活多样的手法传播国家文化软实力。如今,歌德学院遍布全球,已有 129 家分院;2006 年德国借世界杯的契机推出"德国——创意之国"工程,成功提升国家形象;2010 年又主打"德语——创意的语言"项目,全方位推广德语,希望打造"啤酒""新天鹅堡"之外更多的德国形象符号。②

第二,德国政府高度重视"文化外交"的作用。近年来,即使在财政比较困

---

① 参见:《德国企业怎么看工业 4.0?》,http://intl.ce.cn/specials/zxgjzh/201507/07/t20150707_5863291.shtml(访问日期:2022 年 12 月 28 日)。

② 《德国形象为何折冠全球》,https://fashion.ifeng.com/news/detail_2013_06/17/26462853_0.shtml(访问日期:2022 年 12 月 28 日)。

难的情况下,德国依然维持稳定的文化交流经费预算。德国文化交流的活动主要包括外交部组织的"德国文化年"和政府资助的艺术、影视、图书出版、戏剧、音乐、体育、文物保护、宗教等领域的对外活动以及德国语言的教学活动。此外,德国政府还进一步加强与德国经济界所属的各类文化基金会的合作,共同出资组织对外文化活动。德国拥有 226 个驻外使领馆、128 家歌德学院分院或办事处、117 所驻外德国学校、14 家德国学术交流中心分支机构和 48 个信息中心、180 家由德国政府资助的外国文化协会和 12 家各类研究所[①],德国还通过覆盖全球的外宣网络以及完善的国家形象管理体系,提升德国文化和教育的国际地位,改善自身的国际形象,在欧盟和全世界范围内树立起了良好的国家形象。

第三,善于利用多渠道进行国家品牌形象宣传。例如,德国以对外杂志《德国》(Deutschland)为载体,及时报道本国在政治、经济、科学技术和文化领域的重大事件与最新动态。经过 20 多年的努力,该杂志已逐渐成为"最具国际特色的德国杂志",成为德国对外传播的名片。德国还非常重视网络媒体的强大宣传作用。德国外交部网站的内容十分丰富,200 多个驻外使馆中有 180 个开设了自己的网站,用近 40 种语言向驻在国公众提供信息服务。同时,"德国之声"作为德国对外宣传的重要媒体,除传统广播外,还重点发展电视和网络事业,并培训外国记者,与外国媒体开展交流与合作,向海外多方面、综合性地传播德国形象。

第二节　瑞士国家品牌战略

瑞士是一个人口不足 1 000 万、面积约 4.1 万平方公里的国家,在世界范围内保持着良好的国际形象。在各类国家竞争力和国家形象排行榜中,无论是在欧洲还是在全球范围内,瑞士都位居前列。那么,瑞士是如何做到这一点的?其国家品牌战略的核心包括哪些方面?本节拟从国家形象管理组织、塑造和传播三个角度解析瑞士国家形象形成背后的故事。

一、瑞士国家形象委员会

2000 年,瑞士联邦议会通过了一项议案,决定成立瑞士国家形象委员会,总部设在首都伯尔尼。这个委员会在行政上归属于联邦外交部,但又是一个独

[①] 窦小文,2018,《德国重塑国家形象的经验与启示》,《对外传播》第 12 期,第 54—55 页。

立工作的部门,具有非官方性质,其目的是专门负责在国际上展现一个积极的瑞士形象。

在人员构成上,瑞士国家形象委员会主要由 15 名委员组成,委员会主席相当于外交部的处级干部。涉及国家形象的重大活动或事项,由委员会的 15 名委员讨论决定。15 名委员来自不同的部门,主席一般来自瑞士联邦,其余 14 人包括来自经济、文化、旅游等不同部门和不同国家或地区的代表。

在工作内容上,委员会的主要工作是讨论制定瑞士国家形象的宣传战略、组织重大的宣传活动以及分配活动预算等。委员会每年一般定期集中召开三到五次会议。瑞士国家形象委员会对外提供的信息并不限定于"手表""军刀""银行""雪山"等外界熟悉的"瑞士元素"的形象宣传,提供更多的还是包括政治、经济、文化等在内的有关整体的瑞士形象宣传。

在宣传对象上,瑞士国家形象委员会特别重视对外国青年人的宣传和宣传国的选择。在早期,瑞士国家形象委员对宣传国进行不同的划分,确定了 10 个重点宣传对象国。德国、法国、意大利和奥地利这些周边国家或历史相似的国家成为核心宣传。美国、英国和西班牙成为次要宣传国。美国是世界强国,英国是老牌大国,而西班牙不仅是重要的欧盟国家,更是理解拉丁美洲国家的重要前提。第三个层次是中国、日本和印度。中国和印度的特征相似,具有经济发展速度快、人口多的相同特征;而日本是瑞士在亚洲最大的贸易伙伴,也是亚洲经济最发达的国家。2005 年,为进一步加大外宣力度,瑞士国家形象委员会将 10 个重点外宣国家减少到 6 个,但中国仍在其中(刘军,2012)。

在操作层面上,瑞士国家形象委员会主要联合瑞士驻外使领馆和海外企业进行国家形象宣传。在瑞士,联邦外交部明文规定,瑞士驻外使领馆有义务支持瑞士国家形象委员会的各项工作。驻外使领馆主要负责在驻在国传播瑞士国家形象委员会制作的各种宣传材料;帮助邀请和接待驻在国的官员、新闻和企业等代表访问瑞士;在适当的时候,瑞士驻外使领馆还要直接承担驻在国举办的重大外宣活动,或协助瑞士国家形象委员会在驻在国开展大型外宣活动。

瑞士国家形象委员会的资金主要由联邦政府提供,委员会需要提交详细的预算报告,并在议会通过后才能获得。除政府资金以外,委员会还可以得到一些大企业和公司的资助。

二、中立的外交政策

中立的外交政策被视为瑞士独特的国家政治形象。瑞士中立的外交政策由来已久,早在 1815 年,瑞士的中立国地位就得到了欧洲和国际社会的普遍承认。在第一次和第二次世界大战中,瑞士都保持了中立色彩,这成为其国家宏观政治形象的历史基础。特别地,在冷战时期,瑞士因为中立国的特殊地位,成为东、西方两大阵营联系的纽带,这形成了现代瑞士典型的国家宏观政治形象。

相对中立的外交政策,使得瑞士在国际上起到了特殊的作用。一是许多重大国际问题,如 20 世纪 50 年代的朝鲜问题、60 年代的非洲独立问题、70 年代的中东问题、80 年代美苏的核裁军问题和 90 年代的南斯拉夫问题等,均在瑞士这个中立国展开调解和谈判。这使得瑞士在维和、裁军、缓和紧张局势、加强国家间的信任等方面树立了"和平使者"的形象。

二是中立的政策使得很多国际会议和国际组织落户瑞士,例如世界卫生组织、红十字国际委员会、国际奥林匹克总部、国际足联总部、达沃斯经济论坛等纷纷落户瑞士。在瑞士,日内瓦是联合国的欧洲总部,也是召开国际会议次数最多的城市;巴塞尔是世界著名的"药都",又是国际清算银行总部;苏黎世是世界金融中心之一,又是国际足联的总部;达沃斯是世界经济论坛的举办地;洛桑是国际奥林匹克的总部。特别地,中立政策使瑞士成为世界的避难所,由瑞士人亨利·杜南创立的红十字国际委员会是世界上最大的人道主义机构,其总部设在日内瓦。无论是在两次世界大战中,还是在现代的各种人道主义援助中,瑞士的红十字国际委员会代表的都是国际人道主义形象,它也成为瑞士的象征。永久中立政策使瑞士在国际上起着重要的作用,并在世界上树立了"和平使者"的良好国际形象。

瑞士国家形象委员会充分利用向外国民众发起"公共外交"的手段传播国家形象。瑞士国家形象委员会已在美、英、德、法、中、日等多个国家进行国际形象调查研究,作为瑞士"公共外交"决策的基础。"走出去"(到外国召开听证会和推介会)或"请进来"是"公共外交"的主要做法。"走出去"就是瑞士国家形象委员会的主要负责人每年至少要到重点国家进行一次"公共外交",实地走进民众,了解这些国家对瑞士国家形象的认知,倾听他们对瑞士国家形象的看法。"请进来"就是由瑞士国家形象委员会出面,邀请外国各界代表团访问瑞士,其中包括新闻代表团、政治家和外国政府高级官员代表团、各国大学生和专家学者等,瑞士每年在此方面会重点制定经费预算。并且,瑞士国家形象委员会对媒体关注的事件,特别是负面报道十分敏感,他们会及时利用这种"公共外交"手段进行形象修复。

三、科技研发与瑞士制造

瑞士拥有科技研发大国形象。瑞士虽然为小国，但在智力开发、专利申请、科技研发等领域均排在世界前列。据统计，在专利申请数目上，瑞士人均专利申请数量世界最多。在专利申请总排名上超过了法国、日本和英国等研发强国。在研发经费上，瑞士人均研发费用也位居世界前列。世界上著名的研究中心也纷纷设立在瑞士，主要涉及医药业、精密仪器、微电子等技术。

"专门技术"是瑞士国家科技形象的重要特征。"专门技术"主要指绝密技术，一般不申请专利，更少外传。在瑞士，"专门技术"被视为传家之宝，不断发展和完善，形成了技术过硬的科技形象。大量的瑞士中小企业就依靠这种特色技术的传承和创新制造出远销海外的产品，这也成为瑞士工匠精神的象征。并且，瑞士中小企业所拥有的"专门技术"的数量远大于大企业。

在很多人眼中，瑞士以钟表、军刀和银行而闻名于世界。世界三大钟表制造商百达翡丽、爱彼和江诗丹顿都属于瑞士，斯沃琪、劳力士等瑞士钟表品牌均是知名的全球品牌。这些"瑞士制造"成为瑞士对外形象的重要名片，充分展现了瑞士这个国家严谨的"工匠精神"。作为"钟表之国"的瑞士，早在19世纪就凭借更精密先进的生产技术、更富有经验的设计师和生产工人，提供多样化功能和多种设计款式的产品，击败了美国这个当时最大的钟表市场竞争对手，开始树立起钟表制造大国形象。但到20世纪70年代，以"日本制造"为代表的石英手表的出现和发展对瑞士在世界钟表行业的霸主地位造成了冲击。在竞争压力之下，瑞士的制表业通过不断的技术革新和准确的市场定位，到20世纪80年代又重拾了"钟表之国"的国际形象。

瑞士军刀也发挥了瑞士在精密仪器制造上的独特才能，一款看似简单的基本款军刀，也需要经过200道以上的工序，并运用大量先进制造技术打造。瑞士军刀在百年发展过程中受到始终如一的欢迎，它保持着当初的基本形式，随着时代而变化的只是材质、技术上的改善以及更为周密的功能设计。百年的发展使得"瑞士制造"已成为高品质的代名词，它代表了可靠的技术、高品质的生活和高贵的身份。"瑞士制造"的国际形象源于瑞士对技术和创新的追求，这也是整个国家严谨的"工匠精神"的体现。

瑞士高科技形象的塑造离不开教育的支撑。瑞士的教育当中，最具有特色的是职业教育。在进行义务教育后，70%的学生进入职业学校，也被称为学徒学校。一个严谨和高标准的职业教育体系支撑了瑞士每个行业的技术发展。

另外,在精英教育上瑞士也取得了傲人的成绩,瑞士是世界上诺贝尔奖获奖比例最高的国家,截至 2021 年,共有 26 人获得此项殊荣,相当于每百万人当中就有 1.11 个诺贝尔奖得主。如果按人均比例计算,瑞士获得诺贝尔奖者的比例令世界瞩目。凭借着发达的科技和专业的知识,瑞士成为高度发达的经济体,并成功塑造了良好的国家宏观经济形象。

四、国家形象传播

瑞士依靠科技支撑发展外向型经济,其经济贡献有一半来自对外贸易,在金融、钟表、医药、军刀、旅游等领域都做到了世界一流。瑞士军刀也成为瑞士重要的"外交大使"。除了钟表和军刀等工业制造,巧克力、奶酪等生活制造品也无不体现了"瑞士制造"的高品质国际形象。以最为熟知的钟表为例,据统计,瑞士手表占据了世界钟表市场六成左右的份额,每块手表的出口创汇是日本的1.5 倍、中国香港地区的 4 倍、中国内地的 20 倍。在旅游上,瑞士的旅游创收位居欧洲前三。金融业成为瑞士重要的支柱产业,银行密度和人均吸收存款方面为世界之最。这就是本书在第一章中提出的微观国家品牌资产视角,即通过商业的路径实施国家品牌战略,提升国家品牌资产。

在国家形象传播上,瑞士善于利用重大事件积极向海外推广"瑞士屋",持续动态跟踪海外媒体对于瑞士国家形象的报道,进行全方位的渠道传播,并能利用"公共外交"等手段提高瑞士国家形象的知名度。

每当国外举行大型国际活动,如奥运会、世界博览会等,瑞士国家形象委员会就会重点开展外宣工作。例如,在 2016 年的里约奥运会之前,瑞士国家形象委员会在巴西开展了一个关于瑞士形象的民意调查,结果显示巴西人对瑞士的了解几乎为零,普遍被提到的瑞士形象是"官员存放赃款的地方"。为改变这一负面的国家形象,瑞士国家形象委员会在里约奥运会期间开放了"瑞士屋",期间巴西游客可以体验到瑞士的各类文化,从而增进对瑞士的了解,改变和提升对瑞士的形象认知。其实,瑞士的这一做法早在 1998 年的长野冬奥会期间就开始了。在那届奥运会期间,瑞士第一次在奥运举办城市设立"瑞士屋",通过丰富多彩的活动向世界展示其国家形象和魅力。在随后的雅典奥运会、北京奥运会和伦敦奥运会期间,"瑞士屋"接待了来自世界各国的参观者,获得了很大成功。瑞士国家形象委员会总能借助重大事件,使世界对瑞士产生更多的了解和认识。

瑞士是很早就开始利用宣传片等材料推广国家形象的国家。瑞士国家形象委员会三分之一的预算分配在宣传材料的制作上。不仅有瑞士国家形象宣传片等视频材料，还有包括宣传杂志《瑞士品牌》在内的各类主题的宣传片、图书、纪念品等40多种宣传材料。宣传材料涉及瑞士整体的国家人文，也涉及瑞士产品。在人物选择上，瑞士国家形象委员会不仅调动瑞士国内的知名和普通人物，还善于利用宣传对象国的人物。例如，2016年，瑞士国家旅游局任命中国演员黄轩为中国区瑞士旅游宣传的形象代言人。这些做法都旨在尽量避免"官方"色彩，突出"民间"色彩。

在宣传渠道上，瑞士国家形象委员会特别重视媒体关系网的创建。一是在国际互联网上设立专门的"瑞士与世界"咨询服务网站，使用包括中文在内的十多种语言，内容主要凸显瑞士多民族、多文化和多语言的特色。二是善于利用媒体。2015年，瑞士国家形象委员会通过媒体报道，成功塑造了一个以体育和坚挺的瑞士法郎为主导的国家形象，这也为瑞士形象增添了新的元素。2015年，一系列瑞士体坛人物出现在国际新闻头条中，例如，夺得法网冠军的斯坦尼斯拉斯·瓦林卡（Stanislas Wawrinka）、罗杰·费德勒（Roger Federer）以及贝琳达·本西奇（Belinda Bencic）等网球明星。瑞士外交部所属的瑞士国家形象委员会主席曾表示，对这些瑞士选手的关注是把瑞士视为网球新兴国家的另一个标志。他进一步表示：就瑞士在国外的形象而言，很长一段时间以来它都以滑雪胜地和费德勒的祖国而知名。但随着瓦林卡成为顶级选手以及瑞士女网球运动员的不断成功，瑞士已经成为一个以网球而知名的国家。这对瑞士的国家形象有极大的益处，因为网球这项运动是三大重要素质的结合：优秀、奋斗的精神以及创造性，这些对我们国家的声誉而言是极其重要的资本。此外，媒体报道也聚焦于瑞士吸引海外投资和技能的能力。

第三节　日本国家品牌战略

早在2007年4月，美国《时代》周刊就公布了一项调查，在27个国家约3万个民众中评估12个主要国家的形象，结果显示日本的国家形象首屈一指。国际知名的安赫尔特·捷孚凯·罗伯国家品牌指数自2005年开始每年都针对全球50个国家进行综合排名，尽管日本经济持续低迷，但截至2021年，其在该排名中一直保持在前十位。另一家国际知名的研究机构未来品牌（FutureBrand）所公布的2019年与2020年国家品牌指数排名中，日本蝉联第一。人们不禁要问，一个在第二次世界大战时期臭名昭著的国家为何在第二次世界大战后拥有如此光辉的国家形象？究竟是哪些因素促成了日本国家形象的彻底转变？又有哪些经验值得我们借鉴呢？

一、战略形象定位

日本首先进行了战略形象定位，这是它建设国家形象的第一步。为了摆脱第二次世界大战时期恶劣的国家形象阴影，日本在第二次世界大战后极为重视国家形象的重新塑造和定位，并将其上升到国家战略高度。20 世纪 80 年代，日本开始追求"政治大国"目标，其国家形象建设便与此战略目标紧密联系在一起。进入 21 世纪，由于经济的全面复苏，日本的"大国意识"进一步膨胀，其战略形象也更为明确。2005 年 4 月，日本科学委员会发表的报告《日本：2050》指出，"在 21 世纪，仅仅以军事或经济来定义国家形象已不可取……而把目标定位为顺应 21 世纪需要的、'受人尊重'的国家"。"受人尊重"的国家形象也被人解读为一个体面、优雅、荣耀、有个性、自豪、杰出、有威望、自尊、自强的国家，这与日本"政治大国"的战略目标互为表里，成为日本 21 世纪的战略形象定位。

战略定位是一种高屋建瓴的顶层设计，而要将这种高层次的核心纲领转化为成果，则需要筹划实施一系列具体的行动，通过不同的途径、渠道、手段落实上层的战略方针。为了塑造国际社会中的"政治大国"形象，日本凭借其雄厚的经济实力承担了较多的国际责任，这些责任主要包括对外经济援助、国际组织会费承担和国际维和支持等。日本实施了专门的政府开发援助计划（ODA），1991—2000 年向发展中国家提供的政府开发援助计划居世界第一。1983—2004 年，日本政府开发援助计划累计总额约达 2 051.34 亿美元，受援国家和地区多达 185 个。通过长期实施政府开发援助计划，日本极大地提升了国家形象。对外经济援助一直是日本利用雄厚的经济实力改善国家形象的王牌。

在承担国际组织会费方面，日本同样非常积极。从 20 世纪 80 年代后期起，日本缴纳联合国会费的比例大幅提高，2006 年占到总额的 19.47%，仅次于美国。日本还是联合国环境计划署、教科文组织等机构的主要捐助国。1996 年，日本向联合国环境计划署的捐款额位居第一，1998 年和 1999 年的捐款分别占总额的 10.73% 和 9.74%。1984—2003 年，日本承担了联合国教科文组织 20% 以上的会费。

日本还是国际维和行动的积极支持者。据日本 2006 年《外交蓝皮书》统计，从 1992 年 9 月到 2005 年 12 月，日本先后参加安哥拉、柬埔寨、莫桑比克等国的维和活动 54 次,派出 5 411 人。日本的出资异常大方,如 2001 年向联合国提供维和经费 2.03 亿美元,占维和总经费的 19.6%,仅次于美国。

二、文化外交输出软实力

文化外交,一般指以文化表现形式为载体来促进国际相互理解与友好的文化交流活动,也是主权国家通过对外传播本国文化来传达国家意志、输出国家价值观和实现国家文化战略的一种外交活动。2002 年日本政府提出了"知识产权立国"的战略,并于 2003 年组建了由总理大臣挂帅的知识产权战略本部,下设知识产权战略推进事务局负责具体工作。日本最重要的经济组织——日本经济团体联合会也成立了文艺、内容产业部会,开始研究文化产业问题。2002 年起,日本政府各个相关部门相继出台了一系列内容产业扶持政策。

2004 年 4 月,知识产权战略本部内容专门调查会提出了"软实力时代"日本内容产业国家战略的五个理念:第一,All Japan,即全国官民共同携手合作,努力解决各项课题;第二,Brand Japan,即以创建和提高日本品牌为目标,重视海外市场策略;第三,Cool Japan,即以营造日本"酷"的国家形象为目标;第四,Digital Japan,即充分对应数字化和宽带网化;第五,E-tech Japan,即推动尖端技术的研究开发和运用。

在这种举国创建"日本国家品牌"、打造"酷日本"的文化产业振兴战略的大背景下,日本政府的外交领域也出现了新型外交活动——"文化外交"。其宗旨是积极强化、灵活运用在经济和安全保障两方面都具有益处的文化,努力将海外对日本动漫、影视、电子游戏和美食等现代日本文化的兴趣转化为政治资本,通过文化促进日本与海外的相互理解和友好,输出日本的国家价值观并实现其文化战略。在 2007 年 11 月 1 日开始的海外安全宣传活动中,日本外务省曾起用"给人安心与安全感"的已故日本漫画大师手冢治虫的漫画形象铁臂阿童木为"海外安全大使"。

2008 年 3 月 19 日,一个特殊的外交使节就任仪式在日本外务省大臣接见室内举行。在这里,日本乃至世界各国喻户晓的卡通形象"哆啦 A 梦"正式接受时任外务大臣高村正彦的任命,成为日本历史上第一位"动漫文化大使",承担起向全世界宣传日本动漫文化和提升日本对外形象的重任。这是日本外务省采纳的第二个动漫形象。

"哆啦 A 梦"成为"动漫文化大使"一事具有重要的政治意义。这位大使是根据日本前外相麻生太郎提出的"动漫外交"建议设立的。它不仅是日本近年来希望用动画产业来促进"软实力"而做出的一次努力,更是日本政府利用动漫、电子游戏、流行音乐、时装等流行文化来打造日本的国家品牌形象、提升国家魅力、增强世界各国对大和民族思维方式和价值观认同的"文化外交"政策的一次实践。

2009 年 3 月,日本知识产权战略本部、日本品牌专门调查会发布了以"日本品牌战略——促进软实力产业发展"为主题的日本品牌战略,并把以动漫、游戏为代表的内容产业、饮食产业、以设计为代表的时尚产业等可以产生软实力的产业定位为"战略性产业",通过制定适当的创造、传播支持政策为软实力产业的发展提供动力。同时,他们还利用日本特有的品牌价值,即日本品牌,战略性地提升日本国家品牌的总体价值。

三、国家形象传播

"国家形象"其实就是国家在国际舆论中的一种镜像,而舆论是可以被塑造的。国际舆论塑造需要借助信息传播媒介并及时向国际公众进行信息传播。日本善于利用多种传播媒介塑造国际舆论,推广国家形象。日本对外舆论宣传的主要媒体机构是日本广播协会(NHK)。1995 年,NHK 开始面向北美、欧洲的海外电视用户播出,1998 年又面向亚太地区推出 NHK World 电视软件,1999 年 10 月开始 24 小时播出,2001 年 8 月播出范围又扩展到非洲南部地区,从而基本实现了全球覆盖。2009 年 2 月,NHK World TV 全英文频道在日本政府的大力支持下正式开播,开始全天候地向海外播出日本国产的纯英文节目。这一崭新电视节目的开播,给日本政府的国家公关提供了强大的武器,日本政府毫不掩饰其意图——借助这个平台,打造日本作为"亚洲发言人"的国际形象,向世界传递日本政府的声音。

此外,在利用网络新媒体开展对外传播方面,日本媒体也走在前列。为强化传播力,日本品牌战略制定了两个策略,分别为"通过加强国际传播开拓海外市场(目标、方法的重点化)"与"通过增加访日人数提高对日的认知度"。具体措施如下:第一,强化软实力产业的海外拓展。设立"内容海外拓展基金",以国际推广为目的,支持内容的国际共同制作和销售渠道的拓展。第二,加强面向亚洲的传播。配合所开展的访日宣传活动,政府与民间通力合作,针对亚洲五个重点国家或城市(中国上海、中国香港、韩国、泰国、越南)的市场特色与情况大力宣传日本。第三,设立日本品牌支持中心。在日本驻外使领馆设立日本品牌支持中心。与日本贸易振兴机构、日本国家旅游局等机构合作,发挥并强化驻在地机构的宣传功能,以支持日本企业开拓当地市场。第四,增加外国旅游者访日人数。进一步加强访日宣传活动,增加访日外国旅游者的人数。第五,加强对高质量商品、服务有需求的这类群体的外国人的战略性宣传。第六,扩大留学生人数。在万人留学生计划中,增加内容产业等领域留学生的人数。

综上,第二次世界大战后的日本政府清晰地认识到日本国家形象重塑的重要性,全方位制定国家品牌战略,促进了国家形象在全世界范围内的提升。毫无疑问的是,在实施日本政府制定的"国家品牌"战略方针的过程中,日本国民和企业都参与其中,并成为构建"日本品牌"、推动"日本品牌化"的重要元素。也正因为如此,日本才能在第二次世界大战后顺利地在世界范围内打造"政治大国"和"受人尊重"的国家形象。

第四节　韩国国家品牌战略

从历史上看,韩国国力弱小,长期以来没能在世界上形成积极的国家形象。第二次世界大战后,韩国更是一个经济落后、军人专制、南北对峙的形象。但近30年间,为摆脱负面形象,韩国政府和人民进行了不懈的努力,韩国逐渐转变为以经济发达、政治民主、活力动感等为主要特征的全新形象。但对比韩国的经济发展水平和国家品牌形象排名,后者仍不及前者。2008 年,韩国政府发布的资料显示,美国的国家品牌价值是 GDP 总额的 143%,日本是 224%,而韩国低于 30%,在世界范围内排在第 30 名左右。这意味着反映韩国对社会的吸引力和形象的国家品牌价值远不及其经济实力。2010 年 2 月,韩国国家品牌委员会和三星经济研究所联合公布的调查结果显示,韩国的"实体排名"为全球第 15 位,而"形象排名"则为第 19 位。这意味着国家品牌形象绝非经济发展的自然附带物品,政府等相关利益群体要积极主动地推进国家品牌竞争战略的发展。那么,韩国又是怎样取得国家形象的成功转变及调整进步的? 本节将对此展开讨论。

一、韩国国家品牌委员会

在第一章中,我们已经了解了 Anholt(2005)的国家品牌指数,它从旅游、出口、国民、文化和历史遗产、投资和移民,以及政府治理六个方面反映国家竞争力,这些可以看成是国家形象或声誉的六大来源,涉及众多利益主体,他们都有各自不同的利益诉求,国家要将他们组织起来或取得一个共识,是非常困难的。

因此,国家必须效仿企业,创建一个委员会,使其像私有企业那样找到对目标执着、对品牌狂热的方法,否则,任何国家竞争优势识别系统都将以失败而告终。

韩国政府正是充分认识到国家竞争识别系统中各利益主体目标一致性的重要性,于 2009 年 1 月 22 日成立韩国国家品牌委员会(Presidential Council on Nation Branding)。它作为由时任总统李明博亲自设立、直接领导的总统直属委员会,旨在提高韩国的国家形象和国际地位。它是一个综合协调部门,善于调动各种品牌资源,旨在成为"向世界各国宣传韩国良好形象的中心指挥塔"。韩国政府对国家品牌的高度重视,也被认为是李明博政府的一大特色。国家品牌委员会大力支持韩国知名企业和品牌参加世界性大型展览,与韩国海外文化弘报院联手向世界知名媒体投放公益广告,竭力打造韩国国家形象名片,国家品牌得到了很大提升。

韩国国家品牌委员会下设企划、国际合作、企业和信息、文化观光和全球市民 5 个分科委员会。委员会的主要任务是推动国家品牌战略,帮助企业开发全球性自主品牌。委员会由 47 名委员组成,包括 SK 集团社长、大韩航空公司社长等企业高层、营销和舆论调查专家以及李明博竞选时的高级参谋等民间人士31 名,16 名政府成员则包括外交通商部官员、文体观光部部长、首尔市长等高级官员。如果遇到重大的品牌管理项目,委员会就会召集相关部门及有关企业、行业和专家学者,进行综合管理和统筹协调;若遇到经费问题和特殊项目投入,委员会将向政府和国会提出申请。

韩国国家品牌委员会主要通过大力开展海外服务、发展韩国尖端技术、促进韩国科学技术的世界化、开发保护韩国文化遗产和观光资源等方式来提高韩国的世界影响力。其国家形象塑造主要集中在"为国际社会贡献""尖端技术产品""文化与旅游""多元文化与外国人""全球市民意识"5 个重点领域。委员会的工作不同于一般产品的营销,而是通过传递世界人民喜欢、信赖、支持的内容,来展现韩国的良好形象。委员会的任务不局限在形象和宣传层面,而是要与世界分享一种韩国理念。

韩国国家品牌委员会高度重视理念推广。早在 2002 年,韩国就成立了政府国家形象委员会,但仅限于每年召开一次会议,行动力和影响力有限。与以往强调宣传和塑造形象不同,国家品牌委员会在此基础上有所提升,重视赢得世界人民的理解、信赖、尊重和好感。委员会认为,通过大型活动宣传韩国、展示国家形象是非常有必要的。2010 年首尔 G20 峰会、2012 年核安全峰会等大型国际峰会中,韩国发挥了主办国优秀的领导力,韩国国民显示出了良好的市民素质和志愿精神,世界对韩国的认知和好感有了大幅提升。但是韩国要想与世界人民分享韩国精神和价值,与世界人民形成休戚与共的命运共同体,则需要在战略层面对国家品牌进行综合管理。

　　韩国国家品牌委员会致力于国家形象推广。推广策略主要包括:建立国家形象总纲领,并推出代表国家的象征物;结合动感韩国(Dynamic Korea)等形象标语,统一并推广韩国的国家形象;借助举办大型国际活动,如奥运会、亚运会、世界杯、核安全峰会、世博会等的契机,凝聚国民向心力,增强韩国的世界影响;加强有效提高国家形象的组织架构建设,针对各驻外机构的调查和反馈,适时调整国家形象政策走向;等等。针对不同的国家和地区,韩国国家形象的推广策略各有侧重:对美国,强化并宣传韩美同盟;对亚洲,管理并推广韩国流行文化;对欧洲,展示韩国作为科技强国的实力和韩国独特的文化传统;对中美和南美洲,提高韩国经济发展的知名度和美誉度;对阿拉伯地区,增进韩国和阿拉伯国家间的理解与合作,为韩国"能源外交"和"资源外交"服务。

二、文旅结合的目的地形象传播

　　旅游业是国家品牌形象塑造中最常用、最重要和最有效的领域,因为它能直接打造国家品牌,对国家品牌形象战略意义重大。由于政府的形象传播活动不是向特定受众推销特定产品,因此国家形象很难把握和控制。但旅游业塑造的形象则被全球消费者视为国家形象的恰当代表,故其提供的"产品"如文化节等,就变得非常重要,它会告诉全世界该国的基本特征和最新情况、居民特点、食物和文化等。如果旅游形象和该国其他方面的形象一致,国家会受益匪浅,否则,旅游业有可能对经济贸易、投资等产生负面影响。然而,旅游业界和其他国家形象利益相关者间建立策略性合作并非易事。而韩国在国家品牌委员会的指导下,以国家整体品牌战略规划为准绳,制定正确的旅游业发展策略,不仅促进了韩国经济的快速发展,更极大地提高了韩国国家品牌声誉,从而增加了国家品牌资产。

　　韩国只有10多万平方公里的国土面积,无论是自然资源还是人文资源都十分有限,旅游资源并不丰富。但韩国另辟蹊径,结合自身旅游资源特点及旅游产业的发展状况,将韩国文化与旅游资源结合起来,对传统旅游资源进行纵深层次的开发,同时开发现代化的新鲜旅游形式,使有限的旅游资源得到最大限度的充分利用。特别是从20世纪90年代起,"韩流"在亚洲的风靡,使韩国旅游及相关产业得到拉动。影视剧旅游成为韩国经济新的增长点,吸引了大量的"韩流"粉丝前往韩国,追寻影视剧的踪影。此后,韩国结合自身情况,积极开发新的旅游形式,购物旅游、医疗观光产业等逐步发展起来。多管齐下的旅游形象传播政策及实践,不仅将韩国拉出了经济危机后的泥潭,更提升了韩国的国家形象和软实力,使韩国旅游进入了世界游客的心中。

韩国旅游目的地形象的构成包括两个部分:韩国旅游地实地形象和韩国旅游地传播形象。韩国旅游地实地形象主要建立在韩国旅游资源的基础上。旅游地实地形象的构建既依附于该地固有的旅游资源构成,也有赖于对原有旅游资源的开发。而韩国旅游地的传播形象,主要指的是旅游地实地形象经由媒体、广告、宣传片、人际传播等途径传播给受众的形象。韩国在此构建过程中始终坚持两大原则:政府绝对主导和重视受众需求。

首先,政府绝对主导体现了韩国政府对国家品牌竞争战略的清晰认识,在建立国家品牌委员会之后,这一指导方针更是得到了全方位的贯彻,国家品牌委员会负责确定国家品牌目标,使政府成为旅游形象传播的主体,从宏观上统筹各方利益相关者,协调各类社会资源。

其次,韩国在进行旅游形象传播的过程中充分根据受众的特点,针对不同受众的需求和期望,开发符合其喜好的旅游项目。会议旅游、商务旅游、展销旅游等都有较强的针对性,还有专门针对"韩流"粉丝的精品旅游项目,如2004年的"韩流旅游年","韩流"明星出席活动,吸引了众多"韩流"粉丝访韩。韩国对来韩游客进行深度细分,及时推出或调整旅游项目,为游客提供针对性强的旅游产品和服务。

最后,针对不同市场的特点,韩国政府制定了不同的"韩流"传播方案。在中国,由于中韩文化和历史的接近性,主要以政府推广为主,在中国主要城市开展韩流宣传专项活动,如韩中友好青年文化节、韩国文化月等。在欧美地区,韩国文化并没有明显的传播优势,因此"韩流"在这些地区的传播主要以商业推动为主。2006年,韩国政府对"韩流"市场进行了细分:深化(中国、日本)、扩散(东南亚)、潜在(中东和中美、南美),以这三个等级确定对世界市场的进一步开发。

三、公共外交与文化外交

公共外交是一国为了提升魅力和国家好感度以及塑造良好的国家形象,面向本国民众和国外民众开展的一系列传播文化、对外宣传的外交活动。成功开展公共外交可以更好地展示自身的形象,减少歪曲报道,国家形象也将得以提升。因此,全面开展公共外交,是塑造国家形象的一个关键过程。

第二次世界大战后,韩国的"公共外交"概念一直被用于对本国舆论、本国民众宣扬政策,而对于公共外交活动,则使用"文化外交"的概念。所谓文化外交,就是以文化为纽带的外交形式,目的在于促进国家与国家之间、人民与人民之间的相互理解和信任,构建和提升本国国际形象与软实力,其是外交领域继政治、经济之后的第三支柱。

进入 21 世纪以来,文化产业被称为"朝阳产业",世界各国都在加强自身的文化软实力建设,韩国也不例外。韩国认为自己拥有悠久的璀璨文明史,有着优秀的文化传统和丰富的文化遗产,坚信自己有理由成为世界文化强国。因此,韩国政府不遗余力地扶持韩国文化产业的发展,而文化产业的发展又带动了文化外交的发展。

到目前为止,"韩流"文化已经走过了 20 余年的漫长岁月,它早就从"韩流"1.0(K-drama)进化到了"韩流"2.0(K-pop)、"韩流"3.0(K-culture),在亚洲市场拥有众多粉丝。自 2000 年开始,韩国新生代偶像组合逐步影响到亚洲、北美、南美和欧洲,韩国的语言、食物、音乐、影视剧、动漫和游戏等得到广泛传播。仔细分析可以看出,韩国大众文化的传播机制是,"韩流"粉丝在通过电视连续剧、电影、K-pop 对韩国文化产生兴趣后,开始对韩国的语言、美食、传统文化、民俗和历史感兴趣。这些"韩流"文化产业在带来经济利润的同时,还提高了韩国的知名度,改善了韩国国家形象,提高了韩国国家品牌的排名;韩国的文化外交更是得到认可,取得了相当大的成功。不得不说,韩国政府采用这种文化传播机制使外国公众高度认同韩国国家形象,是非常高明和有效率的。

随着国家品牌形象的提升,韩国开始向更广泛的公共外交方向发展。2011年之后,韩国政府确定了文化外交属于公共外交的下属概念,认为正确地开展公共外交不仅要发展文化方面,还要全面发展国家品牌、国家制度和价值观等各方面。全新的公共外交发展战略的具体规划内容包括:第一,加强全民对公共外交概念的理解和认识,这并非仅局限于政府内部负责公共外交的官员,更要包括社会舆论的主导层和社会大众;第二,适应国际环境的变化;加强软实力的建设,通过加大宣传力度,包括出版书籍、举办研讨会等方式,扩大公共外交的讨论范围,使民众更加了解公共外交的重要性和必要性;第三,加强公共外交的制度建设和发展,注重机制的具体设计;第四,继续坚持作为公共外交核心的文化外交的进一步深化发展。韩国文化外交的发展已成气候,这个有利条件必须好好利用,不管公共外交如何扩展,文化外交作为核心的这个基本点不能变。

综上所述,韩国国家品牌委员会的建立对推动韩国国家品牌战略取得成功起到了关键的作用。它从宏观上把握国家品牌战略的方向和内涵,并协调各方利益者和资源,在全世界公众面前塑造了一个鲜明、坚定、统一的国家品牌形象,带来了经济、文化、政治等各方面的成功。从中我们可以看出,将商业品牌的逻辑和方法用于国家品牌战略层面,同样可以取得由品牌带来的独特价值和成果。

第十六章

国家品牌评价：方法与结果

本章是应用评估篇的模型方法部分,介绍在国家品牌领域有影响力的评价方法和模型,主要包括瑞士洛桑国际管理发展学院(International Institute for Management Development, IMD)和世界经济论坛(World Economic Forum, WEF)分别发布的国家竞争力评价,Anholt(2005)的国家品牌指数,以及世界知识产权组织发布的全球创新指数等。这些评价方法和指数榜从具体指标构成的角度揭示了国家品牌战略建设的复杂性和特殊性,同时也为国家品牌建设提供了战略方向指引。

近年来,有关机构也开展了关于我国国家形象以及企业海外形象的测评分析。下面,我们将逐一介绍国家竞争力评价、国家品牌指数、全球创新指数、中国国家形象全球调查以及中国企业海外形象调查等的方法以及评价结果。

第一节　瑞士洛桑国际管理发展学院国家竞争力评价

1989年,瑞士洛桑国际管理发展学院和世界经济论坛开始携手合作开展国家竞争力的研究,并引起世界各国的广泛关注。1995年年底,双方因研究方法的不同产生冲突而分道扬镳。之后每年,双方开始独自发表关于国家竞争力的研究报告,分别为瑞士洛桑国际管理发展学院的《世界竞争力年鉴》(*World Competitiveness Yearbook*, WCY)、世界经济论坛的《全球竞争力报告》(*The Global Competitiveness Report*, GCR),两者均在全世界范围内具有重要影响力。其中,《世界竞争力年鉴》是世界上最全面、最完整的国家竞争力年度报告,自首次发布以来一直没有间断过。它根据对全球核心国家竞争力的统计与调查数据,对这些国家的世界竞争力提供客观的指标和趋势分析。瑞士洛桑国际管理发展学院通过多年对经济学文献,国际性、国别性与地区性的统计资料,以及来自商界、政界、学界的调查结果进行全面研究,开发的评价标准已达到320多个。

一、理论基础

瑞士洛桑国际管理发展学院认为,国家竞争力是指一国创造与保持一个能使其企业创造的价值越来越大、人民的生活越来越富足的环境的能力。基于这种理念,瑞士洛桑国际管理发展学院开发了一套独特的国家竞争力理论,着重分析环境对国家核心竞争力的影响。其认为,世界各国是根据以下四种基本力量来管理环境的,这四个维度共同决定了国家的竞争力环境(如图16-1所示):进取性与吸引力(aggressiveness vs. attractiveness)、亲近性与全球化(proximity vs. globality)、资产与过程(assets vs. processes)、社会凝聚力与个人冒险(social cohesiveness vs. individual risk taking)。

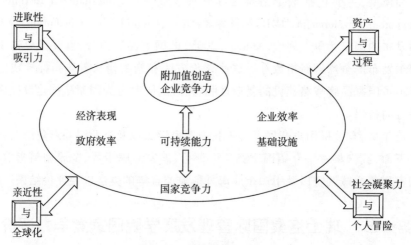

图 16-1 国家竞争力立方图

资料来源:IMD 世界竞争力排名,https://www.imd.org/centers/world-competitiveness-center/rankings/world-competitiveness/(访问日期:2022 年 12 月 28 日)。

二、测度方法

二十多年以来,随着经济环境和学术研究的不断变化与深入,《世界竞争力年鉴》的竞争力评价方法也在不断调整,以便能对各年的评价结果进行对比研究,并发现一个国家的竞争力相对于其他国家的纵向历史变化。其评价的具体方法是把国家的环境划分为四个主要的竞争力要素：经济表现（economic performance）、政府效率（government efficiency）、企业效率（business efficiency）和基础设施（infrastructure）。每个要素又都被进一步划分为五个子要素，以测量竞争力的各个不同侧面。《世界竞争力年鉴》的国家竞争力评价指标就围绕着这 20 个子要素进行，如表 16-1 所示。

表 16-1 《世界竞争力年鉴》的竞争力要素指标

经济表现（83 个指标）	国内经济的宏观经济学评价： 1. 国内经济 2. 国际贸易 3. 国际投资 4. 就业 5. 价格
政府效率（77 个指标）	政府政策促进竞争力的程度： 1. 公共金融 2. 财政政策 3. 制度架构 4. 商业立法 5. 社会架构
企业效率（69 个指标）	企业创新、盈利与负责任的程度： 1. 生产率 2. 劳动力市场 3. 财务 4. 管理操作 5. 态度与价值观
基础设施（94 个指标）	基本资源、技术资源、科学资源和人力资源满足企业需求的程度： 1. 基本基础设施 2. 技术基础设施 3. 科学基础设施 4. 健康与环境 5. 教育

资料来源：IMD 世界竞争力排名，https://www.imd.org/centers/world-competitiveness-center/rankings/world-competitiveness/（访问日期：2022 年 12 月 28 日）。

三、2022 年世界竞争力排名

2022 年 6 月 15 日，瑞士洛桑国际管理发展学院发布 2022 年全球 63 个经济体的竞争力排名,前三名分别为丹麦、瑞士和新加坡。中国香港地区排第五名;中国台湾地区排第七名;中国内地排第十七名,较上一年下降一个名次。[①] 2022年《世界竞争力年鉴》中竞争力排名前二十位的经济体依次为丹麦、瑞士、新加坡、瑞典、中国香港地区、荷兰、中国台湾地区、芬兰、挪威、美国、爱尔兰、阿拉伯联合酋长国、卢森堡、加拿大、德国、冰岛、中国内地、卡塔尔、澳大利亚、奥地利。

第二节　世界经济论坛国家竞争力评价

世界经济论坛的前身为欧洲管理论坛,它由瑞士日内瓦大学教授克劳斯·施瓦布于1987年在瑞士达沃斯创立,成立至今一直是非营利性国际组织。早在1980年,世界经济论坛的前身欧洲管理论坛就创立了一系列关于国家或地区经济增长与竞争力的基本理论、研究方法和评估体系,并开始对全球重要国家或地区经济发展与竞争力进行测量和排序。三十余年以来,世界经济论坛每年都会出版《全球竞争力报告》,指引着全世界国家竞争力测评的方向。

一、测评方法

世界经济论坛的《全球竞争力报告》主要采用两种不同但相互补充的方法来分析国家竞争力。第一种方法是"经济增长竞争力指数",它最早由杰弗里·萨克斯和约翰·麦克阿瑟在2001年合作开发,旨在反映世界各经济体在中长期取得持续经济增长的能力。第二种方法是由迈克尔·波特创建的"商业竞争力指数"。同"经济增长竞争力指数"相比,"商业竞争力指数"侧重于对一系列在微观水平上促进效率改进和生产力提高的企业因素进行评价,主要衡量经济对现有资源的有效利用。

经过多年的科学研究,这两种方法不断融合调整。2004年萨拉-伊-马丁教授推出12项"全球竞争力指数",分别为:制度、基础设施、宏观经济稳定性、健康与初等教育、高等教育与培训、商品市场效率、劳动市场效率、金融市场成熟性、技术设备、市场规模、商务成熟性和创新。

2018年,"全球竞争力指数4.0"(GCI 4.0)作为研究工具被推出,包括12项主要竞争力因素:制度、基础设施、信息通信技术采用、宏观经济环境、健康、

---

① IMD世界竞争力排名,https://www.imd.org/centers/world-competitiveness-center/rankings/world-competitiveness/(访问日期:2022年12月28日)。

教育和技能、产品市场、劳动力市场、金融体系、市场规模、商业活力与创新。这12项因素又细分为103项具体指标,每项指标采取0—100分的计分制度,反映实际经济与理想状态(又称"竞争力前沿")之间的差距。

二、2019 年度及 2020 年度全球竞争力排名

《2019 年全球竞争力报告》对全球 141 个经济体的生产力和长期经济增长的驱动因素进行了年度评估,十强经济体依次是:新加坡、美国、中国香港地区、荷兰、瑞士、日本、德国、瑞典、英国、丹麦。[①] 排第 11 至第 30 位的经济体依次为芬兰、中国台湾地区、韩国、加拿大、法国、澳大利亚、挪威、卢森堡、新西兰、以色列、奥地利、比利时、西班牙、爱尔兰、阿拉伯联合酋长国、冰岛、马来西亚、中国内地、卡塔尔、意大利。

2020 年 12 月 16 日,世界经济论坛发布《2020 年全球竞争力报告:国家经济复苏之路》。[②] 报告暂停了长期以来的全球竞争力指数排名,阐述了复苏和复兴的优先事项,评估了各国为经济复苏和未来经济转型所做的准备,并提出四个促进经济振兴和转型的行动领域,即有利环境、人力资源、市场和创新生态系统。

第三节　Anholt（2005）国家品牌指数

在第一章中,我已从理论的角度介绍了 Anholt(2005)的国家品牌指数。它通过测量人们对某一国家的感知情况,从六个方面(旅游、出口、国民、文化和历史遗产、投资和移民,以及政府治理)反映国家的竞争力。在有关国家品牌的评价与排名领域,Anholt(2005)的这个评价方法影响力很大。在第一章的基础上,本章对此方法和评价结果展开详细论述。

一、基础评价模型

Anholt（2005）的 Anholt-GMI 国家品牌指数模型,或称国家竞争优势识别系统六维度模型,即为其国家品牌竞争力测评的基础理论模型,国家通过以下

---

①　《2019 年全球竞争力报告》,https://www3.weforum.org/docs/WEF_TheGlobalCompetitivenessReport2019.pdf(访问日期:2022 年 12 月 28 日)。

②　《2020 年全球竞争力报告:国家经济复苏之路》,https://www3.weforum.org/docs/WEF_TheGlobalCompetitivenessReport2020.pdf(访问日期:2022 年 12 月 28 日)。

六个渠道提高声誉、塑造国家品牌形象,具体是指:

第一,旅游,也即旅游推广和旅游者、出差者访问该国的第一手经历。在建立国家品牌的声浪中,强调这一渠道的呼声最震耳欲聋,而旅游业者也常常因此拥有最多的推广预算和优秀的营销人员。

第二,出口,出口的商品在国外就像是国家形象强有力的大使,但这种作用仅发生于来源国明显的情况下。倘若无人知道产品来自何方,对于那个国家的感受便不会受到产品的影响。但当产品的来源地广为人知(如奔驰汽车由德国制造)时,出口商品牌就会像旅游推广那样引人注意。

第三,国民,既包括高知名度的领袖、传媒和运动明星,也包括普通人群,他们在国外的行为如何,以及在国内如何对待外国的访问者,都会对塑造国家品牌形象产生影响。

第四,文化和历史遗产,包括文化交流、文化活动和文化出口。例如运动队的世界巡回比赛,著名音乐人的录音,诗人、作家和电影人的作品,都可能在建立国家声誉方面起到或好或坏的作用。

第五,投资和移民,也即该国吸引投资、招聘外国人才、招收学生以及境外企业在该国的发展情况。

第六,政府治理,包括直接影响海外的外交政策,以及获得国际媒体报道的国内政策。

该模型的基本理论是,当政府对其国家的真实模样、处于什么位置、该往哪个方向发展等问题有了良好的、清晰的、可信的和正面的想法,并努力把行动、投资、政策与上述六维度模型各点的传播协调起来,实践自己的想法时,政府就有机会在国内和国际上确立和维护富有竞争性的国家身份——被出口商、进口商、政府、文化界、旅游业、移民以及国际关系等方面所认同。

二、样本和调查方法

Anholt(2005)认为在国家竞争识别战略中,政府正确认识和评估国家或地区的品牌形象是该战略成功的关键所在。由于国家品牌形象的重要性与日俱增,因此不可贸然地发表"哪个国家的品牌正在衰落或崛起"之类无法测量、追踪和解释的评价,而应当进行可测、可连续追踪的排名。随着全球化经济的发展和信息的高效流通,这种国家形象排名不应该由某个政府来确定,而应该是来自全球普通公众的一种认知评价。

因此，Anholt（2005）启动了国家品牌指数项目，成为全球第一个关注普通公众如何认知国家品牌形象的分析性研究。2005 年开始，该项目在每个季度通过从西雅图的 GMI（Global Market Insite）企业所建立的全球在线样本框中抽取 500 万个消费者样本，根据前文所述的国家竞争优势识别系统六维度模型，追踪调查这些样本对 36 个发达及发展中国家旅游业、品牌、政策、投资、文化和国民（公众）六个方面的认知。这六个维度即构成了国家品牌指数。最终，该项目的调查结果形成了一个类似于全球偏好的计量表，Anholt 基于此对各个国家品牌力量进行排名。

另外，得益于品牌咨询公司 Brand Finance 的帮助，该项目在 2005 年最后一个季度的调查中为国家品牌指数加入了一个新的维度：32 个国家的金融价值列表。这是国际上首次成功地在国家品牌指数中加入货币价值对国家声誉的影响，关注品牌对国家经济的真实贡献。这一指标通过特许费用免除法（royalty relief approach）来估算。

特许费用免除法是计算品牌价值的方法之一。该方法认为品牌所属企业在不拥有该品牌商标的情况下需要向第三方支付的商标特许权费用，即为品牌的价值。该方法最大的特点是立足于企业的现实市场运作，所采用的计算数据均来源于第三方交易记录和公开的财务信息，这些信息是可靠的，并得到了税务和法庭的信任。同时，其计算出来的国家品牌价值可在不同年度间进行比较。

Anholt（2005）使用特许费用免除法的具体操作思路和方法是：事先假定一个国家不拥有其自身的品牌，并计算该国需向第三方机构缴纳多少特许费用才能获得品牌的使用权，这笔费用所代表的便是该国在金融货币指标上的品牌价值。2005 年测算后的大量数据显示，正如企业的品牌价值往往会超过有形资产，国家的经济价值同样会大大超过其国内生产总值，各国的品牌价值分布在 4 300 万美元（波兰）到 18 万亿美元（美国）的区间中。国家品牌价值评估前三名的国家分别是美国、日本、德国，中国排第 12 名。

三、2021 年国家品牌指数排名

Anholt 的国家品牌测评指标获得了全世界的认可，被公认为这一领域的先锋。自 2005 年以来，安霍尔特·捷孚凯定期发布两类全球调查，包括国家品牌指数调查和城市品牌指数调查。2021 年国家品牌指数前十名依次为德国、加拿大、日本、意大利、英国、法国、瑞士、美国、瑞典、澳大利亚，中国则排第 31 名。

第四节 世界知识产权组织全球创新指数

国家创新能力是国家竞争力的重要体现。国际组织和各国政府以及学术机构先后开展了大量国家创新评价研究,如世界知识产权组织联合其他组织发布的《全球创新指数》、欧盟委员会的《欧洲创新记分牌》等。国内在国家创新评价领域也取得了一定进展,如中国科学技术发展战略研究院编著的《国家创新指数报告》和国家统计局发布的《中国创新指数研究》等。国家创新能力是创新能力理论在国家层面的应用,同时也涉及教育、知识产权制度和法律等环境因素,具有综合性评价的优势,因此应当被纳入国家品牌评价的方法范畴。在本节中,我将重点介绍世界知识产权组织的全球创新指数评价。

一、评价指标

由于创新在推动经济发展中的作用愈发突出,世界知识产权组织(WIPO)联合其他组织,自 2007 年起每年发布《全球创新指数》报告。该报告关注创新投入与创新产出两个方面,其中,创新投入捕捉到了国民经济中促进创新活动的要素,包括五个细分指标:制度、人力资本与研究、基础设施、市场成熟度、商业成熟度;创新产出则是经济中创新活动的结果,包括两个细分指标:知识与技术产出、创意产出。总体全球创新指数是创新投入与创新产出的平均值,两者的权重相同。《全球创新指数》的具体指标分类见表 16-2。2021 年的《全球创新指数》共计 81 项细分指标,据此对全球 132 个经济体的创新表现进行排名。

表 16-2 2021 年《全球创新指数》的细分指标[①]

创新投入	制度	政治环境
		管理环境
		商业环境
	人力资本与研究	教育
		高等教育
		研究与开发

---

① 资料来源:《2021 年全球创新指数》报告,https://www.wipo.int/edocs/pubdocs/zh/wipo_pub_gii_2021_exec.pdf(访问日期:2022 年 12 月 25 日)。

（续表）

	基础设施	信息和通信技术
		一般基础设施
		生态可持续性
	市场成熟度	信贷
		投资
		贸易、多样化和市场规模
	商业成熟度	知识工作者
		创新联系
		知识吸收
创新产出	知识与技术产出	知识创造
		知识影响
		知识传播
	创意产出	无形资产
		创意产品和服务
		在线创造力

二、2020 年及 2021 年全球创新指数排名

2020 年及 2021 年《全球创新指数》的前 20 名如表 16-3 所示。前 4 名均由瑞士、瑞典、美国和英国保持，韩国由 2020 年的第 10 位跻身 2021 年的第 5 位，上升趋势明显，荷兰则由 2020 年的第 5 位下降至 2021 年的第 6 位。

表 16-3　2020 年及 2021 年《全球创新指数》前 20 名对比

排名	2020 年	2021 年
1	瑞士	瑞士
2	瑞典	瑞典
3	美国	美国
4	英国	英国
5	荷兰	韩国
6	丹麦	荷兰
7	芬兰	芬兰

（续表）

排名	2020 年	2021 年
8	新加坡	新加坡
9	德国	丹麦
10	韩国	德国
11	中国香港地区	法国
12	法国	中国内地
13	以色列	日本
14	中国内地	中国香港地区
15	爱尔兰	以色列
16	日本	加拿大
17	加拿大	冰岛
18	卢森堡	奥地利
19	奥地利	爱尔兰
20	挪威	挪威

由表 16-3 可知，中国内地在 2021 年《全球创新指数》排名中排第 12 名，较 2020 年上升 2 个名次，且自 2013 年起，排名连续 9 年稳步上升，势头强劲。中国仍然是唯一进入前 30 名的中等收入经济体。根据 2020 年 7 月世界银行收入组别分类，在收入评级方面，中国属于中高收入水平。在该类别中，中国为第 1 名。该报告高度评价中国在创新方面取得的进步，并强调了政府决策和激励措施对于促进创新的重要性。2021 年，中国知识产权收入在贸易总额中的占比这一细分指标持续进步，表明中国正逐步从知识产权引进大国向知识产权创造大国转变。其背后的教育改革及对人力资本的投资，对国家创新能力的提升发挥了重要作用。

第五节　中国外文出版发行事业局的中国国家和企业形象全球调查

中国外文出版发行事业局联合有关机构从海外民众的视角，开展了针对中国国家形象和中国企业形象的全球调查，这两项调查聚焦于形象，体现了国家品牌的宏观和微观两个层面。下面概括介绍其方法和近年调研的主要结果。

一、中国国家形象全球调查

（一）指标设计

《中国国家形象全球调查报告》是由中国外文出版发行事业局当代中国与世界研究院主办，联合市场调查及品牌咨询机构推出的关于国家形象的全球调查，该报告于 2013 年第一次发布。调查内容涵盖了中国整体形象与影响力、政治、外交、经济、文化和科技的国际形象与传播，具体评价指标详见表 16-4。

表 16-4　中国国家形象评价指标

维度	指标
中国整体形象	中国整体形象认知
国际事务影响力	国际事务影响力
中国国家形象	历史悠久、充满魅力，倡导和平发展、合作共赢，国家治理良好、社会和谐稳定，亲和、开放、有活力，传统流失的现代化国家，追求全球或地区领导权的国家，国家和社会治理不够稳定的国家，比较保守的发展中国家
中国国民形象	散漫低效—勤劳敬业、缺乏诚信—诚实守信、传统封闭—开放创新、缺乏激情—热情友善、个人主义—集体主义
中国执政党形象	具有高度凝聚力、组织严密、有超强的组织动员能力、有自我约束和净化能力、学习和创新能力强、民众支持
中国文化代表元素	中医、武术、饮食、儒家思想、自然风光、书法绘画、民俗、节日、产品、服装、建筑、科技发明、音乐、道教、戏曲、体育、文学、影视作品、高等学府
中国科技创新成就认知度	中国重要科技成果认知
海外被访者对中国品牌的熟悉度	中国知名品牌

（二）2019 年中国国家形象调查结果①

《中国国家形象全球调查报告2019》于 2020 年 9 月 15 日在北京发布，此次调查在全球 22 个国家同步展开，被访者达 11 000 人。报告显示，海外被访民众对中国的整体印象为 6.3 分（满分为 10 分），较上一年提升 0.1 分，中国整体

---

① 资料来源：《中国国家形象全球调查报告2019》发布，https://www.gov.cn/xinwen/2020-09/16/content_5543729.htm（访问日期：2022 年 12 月 28 日）。

形象好感度继续上升。发展中国家对中国形象好感度较高,达 7.2 分(满分为 10 分),呈持续上升趋势。

2019 年,中国在科技、经济、文化、安全、政治、生态等各领域参与全球治理表现的认可度均获提升,其中文化、安全领域的认可度上升 4 个百分点,其他各领域均上升 3 个百分点。在中国参与全球治理的实践中,海外被访者最为认可的 3 个领域为:科技(66%)、经济(63%)和文化(57%),中国被期待在这些领域发挥更大的作用。

中国科技创新能力的认可度有所提升,68% 的海外被访者认为中国科技创新能力强,发展中国家被访者的认可度更是超过八成。高铁依然是认知度最高的中国科技成就。中餐、中医药和武术被海外被访者认为最能代表中国文化。高达 80% 的被访者体验过中国饮食文化,体验后对中国饮食文化有较好印象的超过八成。

此外,六成以上的海外被访者认可中华人民共和国成立 70 年来取得的成就。63% 的海外被访民众认为中国国家形象在过去 70 年整体上不断上升,其中发展中国家被访者持此观点的比例高达 80%。

二、中国企业形象全球调查①

(一)样本设计与研究方法

自 2014 年起,中国外文出版发行事业局牵头每年发布《中国企业形象全球调查报告》,全面客观地反映了海外民众对中国企业的看法。2021 年 12 月 6 日,由中国外文出版发行事业局国际传播发展中心联合当代中国与世界研究院、凯度集团(Kantar)共同完成的《中国企业形象全球调查报告 2021》正式发布。本节重点介绍此次调查结果中关于中国企业与产品形象的结果,作为上一节宏观国家形象的微观视角。

调查共覆盖全球范围内的 12 个国家,包括中国、哈萨克斯坦、沙特阿拉伯、泰国、印度、印度尼西亚、肯尼亚、南非、俄罗斯、意大利、美国、巴西,访问样本共计 6 000 人,每个国家 500 个被访者。男女比例为 1∶1,被访者年龄为 18—65 岁。调查遵循定量研究方法,采用在线问卷填写的方式,通过凯度集团的全球样本库进行数据收集,并严格执行在线调查的国际标准。

---

① 资料来源:《〈中国企业形象全球调查报告 2021〉全文发布!全球青年受访者点赞中国企业》,http://finance.china.com.cn/roll/20211208/5705043.shtml(访问日期:2022 年 12 月 28 日)。

（二）2021 年中国企业形象调查结果

第一，中国企业对他国带来了积极影响。中国企业的国际化发展给当地带来的积极影响得到了对象国被访者的认可。分国家看，肯尼亚（75%）、沙特阿拉伯（67%）、南非（57%）、印度尼西亚（52%）对中国企业的积极作用认可度较高。全球被访者认为中国企业给当地的经济发展起到积极作用主要表现在以下方面：带来先进的技术（43%）、带来新的资金投入（41%）和提供了新的就业机会（39%）。整体而言，金砖国家被访者对于中国企业对本国的经济发展起到的积极作用评价高于海外总体平均水平。

第二，中国企业在抗击新冠肺炎疫情中的表现出色。全球被访者对中国企业在抗击新冠肺炎疫情中的表现较为认可，平均分为 7.1 分（满分为 10 分）。分国家来看，中国被访者对中国企业在本国抗击疫情方面的努力认可度非常高（95%），泰国（91%）、沙特阿拉伯（88%）、印度尼西亚（86%）和俄罗斯（82%）也对中国企业在本国的抗疫举措评价较高。分年龄群体看，18—35 岁的青年被访者和 36—50 岁的中年被访者对中国企业在抗击疫情方面的认可度高于老年群体。

第三，期待在多领域与中国企业加强合作。科技（49%）、加工制造（41%）、基础设施（37%）和能源资源（37%）是海外被访者期待今后能够与中国企业加强合作的领域。分国家来看，除科技、加工制造和基础设施是大多数国家想要和中国企业加强合作的首选以外，沙特阿拉伯、印度尼西亚、南非被访者更期待今后能够加强与中国企业在能源资源领域的合作，泰国和俄罗斯被访者更期待与中国增加旅游方面的合作，沙特阿拉伯、巴西被访者更期待与中国加强生物技术领域的合作。

第四，获取中国企业信息的渠道多样。海外国家被访者更多通过电视（46%）等传统媒体渠道，社交媒体网站及平台（44%）、新闻资讯类网站（31%）等新媒体渠道获取中国企业的信息。除上述渠道外，泰国被访者还会通过到中国旅游/考察/出差/工作/生活等（34%），以及通过企业自身网站/APP（32%）了解中国企业；印度（45%）和巴西（35%）被访者通过报纸/杂志/图书的方式了解中国企业的情况也非常多；印度尼西亚被访者还提到会通过广播电视节目了解中国企业（39%）；肯尼亚被访者通过广播电视节目（48%）和报纸/杂志/图书（45%）了解中国企业的比例非常高。

第五，最希望了解中国企业发展的相关信息。海外国家被访者最希望了解企业有关"工作环境和条件/待遇"（50%）、"科学技术创新"（49%）和"与当地的合作成果"(43%)方面的信息。除此之外,泰国(52%)和肯尼亚(47%)被访者更希望了解"企业承担社会责任方面表现"方面的信息,印度尼西亚被访者希望了解"企业理念/文化/愿景"(43%)。

第六,建议中国企业积极参与当地人文交流。海外国家被访者认为中国企业可以通过加强"对当地的文化、历史、消费者等的了解"(35%),以及"主动融入对象国社会、文化"(31%)等方式提升中国企业在当地的知名度和好感度。

第七,中国企业形象分维度得分。此次调查通过考察中国企业在全球被访者中的认知度,以及当地被访者对中国企业在责任、公平、可信、成功4个维度的形象表现来综合评价企业的整体形象。整体来看,包括中国在内的全球12国被访者对中国企业在责任、公平、可信、成功4个维度上表现的整体认可度都超过了75%,尤以成功维度的评价最高(82%)。

第八,金砖国家、青年被访者对中国企业形象给予了更多积极评价。金砖国家被访者对中国企业形象的认可度高于其他海外被访者,更加肯定中国企业在产品服务、行业领先、推动当地经济可持续发展等方面的表现。分年龄群体来看,18—35岁的青年被访者更认可中国企业各方面的表现。

第十七章

品牌与国家的联结：新构念及指数

本章将介绍国家品牌的新测量方法，建立在我提出的新构念"品牌与国家的联结"（He 和 Ge，2022）的基础上，并开发出了测量工具。2020 年、2021 年和 2022 年，华东师范大学国家品牌战略研究中心以全国性消费者为样本开展了三届评估，评选出那些拥有国家级地位的卓越品牌，我们将其称为"国家冠军品牌"（national champion brands，NCBs）。在本章中，我首先介绍这种新的测量方法及其评价结果，然后进一步分析有关结果所蕴含的战略含义，为在国内国际双循环发展格局中我国企业实施品牌战略、迈向国家级地位并实现品牌全球化建立一个可供参考的风向标。

第一节　世界百强品牌价值评估

在新的宏观环境和国家战略背景下思考企业品牌战略，不同于改革开放初期建设自主品牌的要求和目标。随着近二十年经济全球化的发展，我们越来越关注在全球市场上的中国品牌家族。事实上，中国的跨国企业品牌，如华为、海尔和美的等，已经在全球市场上取得了令人瞩目的业绩。一些领先的中国跨国企业，其海外营业额已经超过国内市场。因此，今天的品牌建设和品牌战略要有新站位和新格局。然而，对比《财富》世界 500 强企业排行榜和 Interbrand 全球最佳品牌榜，两者反差很大：按 2022 年的数据，中国企业入榜前者的有 145 家，前 100 强当中有 35 家；入榜后者的仅小米、华为两家。

一、两大品牌价值榜

品牌价值评估是品牌建设和战略成效的风向标。在业界有两个影响较大的品牌价值评估榜:一是品牌战略管理咨询公司 Interbrand 每年 10 月发布的全球最佳品牌(Best Global Brands)百强排行榜,该评选从 2001 年第一届开始,迄今已举办 22 届;二是全球化市场调研公司明略行(Millward Brown)每年 5 月发布的 BrandZ 全球最有价值品牌百强(Top 100 Most Valuable Global Brands)排行榜,该评选从 2007 年第一届开始,迄今已举办 16 届。

《财富》世界 500 强企业的评价指标是营业收入,也就是评价企业的规模。而 Interbrand 和 BrandZ 评价的是品牌价值。品牌价值来源于三大方面,即品牌的财务绩效、品牌的贡献力以及品牌的竞争强度。尽管思路相似,但两家企业对三大要素的具体计算处理并不统一。此外,Interbrand 采用的是纵向时间维度(5 年期),由各年加总得到品牌价值,而明略行采用的是横向空间维度,把各国市场上的品牌价值加总得到全球品牌价值。这些正是导致针对同一品牌的价值计算结果相差甚大的根本原因。

我们不难发现,上述两个排行榜的结果存在较大差异,具体表现在两个方面。第一,同样的品牌,评估的价值相差很大。以 2022 年为例,在两个排行榜中,苹果和亚马逊均位居第一和第三。但在 Interbrand 的排行榜中,苹果位列榜首,其价值为 4 822.15 亿美元,亚马逊为 2 748.19 亿美元,两者相较上一年分别有 18% 和 10% 的涨幅。而在 BrandZ 排行榜中,苹果的价值为 9 470.62 亿美元,同比增长 55%,位居第一;亚马逊的价值则为 7 056.46 亿美元,同比涨幅达 3%。第二,品牌的排序位置存在较大差异。以 2022 年为例,在 Interbrand 排行榜中,前十位是苹果、微软、亚马逊、谷歌、三星、丰田、可口可乐、梅赛德斯-奔驰、迪士尼、耐克。而在 BrandZ 排行榜中,前十位是苹果、谷歌、亚马逊、微软、腾讯、麦当劳、维萨、脸书、阿里巴巴、路易威登。两个榜单的品牌重合率为 40%。

二、评价结果的比较

对于中国品牌,2022 年,只有华为和小米进入了 Interbrand 排行榜百强,排名分别为第 84 位和第 86 位。但有 14 个品牌进入 BrandZ 排行榜百强,前十依次为:腾讯(第 5 位)、阿里巴巴(第 9 位)、茅台(第 14 位)、美团(第 51 位)、抖音(第 53 位)、京东(第 60 位)、中国工商银行(第 62 位)、海尔(第 63 位)、华为

（第 67 位）、平安（第 77 位）。Interbrand 与 BrandZ 两家排行榜 2022 年度前 20
位品牌对比如表 17-1 所示。

表 17-1　2022 年度 Interbrand 与 BrandZ 排行榜前 20 位品牌对比

（单位：亿美元）

排名	Interbrand 全球最佳品牌		BrandZ 最具价值全球品牌	
	品牌名称	品牌价值	品牌名称	品牌价值
1	苹果	4 822.15	苹果	9 470.62
2	微软	2 782.88	谷歌	8 195.73
3	亚马逊	2 748.19	亚马逊	7 056.46
4	谷歌	2 517.51	微软	6 114.60
5	三星	876.89	腾讯	2 140.23
6	丰田	597.57	麦当劳	1 965.26
7	可口可乐	575.35	维萨	1 910.32
8	梅赛德斯-奔驰	561.03	脸书	1 864.21
9	迪士尼	503.25	阿里巴巴	1 699.66
10	耐克	502.89	路易威登	1 242.73
11	麦当劳	486.47	英伟达	1 241.61
12	特斯拉	480.02	万事达	1 172.53
13	宝马	463.31	耐克	1 096.01
14	路易威登	445.08	茅台	1 033.80
15	思科	412.98	威瑞森通讯	1 019.62
16	Instagram	365.16	阿美	993.27
17	脸书	345.38	可口可乐	978.83
18	IBM	342.42	IBM	969.92
19	英特尔	329.16	Adobe	928.30
20	思爱普	314.97	Instagram	920.98

　　除了上面介绍的两大知名品牌价值排行榜，还有形形色色的品牌排行榜。
在评价方法上，它们或基于相同的思路或基于有差异性的思路。每个排行榜都
会有不同的结果。无论是开发方还是社会公众，通常仅关注排行的结果，很少
重视或注意评价结果的可靠性。也就是说，在评价过程中，缺少必要的评价效
度验证工作。

我们另辟蹊径,提出"品牌与国家的联结"构念,并建立了新的测量方法。在得到评价结果后,我们将其与 Interbrand 和 BrandZ 的评价结果进行相关性检验,呈现评价结果的可靠性证据。

第二节 新测量方法: 品牌与国家的联结

改革开放四十多年的发展,中国作为来源国的国家资产发生了根本性的变化。中国已成为世界第二大经济体,极大地提升了中国的软实力和国家形象。改革开放初期,中国制造的产品在国际市场上尽力回避来源国信息。而如今,中国一大批卓越的品牌进入了全球化的新历史阶段。这些品牌在国内市场上拥有强大的地位,这成为它们走向全球的坚实基础。做强国内市场,建设并确定品牌的国家冠军地位,是迈向全球化、赢得全球竞争力的重要步骤和发展阶段。中国品牌的全球化与中国作为国家品牌,两者之间相互影响、相互促进。

因此,在学术研究上,来源国线索带给产品评价效应的研究,有必要转变为"品牌与国家的联结"强度的研究。相关理论可以参见本书第一章和第十四章。那么,哪些中国品牌能够拥有国家级品牌地位? 进而形成集体性合力在全球共同体中为提升中国国家形象作出积极贡献?

一、新构念与测量

我提出"品牌与国家的联结"这个新构念,用来衡量品牌在消费者心目中所拥有的国家级地位的程度,并把它定义为"商业品牌与该品牌的来源国之间产生关联性与对其代表性的程度"。

围绕上述定义,品牌与国家的联结包含两个基本的联想角度:一是从品牌到国家的定向联想的强度,即提到某个品牌,联想到哪个国家的可能程度。我们可以称之为来源特征优势(origin characteristics dominance),这反映在定义中的"关联性"概念上。二是从国家到品牌的定向联想的强度,即提到某个国家,联想到哪些品牌的可能程度。我们可以称之为国家地位优势(nation-level status dominance),这反映在定义中的"代表性"概念上。这两个维度的结合,就形成了不同品牌与国家的联结度的四类品牌,见图 17-1。

在世界范围的品牌实践中,我们可以发现代表这四种情况的典型品牌。它们诞生的历史背景不同,发展路径和战略存在差异。

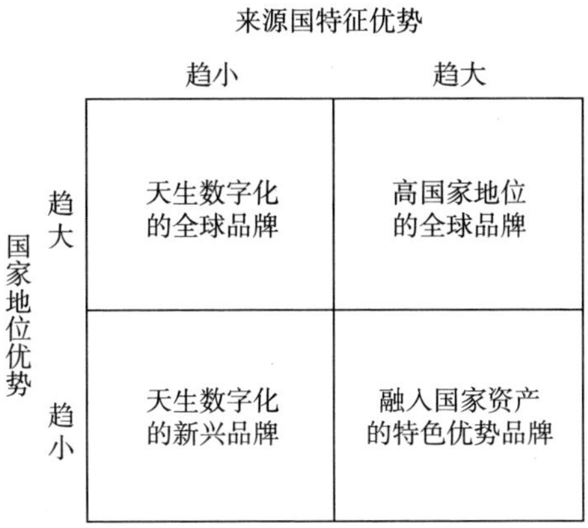

来源国特征优势

图 17-1　四种类型的"品牌与国家的联结"品牌

第一种类型是来源国特征优势和国家级地位优势均趋大的品牌,典型的是高国家地位的全球品牌。这类品牌大多是在数字化时代之前诞生的强势品牌,它们通常经历长期发展,在本国市场形成核心竞争优势,之后再不断向外拓展,直至实现全球化。例如,美国的苹果、微软、可口可乐、麦当劳和迪士尼,日本的丰田和本田,德国的奔驰和宝马。根据 2022 年大夏"国家冠军品牌强度指数"评估结果,具有中国国家级地位的前十位的品牌分别是华为、茅台、阿里巴巴、腾讯、格力、比亚迪、五粮液、李宁、美的和云南白药。

第二种类型是来源国特征优势趋小、国家级地位优势趋大的品牌,典型的是天生数字化(born-digital)的全球品牌。这类品牌大多诞生于数字化时代,其品牌创建不以国家资源为前提,在创建初期就采取全球定位战略,凭借数字化基因和世界市场优势迅速实现全球化发展。比如亚马逊、谷歌、脸书、Instagram、优步、Youtube、爱彼迎等。

第三种类型是来源国特征优势和国家级地位优势均趋小的品牌,典型的是天生数字化的大量新兴品牌。绝大部分品牌都属于这种情况,没有鲜明的来源国特征优势,也不具有国家级地位的优势。在数字化时代,大量的创业者利用或结合数字化商业模式创立品牌,并使其得到迅速发展。秒针营销科学院认为"新锐品牌"有两个标准:一是十年内出现在中国市场的新品牌,二是品牌营收增速远高于行业平均水平。[①] 这类品牌可以发展成为第二类品牌。

第四种类型是来源国特征优势趋大、国家级地位优势趋小的品牌。典型的

---

① 引自谭北平在 2022 年 12 月 29 日举办的"2022 中国品牌科学与应用论坛暨全球品牌战略国际研讨会"上的主旨演讲,题目是《挑战与机遇:2022 新锐品牌增长力盘点》。

是融入国家资产的特色优势品牌。这类品牌把与来源国的文化和自然资源、技术和产业优势融入品牌定位和形象塑造中,具有鲜明的来源国特征优势,但按品牌规模和实力,并不拥有国家级地位。这类品牌可以发展成为第一类品牌。

通过两大联想路径上的联想程度高低,区分得到四大类型的品牌,反映了品牌与国家的联结度的不同情况,揭示了在全球化与数字化交织的背景下品牌发展壮大的基本路径和战略。

品牌与国家的联结两个维度的测量量表(He 和 Ge,2022)如表 17-2 所示。

表 17-2　品牌与国家的联结构念的测量量表

维度	从国家联想到品牌维度	从品牌联想到国家维度
题项	提到中国的形象,我脑海中会联想到 ×× 品牌	如果谈论 ×× 品牌,我会把它与中国有关的因素联系在一起
	说起中国的文化,我可以联想到与 ×× 品牌相关的方面	×× 品牌会让我联想到与中国有关的方面
	如果要把"中国"用一个品牌来比喻,我认为 ×× 品牌是合适的	我觉得 ×× 品牌体现了中国文化的某个方面
	提起中国,我会联想到与 ×× 品牌有关的方面	我觉得 ×× 品牌体现了中国商业的某个方面

二、调查方法与样本分布

2020 年 11 月 21 日、2021 年 12 月 29 日和 2022 年 12 月 29 日,华东师范大学国家品牌战略研究中心分别发布三届大夏"国家冠军品牌强度指数榜"。该排行榜是最佳品牌"榜上榜",即在 Interbrand"中国最佳品牌榜"和 BrandZ"中国最有品牌价值榜"基础上,对共同进入这两大排行榜的 40 大品牌(2019年)[①]、39 大品牌(2021 年)以及 44 大品牌(2022 年),采用独创的"品牌与国家的联结"新构念及测量方法,通过全国范围内的大样本调查,得到"国家冠军品牌强度指数"结果。也就是说,在学术上的"品牌与国家的联结"构念,在实践中被我们称为"国家冠军品牌强度",以便更通俗地为大众所理解。2020 年度、2021 年度和 2022 年度调查样本的有效被访者人数分别为 4 661 人、2 827 人和 1 335 人。

---

① 2020 年,BrandZ 发布了"中国最有品牌价值榜",但 Interbrand 并没有发布"中国最佳品牌榜"。因此,2020 年大夏榜采用 2019 年这两大排行榜分别发布的数据,选择共同进入的品牌作为大夏榜的调查对象。

国家冠军品牌强度由两个维度的评价指标合成：从中国联想到品牌的强度，从品牌联想到中国的强度。它们反映了消费者心目中"品牌"对"中国"的代表性及"品牌"与"中国"产生关联性的程度。在 2020 年的评价中，两维度的方差总解释率为 75.65%；在 2021 年的评价中，为 75.68%；在 2022 年的评价中，为 73.82%，2021 年度和 2022 年度具体的测项因子负荷如表 17-3 所示。

表 17-3　品牌与国家的联结构念测项的因子负荷

测项	2022 年度因子负荷		2021 年度因子负荷	
	从国家联想到品牌	从品牌联想到国家	从国家联想到品牌	从品牌联想到国家
NB1:提到中国的形象,我脑海中会联想到××品牌	**0.844**	0.276	**0.834**	0.291
NB2:说起中国的文化,我可以联想到与××品牌相关的方面	**0.790**	0.314	**0.840**	0.293
NB3:如果要把"中国"用一个品牌来比喻,我认为××品牌是合适的	**0.814**	0.255	**0.867**	0.249
NB4:提起中国,我会联想到与××品牌有关的方面	**0.789**	0.343	**0.831**	0.248
BN1:如果谈论××品牌,我会把它与中国有关的因素联系在一起	0.374	**0.791**	0.362	**0.806**
BN2:××品牌会让我联想到与中国有关的方面	0.327	**0.816**	0.403	**0.736**
BN3:我觉得××品牌体现了中国文化的某个方面	0.350	**0.767**	0.362	**0.807**
BN4:我觉得××品牌体现了中国商业的某个方面	0.177	**0.803**	0.079	**0.804**
特征值	4.887	1.019	4.897	1.157
方差贡献率(%)	37.790	36.031	40.917	34.760
累计方差贡献率(%)	37.790	73.821	40.917	75.677

注:表中加粗的数值表明因子负荷大。

2021 年度和 2022 年度的构念测量操作与量表信度、效度分析结果如表 17-4 所示。

表 17-4　品牌与国家的联结构念测量的信度、效度

构念及测项	2022 年度结果				2021 年度结果			
	λ	t	CR	AVE	λ	t	CR	AVE
从国家联想到品牌维度								
提到中国的形象,我脑海中会联想到××品牌	0.85	0.02	0.89	0.66	0.85	—	0.91	0.72
说起中国的文化,我可以联想到与××品牌相关的方面	0.80	0.02			0.85	80.60		
如果要把"中国"用一个品牌来比喻,我认为××品牌是合适的	0.78	0.02			0.87	83.51		
提起中国,我会联想到与××品牌有关的方面	0.82	—			0.81	74.84		
从品牌联想到国家维度								
如果谈论××品牌,我会把它与中国有关的因素联系在一起	0.86	0.02	0.88	0.64	0.87	—	0.87	0.63
××品牌会让我联想到与中国有关的方面	0.85	—			0.79	71.71		
我觉得××品牌体现了中国文化的某个方面	0.78	0.02			0.88	83.73		
我觉得××品牌体现了中国商业的某个方面	0.69	0.02			0.61	49.91		

注:λ=标准化路径系数;t=t 值;CR=组合信度。

三、2020—2022 年的评价结果

　　基于当年入榜的全部品牌,计算它们在两个维度上及总体的平均分,构成国家冠军品牌强度年度指数(以第一名的得分标准化为 100.00 分进行相应换算)。2020 年的指数是 72.00 分。其中,从国家联想到品牌的指数是 65.25 分,从品牌联想到国家的指数是 78.11 分。2021 年的指数是 73.22 分。其中,从国家联想到品牌的指数是 65.74 分,从品牌联想到国家的指数是 80.01 分。2022年的指数是 77.87 分,从国家联想到品牌的指数是 69.75,从品牌联想到国家的指数是 77.87。具体情况见表 17-5。[①]

---

　　① 原始测项采用李克特 7 点量表进行。先将最高得分品牌华为的分值标准化为 100.00 分,其他品牌按比例做相应换算。

表17-5 2020—2022年大夏"国家冠军品牌强度指数榜"

品牌	行业	2022年度				2021年度				2020年度			
		排名	从国家联想到品牌指数	从品牌联想到国家指数	整体指数	排名	从国家联想到品牌指数	从品牌联想到国家指数	整体指数	排名	从国家联想到品牌指数	从品牌联想到国家指数	整体指数
华为	科技	1	100.00	100.00	100.00	1	100.00	100.00	100.00	1	100.00	100.00	100.00
茅台	酒类	2	88.07	100.30	94.35	2	84.18	92.99	88.80	3	81.66	96.21	89.30
阿里巴巴	零售	3	85.88	96.07	91.11	6	75.82	86.48	81.41	2	85.95	95.86	91.15
腾讯	科技	4	82.50	93.94	88.37	7	72.18	85.81	79.33	4	79.13	86.99	83.26
格力	家电	5	82.20	93.81	88.16	3	77.33	87.52	82.68	6	75.13	84.37	79.98
比亚迪	汽车	6	78.66	95.25	87.17	—	—	—	—	—	—	—	—
五粮液	酒类	7	77.18	95.59	86.63	4	74.06	89.80	82.32	7	74.00	83.59	79.03
李宁	服饰	8	82.40	90.61	86.61	—	—	—	—	—	—	—	—
美的	家电	9	76.07	93.75	85.15	19	67.97	79.33	73.94	14	67.87	79.92	74.20
云南白药	医疗保健	10	76.96	91.76	84.56	—	—	—	—	8	68.19	87.52	78.34
小米	科技	11	77.55	90.57	84.23	9	73.25	83.73	78.75	5	74.25	85.37	80.09
中国银行	银行	12	74.84	89.78	82.51	8	71.28	86.54	79.29	12	65.80	83.94	75.32
青岛啤酒	酒类	13	73.30	88.70	81.20	21	65.19	78.83	72.35	13	66.32	82.78	74.96
泸州老窖	酒类	14	71.70	89.30	80.73	12	68.78	83.74	76.63	16	65.33	82.05	74.11
海尔	物联网生态系统	15	71.72	89.18	80.68	5	75.67	86.77	81.49	11	71.30	81.87	76.85
网易	科技	16	73.51	87.42	80.65	32	58.97	74.23	66.97	31	60.37	71.81	66.37
洋河股份	酒类	17	72.14	88.26	80.41	35	54.70	72.84	64.22	29	60.80	73.73	67.59

（续表）

品牌	行业	2022 年度 排名	2022 从品牌联想到国家指数	2022 从国家联想到品牌指数	2022 整体指数	2021 年度 排名	2021 从国家联想到品牌指数	2021 从品牌联想到国家指数	2021 整体指数	2020 年度 排名	2020 从国家联想到品牌指数	2020 从品牌联想到国家指数	2020 整体指数
顺丰速运	物流	18	73.11	87.12	80.30	11	70.68	82.07	76.66	10	71.33	82.68	77.29
片仔癀	医药	19	71.36	87.82	79.81	—	—	—	—	—	—	—	—
京东	零售	20	71.52	87.55	79.75	17	65.69	82.12	74.31	15	66.77	80.83	74.15
安踏	服饰	21	72.35	86.26	79.49	15	69.62	79.63	74.88	18	67.62	75.14	71.57
中国工商银行	银行	22	70.83	87.45	79.36	14	66.01	83.58	75.22	24	58.89	77.45	68.63
中国移动	电信服务	23	71.15	86.43	78.99	13	69.73	82.22	76.28	17	66.52	79.41	73.29
百度	科技	24	69.82	83.57	76.88	18	68.17	79.27	74.00	9	72.72	82.3	77.75
美团	生活服务平台	25	67.59	85.25	76.65	25	60.41	79.73	70.54	27	59.65	76.19	68.33
伊利	饮料	26	66.43	82.87	74.87	22	66.77	76.94	72.11	22	61.39	75.65	68.88
中国人民保险	保险	27	65.20	83.89	74.80	31	56.39	77.14	67.28	32	59.29	72.72	66.34
拼多多	零售	28	65.81	83.11	74.69	34	53.03	75.53	64.84	—	—	—	—
中国农业银行	银行	29	63.71	84.48	74.37	16	66.24	81.73	74.37	21	56.41	80.21	68.91
农夫山泉	饮料	30	65.94	81.52	73.94	—	—	—	—	—	—	—	—
蒙牛	饮料	31	66.19	79.68	73.12	26	61.94	77.47	70.09	33	60.20	71.82	66.31
联想	科技	32	66.41	78.72	72.73	30	62.25	73.91	68.37	20	66.15	75.52	71.07
蔚来	汽车	33	63.49	81.25	72.61	—	—	—	—	—	—	—	—
中国建设银行	银行	34	61.58	82.44	72.29	20	62.93	81.56	72.71	23	61.32	75.51	68.78

（续表）

品牌	行业	2022 年度				2021 年度				2020 年度			
		排名	从国家联想到品牌指数	从品牌联想到国家指数	整体指数	排名	从国家联想到品牌指数	从品牌联想到国家指数	整体指数	排名	从国家联想到品牌指数	从品牌联想到国家指数	整体指数
中国平安	保险	35	62.62	80.97	72.04	24	61.05	79.71	70.84	26	60.64	75.34	68.36
哔哩哔哩	科技	36	62.51	81.07	72.04	27	62.18	76.24	69.56	—	—	—	—
招商银行	银行	37	64.37	78.63	71.69	29	60.94	75.66	68.66	34	59.16	71.02	65.39
海天	调味品	38	63.29	79.03	71.37	23	65.12	76.83	71.26	—	—	—	—
中国人寿	保险	39	64.64	75.91	70.42	28	59.03	77.68	68.82	35	55.62	70.61	63.49
中国民生银行	银行	40	59.85	80.15	70.27	—	—	—	—	39	49.89	67.91	59.35
交通银行	银行	41	59.51	78.41	69.21	36	55.64	71.68	64.05	30	60.19	73.47	67.17
携程	旅游服务	42	60.82	76.25	68.74	33	56.24	75.34	66.26	36	54.83	69.86	62.73
中通快递	物流	43	50.85	75.02	63.25	37	53.19	70.74	62.40	—	—	—	—
太平洋保险	保险	44	53.58	70.85	62.44	38	51.35	67.70	59.93	38	54.10	64.28	59.44
中兴	科技	—	—	—	—	10	70.46	82.48	76.77	—	—	—	—
唯品会	零售	—	—	—	—	39	49.24	64.73	57.37	—	—	—	—
新东方	教育	—	—	—	—	—				19	63.87	77.72	71.15
苏宁	零售	—	—	—	—	—				25	64.58	71.99	68.47
张裕	酒类	—	—	—	—	—				28	61.27	74.19	68.05
中信银行	银行	—	—	—	—	—				37	52.93	67.57	60.62
兴业银行	银行	—	—	—	—	—				40	48.55	58.93	54.00

指标榜仅反映本数据集合下的分析结果,是基于科学方法的学术成果,与任何商业上的相关利益无关。在本榜单中排名靠前的品牌是国家的荣耀,是全球市场品牌竞争中的国家队选手,对中国形象和声誉的贡献巨大。数据分析表明,这些品牌中的大多数都属于中国经济增长的支柱性产业,这彰显了科技创新在国家发展战略中的核心地位,蕴含了中国品牌战略的重要驱动力量。与此同时,它们被消费者普遍认为具有长远发展的能力,体现了世界性竞争力,共同提升了中国的整体声誉和综合实力。

四、与 Interbrand 和 BrandZ 排行结果的相关性

上述得到的结果,反映了品牌的国家级地位情况。那么它们的排序是否与 Interbrand"中国最佳品牌榜"和 BrandZ"中国最有品牌价值榜"的排序结果具有相关性呢？我们对此进行了相关性分析。

2020 年的分析结果表明,大夏"国家冠军品牌强度指数榜"上的品牌排序与当年依据 Interbrand 排行榜排序的相关性是 0.45($p<0.01$),与 BrandZ 排行榜排序的相关性是 0.23($p<0.10$);2021 年的分析结果表明,大夏"国家冠军品牌强度指数榜"上的品牌排序与前者的相关性是 0.44($p<0.01$),与后者的相关性是 0.34($p<0.05$)。这表明大夏"国家冠军品牌强度指数榜"与这两个已有的排行榜评价既存在相关性,又具有明显的差异。

在大夏"国家冠军品牌强度指数榜"2020 年的结果中,排名前十位的品牌依次是华为、阿里巴巴、茅台、腾讯、小米、格力、五粮液、云南白药、百度、顺丰速运。从第 11 位到第 20 位的品牌分别是海尔、中国银行、青岛啤酒、美的、京东、泸州老窖、中国移动、安踏、新东方、联想。我们对大夏"国家冠军品牌强度指数榜"的排行结果与这些品牌在 Interbrand 和 BrandZ 的排行结果进行相关性分析,分别在前 10 位、前 20 位和全部 40 个品牌中进行测算,发现其具有不同的相关性:在越是排名靠前的小群体范围内,大夏"国家冠军品牌强度指数榜"与 Interbrand 和 BrandZ 的排行结果具有高相关性,见表 17-6。

表 17-6　2020 年度大夏"国家冠军品牌强度指数榜"与 Interbrand 和 BrandZ 排行榜的相关性

Spearman 相关系数	前 10 位	前 20 位	前 40 位
与 BrandZ 排行榜	0.69*	0.61**	0.45**
与 Interbrand 排行榜	0.71*	0.46*	0.23

注:* $p<0.05$,** $p<0.001$。

五、国家冠军品牌指数榜的战略启示

通过对"国家冠军品牌"的样本数据进行各种分析和预测,提出战略和政策建议,这是大夏"国家冠军品牌强度指数榜"的重要意义所在。

(一) 真正伟大的品牌是全能冠军

前面的排行榜数据表明,大夏"国家冠军品牌强度指数榜"与 Interbrand 和 BrandZ 的排行结果具有相关性。大夏"国家冠军品牌强度指数榜"是简约的纯粹通过消费者认知的两维度评价,而 Interbrand 和 BrandZ 的评价都是通过品牌的财务绩效、品牌的贡献力以及品牌的竞争强度这三大指标进行的,虽然其中也包含了消费者角度评价的因素,但两类方法从根本上而言是不同的。

一方面,基于不同的评价方法,其评价结果之间具有相关性,这是评价方法本身可靠性的一种表征。另一方面,真正伟大的品牌,经得起不同指标的评价。也就是说,它们无论在哪个排行榜上都会名列前茅。这对于实践的启示在于,品牌建设发展的终极目标是要经得起消费者内心的综合评价。这种综合评价是品牌长期发展并取得未来收益的保障。已诞生的一批伟大的品牌,在不同的品牌排行中,都位居前列,表现优秀,为中国品牌的发展提供了极佳的范例。

(二) 品牌的国家级地位是赢得持续竞争力的重要基础

在 2021 年的全国样本调研中,我们特别加入了对品牌世界性竞争力和长远发展能力的评估。数据分析结果表明,从国家联想到品牌的评价与世界性竞争力($r=0.80$)和长远发展能力($r=0.73$)呈现显著的正相关性($ps<0.01$);从品牌联想到国家的评价与世界性竞争力($r=0.77$)和长远发展能力($r=0.76$)也正向相关($ps<0.01$)。在 2022 年的调研中,从国家联想到品牌的评价与品牌世界性竞争力($r=0.48$)和长远发展能力($r=0.46$)显著正相关($ps<0.01$);从品牌联想到国家的评价与世界性竞争力($r=0.53$)和长远发展能力($r=0.54$)也呈现显著的正相关性($ps<0.01$)。

这表明,消费者认为,具有国家级地位的中国最佳品牌群体,具备较强的世界性竞争力和长远发展能力。它们胸怀天下、面向未来,彰显了新时代一流品牌发展的基本趋势。特别地,做强国内市场是迈向国际市场、赢得全球竞争力的重要基础。排名靠前的品牌都是国家队的优秀选手,同时也在国际市场上享有高知名度和高声誉。这个结果为我们理解和实施双循环战略提供重要依据。

（三）科技主导有力支撑品牌的国家级地位

基于各品牌所在企业的年报、集团官网及投研网站信息,我们将大夏"国家冠军品牌强度指数榜"上的所有品牌按照是否为科技主导进行分类,并在原始数据的基础上做进一步分析,结果彰显出新的意义。2020 年,科技主导品牌的国家冠军品牌强度指数为 76.51 分,非科技主导品牌的国家冠军品牌强度指数为 69.30 分,两者存在显著差异($p<0.05$);而在 2021 年,前者为 76.29 分,而后者为 71.09 分,两者亦存在显著差异($p<0.05$)。细分到从国家联想到品牌的维度和从品牌联想到国家的维度进行分析,结果显现出相同的趋势($ps<0.05$)。

总体上,排名靠前的品牌在创新驱动发展方面都表现卓越。消费者普遍认为,与国家冠军队伍中的非科技主导类品牌相比,科技主导类品牌明显更强地与国家产生关联。这意味着,科技力量有力地推动品牌赢得更高的国家级地位,科技创新正积极地提升大国形象。这也意味着,党的十九届五中全会和中央经济工作会议的核心精神将长期引领国家战略方向,即通过创新驱动发展,全面建设创新型国家。因此,在经济转型背景下进行品牌建设要重视"双重路径"战略,既要通过文化资产战略提升"从品牌到国家"的联想强度,也要特别重视科技创新战略,提升"从国家到品牌"的联想强度。

（四）品牌发展的主流方向是开拓全国性市场

按照《第一财经》对中国城市划定的分类标准①,我们基于 2020 年及 2021 年的调研数据,分别探究了消费者在国家与品牌的联结评价上的区域差异。

2020 年的分析结果显示,一线城市($M_{一线}=3.49$,SD$=1.31$)、新一线城市($M_{新一线}=3.67$,SD$=1.25$)、二线城市($M_{二线}=3.64$,SD$=1.27$)、三线城市($M_{三线}=3.95$,SD$=1.18$)及其他城市($M_{其他}=3.81$,SD$=1.24$)在品牌与国家的联结的评价上具有显著差异($p<0.001$)。2021 年的数据显示,一线城市($M_{一线}=3.79$,SD$=1.19$)、新一线城市($M_{新一线}=3.87$,SD$=1.18$)、二线城市($M_{二线}=3.91$,SD$=1.21$)、三线城市($M_{三线}=4.13$,SD$=1.15$)及其他城市($M_{其他}=4.08$,SD$=1.25$)在品牌与国家的联结的评价上亦具有显著差异($p<0.001$)。两年的结果在总体上表明,越是上线市场,消费者对品牌国家级地位的评价越低;越是下线市场,消费者对品牌国家级地位的评价越高。城市水平影响消费者对品牌的期望和感知评价。

---

① 资料来源:《2021 最新一到五线城市排名官宣:"上北深广"再现,宁波重归新一线!》,https://www.yicai.com/news/101063860.html(访问日期:2022 年 12 月 28 日)。

品牌发展的主流方向是开拓全国性市场。两年的数据持续表明，城市等级越高，消费者要求越高，因此评价越低。这意味着品牌要拥有国家级地位，就必须进入上线市场，并获得高评价；与此同时，一定要布局全国性市场，并根据区域市场的差异制定战略。我们的数据表明，下线市场对于国家冠军品牌开拓全国市场是非常有利的。

（五）赢得主流消费群体是建立品牌强度的铁律

我们进一步检验了国家冠军品牌强度评价在人口统计变量（包括年龄、收入及学历）上的差异。在问卷的原始测量中，我们采用的是李克特7点量表。

在教育程度对品牌与国家的联结的评价上，我们基于2020年的数据，选择样本中教育程度比较集中的本科或硕士研究生及以上的群体进行分析。结果显示，硕士研究生及以上的群体与大学本科的群体的评价分别为3.48分与3.74分（$p<0.001$）。细分到从国家联想到品牌与从品牌联想到国家这两个维度进行分析，结果显现出同样的差异。

在家庭月收入水平与国家联结的评价上，我们基于2020年和2021年的数据，把家庭月收入分为三档（10 000元以下，10 001—20 000元，20 001元以上）进行统计检验。2020年，这三档群体的评价分别为3.84分、3.52分和3.43分（$p<0.001$）；2021年，这三档群体的评价分别为4.07分、3.93分和3.71分（$p<0.001$）。两年的结果都显示，消费者的家庭月收入水平越高，对品牌与国家的联结的评价越低。细分到两个维度的分析，两年的结果仍显现出相同的趋势（$ps<0.001$）。这表明，消费者收入越高，其评价越低，也就是他们对品牌评价的要求越高。

在年龄与国家联结的评价上，基于2020年的数据，我们对小于20岁、21—30岁、31—40岁、41—50岁和51岁及以上五个群体进行分析，各群体的评价依次为3.93分、3.63分、3.37分、3.71分和3.83分；类似地，我们基于2021年的数据，对18—24岁、25—34岁、35—44岁及45—64岁这四个群体进行分析，各群体的评价分别为4.09分、3.76分、3.71分和3.90分（$ps<0.001$）。总体上可以看出，评价分布趋势呈现出两头高、中间低的情况。细分到两个维度的分析，两年的结果仍显现出相同的趋势（$ps<0.001$）。这表明，与更年轻或更年长的群体相比，31—44岁群体的评价最低。也就是说，这个年龄群体对品牌评价的要求最高。

分析结果表明，尽管入选大夏"国家冠军品牌强度指数榜"的所有品牌已经彰显了其优越的品牌价值，但基于品牌与国家的联结构念，这些品牌在不同群体中的评价是存在显著差异的，并非在所有消费群体中均获得高评价。在人口统计特征上，家庭月收入 20 000 元以上、年龄在 31—44 岁、教育程度为本科的群体，对品牌与国家的联结的评价最低，也就是说，他们对品牌的要求最高。这些消费者可以被视为主流消费群体，他们是为品牌持续增长作出贡献的有生力量。因此，我们可以认为，赢得了主流消费群体的高评价，就意味着对建立国家级品牌地位产生了积极的作用，这是建立品牌竞争力的铁律。

第十八章

新时代国家品牌战略：十大建议

以 2016 年 6 月国务院办公厅颁布《关于发挥品牌引领作用推动供需结构升级的意见》为标志，到 2022 年 8 月，国家发展改革委等七部门印发《关于新时代推进品牌建设的指导意见》，品牌战略在国家层面取得了显著进展，这赋予了中国自主品牌建设新的目标和使命，中国企业在经济转型背景下实施品牌战略进入新阶段。这体现在品牌战略思想、品牌战略路径和实现手段都不同于 20 世纪 90 年代开始的自主品牌建设上。党的十九大报告指出，我国经济要以供给侧结构性改革为主线，由高速增长转向高质量发展。品牌战略是经济高质量发展在企业层面的核心战略。

本章作为全书的最后一章，在前面各章有关理论研究和实证结论的基础上，集中概括提炼了十大建议[1]，作为新时代国家品牌战略的实践指引。我把十大建议分为三大部分进行阐述，具体是：新时代品牌建设发展方向、真实的战略品牌管理、品牌战略驱动企业增长。这些建议的学理研究最早开始于 2010 年我主持的第一个有关国家品牌战略的国家自然科学基金面上项目。[2] 迄今

---

[1] 本章的核心内容原为我主编的《品牌的智慧：为企业和政府建言献策》（上海格致出版社，2020 年版）的前言，后应邀发表于《中国名牌》杂志，分别是：何佳讯，2021，《世界级品牌的价值定位方向》，《中国名牌》第 1 期，第 88—89 页；何佳讯，2021，《企业级品牌战略的法则》，《中国名牌》第 2 期，第 90—93 页（全文转载于人大复印报刊资料《市场营销·上半月（实务）》，2021 年第 5 期）；何佳讯，2021，《二元结构下的中国品牌创变升级路径》，《中国名牌》第 3—4 期，第 146—148 页。在本章中，我对其进行了调整、补充和修改。

[2] 我主持的第一个有关国家品牌战略的国家自然科学基金面上项目是："国家认同、国家品牌资产与'中国制造'态度评价：重大活动的影响机制"（批准号 71072152）。之后相继主持的有关国家品牌战略的国家自然科学基金面上项目分别是："全球消费者文化、国家文化资产与中国品牌战略创新的理论与实现路径研究"（批准号 72072059）；"品牌与国家的联结：数字化时代新兴市场跨国公司创建全球品牌资产的新战略研究"（批准号 71772066）；"品牌价值观的结构与融合：中国跨国公司品牌价值增值机制及全球化定位战略研究"（批准号 71372177）。

为止,我提出的有关国家品牌战略研究的若干实践建议已体现在国家发展改革委等七部门印发的《关于新时代推进品牌建设的指导意见》中。

第一节　新时代品牌建设发展方向

在总体发展的宏观层面,新时代中国品牌建设的卓越目标是要建设世界级品牌,其战略路径是要建立强大的价值定位。作为实现这个目标的基础之一是要用好中国元素策略,建设国家资产,在世界范围内建立差异化的无形资产优势。在全国市场中,中国企业要重视中国品牌发展存在的二元结构,采取不同的战略路径和实施手段。

一、强大价值定位建设世界级品牌

中国领先企业的目标是要建立"世界级品牌"。世界级品牌要有世界性影响的价值。对此,我提出观点:品牌的价值定位要足够强大。只有内蕴足够重大的价值意义的品牌,才符合迈向世界级品牌顶层设计的要求。[①] 有以下两大战略方向:

第一,用人类的基本价值和价值观进行定位。足够强大的价值意味着要思考人类的基本价值。宝洁公司前首席营销官吉姆·斯登格 2011 年做过一次大规模调查,发现长期增长的品牌满足了人类的五类基本价值:激发愉悦、建立联系、激励探索、唤起自豪以及影响社会。比如在我们熟知的品牌中,可口可乐是激发愉悦,星巴克是建立联系,谷歌是激励探索,奔驰是唤起自豪,IBM 是影响社会。

第二,用人的长期价值需求进行定位。这是我提出的观点,核心是看能否满足人们的长远目标。我提出一个新的消费目标坐标图,包含两个维度,纵坐标是实用性消费对应享乐型消费。消费的升级是从实用性消费走向享乐型消费。横坐标是短期目标对应长期目标。有些消费是满足短期的,有些是满足长期的。比如,补充维生素可能是为了短时间内治好感冒,也可能是为了长远的健康;为了应试学习知识就是短期的,为了自我的终身发展学习知识则是长期的。在改革开放初期,消费者想要满足的多是短期目标,如改善住房条件、获得证书求职等。但改革开放四十多年后,人们的需求超越了满足物质需求的基本

---

① 这个观点由我在"2020 中国服装论坛·大湾区峰会"上提出,演讲题目是"建立世界级品牌:中国服装品牌的突破之道",2020 年 7 月 15 日。

阶段,消费者产生了长远的价值追求。两维坐标区分出四个象限,享乐型+长期目标的象限就是美好生活的需求,是超越生存型消费的发展型消费和享受型消费。品牌要获得长期发展,实现基业长青的使命和愿景,就要关注享乐型+长期目标这个象限。

在 2020 年年初疫情最艰难的那个时期,我应《文汇报》邀约写了一篇文章,思考在当前大环境下人们长远的终极价值追求是什么,并提出了四大价值。[①]

第一,在线社交。基本上有两大创新方向值得重视:一是把在线社交与社会和行业等公共性大问题结合,形成新价值;二是把在线社交与其他应用工具和场景结合起来。"在线社交+"的模式有广泛的发展前景。

第二,时空自由。创造时间价值、打破空间限制是价值创造的永恒命题。换句话说,满足时间和空间自由的商业创新是永不过时的。移动互联网和虚拟现实技术相结合的商业应用,将有持久的市场需求。

第三,自我超越。在社会文明发展进程中,利他主义的重要性越来越突出。对于消费个体来说,帮助实现理想自我的品牌定位产品将有增长的市场需求。通过平台模式可以更好地实现社会价值,也是创造新市场需求的根本保证。

第四,终身发展。以教育为根本、推进社会文明进步的事业任重而道远。这是人的终身发展的需要,是学校教育和课业教育之外的教育目标,是广泛存在的不以应试和文凭为目的的教育市场。

上述建议的学理和实证研究详见本书第一章、第五章和第七章。

二、中国元素策略建设国家资产

在全球化时代,国家软实力尤为重要。传统上,我们通常重视通过重大事件(比如奥运会)和公共外交的手段提升国家声誉。但事实上,国家资产内化在商业品牌中的现象非常普遍,比如佰草集、中国李宁、加拿大鹅、哥伦比亚咖啡、瑞士军刀等等。商业品牌在人们日常消费中被广泛感受和体验,因此我提出观点:相较于重大事件和公共外交,从商业品牌的角度提升国家品牌资产,影响面更广、更为频繁,理应得到重视。[②]

---

① 有关长远价值的观点详见:何佳讯,2020,《化危为机,企业转战"线上"有三重境界》,《文汇报》,3 月 3 日。

② 参见:何佳讯,2017,《国家品牌的三大战略》,载何佳讯著,《品牌的逻辑》第七章,北京:机械工业出版社,第 176—179 页;另见本书第一章。

内化在商业品牌中代表该品牌来源国的文化元素,我们可以称之为国家资产或国家文化资产。对于中国来说,这种国家资产可以被通俗地称为"中国元素"。对于什么样的元素才可以被称为代表中国的"中国元素",众说纷纭。我给出了定义:来源于中国文化传统,或在中国现代社会发展中产生的与中国文化紧密联系的符号、精神内涵或实物,它们为大多数中国人所认同,消费者能够藉之联想到中国文化而非其他国家文化。[①]

中国元素在各个领域已产生广泛影响。我们看到不少中国领先品牌成功运用中国元素,在全球市场上建立了差异化定位优势,既借用了国家资产,又对提升国家资产产生了积极影响,两者相互影响,相得益彰。"李宁"就是一个代表性的案例。该品牌自 1999 年以来的全球化进程,以及融合"中国元素"品牌战略的具体做法,对中国领先企业在全球化进程中如何提升品牌形象附加值具有重要启示。[②] 与此同时,西方的全球品牌也广泛使用中国元素,以拉近与中国本土消费者的距离。我们通过实证研究得到的结论是,全球品牌需要很好地理解中国元素的真实内涵,尽力做到刻板印象一致性,使得本土文化元素很好地融入全球品牌中,这样才能真正提升消费者态度评价。[③]

上述观点的学理基础来自我与合作者发表在国际、国内重要期刊上的多篇学术论文。[④] 有关学理基础详见本书第一章和第五章,有关实证研究详见本书第十一章和第十二章。上述观点的核心思想是,文化认同时代已经来临,因而内化在商业品牌中的国家文化资产能够正面提升消费者态度,从而有效提升中国品牌的附加值。[⑤]

[①] 有关中国元素的理论建构和实证研究请参见本书第十二章;此外,还可参考我的英文论文,具体参见:He, J. and C. L. Wang (2017), "How Global Brands Incorporating Local Cultural Elements Increase Consumer Purchase Likelihood: An Empirical Study in China", *International Marketing Review*, 34 (4), 463-479.

[②] 参见何佳讯,2013,《中国品牌全球化:融合"中国元素"的品牌战略——"李宁"案例研究》,《华东师范大学学报(哲学社会科学版)》第 4 期,第 124—129 页。

[③] 另可参见我发表的媒体文章:He J., 2018, "From culture clash, to cultural collaboration", *Shanghai Daily*, November 7, B6。

[④] 我主持的国家自然科学基金面上项目是,国家认同、国家品牌资产与"中国制造"态度评价:重大活动的影响机制(批准号 71072152);发表的重要论文是:He, J. and C. L. Wang (2015), "Cultural Identity and Consumer Ethnocentrism Impacts on Preference and Purchase of Domestic versus Import Brands: An Empirical Study in China", *Journal of Business Research*, 68(6), 1225-1233。

[⑤] 有关这一思想可参见:He J., 2019, "Chinese brands can flourish by tapping into culture", *Global Times*, April 29, B7。

三、中国品牌二元结构及突破

我提出,要重视实施品牌战略的地区差异和阶段性差异。[①] 与发展中国家的二元经济结构类似,当前中国品牌发展也呈现出二元结构的状态。从供给侧的角度,中国已诞生了一大批与西方发达国家的品牌有相似市场地位的强势品牌,但同时大量中小企业尚处于贴牌生产(original equipment manufacturer, OEM)阶段,或者从 OEM 向品牌经营转型的过程中,产品质量等基本问题需大力解决。此外,互联网环境加上人口红利,催生了大批以长尾效应为生存法则的互联网品牌,尤以通过淘宝平台而成长起来的"淘品牌"为代表。这些品牌与拥有历史文化积淀的大批中国老字号品牌形成很大反差。从需求侧的角度,中国拥有与西方国家中产阶层相似价值观和生活方式的城市精英群体,他们以一、二线市场为主体;但同时也存在规模巨大且处于社会阶层下层的消费大众市场,他们甚至还未进入品牌消费的阶段,是山寨产品的用户,以三线及以下市场为主体。[②]

二元结构表明,中国既拥有与西方发达国家同样的品牌消费市场,也存在独特、庞大的具有发展中国家特征的新兴市场。与此对应的各地企业发展的总体水平并不均衡,企业的资源与能力、人才队伍、企业发展目标等,都存在很大落差。在国家推行品牌战略的大背景下,各个地方政府需要根据自身的实际情况,制定切实有效的当地政策,引导所在地方企业发展合适的品牌战略。在经济发展水平较落后的地区,要理解品牌对消费者的核心作用是建立信任和担保,品牌的基础性工作尤为重要,品牌战略要围绕实现这个目标而努力;在经济发展水平较发达的地区,品牌对消费者的基本作用是代表生活方式,品牌战略要努力创造象征性的附加价值。

站在企业为品牌建设主体的角度,在特定的环境和企业发展阶段背景下,品牌化的角色以及品牌管理的目标、任务与能力要求,都存在明显的差异。我概括提出品牌化的三个发展阶段,即品牌作为传播、品牌作为营销,以及品牌作为战略。[③] 当前,中国的企业要努力从中级阶段迈向高级阶段。中级阶段的核心特征是,企业把品牌作为营销工具,以品牌定位建立营销战略,并通过品牌体

①　这部分核心内容参见:何佳讯,2017,《推进中国品牌战略需要凝聚共识》,《文汇报》,6月2日。

②　参见:何佳讯,2019,《新时代中国品牌发展的二元结构及两个突破方向》,《国际品牌观察》第5期,第12—13页。

③　进一步阅读参见:何佳讯,2017,《当品牌作为战略》,载何佳讯著《品牌的逻辑》,北京:机械工业出版社,第1—12页。

验建立良好长久的顾客关系,衡量指标是品牌资产。而品牌化高级阶段的核心特征是把企业战略与品牌战略融合起来,建立品牌领导地位,以提升品牌价值为目的进行全方位管理。

当前中国品牌发展的二元结构,让我们认识到中国市场的独特魅力,以及消费升级的未来潜能,它决定了创业企业存在大量价值创新的机会和发展空间。我曾呼吁,在中国这样的发展中国家,我们必须建立这样的共识,即品牌价值是产品价值加上产品之外的附加值。在这种逻辑的指导下,企业在开展品牌战略的过程中,必须扎扎实实做好品牌的基础性工作,严把产品质量和研发创新两大关。在此基础上,我们还要在提高品牌附加值方面有根本性突破。就一、二线市场来说,企业品牌发展的重点在于如何有效建立品牌附加值,而对于三线及以下市场来说,重点是如何提升产品质量。总体上,中国企业面临着如何提高产品价值和品牌附加值的双重挑战。

第二节　真实的战略品牌管理

在新的宏观环境和时代背景下,中国企业要实施真实的战略品牌管理。所谓真实的战略品牌管理,是要真正认识到品牌与品牌化问题具有综合和全局的本质,如果管理的思路和前提局限于企业的营销职能模块,就像西方教科书通常立足于营销范畴的品牌管理,那么无疑存在明显的缺陷和不足。这就是我提出的不同于欧美的战略品牌管理,而是企业与顾客协同的品牌战略,它是在企业级层面把品牌作为企业战略而形成的管理理念、制度、方案和行动过程。战略品牌管理是品牌战略的管理组织及其实现过程,其实质是站在战略高度对品牌和品牌化进行长期动态管理的科学与艺术。在本节中,围绕真实的战略品牌管理,我概括提出四大战略建议。

一、企业家主导的品牌战略

我把品牌建设在职能部门工作和企业级工作上的差异归纳为品牌战略的两种企业制度的差异,即经理人主导与企业家主导。这两种品牌战略在管理聚焦方面具有诸多显著差异。比如,经理人管理产品品牌,企业家管理企业品牌;经理人主导聚焦于产品市场,企业家主导把产品市场和资本市场联合起来;经理人主导关注品牌附加值,企业家主导关注消费者整体价值;经理人主导容易产生短期导向,企业家主导应该坚持长期导向。

我提出品牌战略的企业制度要从经理人主导迈向企业家主导是希望品牌战略在企业级层面建立并推进,由企业一把手、企业家和创始人来主导和实施品牌战略,把企业家精神与品牌理想、创业与创立品牌结合起来。在新时代,企业的资源和条件发生了很大的变化。经理人主导的品牌管理制度,主要来源于传统的消费品行业。今天我们以科技创新引领发展,人工智能、大数据和云计算渗透于各行各业,传统意义上的银行和金融企业、零售企业、时尚企业等都转变成科技企业和互联网企业。在数字化转型、商业模式改变的背后,品牌战略也相应发生了根本性的变化。这需要企业家主导,把品牌战略与企业变革和发展战略协同起来。

在企业家主导的品牌战略范式下,品牌定位的目标要从品牌业绩转向品牌宗旨和品牌理想。在传统意义上,品牌业绩是品牌定位的成效体现。有效的品牌定位会在消费者心智中占得有利位置,从而通过促进购买赢得市场业绩。但在企业家主导范式下,定位的目标是品牌宗旨和品牌理想,这并不是说不需要品牌业绩,而是超越品牌业绩的层次,进入更高目标的追求。品牌宗旨回答品牌为何而存在? 其终极目标是什么? 前者可以理解为品牌初心,后者可以用品牌理想来概括。与之紧密联系的还有品牌使命和品牌愿景。前者回答如何实现,后者回答达成的结果是什么。品牌理想超越品牌愿景,是品牌对未来完美境界的想象和追求。

我提出并倡导企业家主导的品牌战略范式,并不是要否定经理人的工作,事实上它是企业家主导范式的基础。需要在企业家主导范式下,不断推进经理人的品牌管理工作。我们也可以把经理人主导范式看成是企业家主导范式的特例,可以理解为在某种特定情境下(如外部环境稳定的细分行业),对某些企业(如非科技型初创小企业)来说,经理人主导范式趋同于企业家主导范式,但往往没有体现或实现后者的目标和任务。

二、开展企业级品牌战略

我提出企业级品牌战略(enterprise-grade branding strategy, EGBS)理论,是希望业界建立对品牌战略的正确理解,并能指导实践真正把品牌战略执行落地。[①] 通常我们提及品牌,往往就被理解为品牌宣传推广,就是传播的范畴,是消费者看得见的活动。但实际上真正建立品牌,特别是在新兴发展中国家,需

---

① 2018 年 8 月 3 日至 5 日,我受邀在海尔大学分享"品牌战略的三层系统论"。在 2018 年 11 月 17 日举办的上海市市场学会年度论坛上,我首次从理论的角度提出"建立企业级品牌战略"。在 2019 年 11 月 22 日举办的"上海营销论坛"上,我又延续这个主题,提出"在线平台环境下建立企业级品牌战略";在 2019 年 12 月 28 日举行的"中国营销跨年演讲暨第 17 届中国营销盛典"上,我发表演讲——"企业级品牌战略:中国力量的贡献"。在该盛典上,我提出并创立的"企业级品牌战略"理论被授予"中国原创营销理论探索奖"。理论的核心内容已收入《营销的力量——中国营销 25 道原力与创新实践》(机械工业出版社,2020 年,第 75—84 页)一书中。

要我们站在企业战略这个层面,把品牌的逻辑和方法渗入企业经营的各个环节,进行品牌战略顶层设计,通过与消费者看不见的管理系统和基础系统紧密互动和协同,实现品牌价值增值和企业长期发展。这就是企业级品牌战略。①

企业级品牌战略对于解决中国企业在实施品牌战略过程中普遍存在的问题,对于在经济增长方式转型背景下推进企业发展战略转型,真正发挥品牌战略引领企业增长的作用,具有重要理论与实践价值。企业级品牌战略由"一体两翼"构成。"一体"分为自上而下三个层级,包括品牌战略顶层设计、管理系统和基础系统;"两翼"是两大支撑性板块,包括商业模式和系统创新。它们贯穿全局,需要跨部门、跨职能协同,通过不断创新支持品牌长期发展。

具体来说,我们首先要有品牌战略顶层设计,即一个企业的品牌要有愿景、使命和价值观,要有品牌的灵魂、基因和核心价值,要坚持把它作为信仰和宗旨,以此引领业务持续发展。通俗地讲,即要有一个核心的品牌定位和价值主张。② 这是消费者看得见、听得见的。

但这还远远不够,重要的是我们要关注品牌价值主张的后台如何支撑品牌价值的实现,如何能让消费者感受和体验到品牌的独特价值。这种价值的建立和交互需要整个企业的管理系统支撑。从核心的方面看,包括四大方面:一是战略管理,通过机会识别和把握,建立动态竞争优势,为长期发展提供整体规划和战略实施;二是营销管理,即围绕整个消费者价值的设计,从发现需求、发现价值、创造价值到传递和交付价值的全方位管理;三是运营管理,包括生产、物流和供应链,通过提升运作效率和流程管理来降低成本、提升质量、降低风险、增加利润空间,从而增强品牌竞争力;四是财务管理,通过改善成本结构、提高资产利用率、增加收入机会、提高顾客价值,实现生产率战略和增长战略,提高长期股东价值和社会价值。③

一个企业的管理系统是不可复制的,因为每个企业都不一样。那什么是合适的管理系统? 这与企业的基础系统紧密相关。基础系统受企业创始人的基因、背景、资历和资源等各种因素影响(包括创始人的动机和情怀、企业诞生的时代背景),奠定了整个企业文化的基础,并对于建立管理系统产生影响。从学理上,我们可以借用波特的企业价值链理论,其涉及核心价值链和辅助价值

---

① 具体步骤参见:何佳讯,2019,《五步骤建立企业级品牌战略》,《中国名牌》第 3 期,第 72—75 页。

② 参见:何佳讯,2019,《明确中国品牌战略顶层设计的核心任务》,《中国名牌》第 4 期,第 81—83 页;何佳讯,2019,《重视品牌价值主张》,《中国名牌》第 7 期,第 72—73 页。

③ 有关卡萨帝的具体实践例子请参见:He J.（2019）,"Importance of branding", *South China Morning Post*, October 31, B11。

链。辅助价值链的相关要素,包括人力资源、研发、采购等,实际上都是基础系统的构成要素,它会对建立什么样的管理系统做出支撑,而这个管理系统又会影响品牌战略系统的建立,使得品牌顶层设计的战略能够得到很好的实现,用一句话简单概括就是"A brand is the face of a business strategy"(品牌是企业战略之脸)。[1]

三、品牌价值观定位战略

我提出一种新的品牌建设范式,就是通过确定品牌的价值观进行品牌定位。[2] 把品牌当作一个人来看待,人是有价值观的,品牌也应该有价值观。强调品牌价值观,是鉴于品牌无生命周期的特征,以一种持续性的价值来赋予品牌恒久性,强调品牌坚持不懈地永续发展。这是价值观的力量和作用。

为什么要着重强调品牌价值观的重要性? 第一,价值观是人和人之间的纽带。在社交媒体时代,价值观的纽带特别重要,如果价值观一致,彼此之间的联系会更紧密。第二,品牌价值观是品牌发展高级阶段的需要。在品牌建立的初级阶段,可能主要是打造一个卖点、功能或利益,但在高级阶段,品牌需要更多的附加值支撑,它依靠抽象的理念和目标,比如品牌精神、品牌文化等,实际上它重要的组成就是价值观。第三,满足消费者的高级需要,帮助实现自我价值,简单来说就是满足美好生活的需要。第四,在一个科技发达、迅速变化的不确定时代,产品和技术的生命周期缩短,特别需要品牌价值观来建立品牌持久性价值。所以,我们今天要依靠品牌价值观来统领品牌的可持续发展,作为其顶层设计的根本。

与传统的品牌建立范式不同,品牌价值观是消费者从感知角度体验到的品牌的价值观,它是消费者导向的,与企业价值观不同,后者是企业导向的。我们曾经做过一项研究,检索 1995 年到 2016 年世界上六个知名国际刊物上所有中国企业的广告,其中包括《经济学人》《福布斯》等杂志,发现共有 160 家中国企业在这些杂志上做了广告,它们的主要内容依旧围绕我们是谁、我们做什么、我们为你提供什么。这项研究得出一个基本的结论:这些知名的中国企业尚未建立品牌价值观,也就是说未进入品牌建立的高级阶段。

---

① 这句话的原始出处参见:Aaker D.(2014), *Aaker on Branding—20 Principles That Drive Success*, New York:Morgan James Publishing, 7。

② 2013 年我获批主持国家自然科学基金面上项目"品牌价值观的结构与融合:中国跨国公司品牌价值增值机制及全球化定位战略研究(批准号 71372177)。

从 2010 年上海世博会开始到之后的几年中,我们针对外国人开展了一项调研工作:如果把"中国"作为一个品牌来看的话,在外国人眼中,"中国"具有什么样的价值观。调研再调查中国企业的品牌有什么样的价值观?研究发现这两者之间是有联系的。外国人自然而然地把国家的价值观与中国企业的品牌价值观联想在一起。这意味着,如果我们的企业品牌强大,能够在全球市场形成一个强大的群体,那么我们国家品牌的软实力也会变得强大起来。这是从商业路径的角度来提升国家品牌的地位和声誉。华为在海外市场上的品牌宣传片"Dream it possible",从头到尾都没有关于产品的介绍,而是渗透和赋予品牌价值观,其含义是永不言败、坚持不懈。

上述观点的学理基础来自我与合作者发表在国际、国内重要期刊上的多篇学术论文[①],详见本书第七章。其核心思想是,品牌价值观赋予品牌意义,从而有效建立品牌附加值,成为竞争力来源[②];消费者的价值观与品牌的价值观一致,将促进产生积极的品牌态度和行为。

四、解决品牌顶层设计的普遍问题

品牌战略是中国企业创变升级的共同选择。大批企业经过多年发展拥有了较为扎实的产品力,具体表现为在产品设计、工艺、质量和性价比等方面建立了一定的差异化优势。但普遍的情况是品牌力较弱,其原因在于企业缺少品牌战略顶层设计,企业创始人、CEO(首席执行官)和高管团队缺少建立品牌战略顶层设计的意识和行动。我提出,国内企业在品牌顶层战略设计方面普遍存在问题,迫切需要重视和改变。[③]

第一,缺少品牌顶层系统的整体设计和规划。很多企业都有关于类似品牌价值、品牌定位、品牌个性等方面的介绍或描述,但往往缺少合理规范的整体品牌顶层系统设计。对什么是品牌愿景和使命,以及品牌价值观、品牌精髓(核心价值)、品牌价值(核心联想)、品牌定位、品牌个性等之间的关系并不清楚,

---

① 发表的重要论文是:何佳讯、吴漪,2015,《品牌价值观:中国国家品牌与企业品牌的联系及战略含义》,《华东师范大学学报(哲学社会科学版)》第 5 期,第 150—166 页,全文转载于人大复印报刊资料《企业管理》,2016 年第 2 期,第 82—98 页;He, J., H. Huang and W. Wu (2018), "Influence of Interfirm Brand Values Congruence on Relationship Qualities in B2B Contexts", *Industrial Marketing Management*, 72(7), 161–173。

② 具体参见:何佳讯,2019,《以品牌灵魂建立品牌身份》,《中国名牌》第 6 期,第 82—85 页。

③ 本部分内容来自我受邀在杭州"Fablead Elite 时尚菁英创新战略峰会——2019 年度创新经营研修会"上发表的演讲,主题是"品牌顶层战略赋能企业转变",2018 年 8 月 24 日;后修改后公开发表,见:何佳讯,2019,《中国品牌战略从顶层设计开始》,《中国名牌》第 2 期,第 62—64 页。

在使用上比较随意,品牌战略平台要素之间的含义并不协调一致。这些所谓的品牌战略平台要素,往往实际上并不扮演领导角色,在业务实践中起不到"品牌宪章"那样的作用。

第二,对品牌价值界定缺乏简单有效的手段。大部分品牌缺乏对品牌核心价值的明确界定,品牌价值雷同现象较为普遍,缺乏差异化的有效手段和路径。以时尚服装业为例,我曾对 18 个市场知名品牌进行分析,对其自身重要的介绍或描述文字的关键词进行了简单的统计,发现在总共 64 个形容词中,"时尚、自然、优雅"三个词的使用频率超过 20%,"简约、精致、高雅"三个词的使用频率超过 10%,雷同现象较为明显。此外,普遍的问题是品牌价值主张与实际品牌体验并不一致。

第三,品牌整体价值中品牌附加值非常低。我在前文中已指出,品牌的基本逻辑是品牌价值由产品价值和产品之外的附加值构成。这两部分的构成比例事实上反映了品牌打造的根本战略:到底主要靠产品价值来建立并提升品牌价值,还是主要靠附加值来建立并提升品牌价值? 尽管两者不可偏颇,但行业的基本特征决定了两者关系的构成。以时尚服装行业为例,品牌附加值在整体品牌价值中的占比较大,否则品牌就没有竞争力。而中国品牌普遍表现为品牌自身的象征意义并不鲜明,更谈不上持久一致,因此品牌缺乏建立强度和竞争力的基础。

第四,无品牌故事手段塑造品牌价值的体验。品牌附加值依赖于品牌的情感价值和象征价值。这种价值的实现需要讲好品牌故事。故事是一种感性的表达方式,它作用于人的右脑而非左脑。与品牌定位口号不同,品牌故事能够建立品牌形象,或者说品牌形象的建立主要靠感性表达的手段。从品牌资产的角度看,中国企业的品牌竞争力薄弱主要是品牌形象的问题。但品牌讲故事有讲究。站在品牌顶层战略的角度,不能随意杜撰和编造故事,而是要讲好"签名级故事"。

第五,没有建立品牌领导地位主导企业经营。重视市场销量,就容易忽视品牌地位和品牌附加值的问题,因为它们是一个维度的两端。我们的企业要检视如下问题:在首席执行官的头脑中,品牌是否具有领导地位? 有没有品牌总监? 他的地位和权力如何? 有没有开展内部品牌化工作? 员工对自己所在企业的品牌认知是否清晰一致、高度认同? 品牌顶层战略有没有与企业战略融合起来? 凡此种种,都是检验品牌是否在企业中具有领导地位。

第三节　品牌战略驱动企业增长

在宏观经济低迷、经济增长方式转型的环境下,企业要重视以品牌战略驱动增长。这与以业务规模促进企业增长是不同的发展路径。对比《财富》世界500强企业排行榜和 Interbrand 全球最佳品牌榜的评价指标,我们可以理解两者的差异。前者是以营业收入为评价指标,对应于以业务规模促进增长的思路;后者是以品牌强度和品牌获利能力为核心评价指标,对应于以品牌战略驱动企业增长的要求。下面,我围绕品牌战略驱动企业增长这一议题简要概括提出三个方面的建议。

一、以品牌意义提升品牌强度

"增长"是在当前新环境下的高频词。我提出,要理解两种增长方式的不同。从微观企业管理的角度,业务扩张和品牌成长这两种增长方式存在根本差异。通过一个左右两极坐标可以看出两者的差异,左边是业务扩张的变量,右边是品牌成长的变量。[①]

我们逐一比较两者的差异。第一,左边是营业收入或销售额,右边是盈利能力,两者是不同的。对比《财富》世界500强企业排行榜和 Interbrand 全球最佳品牌榜,两者反差很大。按2021年的数据,中国企业入榜前者的有143家,前100强中有31家;入榜后者的仅华为一家。这表明,中国企业在以品牌战略驱动增长方面,总体实力还很弱。

第二,左边是企业规模,是业务扩张的基本指标。比如瑞幸咖啡,用了两年的时间使自身在中国的门店超过4 000家。对于零售,门店数量就是企业规模的一个具体指标。右边是品牌成长的变量,非常重要的是企业发展的内涵,是创始人和高管的信念和价值观,员工对企业的认同度和忠诚度,即内部品牌化。它由内而外影响外部市场,保障品牌竞争力。

第三,左边还可以是品牌知名度、网红带货等能让品牌迅速走红但仅不见得有很高的品牌关系质量的指标,而坐标的右边可以包括品牌信任、品牌情感和品牌承诺等。

---

　　①　本节内容摘选自2020年第四个中国品牌日之际(5月8日),我应邀为教育部工商管理类专业教学指导委员会、中国高等院校市场学研究会、清华大学出版社等联合举办的战疫公益讲堂中直播讲授的"品牌战略与企业增长"专题,引发学界和业界的热烈反响和认同。

第四，我们可以认为左边是消费者流量，右边是消费者黏性。商家通过社交裂变手段形成了大量的消费者流量，但不见得有很强的消费者黏性。没有消费者黏性，没有消费者忠诚度，就没有消费者份额，就没有长期增长的竞争力。

从思想观念的差异看，业务扩张首先是市场导向的，从市场需求出发，自下而上；品牌成长首先是品牌导向的，立足品牌的愿景、使命和价值观，自上而下。

借助扬罗必凯品牌资产评估模型，我们可以理解通过品牌战略实现增长的奥妙所在。这个模型有两个维度。纵坐标是品牌强度（brand strength），与品牌成长潜力有关，由能量化差异（energized differentiation）和相关性（relevance）这两个指标合成。横坐标是品牌的地位，就是品牌目前的状态，由尊重度（esteem）和知识度（knowledge）这两个指标合成。

但是这两组的两个指标之间存在差异。能量化差异这个指标是看品牌有没有独特的意义和内涵，也就是品牌的灵魂和精神。它决定了品牌成长的潜力。品牌成长潜力还有另外一个指标叫做相关性，就是品牌有没有满足当前消费者的需求。这其实就是要求品牌改变和创新，紧跟消费者需求变化。尽管这两个指标都与品牌成长的潜力有关，但更重要的是能量化差异这个评价要高过相关性评价，这是因为前者对应的是品牌附加值，后者与市场表现相关。

另一个品牌地位维度由尊重度和知识度构成。知识度衡量的是消费者是否熟悉和了解这个品牌，但尊重与品质感知、偏爱和敬重有关，所以这两个指标不一样。品牌成长的潜力来自尊重度高于知识度。

著名品牌咨询公司 Interbrand 开展的品牌价值评价，其计算公式是品牌能够带来的净利润乘以品牌强度转化为品牌乘数的系数。后者是通过一条 S 曲线把品牌强度折算成品牌乘数，就是未来多少年能够获利，最后折现为当前的价值。品牌强度由 10 个指标合成。尽管与扬罗必凯模型的指标不同，但都表明品牌强度是赋予品牌未来增长的核心奥秘。

二、立足品牌本性实施双重品牌战略

我提出，品牌有双元本性，与之对应的是有两种战略。[①] 用周易太极图表现就是：第一个本性是品牌基因，就是在诞生的时候，品牌拥有的身份。这个身份如何建立？不是品牌名称和符号识别，而是品牌拥有的意义和内涵。第二个

①　本节内容主要摘选自上面的"品牌战略与企业增长"专题演讲。之后部分核心内容公开发表，参见：何佳讯，2020，《品牌战略助企业历久弥新》，《中国名牌》第 6 期，第 28—30 页。

本性是品牌成长。就像一个人，诞生下来传承了父母的基因，但是自己要不断成长，要适应环境，学习新事物。对于品牌来说，主要就是通过创新的方式，不断满足时代的需求，建立跟当下消费者之间的相关性。这种双元本性不是简单的两分法，而是交融、互动和叠加。

在这种双元本性下，形成了品牌发展的两种战略：一种是以强调品牌价值的传承性、强调品牌一致性为核心的战略，另一种是以品牌创新和不断发展为核心的战略。传承就是坚守原来的资产，而创新就是要不断扩展和建立新的价值，要自我否定，不断迭代。前者是人文的战略，后者是科技的战略。人文更多的是求"保守"，科技则强调求新，即新的总比老的好。①

这两者简单来说就是变与不变的关系，表面看来这两者是矛盾的。固守传统，就难以改变突破；大胆变革，就会脱离品牌根基，忘了出发时的初心。但用中国的太极文化可以找到好的解决方式，在变与不变、传承和创新之间找到平衡和融合、叠加和跃迁。②

可以用我们自己开展的一个研究实例解释如何处理传承和创新两者的关系。这项研究是我们针对上海冠生园大白兔的三款创新产品所做的一项实证研究。这三款产品融合了传承与创新。大白兔的巨白兔产品，拥有与产品形象完全一致的外在大包装，呈扭结状、长 45 公分，给人一种很酷、很有趣的感觉；巨牛轧，是一种用大铁盒包装的大型方块牛轧糖产品，里面放一颗颗小的牛轧糖；大白兔 100 牛奶糖，冰激凌新口味，采用奶瓶型立袋包装，该包装是小时候的怀旧元素包装，即老元素与新口味相结合。我在市场调查问卷中特别设计了一道题目，给被访者 100 分，请他们把这 100 分分配到对产品"传承不变"和"创新变化"这两者的感知上，从消费者角度看产品传承比重和创新比重哪个更大。我们对问卷调查收集的数据进行分析，首先有个描述性统计结果：巨白兔是 58：42，巨牛轧是 61：39，冰激凌口味新产品是 54：46。两者的分数有点差异，但是差异不是那么大，表明这三个产品体现了某种程度的变与不变的平衡，并融合在新产品中。

接下来我们做了非常关键的一项统计，就是把这两个分数相减取绝对值。

---

① 参见：彭青龙、易文娟，2020，《科技人文、思维比较和人类精神——访谈钱旭红院士》，《上海交通大学学报（哲学社会科学版）》第 2 期，第 1—8 页。

② 进一步阅读参见：何佳讯，2016，《长期品牌管理》，上海：格致出版社；何佳讯，2017，《长期品牌管理》，载何佳讯著《品牌的逻辑》，北京：机械工业出版社，第 208—217 页。

我们把这个变量称为创新传承元素组合的均衡性。相减之后的绝对值越小,组合的均衡性越大。我们用结构方程模型进行检验,呈现了一个很有趣的结果,就是组合均衡性这个变量值对模型后面的创新性感知和传承性感知这两个变量的影响系数是显著负向的。组合均衡性变量值越小,表明越是均衡,因此这个数量关系实际表明的是,创新和传承越均衡,能带来更大的创新性感知以及传承性感知。然后这两者再影响产品态度和品牌形象,且都是正向的显著影响。[①]

　　这个研究告诉读者们,在品牌长期发展的过程中,在创新重要还是传承重要的问题上,可以有一个初步的结论,就是两者的均衡能够产生最大的力量。这意味着,在品牌战略发展的过程中,我们一方面要注意基于品牌基因的传承性,也就是一致性的强化战略;另一方面要考虑以品牌创新为核心的发展战略,这两条路都要走,而且要处于一个相对平衡的状态。从品牌的双元本性来考虑,就是要实施这两种基本的品牌战略。

三、品牌平台化实现商业模式转型

　　在当今超互联数字化环境中,品牌建立和发展模式产生了根本性变化。用好数字化交互技术和平台环境,推进品牌平台化以及建立数字化交互平台品牌,是品牌战略的重要举措。[②] 我曾提出平台品牌(platform brand)的概念,其是指以互联网技术为基础,联结产品(服务)交易或信息交互的双方或多方,并整合各方资源,为其提供直接交易、信息互动的服务中介,通过品牌化在同类平台中开展竞争并赢得优势。[③] 所谓品牌平台化(brand platformization),是以平台商业模式和平台战略的思维和方法建设品牌资产,其具体路径之一就是创建平台服务品牌(如手机 App),以在线消费者关系管理促进品牌忠诚并提升

---

　　① 这项研究成果的完整论证过程参见吴漪、何佳讯和赵汝祺,创新与传承的均衡:老字号品牌新产品策略对品牌形象的影响机理研究,发表于第 16 届 JMS 中国营销科学学术年会暨博士生论坛,成都,2019 年 10 月 27 日。

　　② 本节的主要内容我在多种场合发表过演讲,包括:"在线平台环境下建立企业级品牌战略",上海营销论坛,2019 年 11 月 22 日;"The Power of Chinese Brands and Its Research Direction",2019 中国品牌科学与应用论坛暨全球品牌战略国际研讨会—— 全球环境下的品牌战略:中国的力量,2019 年 11 月 9 日。

　　③ 参见何佳讯,2017,《平台品牌的逻辑》,载何佳讯著《品牌的逻辑》第五章,北京:机械工业出版社,第 121—130 页;何佳讯,2021,《品牌、品牌化与品牌战略》,载何佳讯著《战略品牌管理——企业与顾客协同战略》第一章,北京:中国人民大学出版社,第 2—32 页。

消费者份额。①

平台品牌可以分为平台企业品牌(如淘宝、京东、亚马逊等)、平台产品品牌(如苹果手机)、平台服务品牌(如微信、招商银行的掌上生活)。平台企业品牌可以进一步根据平台对价格、产品、互动等权限的控制程度分为纯粹的中间商或传统平台品牌、混合平台品牌和纯粹平台品牌。平台模式改变了我们对品牌的理解。品牌是一个资源连接器,整合所用的相关资源来共创价值。平台品牌具有跨市场的"网络效应",越大的网络使得平台中的供给和需求有了越好的匹配性,越大的规模产生越多的价值,从而吸引更多的使用者。"网络效应"提高了用户的黏性,形成了竞争优势。

智能手机上大量的 App 改变了中国企业过去多年的商业模式。改革开放后的市场经济,其重要表现是商品交易市场化,使得中间商和渠道商大量涌现。大批企业的商业模式以"推"的方式进行,即通过渠道和中间商来触达消费者。国内市场营销界曾一度流行"渠道为王",即赢得了渠道就赢得了市场。其背后的实质是商业的 2B(B2B,企业与企业之间)模式,消费品也是用 2B 的方式触达最终消费者。但随着手机智能终端的发展,企业直接接触到消费者,改变了品牌建设原来的基本模式。因此,今天要实现的是品牌的平台化,或者说,要建立以服务为主要功能的平台品牌。

以 2B"推"的方式触达最终消费者,与以 2C(C2C,个人与个人之间)"拉"的方式建立消费者联系,具有重要差异:前者获得的主要是散客,运营成本很高;后者可以有效获得常客,即忠诚消费者,产生重复购买,运营成本低、效率高;前者通过交易产生的价值,是今天的价值,后者通过品牌产生价值,是未来的价值。在经济低迷时期,我们的突破之道是要转变经济增长的方式,通过降低运营成本提高获利能力。因此,"拉"的模式凸显重要性。超互联数字化环境促使我们从 2B 转向 2C 的模式,核心手段就是要发挥数字化的力量来建立自己的平台品牌。

手机上的 App 实际上就是提供服务的平台品牌。一个 App 网聚了很多价值的需求方和供应方,是一个平台品牌。招商银行的信用卡 App 叫作掌上生

---

① 参见:何佳讯,2021,《平台战略建设品牌资产》,载何佳讯著《战略品牌管理——企业与顾客协同战略》,北京:中国人民大学出版社,第 210—233 页;He, J. and S. Zhang, "How Digitalized Interactive Platforms Create New Value for Customers by Integrating B2B and B2C models? An Empirical Study in China", *Journal of Business Research*, 2022, 142(3), 694-706; Wichmann, J. R. K., N. Wiegand, and W. J. Reinartz, "The Platformization of Brands," *Journal of Marketing*, 2022, 86(1), 2022, 109-131.

活,其通过平台的方式,为消费者建立了原来银行的服务中根本不会提供的价值,包括新闻资讯、社交互动、个性化购物、汽车服务、线下的生活服务、金融理财以及第三方服务等。招商银行以其 App 为中心枢纽,网聚了价值的供应方,为用户提供围绕生活方式的全方位服务。这就是今天企业通过平台的方式为消费者建立价值的基本手段。手机上 App 的应用,是开展品牌战略的一个基本手段。它的设计和实现,要在企业信息基础设施和应用的总体布局中考虑,要在企业整体层面才能实现。有大量人员在后台工作,用户虽然看不到他们,但是他们的工作为用户的最终体验创造了价值,这很好地体现了全方位营销导向的理念。这就是为什么在数字化环境下,我们要用企业级品牌战略理论来指导品牌实践。

参 考 文 献

安浩,西蒙,2010,《铸造国家、城市和地区的品牌:竞争优势识别系统》,葛岩、卢嘉杰、何俊涛译,上海:上海交通大学出版社。

波特,迈克尔,2002,《国家竞争优势》,李明轩、邱如美译,北京:华夏出版社。

波特,迈克尔,2012,《竞争论》,刘宁、高登第、李明轩译,北京:中信出版社。

才源源,2013,《积极情绪对品牌来源国效应的影响作用研究》,博士学位论文,华东师范大学。

陈威如、丁远、王高、忻榕、杨国安,2017,《全球化之路:中国企业跨国并购与整合》,北京:中信出版社。

褚绿园,2011,《中国制造:来源国效应对意大利消费者的产品评价的影响》,硕士学位论文,复旦大学。

戴玥,2008,《关于来源国效应及其影响因素的研究》,硕士学位论文,厦门大学。

蒂普曼,柯里斯蒂娜;粟志敏,2014,《国家质量基础的构成要素(上)》,《上海质量》第8期,第34—36页。

符国群、佟学英,2003,《品牌、价格和原产地如何影响消费者的购买选择》,《管理科学学报》第6期,第79—84页。

傅海、汪頔,2015,《国家形象研究的理论资源》,《当代传播》第2期,第27—30页。

郭琼,2014,《中国在中亚地区国家形象塑造的实践、挑战及建议》,《新疆社会科学(汉文版)》第1期,第74—79页。

郭锐、陶岚,2011,《民族品牌跨国并购后的品牌战略研究——基于认知一致性理论》,《中国地质大学学报(社会科学版)》第1期,第17—23页。

郭锐、陶岚,2012,《中国本土品牌跨国并购后的品牌战略跨文化研究——动态视角》,第十四届中国管理科学学术年会论文集(下册),三亚,第151—158页。

郭晓凌,2011,《消费者全球认同与全球品牌态度——针对发展中国家的研究》,《上海经济研究》第11期,第83—90页。

韩建林、弓太生、汤运启,2012,《中国元素在运动鞋设计中的应用》,《中国皮革》第 24 期,第 118—121 页。

何佳讯,2006a,《品牌资产测量的社会心理学视角研究评介》,《外国经济与管理》第 4 期,第 48—52 页。

何佳讯,2006b,《品牌关系质量本土化模型的建立与验证》,《华东师范大学学报(哲学社会科学版)》第 3 期,第 100—106 页。

何佳讯,2006c,《品牌关系质量的本土化模型:高阶因子结构与测量》,《营销科学学报》第 2 卷第 3 辑,第 97—107 页。

何佳讯,2013a,《中国品牌全球化:融合"中国元素"的品牌战略——"李宁"案例研究》,《华东师范大学学报(哲学社会科学版)》第 4 期,第 124—129 页。

何佳讯,2013b,《全球品牌化研究回顾:构念、脉络与进展》,《营销科学学报》第 4 期,第 1—19 页。

何佳讯,2016,《长期品牌管理》,上海:格致出版社。

何佳讯,2017,《品牌的逻辑》,北京:机械工业出版社,第 176—179 页。

何佳讯,2021,《战略品牌管理——企业与顾客协同战略》,北京:中国人民大学出版社,第 58—59 页。

何佳讯,2023,《数智时代打造高端品牌的奥秘:美的集团 COLMO 的实践》,《清华管理评论》第 9 期,第 23—29 页。

何佳讯、胡静怡,2023,《文化资产、品牌与国家的联结和感知品牌全球性对品牌态度的影响研究》,工作论文。

何佳讯、胡颖琳,2010,《何为经典? 品牌科学研究的核心领域与知识结构——基于 SSCI 数据库(1975—2008)的科学计量分析》,《营销科学学报》第 6 卷第 2 辑,第 111—136 页。

何佳讯、黄海洋、何盈,2020,《品牌全球化、国家品牌形象与产品品类内外溢出效应》,《华东师范大学学报(哲学社会科学版)》第 6 期,第 137—151 页。

何佳讯、刘世洁、张倩,2023,《品牌与国家的联结对品牌能力的影响机制研究——两类国家品牌资产的双重中介路径》,工作论文。

何佳讯、秦翕嫣、杨清云、王莹,2007,《创新还是怀旧? 长期品牌管理"悖论"与老品牌市场细分取向———项来自中国三城市的实证研究》,《管理世界》第 11 期,第 96—107、149 页。

何佳讯、吴漪,2015,《品牌价值观:中国国家品牌与企业品牌的联系及战略含义》,《华东师范大学学报(哲学社会科学版)》第 5 期,第 150—166 页。

何佳讯、吴漪,2020,《国家品牌资产:构念架构及相关研究述评》,《外国经济与管理》第 5 期,第 3—16 页。

何佳讯、吴漪、丁利剑、王承璐,2017,《文化认同、国货意识与中国城市市场细分战略——来自中国六城市的证据》,《管理世界》第 7 期,第 120—128 页。

何佳讯、吴漪、谢润琦,2014,《中国元素是否有效:全球品牌全球本土化战略的消费者态度研究——基于刻板印象一致性视角》,《华东师范大学学报(哲学社会科学版)》第 5 期,第 131—146 页。

何佳讯、薛泽薇、方宝英、吴漪,2022,《品牌与国家的联结、品牌刻板印象与消费者购买意愿的研究》,《商业经济与管理》第 10 期,第 62—76 页。

胡旺盛、高晓燕,2010,《并购品牌整合对企业品牌资产的影响研究》,《技术与创新管理》第 31 卷第 4 期,第 432—435 页。

胡左浩,2002,《国际营销的两个流派:标准化观点与适应性观点》,《南开管理评论》第 5 期,第 29—35 页。

黄爱群,1994,《日本质量革命成功的社会背景和动力》,《监督与选择》第 4 期,第 38—39 页。

黄海洋、何佳讯、朱良杰,2019,《融入全球元素:中国品牌全球消费者文化定位战略的消费者态度研究》,《外国经济与管理》第 5 期,第 17—30 页。

黄静、童泽林、张友恒、张晓娟,2012,《负面情绪和说服策略对品牌关系再续意愿的影响》,《心理学报》第 44 卷第 8 期,第 1114—1123 页。

黄静、王新刚、张司飞、周南,2010,《企业家违情与违法行为对品牌形象的影响》,《管理世界》第 5 期,第 96—107 页。

黄胜兵、卢泰宏,2003,《品牌个性维度的本土化研究》,《南开管理评论》第 1 期,第 4—9 页。

黄勇、邱婷,2007,《产业集群视角下的区域品牌》,《特区经济》第 10 期,第 297—298 页。

金立印,2006,《基于品牌个性和品牌认同的品牌资产驱动模型研究》,《北京工商大学学报》第 21 卷第 1 期,第 38—43 页。

金镛准、李东进、朴世恒,2006,《原产国效应与原产地效应的实证研究——中韩比较》,《南开管理评论》第 2 期,第 44—51 页。

卡纳、帕拉格,2009,《第二世界——大国时代的全球新秩序》,北京:中信出版社。

乐琦,2012,《并购合法性与并购绩效:基于制度理论视角的模型》,《软科学》第 26 卷第 4 期,第 118—122 页。

乐琦、华幸,2012,《并购经验,业务相关与并购绩效的关系研究——基于合法性的视角》,《华中师范大学学报(人文社会科学版)》第 S3 期,第 54—59 页。

李超,2007,《从李宁运动鞋看产品形象设计》,硕士学位论文,同济大学。

李东进、安钟石、周荣海、吴波,2008,《基于 Fishbein 合理行为模型的国家形象对中国消费者购买意向影响研究——以美、德、日、韩四国国家形象为例》,《南开管理评论》第 5 期,第 40—49 页。

李东进、周荣海、安钟石,2007,《原产国和消费者民族中心主义对组织购买者产品评价的影响》,《中大管理研究》第 2 卷第 3 期,第 1—22 页。

连淑芳,2006,《想象对大学生内隐刻板印象的影响研究》,《心理科学》第 3 期,第 710—712 页。

梁红霞、南萍,2011,《日本的质量管理与政府的推进作用(上)》,《中国质量》第 5 期,第 53—56 页。

刘洪深、何昊、周玲,2016,《中国品牌合理化战略对国外消费者支持的内化机制研究》,《北京工商大学学报(社会科学版)》第 31 卷第 5 期,第 50—57 页。

刘建丽,2018,《来源国效应研究述评》,《商业经济与管理》第 6 期,第 61—73 页。

刘军,2012,《推开瑞士一扇窗——"瑞士形象委员会"介绍》,《对外传播》第 8 期,第 59—60 页。

刘英为、汪涛、徐岚,2017,《中国品牌国际化中的合理性战略:制度理论视角》,《宏观经济研究》第 3 期,第 118—127 页。

孟繁怡、傅慧芬,2016,《中国品牌利用文化元素改善外国消费者品牌态度的路径研究》,《外国经济与管理》第 4 期,第 49—62 页。

尼尔森,2010,《中国尽在掌握 2010》,AC 尼尔森公司。

欧亚梅,2014,《论李宁品牌的中国元素及艺术创意》,《武汉职业技术学院学报》第 1 期,第 83—90 页。

森德勒,乌尔里希,2014,《工业 4.0:即将来袭的第四次工业革命》,北京:机械工业出版社。

陶岚、郭锐、严良,2010,《国外品牌在中国的转化研究:基于制度理论的合理性视角》,《财贸经济》第 10 期,第 145—156 页。

田圣炳、陈启杰,2004,《国际化经营中的原产地形象研究综述》,《外国经济与管理》第 8 期,第 25—29 页。

汪涛、何昊、岳劲,2010,《品牌国际化战略研究:合理性视角》,《营销科学学报》第 6 卷第 4 辑,第 38—51 页。

汪涛、刘继贤、崔楠,2011,《以品牌并购建立国际品牌:基于后进国家企业视角》,《中国地质大学学报(社会科学版)》第 11 卷第 1 期,第 9—16 页。

汪涛、周玲、周南、牟宇鹏、谢志鹏,2012,《来源国形象是如何形成的?——基于美、印消费者评价和合理性理论视角的扎根研究》,《管理世界》第 3 期,第 113—126 页。

王海忠、陈增祥,2010,《中国品牌国际新定位研究》,《中山大学学报(社会科学版)》第 3 期,第 175—183 页。

王海忠、赵平,2004,《基于消费者民族中心主义倾向的市场细分研究》,《管理世界》第 5 期,第 88—96、156 页。

王珏,2006,《权力与声誉——对中国在美国国家形象及其构建的研究》,博士学位论文,复旦大学。

王沛,2002,《社会信息归类过程中刻板印象的内隐效应》,《心理学报》第 3 期,第 301—305 页。

王霞、赵平、王高,2005,《基于顾客满意和顾客忠诚关系的市场细分方法研究》,《南开管理评论》第 5 期,第 28—32 页。

王晓辉、丁庆善,2010,《国外对中国消费市场原产地效应问题研究现状》,《经济纵横》第 8

期,第 122—125 页。

吴坚、符国群,2007,《品牌来源国和产品制造国对消费者购买行为的影响》,《管理学报》第 5 期,第 593—601 页。

吴坚、符国群、丁嘉莉,2010,《基于属性水平的品牌来源国作用机制研究——信息处理的视角》,《管理评论》第 3 期,第 69—77 页。

吴先明,2011,《制度环境与我国企业海外投资进入模式》,《经济管理》第 4 期,第 68—79 页。

吴晓云、卓国雄、邓竹箐,2005,《跨国经营:全球品牌战略与本土化管理——以摩托罗拉手机全球品牌和 60 家相关公司的实证资料为案例》,《管理世界》第 10 期,第 139—146、167 页。

吴漪、何佳讯,2017,《全球品牌资产:概念、测量与影响因素》,《外国经济与管理》第 39 卷第 1 期,第 29—41、67 页。

吴垠,2005,《关于中国消费者分群范式(China-Vals)的研究》,《南开管理评论》第 2 期,第 9—15 页。

谢毅、彭泗清,2009,《两类企业公开信息及其交互作用对消费者品牌关系的影响》,《南开管理评论》第 1 期,第 71—83 页。

徐晓琳,2009,《基于"来源国效应"的中国国家品牌资产构建研究》,硕士学位论文,南京理工大学。

徐协,2011,《广告中的中国元素研究述评》,《当代传播》第 1 期,第 102—104 页。

薛艳丽,2010,《企业并购后品牌战略管理模式的构建——基于仿生态理念视角》,《经济经纬》第 5 期,第 96—100 页。

杨学功,2003,《全球化条件下的文明对话——杜维明教授访谈录》,《哲学研究》第 8 期,第 5—10 页。

杨宜音,1998,《社会心理学领域的价值观研究述要》,《中国社会科学》第 2 期,第 82—93 页。

袁胜军、符国群,2012,《原产地形象对中国品牌国际化的启示》,《软科学》第 2 期,第 41—45 页。

袁胜军、宋亮,2013,《消费者敌意对品牌来源国选择的影响》,《商业研究》第 8 期,第 83—90 页。

张芯芜,2011,《国家形象理论与外交政策动机》,《国外社会科学》第 1 期,第 97—103 页。

张驰,2017,《德国制造的国家品牌战略及启示——评〈德国制造:国家品牌战略启示录〉》,《公共外交季刊》第 4 期,第 116—136 页。

张红霞、安玉发,2014,《食品质量安全信号传递的理论与实证分析》,《经济与管理研究》第 6 期,第 123—128 页。

张践,2012,《宗教与民族国家认同》,《中国民族报》1 月 3 日第 6 版。

张俊妮、江明华、庞隽,2005,《品牌个性与消费者个性相关关系的实证研究》,《经济科学》第

6 期,第 103—112 页。

张昆、陈雅莉,2014,《地缘政治冲突报道对中国形象建构的差异性分析——以〈泰晤士报〉和〈纽约时报〉报道"钓鱼岛"事件为例》,《当代传播》第 4 期,第 38—41 页。

张丽虹,2014,《重视质量 鼓励创新 提高制造业国际竞争力——美国"再工业化"及德国、日本发展制造业对我国的启示》,《质量与标准化》第 3 期,第 1—4 页。

"制造质量强国战略研究"课题组,2017,《制造质量强国战略》,《中国工程科学》第 7 期,第 24—28 页。

《中国国家形象全球调查报告 2015》,2016,https://www.docin.com/p-1727461559.html。

周南,2012,《要钱还是要命——〈道德经〉的启示》,北京:北京大学出版社。

周小春、李善民,2008,《并购价值创造的影响因素研究》,《管理世界》第 5 期,第 134—143 页。

周颖、施晓榴、吕巍,2010,《产品来源国形象效应的研究评论》,《上海管理科学》第 32 卷第 6 期,第 62—66 页。

周志民、卢泰宏,2004,《广义品牌关系结构研究》,《中国工业经济》第 11 期,第 98—105 页。

庄贵军、周南、周连喜,2006,《国货意识、品牌特性与消费者本土品牌偏好——一个跨行业产品的实证检验》,《管理世界》第 7 期,第 85—94,114 页。

Aaker, D. A. (1991), *Managing Brand Equity: Capitalizing on the Value of a Brand Name*. New York: The Free Press.

Aaker, D. A. (1996), *Building Strong Brands*. New York: The Free Press.

Aaker, D. A. (2004), Brand Portfolio Strategy: Creating Relevance, Differentiation, Energy, Leverage, and Clarity. New York: The Free Press.

Aaker, D. A. and E. Joachimsthaler (2000), "The Brand Relationship Spectrum: The Key to The Brand Architecture Challenge", *California Management Review*, 42(4), 8-23.

Aaker, J. L. (1997), "Dimensions of Brand Personality", *Journal of Marketing Research*, 34(3), 347-356.

Aaker, J. L., V. Benet-Martínez, and J. Garolera (2001), "Consumption Symbols as Carriers of Culture: A Study of Japanese and Spanish Brand Personality Constructs", *Journal of Personality and Social Psychology*, 81(3), 492-508.

Aaker, J. L., E. N. Garbinsky, and K. D. Vohs (2012), "Cultivating Admiration in Brands: Warmth, Competence, and Landing in the 'Golden Quadrant'", *Journal of Consumer Psychology*, 22(2), 191-194.

Aaker, J. L., K. D. Vohs, and C. Mogilner (2010), "Nonprofits Are Seen as Warm and For-Profits as Competent: Firm Stereotypes Matter", *Journal of Consumer Research*, 37(2), 224-237.

Abhilash, P. and S. Roy (2009), "Indian Consumers' Perception of Country of Origin on Organizational Capabilities", *IUP Journal of Management Research*, 8(10), 63-72.

Aboulnasr, K. (2006), "Country of Origin Effects: The Role of Information Diagnosticity, Information Typicality and Involvement", *Marketing Management Journal*, 16(1), 1–18.

Agrawal, M. (1995), "Review of a 40-Year Debate in International Advertising: Practitioner and Academician Perspectives to the Standardization/Adaptation Issue", *International Marketing Review*, 12(1), 26–48.

Ahmed, S. A. and A. d'Astous (1993), "Cross-National Evaluation of Made-in Concept Using Multiple Cues", *European Journal of Marketing*, 27(7), 39–52.

Ahmed, S. A. and A. d'Astous (1995), "Comparison of Country of Origin Effects on Household and Organizational Buyers' Product Perceptions", *European Journal of Marketing*, 29(3), 35–51.

Ahmed, S. A. and A. d'Astous (1996), "Country-of-Origin and Brand Effects: A Multi-Dimensional and Multi-Attribute Study", *Journal of International Consumer Marketing*, 9(2), 93–115.

Ahmed, S. A. and A. d'Astous (1999), "Product-Country Images in Canada and in the People's Republic of China", *Journal of International Consumer Marketing*, 11(1), 5–22.

Ahmed, S. A. and A. d'Astous (2001), "Canadian Consumer Perceptions of Products Made in Newly Industrializing East Asian Countries", *International Journal of Commerce and Management*, 11(1), 54–81.

Ahmed, S. A. and A. d'Astous (2007), "Moderating Effect of Nationality on Country-of-Origin Perceptions: English-Speaking Thailand versus French-Speaking Canada", *Journal of Business Research*, 60(3), 240–248.

Ahmed, S. A. and A. d'Astous (2008), "Antecedents, Moderators and Dimensions of Country-of-Origin Evaluations", *International Marketing Review*, 25(1), 75–106.

Ahmed, S. A., A. d'Astous, and J. Eljabri (2002), "The Impact of Technological Complexity on Consumers' Perceptions of Products Made in Highly and Newly Industrialised Countries", *International Marketing Review*, 19(4), 387–407.

Ahmed, Z. U., J. P. Johnson, C. P. Ling, et al.(2002), "Country-of-Origin and Brand Effects on Consumers' Evaluations of Cruise Lines", *International Marketing Review*, 19(3), 279–302.

Aiello, G., R. Donvito, B. Godey, et al. (2009), "An International Perspective on Luxury Brand and Country-of-Origin Effect", *Journal of Brand Management*, 16(5–6), 323–337.

Aiken, L. S. and S. G. West (1991), *Multiple Regression: Testing and Interpreting Interactions*. Newbury Park, CA: Sage.

Ailawadi K. L., D. R. Lehmann, and S. A. Neslin (2003), "Revenue Premium as an Outcome Measure of Brand Equity", *Journal of Marketing*, 67(4), 1–17.

Akaah, I. P. (1991), "Strategy Standardization in International Marketing: An Empirical Investigation of Its Degree of Use and Correlates", *Journal of Global Marketing*, 4(2), 39–62.

Akaka, M. A. and D. L. Alden (2010), "Global Brand Positioning and Perceptions: International Advertising and Global Consumer Culture", *International Journal of Advertising*, 29(1), 37-56.

Akerlof, G. (1970), "The Market for 'Lemons': Quality of Uncertainty and the Market Mechanism", *The Quarterly Journal of Economics*, 84(3), 488-500.

Alba, J. W. and J. W. Hutchinson (1987), "Dimensions of Consumer Expertise", *Journal of Consumer Research*, 13(4), 411-454.

Alden, D. L., W. D. Hoyer, and A. E. Crowley (1993), "Country-of-Origin, Perceived Risk and Evaluation Strategy", in *NA-Advances in Consumer Research* (*Volume* 20), eds. by McAlister, L. and M. L. Rothschild, Provo, UT: Association for Consumer Research, 678-683.

Alden, D. L., J. B. Kelley, P. Riefler, J. A. Lee, and G. N. Soutar (2013), "The Effect of Global Company Animosity on Global Brand Attitudes in Emerging and Developed Markets: Does Perceived Value Matter?", *Journal of International Marketing*, 21(2), 17-38.

Alden, D. L., J. B. E. M. Steenkamp, and R. Batra (1999), "Brand Positioning Through Advertising in Asia, North America, and Europe: The Role of Global Consumer Culture", *Journal of Marketing*, 63(1), 75-87.

Alden, D. L., J. B. E. M. Steenkamp, and R. Batra (2006), "Consumer Attitudes Toward Marketplace Globalization: Structure, Antecedents and Consequences", *International Journal of Research in Marketing*, 23(3), 227-239.

Al-hammad, A. A. (1988), "A Study of the Saudi Arabian Market for Selected Imported Manufactured Goods-An Economic, Cultural and Attitudinal Analysis with Particular References to UK Suppliers", Doctoral Disser tation, University of Bradford, UK.

Allen, J., N. Burns, L. Garrett, et al. (2020), "How the World Will Look After the Coronavirus Pandemic", https://foreignpolicy. com/2020/03/20/world-order-after-coroanvirus-pandemic/.

Allred, A., G. Chakraborty, and S. J. Miller (2000), "Measuring Images of Developing Countries: A Scale Development Study", *Journal of Euromarketing*, 8(3), 29-49.

Al-Sulaiti, K. I. and M. J. Baker (1998), "Country-of-Origin Effects: A Literature Review", *Marketing Intelligence & Planning*, 16(3), 150-199.

Amine, L. S., M. C. H. Chao, and M. J. Arnold (2005), "Executive Insights: Exploring the Practical Effects of Country of Origin, Animosity, and Price-Quality Issues: Two Case Studies of Taiwan and Acer in China", *Journal of International Marketing*, 13(2), 114-150.

Amit, R. and P. J. H. Schoemaker (1993), "Strategic Assets and Organizational Rent", *Strategic Management Journal*, 14(1), 33-46.

Anand, J. and H. Singh (1997), "Asset Redeployment, Acquisitions and Corporate Strategy in

Declining Industries", *Strategic Management Journal*, 18(S1), 99-118.

Andéhn, M. and P. L. E. Decosta (2016), "The Variable Nature of Country-to-Brand Association and Its Impact on the Strength of the Country-of-Origin Effect", *International Marketing Review*, 33(6), 851-866.

Andersson, T. and R. Svensson (1994), "Entry Modes for Direct Investment Determined by the Composition of Firm-Specific Skills", *The Scandinavian Journal of Economics*, 94(6), 551-560.

Anholt, S. (2005), "Anholt Nation Brands Index: How Does the World See America?", *Journal of Advertising Research*, 45(3), 296-304.

Ar, A. A. and A. Kara (2012), "Country of Production Biases on Consumer Perceptions of Global Brands: Evidence from an Emerging Market", *Journal of Global Marketing*, 25(3), 161-179.

Ariely, D. (1998), "Combining Experiences over Time: The Effects of Duration, Intensity Changes and On-Line Measurements on Retrospective Pain Evaluations", *Journal of Behavioral Decision Making*, 11(1), 19-45.

Arnett, J. J. (2002), "The Psychology of Globalization", *American Psychologist*, 57(10), 774-783.

Arnould, E. J. and C. J. Thompson (2005), "Consumer Culture Theory (CCT): Twenty Years of Research", *Journal of Consumer Research*, 31(4), 868-882.

Askegaard, S. and G. Ger (1997), "Product-Country Images as Stereotypes: A Comparative Study of Danish Food Products in Germany and Turkey", Working Paper, Denmark: Centre for Market Surveillance, Research and Strategy for the Food Sector.

Askegaard, S. and G. Ger (1998), "Product-Country Images: Towards a Contextualized Approach", *European Advances in Consumer Research*, 3, 50-58.

Badri, M. A., D. L. Davis, and D. F. Davis (1995), "Decision Support for Global Marketing Strategies: The Effects of Country of Origin on Product Evaluation", *Journal of Product & Brand Management*, 4(5), 49-64.

Bagozzi, R. P., M. Gopinath, and P. U. Nyer (1999), "The Role of Emotions in Marketing", *Journal of the Academy of Marketing Science*, 27(2), 184-206.

Bagozzi, R. P., Y. Yi, and L. W. Phillips (1991), "Assessing Construct Validity in Organizational Research", *Administrative Science Quarterly*, 36(3), 421-458.

Bahadir, S. C., S. G. Bharadwaj, and R. K. Srivastava (2008), "Financial Value of Brands in Mergers and Acquisitions: Is Value in the Eye of the Beholder?", *Journal of Marketing*, 72(6), 49-64.

Bain, J. S. (1956), "Advantages of the Large Firm: Production, Distribution, and Sales Promotion", *Journal of Marketing*, 20(4), 336-346.

Balabanis, G. and A. Diamantopoulos (2011), "Gains and Losses from the Misperception of Brand Origin: The Role of Brand Strength and Country-of-Origin Image", *Journal of International Marketing*, 19(2), 95–116.

Balabanis, G., R. Mueller, and T. C. Melewar (2002), "The Human Values' Lenses of Country of Origin Images", *International Marketing Review*, 19(6), 582–610.

Balestrini, P. and P. Gamble (2006), "Country-of-Origin Effects on Chinese Wine Consumers", *British Food Journal*, 108(5), 396–412.

Balmer, J. M. T. and K. Dinnie (1999), "Corporate Identity and Corporate Communications: The Antidote to Merger Madness", *Corporate Communications: An International Journal*, 4(4), 182–192.

Bannister, J. P. and J. A. Saunders (1978), "UK Consumers' Attitudes Towards Imports: The Measurement of National Stereotype Image", *European Journal of Marketing*, 12(8), 562–570.

Barkema, H. G. and F. Vermeulen (1998), "International Expansion Through Start-Up or Acquisition: A Learning Perspective", *Academy of Management Journal*, 41(1), 7–26.

Barney, J. (1991), "Firm Resources and Sustained Competitive Advantage", *Journal of Management*, 17(1), 99–120.

Baron, R. M. and D. A. Kenny (1986), "The Moderator-Mediator Variable Distinction in Social Psychological Research: Conceptual, Strategic, and Statistical Considerations", *Journal of Personality and Social Psychology*, 51(6), 1173–1182.

Basu, K. (2006), "Merging Brands After Mergers", *California Management Review*, 48(4), 28–40.

Batra, R. (2019), "Creating Brand Meaning: A Review and Research Agenda", *Journal of Consumer Psychology*, 29 (3), 535–546.

Batra, R., V. Ramaswamy, D. L. Alden, J. B. E. M. Steenkamp, and S. Ramachander (2000), "Effects of Brand Local and Nonlocal Origin on Consumer Attitudes in Developing Countries", *Journal of Consumer Psychology*, 9 (2), 83–95.

Baverstock, A. (2006), "Made in China: Cachet or Trashy?", *Brand Strategy*, 200, 48–49.

Beatty, S. E. and S. M. Smith (1987), "External Search Effort: An Investigation Across Several Product Categories", *Journal of Consumer Research*, 14(1), 83–95.

Bennett, A. M. and R. P. Hill (2012), "The Universality of Warmth and Competence: A Response to Brands as Intentional Agents", *Journal of Consumer Psychology*, 22(2), 199–204.

Beverland, M. B. (2005), "Crafting Brand Authenticity: The Case of Luxury Wines", *Journal of Management Studies*, 42(5), 1003–1029.

Bilkey, W. J. and E. Nes (1982), "Country-of-Origin Effects on Product Evaluations", *Journal of International Business Studies*, 13(1), 89-99.

Billig, M. (1995), *Banal Nationalism*. London: Sage.

Biswas, K., M. K. H. Chowdhury, and H. Kabir (2011), "Effects of Price and Country of Origin on Consumer Product Quality Perceptions: An Empirical Study in Bangladesh", *International Journal of Management*, 28(3), 659-674.

Blair, I. V. and M. R. Banaji (1996), "Automatic and Controlled Processes in Stereotype Priming", *Journal of Personality and Social Psychology*, 70(6), 1142-1163.

Blank, T. and P. Schmidt (2003), "National Identity in a United Germany: Nationalism or Patriotism? An Empirical Test with Representative Data", *Political Psychology*, 24 (2), 289-312.

Bond, M. H. (1996), "Chinese Values", in *The Handbook of Chinese Psychology*, ed. by Bond, M. H., New York: Oxford University Press.

Brijs, K. (2006), "Unravelling Country-of-Origin: Semiotics as a Theoretical Basis for a Meaning-Centred Approach Towards Country-of-Origin Effects", Unpublished Doctoral Dissertation, Hasselt: Hasselt University.

Brijs, K., J. Bloemer, and H. Kasper (2011), "Country-Image Discourse Model: Unraveling Meaning, Structure, and Function of Country Images", *Journal of Business Research*, 64(12), 1259-1269.

Brodowsky, G. H. (1998), "The Effects of Country of Design and Country of Assembly on Evaluative Beliefs about Automobiles and Attitudes toward Buying Them: A Comparison between Low and High Ethnocentric Consumers", *Journal of International Consumer Marketing*, 10(3), 85-113.

Brouthers, K. D. and L. E. Brouthers (2000), "Acquisition or Greenfield Start-up? Institutional, Cultural and Transaction Cost Influences", *Strategic Management Journal*, 21(1), 89-97.

Brouthers, K. D. and J. F. Hennart (2007), "Boundaries of the Firm: Insights from International Entry Mode Research", *Journal of Management*, 33(3), 395-425.

Brucks, M. (1985), "The Effects of Product Class Knowledge on Information Search Behavior", *Journal of Consumer Research*, 12(1), 1-16.

Bruhn, M., V. Schoenmüller, D. Schäfer, et al. (2012), "Brand Authenticity: Towards a Deeper Understanding of Its Conceptualization and Measurement", *Advances in Consumer Research*, 40, 567-577.

Bruning, E R. (1997), "Country of Origin, National Loyalty and Product Choice: The Case of International Air Travel", *International Marketing Review*, 14(1), 59-74.

Buzzell, R. D. (1968), "Can You Standardize Multinational Marketing?", *Harvard Business Review*, 46 (November-December), 102-113.

Caldwell, N. and J. R. Freire (2004), "The Differences Between Branding a Country, a Region and a City: Applying the Brand Box Model", *Journal of Brand Management*, 12(1), 50-61.

Capron, L., P. Dussauge, and W. Mitchell (1998), "Resource Redeployment Following Horizontal Acquisitions in Europe and North America, 1988-1992", *Strategic Management Journal*, 19(7), 631-661.

Capron, L. and J. Hulland (1999), "Redeployment of Brands, Sales Forces, and General Marketing Management Expertise Following Horizontal Acquisitions: A Resource-Based View", *Journal of Marketing*, 63(2), 41-54.

Capron, L., W. Mitchell, and A. Swaminathan (2001), "Asset Divestiture Following Horizontal Acquisitions: A Dynamic View", *Strategic Management Journal*, 22(9), 817-844.

Carvalho, S. W. and D. Luna (2014), "Effects of National Identity Salience on Responses to Ads", *Journal of Business Research*, 67(5), 1026-1034.

Carvalho, S. W., S. Samu, and S. Sivaramakrishnan (2011), "The Effect of Country-Related Brand Associations and Product Attributes on Attitude toward Unfamiliar Foreign Brands: A Schema Congruity Perspective", *Journal of International Consumer Marketing*, 23(2), 135-150.

Cayla, J. and E. J. Arnould (2008), "A Cultural Approach to Branding in the Global Marketplace", *Journal of International Marketing*, 16(4), 86-112.

Chabowski, B. R., S. Samiee, and G. T. M. Hult (2013), "A Bibliometric Analysis of the Global Branding Literature and a Research Agenda", *Journal of International Business Studies*, 44(6), 622-634.

Chandon, P., V. G. Morwitz, and W. J. Reinartz (2005), "Do Intentions Really Predict Behavior? Self-generated Validity Effects in Survey Research", *Journal of Marketing*, 69(2), 1-14.

Chang, C. C. and H. H. Liu (2008), "Information Format-Option Characteristics Compatibility and the Compromise Effect", *Psychology & Marketing*, 25(9), 881-900.

Chao, P. and K. N. Rajendran (1993), "Consumer Profiles and Perceptions Country-of-Origin Effects", *International Marketing Review*, 10(2), 22-39.

Chao, P. (1993), "Partitioning Country of Origin Effects: Consumer Evaluations of a Hybrid Product", *Journal of International Business Studies*, 24(2), 291-306.

Chao, P. (1998), "Impact of Country-of-Origin Dimensions on Product Quality and Design Quality Perceptions", *Journal of Business Research*, 42(1), 1-6.

Chao, P. (2001), "The moderating effects of country of assembly, country of parts, and country of design on hybrid product evaluations", *Journal of Advertising*, 30(4), 67-81.

Chatterjee, S. (1990), "Excess Resources, Utilization Costs, and Mode of Entry", *Academy of Management Journal*, 33(4), 780-800.

Chattopadhyay A., R. Batra, and A. Özsomer (2012), *The New Emerging Market Multinationals: Four Strategies for Disrupting Markets and Building Brands*. New York: McGraw Hill.

Chen, C., P. Mathur, and D. Maheswaran (2014), "The Effects of Country-Related Affect on Product Evaluations", *Journal of Consumer Research*, 41(4), 1033−1046.

Chinen, K., C. E. Enomoto, and D. L. Costley (2000), "The Country-of-Orgin Effect on Toyotas Made in Japan, the USA and Mexico", *Journal of Brand Management*, 8, 139−148.

Chinen, K. and Y. Sun (2011), "Effects of Country-of-Origin on Buying Behavior: A Study of the Attitudes of United States Consumers to Chinese-brand Automobiles", *International Journal of Management*, 28(2), 553−563.

Chiou, J. (2003), "The Impact of Country of Origin on Pretrial and Posttrial Product Evaluations: The Moderating Effect of Consumer Expertise", *Psychology & Marketing*, 20(10), 935−954.

Chiu, C. Y. and S. Y. Y. Cheng (2007), "Toward a Social Psychology of Culture and Globalization: Some Social Cognitive Consequences of Activating Two Cultures Simultaneously", *Social and Personality Psychology Compass*, 1(1), 84−100.

Chiu, C. Y. and Y. Y. Hong (2006), *Social Psychology of Culture*. New York: Psychology Press.

Chiu, C. Y. and Y. K. Letty (2016), "Globalization and Psychology", *Current Opinion in Psychology*, 8, 44−48.

Chiu, C. Y., L. Mallorie, H. T. Keh, and W. Law (2009), "Perceptions of Culture in Multicultural Space: Joint Presentation of Images from Two Cultures Increases In-Group Attribution of Culture-Typical Characteristics", *Journal of Cross-Cultural Psychology*, 40(2), 282−300.

Chowdhury, H. K. and J. U. Ahmed (2009), "An Examination of the Effects of Partitioned Country of Origin on Consumer Product Quality Perceptions", *International Journal of Consumer Studies*, 33(4), 496−502.

Chu, J. (2013), "Quantifying Nation Equity with Sales Data: A Structural Approach", *International Journal of Research in Marketing*, 30(1), 19−35.

Clark, A. E. and Y. Kashima (2007), "Stereotypes Help People Connect with Others in the Community: A Situated Functional Analysis of the Stereotype Consistency Bias in Communication", *Journal of Personality and Social Psychology*, 93(6), 1028−1039.

Clarke Ⅲ, I., K. S. Micken, and H. Stanley (2002), "Symbols for Sale⋯at Least for Now: Symbolic Consumption in Transition Economies", *Advances in Consumer Research*, 29, 25−30.

Cleveland, M. and M. Laroche (2007), "Acculturaton to the Global Consumer Culture: Scale Development and Research Paradigm", *Journal of Business Research*, 60(3), 249−259.

Cleveland, M., M. Laroche, and N. Papadopoulos (2009), "Cosmopolitanism, Consumer Ethnocentrism, and Materialism: An Eight-Country Study of Antecedents and Outcomes", *Journal of International Marketing*, 17(1), 116−146.

Coase, R. H. (1937), "The Nature of the Firm", *Economica*, 4(16), 386-405.

Coase, R. H. (1990), "Accounting and the Theory of the Firm", *Journal of Accounting and Economics*, 12(1-3), 3-13.

Cole, C. A. and S. K. Balasubramanian (1993), "Age Differences in Consumers' Search for Information: Public Policy Implications", *Journal of Consumer Research*, 20(1), 157-169.

Conner, K. R. (1991), "A Historical Comparison of Resource-Based Theory and Five Schools of Thought Within Industrial Organization Economics: Do We Have a New Theory of the Firm?", *Journal of Management*, 17(1), 121-154.

Cordell, V. V. (1992), "Effects of Consumer Preferences for Foreign Sourced Products", *Journal of International Business Studies*, 23, 251-269.

Cowley, E. (2007), "How Enjoyable Was It? Remembering an Affective Reaction to a Previous Consumption Experience", *Journal of Consumer Research*, 34(4), 494-505.

Cristiano, J. J., J. K. Liker, and C. C. White III (2000), "Customer-Driven Product Development Through Quality Function Deployment in the U. S. and Japan", *Journal of Product Innovation Management*, 17(4), 286-308.

Cui, C. C. and E. I. Adams (2002), "National Identity and NATID: An Assessement in Yemen", *International Marketing Review*, 19 (6), 637-662.

Curkovic, S., S. Melnyk, R. Calantone, and R. Handfield (2000), "Validating the Malcolm Baldrige National Quality Award Framework Through Structural Equation Modelling", *International Journal of Production Research*, 38(4), 765-791.

Dalakas, V. (1999), "The Interaction of Cognition and Affect in Consumption Experiences: Implications for Services Marketing", Doctoral Dissertation, Eugene: University of Oregon.

Darling, J. R. (1981), "The Competitive Marketplace Abroad: A Comparative Study", *Columbia Journal of World Business*, 16(3), 53-62.

Darling, J. R. and F. B. Kraft (1977), "A Competitive Profile of Products and Associated Marketing Practices of Selected European and Non-European Countries", *European Journal of Marketing*, 11(7), 519-531.

d'Astous, A. and S. A. Ahmed (1993), "Multi-Cue Evaluation of Made-in Concept: A Conjoint Analysis Study in Belgium", *Journal of Euromarketing*, 2(1), 9-29.

d'Astous, A. and L. Boujbel (2007), "Positioning Countries on Personality Dimensions: Scale Development and Implications for Country Marketing", *Journal of Business Research*, 60(3), 231-239.

d'Astous, A., Z. G. Voss, F.Colbert, et al. (2008), "Product-Country Images in the Arts: A Multi-Country Study", *International Marketing Review*, 25(4), 379-403.

Davis, H. L., S. P. Douglas, and A. J. Silk (1981), "Measure Unreliability: A Hidden Threat to Cross-National Marketing Research?", *Journal of Marketing*, 45(2), 98-109.

Davvetas, V. and G. Halkias (2019), "Global and Local Brand Stereotypes: Formation, Content Transfer, and Impact", *International Marketing Review*, 36(5), 675-701.

Desborde, R. D. (1990), "Development and Testing of a Psychometric Scale to Measure Country-of-Origin Image", The Florida State University.

Devine, P. G. (1989), "Stereotypes and Prejudice: Their Automatic and Controlled Components", *Journal of Personality and Social Psychology*, 56(1), 5-18.

Dichter, E. (1962), "The World Customer", *Harvard Business Review*, 40(4), 113-122.

DiMaggio, P. J. and W. W. Powell (1983), "The Iron Cage Revisited: Institutional Isomorphism and Collective Rationality in Organizational Fields", *American Sociological Review*, 48(2), 147-160.

DiMaggio, P. J. and W. W. Powell (1991), "Introduction to the New Institutionalism in Organisational Analysis", in *The New Institutionalism in Organisational Analysis*, eds. by Walter, W. P. and P. J. DiMaggio, Chicago: University of Chicago Press.

Dimofte, C. V., J. K. Johansson, and R. P. Bagozzi (2010), "Global Brands in the United States: How Consumer Ethnicity Mediates the Global Brand Effect", *Journal of International Marketing*, 18(3), 81-106.

Dimofte, C. V., J. K. Johansson, and I. A. Ronkainen (2008), "Cognitive and Affective Reactions of U. S. Consumers to Global Brands", *Journal of International Marketing*, 16(4), 113-135.

Dinnie, K. (2002), "Implications of National Identity for Marketing Strategy", *The Marketing Review*, 2(3), 285-300.

Dinnie, K. (2004), "Country-of-Origin 1965-2004: A Literature Review", *Journal of Customer Behaviour*, 3(2), 165-213.

Dinnie, K. (2008). *Nation Branding: Concepts, Issues, Practice*. Oxford: Butterworth-Heinemann.

Dooley, K. (2000), "The Paradigms of Quality: Evolution and Revolution in the History of the Discipline", *Advances in the Management of Organizational Quality*, 5(1), 1-28.

Dornoff, R., C. B. Tankersley, and G. P. White (1974), "Consumers' Perceptions of Imports", *Akron Business and Economic Review*, 5(2), 26-29.

Douglas, S. P. and C. S Craig (1983), "Examining Performance of U. S. Multinationals in Foreign Markets", *Journal of International Business Studies*, 14, 51-62.

Douglas, S. P. and C. S. Craig (2011), "Convergence and Divergence: Developing a Semiglobal Marketing Strategy", *Journal of International Marketing*, 19(1), 82-101.

Doyle, P. (1989), "Building Successful Brands: The Strategic Option", *Journal of Marketing Management*, 5(1), 77-95.

Drucker, P. F. (1954), *The Practice of Management*. New York: Harper and Row.

Drucker, P. F. (1964), *Managing for Results*. New York: Harper and Row.

Drucker, P. F. (1992), *Managing for the Future: The 1990's and beyond*. New York: Truman Talley Books.

Dunn, S. W. (1976), "Effect of National Identity on Multinational Promotional Strategy in Europe: To what extent will multinational marketers in Europe have to reemphasize national characteristics in their promotional campaigns?", *Journal of Marketing*, 40 (4), 50-57.

Dutta, S., M. J. Zbaracki, and M. Bergen (2003), "Pricing Process as a Capability: A Resource-Based Perspective", *Strategic Management Journal*, 24(7), 615-630.

Dye, T. (1963), "The Local-Cosmopolitan Dimension and the Study of Urban Politics", *Social Forces*, 41(3), 239-246.

Earle, T. and Cvetkovich G. (1997), "Culture, Cosmopolitanism, and Risk Management", *Risk Analysis*, 17(1), 55-65.

Eckhardt, G. M. and M. J. Houston (2002), "Cultural Paradoxes Reflected in Brand Meaning: McDonalds's in Shanghai, China", *Journal of International Marketing*, 10 (2), 68-82.

Edwards, J. R. and L. S. Lambert (2007), "Methods for Integrating Moderation and Mediation: A General Analytical Framework Using Moderated Path Analysis", *Psychological Methods*, 12(1), 1-22.

Einhorn B. (2012), "China is Really Big. Its Brands, Not So Much", *Bloomberg Businessweek*, July 30, 19-20.

Eisingerich, A. B. and G. Rubera (2010), "Drivers of Brand Commitment: A Cross-National Investigation", *Journal of International Marketing*, 18(2), 64-79.

Engel J., R. D. Blackwell, and P. W. Miniard (1990), *Consumer Behavior*. Chicago: The Dryden Press.

Erdem, T. and J. Swait (1998), "Brand Equity as a Signaling Phenomenon", *Journal of Consumer Psychology*, 7(2), 131-157.

Erdem, T., J. Swait, and A. Valenzuela (2006), "Brands as Signals: A Cross-Country Validation Study", *Journal of Marketing*, 70(1), 34-49.

Erickson, G. M., J. K. Johansson, and P. Chao (1984), "Image Variables in Multi-Attribute Product Evaluations: Country-of-Origin Effects", *Journal of Consumer Research*, 11 (2), 694-699.

Eroglu, S. A. and K. A. Machleit (1989), "Effects of Individual and Product-Specific Variables on Utilising Country of Origin as a Product Quality Cue", *International Marketing Review*, 6(6), 27-41.

Ertimur, B. and G. Coskuner-Balli (2015), "Navigating the Institutional Logics of Markets: Implications for Strategic Brand Management", *Journal of Marketing*, 79(2), 40-61.

Essoussi, L. H. and D. Merunka (2013), "Consumers' Product Evaluations in Emerging

Markets: Does Country of Design, Country of Manufacture, or Brand Image Matter?", *International Marketing Review*, 24(4), 409-426.

Ettenson, R. and J. Knowles (2006), "Merging the Brands and Branding the Merger", *MIT Sloan Management Review*, 47(4), 39-49.

Farquhar, P. H. and V. R. Rao (1976), "A Balance Model for Evaluating Subsets of Multiattributed Items", *Management Science*, 22(5), 528-539.

Feather, N. T. (1981), "National Sentiment in a Newly Independent Nation", *Journal of Personality and Social Psychology*, 40(6), 1017-1028.

Fee, C. E., C. J. Hadlock, and J. R. Pierce (2012), "What Happens in Acquisitions? Evidence From Brand Ownership Changes and Advertising Investment", *Journal of Corporate Finance*, 18(3), 584-597.

Ferilli, G., P. L. Sacco, E. Teti, et al. (2016), "Top Corporate Brands and the Global Structure of Country Brand Positioning: An AutoCM ANN Approach", *Expert Systems with Applications*, 66, 62-75.

Festervand, T. A. and J. R. Lumpkin (1985), "Response of Elderly Consumers to Their Portrayal by Advertisers", *Current Issues and Research in Advertising*, 8(1), 203-226.

Fetscherin, M. (2010), "The Determinants and Measurement of a Country Brand: The Country Brand Strength Index", *International Marketing Review*, 27(4), 466-479.

Fetscherin, M. and M. Toncar (2009), "Country of Origin Effect on U. S. Consumers' Brand Personality Perception of Automobiles from China and India", *The Multinational Business Review*, 17(2), 111-127.

Fischer, M., F. Völckner, and H. Sattler (2010), "How Important Are Brands? A Cross-Category, Cross-Country Study", *Journal of Marketing Research*, 47 (5), 823-839.

Fiske, S. T., A. J. Cuddy, and P. Glick (2007), "Universal Dimensions of Social Cognition: Warmth and Competence", *Trends in Cognitive Sciences*, 11(2), 77-83.

Fiske, S. T., A. J. Cuddy, P. Glick, and J. Xu (2002), "A Model of (Often Mixed) Stereotype Content: Competence and Warmth Respectively Follow from Perceived Status and Competition", *Journal of Personality and Social Psychology*, 82(6), 878-902.

Fournier, S. (1994), "A Consumer-Brand Relationship Framework for Strategic Brand Management", Unpublished Doctoral Dissertation, Gainesville: University of Florida.

Fournier, S. (1998), "Consumers and Their Brands: Developing Relationship Theory in Consumer Research", *Journal of Consumer Research*, 24(4), 343-373.

Fournier, S. and C. Alvarez (2012), "Brands as Relationship Partners: Warmth, Competence, and In-Between", *Journal of Consumer Psychology*, 22(2), 177-185.

Gaedeke, R. (1973), "Consumer Attitudes Toward Products 'Made in' Developing Countries", *Journal of Retailing*, 49(2), 13-24.

Gardner, R. C., E. J. Wonnacott, and D. M. Taylor (1968), "Ethnic Stereotypes: A Factor Analytic Investigation", *Canadian Journal of Psychology*, 22(1), 35-44.

Ger, G., S. Askegaard, and A. Christensen (1999), "Experiential Nature of Product-Place Images: Image as a Narrative", in *Advances in Consumer Research* (*vol. XXVI*), eds. by Arnould, E. J. and L. M. Scott, Provo, UT: Association for Consumer Research, 165-169.

Ghadir, H. R. (1990), "The Jordanian Consumers' Perceptions of Quality, Price and Risk of Foreign vs. Domestic Products: An Empirical Investigation", Doctoral Dissertation, University of Sheffield.

Gilmore, F. (2002), "A Country—Can It Be Repositioned? Spain—The Success Story of Country Branding", *Journal of Brand Management*, 9(4-5), 281-293.

Giraldi, J. M. E. and A. A. Ikeda (2009), "Personal Values and the 'Country-of-Origin Effect': The Moderating Role of Consumers' Demographics", *International Journal of Consumer Studies*, 33(3), 309-315.

Giraldi, J. M. E., A. A. Ikeda and M. C. Campomar (2011), "Reasons for Country Image Evaluation: A Study on China Image from a Brazilian Perspective", *Journal of Database Marketing & Customer Strategy Management*, 18, 97-107.

Godey, B., J. Lagier, and D. Pederzoli (2009), "A Measurement Scale of 'Aesthetic Style' Applied to Luxury Goods Stores", *International Journal of Retail & Distribution Management*, 37(6), 527-537.

Godey, B., D. Pederzoli, G. Aiello, et al. (2010), "Interactions Between Country of Origin (CoO) and Brand on Consumer Behaviour: An International Research Investigation on Luxury Brands in 7 Countries", The 9th International Marketing Trends Conference, Venice, Italy.

Goedertier, F., N. Dawar, M. Geuens, and B. Weijters (2015), "Brand Typicality and Distant Novel Extension Acceptance: How Risk-Reduction Counters Low Category Fit", *Journal of Business Research*, 68(1), 157-165.

Gomez, P. and C. J. Torelli (2015), "It's Not Just Numbers: Cultural Identities Influence How Nutrition Information Influences the Valuation of Foods", *Journal of Consumer Psychology*, 25(3), 404-415.

Gong, W., Z. G. Li, and T. Li (2004), "Marketing to China's Youth: A Cultural Transformation Perspective", *Business Horizons*, 47(6), 41-50.

Good, L. K. and P. Huddleston (1995), "Ethnocentrism of Polish and Russian consumers: Are Feelings and intentions Related", *International Marketing Review*, 12(5), 35-48.

Gotsi, M., C. Lopez, and C. Andriopoulos (2011), "Building Country Image Through Corporate Image: Exploring the Factors That Influence the Image Transfer", *Journal of Strategic Marketing*, 19(3), 255-272.

Greenwald, A. G. and M. R. Banaji (1995), "Implicit Social Cognition, Attitudes, Self-Esteem and Stereotypes", *Psychological Review*, 102(1), 4−27.

Gürhan-Canli, Z. and D. Maheswaran (2000a), "Cultural Variations in Country-of-Origin Effects", *Journal of Marketing Research*, 37(3), 309−317.

Gürhan-Canli, Z. and D. Maheswaran (2000b), "Determinants of Country-of-Origin Evaluations", *Journal of Consumer Research*, 27(1), 96−108.

Griffith, D. A., M. Y. Hu, and J. K. Ryans Jr. (2000), "Process Standardization across Intra- and Inter-Cultural Relationships", *Journal of International Business Studies*, 31(2), 303−324.

Guercini, S. and S. Ranfagni, (2013), "Integrating Country-of-Origin Image and Brand Image in Corporate Rebranding: The Case of China", *Marketing Intelligence & Planning*, 31(5), 508−521.

Guo, R., L. Tao, C. B. Li, et al. (2017), "A Path Analysis of Greenwashing in a Trust Crisis Among Chinese Energy Companies: The Role of Brand Legitimacy and Brand Loyalty", *Journal of Business Ethics*, 140(3), 523−536.

Guo, X. (2013), "Living in a Global World: Influence of Consumer Global Orientation on Attitudes Toward Global Brands from Developed versus Emerging Countries", *Journal of International Marketing*, 21(1), 1−22.

Gupta, S. F., D. Winkel, and L. Peracchio (2009), "Cultural Value Dimensions and Brands: Can a Global Brand Image Exist?" in *Consumer-Brand Relationships: Theory and Practice*, eds. by Fournier, S., M. Breazeale, and M. Fetscherin, London and New York: Routledge, 230−246.

Guzmán, F. and A. K. Paswan (2009), "Cultural Brands from Emerging Markets: Brand Image Across Host and Home Countries", *Journal of International Marketing*, 17(3), 71−86.

Halkias, G., V. Davvetas, and A. Diamantopoulos (2016), "The Interplay Between Country Stereotypes and Perceived Brand Globalness/Localness as Drivers of Brand Preference", *Journal of Business Research*, 69(9), 3621−3628.

Hall, E. T. (1976), *Beyond Culture*. New York: Anchor Books.

Hamzaoui-Essoussi, L., D. Merunka, and B. Bartikowski (2011), "Brand Origin and Country of Manufacture Influences on Brand Equity and the Moderating Role of Brand Typicality", *Journal of Business Research*, 64(9), 973−978.

Han, C. M. (1988), "The Role of Consumer Patriotism in the Choice of Domestic versus Foreign Products", *Journal of Adversiting Research*, 28, 25−31.

Han, C. M.(1989), "Country Image: Halo or Summary Construct?", *Journal of Marketing Research*, 26(2), 222−229.

Han, C. M. and V. Terpstra (1988), "Country-of-Origin Effects for Uni-National and Bi-National

Products", *Journal of International Business Studies*, 19(2), 235-255.

Handelman, J. M. and S. J. Arnold. (1999), "The Role of Marketing Actions with a Social Dimension: Appeals to the Institutional Environment", *Journal of Marketing*, 63(3), 33-48.

Hao, J., D. Li, L. Peng, S. Peng, and C. J. Torelli (2016), "Advancing Our Understanding of Culture Mixing", *Journal of Cross Cultural Psychology*, 47(10), 1257-1267.

He, C. (2003), "Location of Foreign Manufacturers in China: Agglomeration Economies and Country of Origin Effects", *Papers in Regional Science*, 82(3), 351-372.

He, J. and J. Ge (2023), "The Dual Impetus for Perceived Brand Globalness and Brand Competence in A Rapidly Changing Environment: The Role of Brand-Nation Connection", *International Marketing Review*, 40 (1), 4-27.

He, J., H. Huang, and W. Wu (2018), "Influence of Interfirm Brand Values Congruence on Relationship Qualities in B2B Contexts", *Industrial Marketing Management*, 72, 161-173.

He, J. and L. Sun (2020), "Does Continuity Matter? Developing a New Long-Term Orientation Structure in a Cross-Cultural Context: A Study on Supply Chain Relationships", *Industrial Marketing Management*, 88, 186-194.

He, J. and C. L. Wang (2013), "The Impact of Cultural Identity and Consumer Ethnocentrism on Buying Domestic vs. Import Brands: An Empirical Study in China", The Competing in China: Local Firms, Multinationals, and Alliances Conference, George Mason University, USA.

He, J. and C. L. Wang (2015), "Cultural Identity and Consumer Ethnocentrism Impacts on Preference and Purchase of Domestic versus Import Brands: An Empirical Study in China", *Journal of Business Research*, 68(6), 1225-1233.

He, J. and C. L. Wang (2017), "How Global Brands Incorporating Local Cultural Elements Increase Consumer Purchase Likelihood: An Empirical Study in China", *International Marketing Review*, 34(4), 463-479.

He, J., C. L. Wang, and Y. Wu (2021), "Building the Connection Between Nation and Commercial Brand: An Integrative Review and Future Research Directions", *International Marketing Review*, 38(1), 19-35.

He, J., Y. Wu, and C. L. Wang (2016), "The Impact of Perceived Novelty on Purchasing Global Brands Incorporating Local Cultural Elements: The Mediating Effect of Cultural Compatibility", The 11th Royal Bank International Research Seminar, Jiangsu, China.

Heine, K. and M. Phan (2013), "A Case Study of Shanghai Tang: How to Build a Chinese Luxury Brand", *Asia Marketing Journal*, 15(1), 1-22.

Hennart, J. F. and Y. R. Park (1993), "Greenfield vs. Acquisition: The Strategy of Japanese Investors in the United States", *Management Science*, 39(9), 1054-1070.

Herskovits, M. J. (1948), *Man and His Works: The Science of Cultural Anthropology*. New York:

Alfred A. Knopf, Inc.

Herz, M. F. and A. Diamantopoulos (2013), "Country-Specific Associations Made by Consumers: A Dual-Coding Theory Perspective", *Journal of International Marketing*, 21(3), 95-121.

Heslop, L. A., N. Papadopoulos, M. Dowdles, M. Wall, and D. Compeau (2004), "Who Controls the Purse Strings: A Study of Consumers' and Retail Buyers' Reactions in An America's FTA Environment", *Journal of Business Research*, 57(10), 1177-1188.

Hitt, M. A., J. S. Harrison, and R. D. Ireland (2001), *Mergers & Acquisitions: A Guide to Creating Value for Stakeholders*. Oxford: Oxford University Press.

Hofstede, G. (1976), "Nationality and Espoused Values of Managers", *Journal of Applied Psychology*, 61(2), 148-155.

Hofstede, G. (1980), *Culture's Consequences: International Differences in Work-related Values*. Beverly Hills, CA: Sage.

Hofstede, G. (2001), *Culture's Consequences: Comparing Values, Behaviors, Institutions, and Organizations Across Nations (2nd Edition)*. Thousand Oaks, CA: Sage.

Hogan, S., S. Glynn, and J. Bell (2006), "Bringing Brand into M&A Discussions", *Mercer Management Journal*, 35-41.

Holt, D. B. (2004), *How Brands Become Icons: The Principles of Cultural Branding*. Cambridge, MA: Harvard Business School Press.

Holt, D. B., J. A. Quelch, and E. L. Taylor (2004), "How Global Brands Compete", *Harvard Business Review*, 82(9), 68-75.

Homburg, C. and M. Bucerius (2005), "A Marketing Perspective on Mergers and Acquisitions: How Marketing Integration Affects Post-merger Performance", *Journal of Marketing*, 69(1), 95-113.

Hong, S. T. and D. K. Kang (2006), "Country-of-Origin Influences on Product Evaluations: The Impact of Animosity and Perceptions of Industriousness Brutality on Judgments of Typical and Atypical Products", *Journal of Consumer Psychology*, 16(3), 232-239.

Hong, S. T. and R. S. Wyer Jr (1989), "Effects of Country-of-Origin and Product-Attribute Information on Product Evaluation: An Information Processing Perspective", *Journal of Consumer Research*, 16(2), 175-187.

Hong, S. T., and Y. Yi (1992), "A Cross-national Comparison of Country-of-Origin Effects on Product Evaluations", *Journal of International Consumer Marketing*, 4(4), 49-71.

Hong, Y., M. W. Morris, C. Chiu, and V. Benet-Martínez (2000), "Multicultural Minds: A Dynamic Constructivist Approach to Culture and Cognition", *American Psychologist*, 55(7), 709-720.

Hooley, G. J., D. Shipley, and N. Krieger (1988), "A Method for Modelling Consumer Perceptions of Country of Origin", *International Marketing Review*, 5(3), 67-76.

Hoyer, W. D. and D. J. MacInnis (2010), *Consumer Behavior* (*5th Edition*). Mason: South-Western.

Hsieh, M. H. (2002), "Identifying Brand Image Dimensionality and Measuring the Degree of Brand Globalization: A Cross-National Study", *Journal of International Marketing*, 10(2), 46-67.

Hsieh, M. H. (2004), "Measuring Global Brand Equity Using Cross-National Survey Data", *Journal of International Marketing*, 12(2), 28-57.

Hsieh, M. H., S. L. Pan, and R. Setiono (2004), "Product-, Corporate-, and Country-Image Dimensions and Purchase Behavior: A Multicountry Analysis", *Journal of the Academy of Marketing Science*, 32(3), 251-270.

Hsu, J. L. and H. P. Nien (2008), "Who are Ethnocentric? Examining Consumer Ethnocentrism in Chinese Societies", *Journal of Consumer Behaviour: An International Research Review*, 7(6), 436-447.

Häubl, G. (1996), "A Cross-National Investigation of the Effects Country of Origin and Brand Name on the Evaluation of a New Car", *International Marketing Review*, 13(5), 76-97.

Hu, Y. and X. Wang (2010), "Country-of-Origin Premiums for Retailers in International Trades: Evidence from eBay's International Markets", *Journal of Retailing*, 86(2), 200-207.

Hugstad, P. S. and M. Durr (1986), "A Study of Country of Manufacturer Impact on Consumer Perceptions", in *Developments in Marketing Science* (Vol. 9) eds. by Malhotra, N. and J. Hawes, Academy of Marketing Science, Miami, 115-119.

Hultink, E. J., A. Griffin, H. S. J. Robben, and S. Hart (1998), "In Search of Generic Launch Strategies for New Products", *International Journal of Research in Marketing*, 15(3), 269-285.

Humphreys, A. and C. J. Thompson (2014), "Branding Disaster: Reestablishing Trust Through the Ideological Containment of Systemic Risk Anxieties", *Journal of Consumer Research*, 41(4), 877-910.

Hunt, S. D. and R. M. Morgan (1996), "The Resource Advantage Theory of Competition: Dynamics, Path Dependencies, and Evolutionary Dimensions", *Journal of Marketing*, 60(4), 107-114.

Huntington, S. P. (1993), "The Clash of Civilizations?", *Foreign Affairs*, 72(3), 22-49.

Insch, G. S. and J. B. McBride (1998), "Decomposing the Country-of-Origin Construct: An Empirical Test of Country of Parts and Country of Assembly", *Journal of International Consumer Marketing*, 10(4), 69-91.

Insch, G. S. and J. B. McBride (2004), "The Impact of Country-of-Origin Cues on Consumer Perceptions of Product Quality: A Binational Test of the Decomposed Country-of-Origin Construct", *Journal of Business Research*, 57(3), 256-265.

Interbrand (2008), *Made in China 2008: The Challenge for Chinese Brands Going Global*.

Ishii, K. (2009), "Nationalistic Sentiments of Chinese Consumers: The Effects and Determinants of Animosity and Consumer Ethnocentrism", *Journal of International Consumer Marketing*, 21(4), 299-308.

Ismah O., F. S. A. Sharifah, M. Imani., et al. (2015), "Integrating Institutional Theory in Determining Corporate Image of Islamic Banks", *Social and Behavioral Sciences*, 211, 560-567.

Ittersum, K. V., M. J. J. M. Candel, and M. T. G. Meulenberg (2003), "The Influence of the Image of a Product's Region of Origin on Product Evaluation", *Journal of Business Research*, 56(3), 215-226.

Ivens, B. S., A. Leischnig, B. Muller, and K. Valta (2015), "On the Role of Brand Stereotypes in Shaping Consumer Response Toward Brands: An Empirical Examination of Direct and Mediating Effects of Warmth and Competence", *Psychology & Marketing*, 32(8), 808-820.

Iversen, N. M. and L. E. Hem (2001), "Country Image in National Umbrella Branding Effects of Country Associations on Similarity Judgments", *Asia Pacific Advances in Consumer Research*, 4, 140-149.

Iyer, G. R. and J. K. Kalita (1997), "The Impact of Country-of-Origin and Country-of-Manufacture Cues on Consumer Perceptions of Quality and Value", *Journal of Global Marketing*, 11(1), 7-28.

Jaffe, E. D., and I. D. Nebenzahl (2001), *National Image and Competitive Advantage: The Theory and Practice of Country-of-Origin Effect*. Copenhagen, Denmark: Copenhagen Business School Press.

Jain, A. K. and M. Etgar (1977), "Overlap in Retail Outlet and Product Innovator Characteristics", *Journal of Retailing*, 53(2), 63-75.

Jain, K. and N. Srinivasan (1990), "An Empirical Assessment of Multiple Operationalizations of Involvement", *Advances in Consumer Research*, 17(1), 594-602.

Jaju, A., C. Joiner, and S. K. Reddy (2006), "Consumer Evaluations of Corporate Brand Redeployments", *Journal of the Academy of Marketing Science*, 34(2), 206-215.

Jameson, D. A. (2007), "Reconceptualizing Cultural Identity and Its Role in Intercultural Business Communication", *Journal of Business Communication*, 44(3), 199-235.

Jamieson, L. F. and F. M. Bass (1989), "Adjusting Stated Intention Measures to Predict Trial Purchase of New Products: A Comparison of Models and Methods", *Journal of Marketing Research*, 26(3), 336-345.

Janda, S. and C. P. Rao (1997), "The Effect of Country-of-Origin Related Stereotypes and Personal Beliefs on Product Evaluation", *Psychology & Marketing*, 14(7), 689-702.

Jaworski, S. P. and D. Fosher (2003), "National Brand Identity and Its Effect on Corporate Brands: The Nation Brand Effect", *The Multinational Business Review*, 11(2), 99–113.

Jennings, K. M. (1967), "Pre-Adult Orientations to Multiple Systems of Government", Midwest Journal of Political Science, 11(3), 291–317.

Johansson, J. K. (1989), "Determinants and Effects of the Use of 'Made in' Labels", *International Marketing Review*, 6(1), 47–58.

Johansson, J. K., S. P. Douglas, and I. Nonaka (1985), "Assessing the Impact of Country of Origin on Product Evaluations: A New Methodological Perspective", *Journal of Marketing Research*, 22(4), 388–396.

Johansson, J. K. and I. D. Nebenzahl (1986), "Multinational Production: Effect on Brand Value", *Journal of International Business Studies*, 17, 106–126.

Johansson, J. K. and I. A. Ronkainen (2005), "The Esteem of Global Brands", *Journal of Brand Management*, 12(5), 339–354.

Joseph, U. A. (2013), *The "Made in Germany" Champion Brands: Nation Branding, Innovation and World Export Leadership*. London: Routledge.

Josiassen, A., B. A. Lukas, G. J. Whitwell, and A. G. Assaf (2013), "The Halo Model of Origin Images: Conceptualisation and Initial Empirical Test", *Journal of Consumer Behavior*, 12(4), 253–266.

Jun, J. W. and C. W. Choi (2007), "Effects of Country of Origin and Country Brand Attitude on Nonprescription Drugs", *Journal of Targeting, Measurement and Analysis for Marketing*, 15(4), 234–243.

Jung, K., S. H. Ang, S. M. Leong, et al. (2002). "A typology of animosity and its cross-national validation", *Journal of Cross-Cultural Psychology*, 33(6), 525–539.

Kang, M. and S. U. Yang (2010), "Comparing Effects of Country Reputation and the Overall Corporate Reputations of a Country on International Consumers' Product Attributes and Purchase Intentions", *Corporate Reputation Review*, 13(1), 52–62.

Kapferer, J. N. (1992), *Strategic Brand Management, New Approaches to Creating and Evaluating Brand Equity*. New York: The Free Press.

Kapferer, J. N. (2004), *The New Strategic Brand Management: Creating and Sustaining Brand Equity Long Term (3rd Edition)*, London: Kogan Page.

Kapferer, J. N. (2005), "The Post-Global Brand", *Journal of Brand Management*, 12(5), 319–324.

Kapferer, J. N. (2012), *The New Strategic Brand Management: Advanced Insights and Strategic Thinking (5th Edition)*. London: Kogan Page.

Karasawa, M. (2002), "Patriotism, Nationalism, and Internationalism among Japanese Citizens: An Eticemic Approach", *Political Psychology*, 23(4), 645–666.

Kashima, Y., A. Lyons, and A. Clark (2013), "The Maintenance of Cultural Stereotypes in the Conversational Retelling of Narratives", *Asia Journal of Social Psychology*, 16(1), 60-70.

Kawakami, K., J. F. Dovidio, J. Moll, et al. (2000), "Just Say No (to Stereotyping): Effects of Training in the Negation of Stereotypic Associations on Stereotype Activation", *Journal of Personality and Social Psychology*, 78(5), 871-888.

Kaynak, E. and S. T. Cavusgil (1983), "Consumer Attitudes towards Products of Foreign Origin: Do They Vary Across Product Classes?", *International Journal of Advertising* 2(2), 147-157.

Kaynak, E. and O. Kucukemiroglu (2001), "Country-of-Origin Evaluations: Hong kong Consumers' Perception of Foreign Products after the Chinese Takeover of 1997", *International Journal of Advertising*, 20(1), 117-138.

Kaynak, E., O. Kucukemiroglu, and A. S. Hyder (2000), "Consumers' Country-of-Origin (COO) Perceptions of Imported Products in a Homogenous Less-Developed Country", *European Journal of Marketing*, 34(9/10), 1221-1241.

Keillor, B. D. and G. T. M. Hult (1999), "A Five-Country Study of National Identity: Implications for International Marketing Research and Practice", *International Marketing Review*, 16(1), 65-84.

Keillor, B. D., G. T. M. Hult, R. C. Erffmeyer, et al. (1996), "NATID: The Development and Application of a National Identity Measure for Use in International Marketing", *Journal of International Marketing*, 4(2), 57-73.

Keller, K. L. (1993), "Conceptualizing, Measuring, and Managing Customer-Based Brand Equity", *Journal of Marketing*, 57(1), 1-22.

Keller, K. L. (1998), *Strategic Brand Management: Building, Measuring, and Managing Brand Equity (1st Edition)*. Upper Saddle River, NJ: Prentice Hall.

Keller, K. L. (2001), "Building Customer-Based Brand Equity: A Blueprint for Creating Strong Brands", *Marketing Management*, 10(2), 14-19.

Keller, K. L. (2003), "Brand Synthesis: The Multidimensionality of Brand Knowledge", *Journal of Consumer Research*, 29(4), 595-600.

Keller, K. L. (2013), *Strategic Brand Management: Building, Measuring, and Managing Brand Equity (4th Edition)*. Upper Saddle River, NJ: Prentice Hall.

Keller, K. L. and D. R. Lehmann (2003), "How Do Brands Create Value?", *Marketing Management*, 12(3), 26-31.

Keller, K. L. and D. R. Lehmann (2006), "Brands and Branding: Research Findings and Future Priorities", *Marketing Science*, 25(6), 740-759.

Kenny, D. A. and L. LaVoie (1985), "Separating Individual and Group Effects", *Journal of Personality and Social Psychology*, 48(2), 339-348.

Kernstock, J. and T. O. Brexendorf (2012), "Corporate Brand Integration in Mergers and Acquisitions—An Action Research-Based Approach", *Corporate Reputation Review*, 15(3), 169-178.

Kervyn, N., S. T. Fiske, and C. Malone (2012), "Brands as Intentional Agents Framework: How Perceived Intentions and Ability Can Map Brand Perception", *Journal of Consumer Psychology*, 22(2), 166-176.

Khachaturian, J. L., and M. A. Morganosky (1990), "Quality Perceptions by Country of Origin", *International Journal of Retail & Distribution Management*, 18(5), 21-30.

Kim, C. K. (1995), "Brand Popularity and Country Image in Global Competition: Managerial Implications", *Journal of Product & Brand Management*, 4(5), 21-33.

Kim, C. K. (1998), "Brand Personality and Advertising Strategy: An Empirical Study of Mobile-Phone Services", *Korean Journal of Advertising*, 9(1), 37-52.

Kim, C. K. and J. Y. Chung (1997), "Brand Popularity, Country Image and Market Share: An Empirical Study", *Journal of International Business Studies*, 28(2), 361-386.

Kim, S. and D. T. Pysarchik (2000), "Predicting Purchase Intentions for Uni-national and Binational Products", *International Journal of Retail & Distribution Management*, 28(6), 280-291.

Kitching, J. (1974), "Winning and Losing with European Acquisitions", *Harvard Business Review*, 52(2), 124-136.

Klein, A. and H. Moosbrugger (2000), "Maximum Likelihood Estimation of Latent Interaction Effects with the LMS Method", *Psychometrika*, 65(4), 457-474.

Klein, J. G., R. Ettenson, and M. D. Morris (1998), "The Animosity Model of Foreign Product Purchase: An Empirical Test in the People's Republic of China", *Journal of marketing*, 62(1), 89-100.

Klein, K. J., P. D. Bliese, S. W. J. Kozlowski, et al. (2000), "Multilevel Analytical Techniques: Commonalities, Differences, and Continuing Questions", in *Multilevel Theory, Research, and Methods in Organizations*, eds. by Klein, K. J. and S. W. J. Kozlowski, San Francisco: Jossey-Bass, 512-553.

Kleppe, I. A., N. M. Iversen, and I. G. Stensaker (2002), "Country Images in Marketing Strategies: Conceptual Issues and an Empirical Asian Illustration", *Brand Management*, 10(1), 61-74.

Kluckhohn, C. K. M. (1951), "Values and Value-Orientation in the Theory of Action: An Exploration in Definition and Classification", in *Toward a General Theory of Action*, eds. by Parsons, T. and E. A. Shils, Cambridge, MA: Harvard University Press, 388-433.

Knight, G. A. and R. J. Calantone (2000), "A Flexible Model of Consumer Country-of-Origin Perceptions: A Cross-Cultural Investigation", *International Marketing Review*, 17(2), 127-145.

Knott, B., A. Fyall, and I. Jones (2015), "The Nation Branding Opportunities Provided by a Sport Mega-Event: South Africa and the 2010 FIFA World Cup", *Journal of Destination Marketing & Management*, 2015, 4(1), 46-56.

Kock, F., A. Josiassen, and A. G. Assaf (2019), "Toward a Universal Account of Country-Induced Predispositions: Integrative Framework and Measurement of Country-of-Origin Images and Country Emotions", *Journal of International Marketing*, 27(3), 43-59.

Kolbl, Ž., M. Arslanagic-Kalajdzic, and A. Diamantopoulos (2019), "Stereotyping Global Brands: Is Warmth More Important than Competence?", *Journal of Business Research*, 104, 614-621.

Kolbl, Ž., A. Diamantopoulos, M. Arslanagic-Kalajdzic, and V. Zabkar, (2020), "Do Brand Warmth and Brand Competence Add Value to Consumers? A Stereotyping Perspective", *Journal of Business Research*, 118, 346-362.

Konrad, K. A. (2010), "Merger Profitability in Industries with Brand Portfolios and Loyal Customers", WZB Markets and Politics Working Paper.

Koschate-Fischer, N., A. Diamantopoulos, and K. Oldenkotte (2012), "Are Consumers Really Willing to Pay More for a Favorable Country Image? A Study of Country-of-Origin Effects on Willingness to Pay", *Journal of International Marketing*, 20(1), 19-41.

Kosterman, R. and S. Feshbach, (1989), "Towards a Measure of Patriotic and Nationalistic Attitudes", *Political Psychology*, 10 (2), 257-274.

Kotler, P. and D. Gertner (2002), "Country as Brand, Product, and Beyond: A Place Marketing and Brand Management Perspective", *Brand Management*, 9(4/5), 249-261.

Kotler, P., D. Haider, and I. Rein (1993), "There's No Place Like Our Place! The Marketing of Cities, Regions, and Nations", *The Futurist*, 27(6), 14-21.

Kreutzer, R. T. (1988), "Marketing-mix Standardisation: An Integrated Approach in Global Marketing", *European Journal of Marketing*, 22(10), 19-30.

Krishnakumar, P. (1974), "An Exploratory Study of the Influence of Country of Origin on the Product Images of Persons from Selected Countries", Unpublished Dissertation, College of Business Administration, University of Florida, Gainesville.

Kubacki, K. and H. Skinner (2006), "Poland: Exploring the Relationship Between National Brand and National Culture", *Journal of Brand Management*, 13, 284-299.

Kubat, U. and V. Swaminathan (2015), "Crossing the Cultural Divide Through Bilingual Advertising: The Moderating Role of Brand Cultural Symbolism", *International Journal of Research in Marketing*, 32(4), 354-362.

Kumar, N. (2004), *Marketing as Strategy: Understanding the CEO's Agenda for Driving Growth and Innovation*. Boston: Harvard Business School Press.

Kumar, N. and J. B. Steenkamp (2013), *Brand Breakout: How Emerging Market Brands Will Go*

Global, New York: Palgrave Macmillan.

Kumar, S. and K. H. Blomqvist (2004), "Mergers and Acquisitions: Making Brand Equity a Key Factor in M&A Decision-Making", *Strategy & leadership*, 32(2), 20-27.

Kumar, S. and L. Dan (2005), "Impact of Globalization on Entrepreneurial Enterprises in the World Markets", *International Journal of Management and Enterprise Development*, 2(1), 46-64.

Kurtz, T. and A. Lyons (2009), "Intergroup Influences on the Stereotype Consistency Bias in Communication: Does It Matter Who We Are Communicating about and to Whom We Are Communicating?", *Social Cognition*, 27(6), 893-904.

Kustin, R. A. (1994), "A Special Theory of Globalization: A Review and Critical Evaluation of the Theoretical and Empirical Evidence", *Journal of Global Marketing*, 7(3), 79-101.

Kustin, R A. (2004), "Marketing Mix Standardization: A Cross Cultural Study of Four Countries", *International Business Review*, 13(5), 637-649.

Kuzmina, Y. (2009), "Brand Portfolio Management and the Role of Brand Acquisitions", Southeast Missouri State University.

Kwok, S., M. Uncles, and Y. Huang (2006), "Brand Preferences and Brand Choices Among Urban Chinese Consumers: An Investigation of Country-of-Origin Effects", *Asia Pacific Journal of Marketing and Logistics*, 18(3), 163-172.

Labroo, A. A. and A. Y. Lee (2006), "Between Two Brands: A Goal Fluency Account of Brand Evaluation", *Journal of Marketing Research*, 43(3), 374-385.

Lambkin, M. and L. Muzellec (2008), "Rebranding in the Banking Industry Following Mergers and Acquisitions", *International Journal of Bank Marketing*, 26(5), 328-352.

Lambkin, M. and L. Muzellec (2010), "Leveraging Brand Equity in Business-to-Business Mergers and Acquisitions", *Industrial Marketing Management*, 39(8), 1234-1239.

Lampert, S. I. and E. D. Jaffe (1998), "A Dynamic Approach to Country-of-Origin Effect", *European Journal of Marketing*, 32(1/2), 61-78.

Lantz, G., and S. Loeb (1996), "Country of Origin and Ethnocentrism: An Analysis of Canadian and American Preferences Using Social Identity Theory", *Advances in Consumer Research*, 23, 374-378.

Laroche, M., N. Papadopoulos, L. Heslop, and J. Bergeron (2003), "Effects of Subcultural Differences on Country and Product Evaluations", *Journal of Consumer Behaviour*, 2(3), 232-247.

Laroche, M., N. Papadopoulos, L. A. Heslop, and M. Mourali (2005), "The Influence of Country Image Structure on Consumer Evaluations of Foreign Products", *International Marketing Review*, 22(1), 96-115.

Larsson, R. and S. Finkelstein (1999), "Integrating Strategic, Organizational, and Human Resource Perspectives on Mergers and Acquisitions: A Case Survey of Synergy Realization", *Organization Science*, 10(1), 1-26.

Leclerc, F., B. Schmitt, and L. Dubé (1994), "Foreign Branding and Its Effects on Product Perception and Attitudes", *Journal of Marketing Research*, 31(2), 263-270.

Lee, A. Y. and J. L. Aaker (2004), "Bringing the Frame into Focus: The Influence of Regulatory Fit on Processing Fluence and Persuasion", *Journal of Personality and Social Psychology*, 86(2), 205-218.

Lee, A. Y. and A. A. Labroo (2004), "The Effect of Conceptual and Perceptual Fluency on Brand Evaluation", *Journal of Marketing Research*, 41(2), 151-165.

Lee, D. and S. W. Bae (1999), "Effects of Partitioned Country of Origin Information on Buyer Assessment of Binational Products", *Advances in Consumer Research*, 26, 344-351.

Lee, D. and G. Ganesh (1999), "Effects of Partitioned Country Image in the Context of Brand Image and Familiarity: A Categorization Theory Perspective", *International Marketing Review*, 16(1), 18-41.

Lee, H. M., T. Chen, and B. S. Guy (2014), "How the Country-of-Origin Image and Brand Name Redeployment Strategies Affect Acquirers' Brand Equity After a Merger and Acquisition", *Journal of Global Marketing*, 27(3), 191-206.

Lee, H. M. and C. C. Lee (2011), "Country-of-Origin and Brand Redeployment Impact after Brand Acquisition", *Journal of Consumer Marketing*, 28(6), 412-420.

Lee, H. M., C. C. Lee, and C. C. Wu (2011), "Brand image Strategy Affects Brand Equity after M&A", *European Journal of Marketing*, 45(7/8), 1091-1111.

Lehmann, D. R., K. L. Keller, and J. U. Farley (2008), "The Structure of Survey-Based Brand Metrics", *Journal of International Marketing*, 16(4), 29-56.

Lenartowicz, T. and K. Roth (2001), "Does Subculture within a Country Matter? A Cross-Cultural Study of Motivational Domains and Business Performance in Brazil", *Journal of International Business Studies*, 32, 305-325.

Leonidou, L. C., J. Hadjimarcou, A. Kaleka, and G. T. Stamenova (1999), "Bulgarian Consumers' Perceptions of Products Made in Asia Pacific", *International Marketing Review*, 16(2), 126-142.

Lerner, J. S., Y. Li, P. Valdesolo, and K. S. Kassam (2015), "Emotion and Decision Making", *Annual Review of Psychology*, 66, 799-823.

Levinson D. J. (1957), "Authoritarian Personality and Foreign Policy", *Journal of Conflict Resolution*, 1(1), 37-47.

Levitt, B. and J. G. March (1988), "Organizational Learning", *Annual Review of Sociology*, 319-340.

Levitt T. (1983), "The Globalization of Markets", *Harvard Business Review*, 61 (May/June),

92-102.

Levy, S. J. (1959), "Symbols for Sale", *Harvard Business Review*, 37 (4), 117-124.

Li, D., C. L. Wang, Y. Jiang, B. R. Barnes, and H. Zhang (2014), "The Asymmetric Influence of Cognitive and Affective Country Image on Rational and Experiential Purchases", *European Journal of Marketing*, 48(11/12), 2153-2175.

Li, W. K., K. Leung, and R. S. Wyer (1993), "The Roles of Country of Origin Information on Buyers' Product Evaluations: Signal or Attribute?", *Advances in Consumer Research*, 20, 684-689.

Li, W. K. and K. B. Monroe (1992), "The Role of Country of Origin Information on Buyers' Product Evaluation: An In-Depth Interview Approach", *Enhancing Knowledge Development*, 3, 274-280.

Li, W. K. and R. S. Wyer Jr (1994), "The Role of Country of Origin in Product Evaluations: Informational and Standard-of-Comparison Effects", *Journal of Consumer Psychology*, 3(2), 187-212.

Li, Z. G., S. Fu, and L. W. Murray (1997), "Country and Product Images: The Perceptions of Consumers in the People's Republic of China", *Journal of International Consumer Marketing*, 10(1/2), 115-137.

Liefeld, J. P. (1993), "Experiments on Country-of-Origin Effects: Review and Meta-Analysis of Effect Size", in *Product-Country Images: Importance and Role in International Marketing*, eds. by Papadopoulos, N. and L. A. Heslop, New York: International Business Press, 117-156.

Lin, L. W. and B. Sternquist (1994), "Taiwanese Consumers' Perceptions of Product Information Cues Country of Origin and Store Prestige", *European Journal of Marketing*, 28(1), 5-18.

Lin, L. Y. and C. S. Chen (2006), "The Influence of the Country-of-Origin Image, Product Knowledge and Product Involvement on Consumer Purchase Decisions: An Empirical Study of Insurance and Catering Services in Taiwan", *Journal of Consumer Marketing*, 23(5), 248-265.

Liu, S. S. and K. F. Johnson (2005), "The Automatic Country-of-Origin Effects on Brand Judgments", *Journal of Advertising*, 34(1), 87-97.

Loken, B. and J. Ward (1990), "Alternative Approaches to Understanding the Determinants of Typicality", *Journal of Consumer Research*, 17(2), 111-126.

Loo, T. and G. Davies (2006), "Branding China: The Ultimate Challenge in Reputation Management?", *Corporate Reputation Review*, 9(3), 198-210.

Lotz, S. L. and M. Y. Hu (2001), "Diluting Negative Country of Origin Stereotypes: A Social Stereotype Approach", *Journal of Marketing Management*, 17(1), 105-135.

Lowengart, O. and E. Menipaz (2001), "On the Marketing of Nations and Multinational Corporations: A Competitive Positioning Mapping", *Management Decision*, 39(4), 302–314.

Lyons, A. and Y. Kashima (2001), "The Reproduction of Culture: Communication Processes Tend to Maintain Cultural Stereotypes", *Social Cognition*, 19(3), 372–394.

Lyons, A. and Y. Kashima (2003), "How Are Stereotypes Maintained Through Communication? The Influence of Stereotype Sharedness", *Journal of Personality and Social Psychology*, 85(6), 989–1005.

Macho, S. and T. Ledermann (2011), "Estimating, Testing, and Comparing Specific Effects in Structural Equation Models: The Phantom Model Approach", *Psychological Methods*, 16(1), 34–43.

Macinnis, D. J. (2012), " 'Brands as Intentional Agents': Questions and Extensions", *Journal of Consumer Psychology*, 22(2), 195–198.

Mackie, D. M. and E. Smith (1998), "Intergroup Relations: Insights from A Theoretically Integrative Approach", *Psychological Review*, 105(3), 499–529.

Madden, T. J., M. S. Roth, and W. R. Dillon (2012), "Global Product Quality and Corporate Social Responsibility Perceptions: A Cross-National of Halo Effects", *Journal of International Marketing*, 20 (1), 42–57.

Magnusson, P., V. Krishnan, S. A. Westjohn, and S. Zdravkovic, (2014), "The Spillover Effects of Prototype Brand Transgressions on Country Image and Related Brands", *Journal of International Marketing*, 22(1), 21–38.

Mahajan, V., V. R. Rao, and R. K. Srivastava (1994), "An Approach to Assess the Importance of Brand Equity in Acquisition Decisions", *Journal of Product Innovation Management*, 11(3), 221–235.

Maheswaran, D. (1994), "Country of Origin as a Stereotype: Effects of Consumer Expertise and Attribute Strength on Product Evaluations", *Journal of Consumer Research*, 21(2), 354–365.

Maheswaran, D. and Y. C. Chen (2006), "Nation Equity: Incidental Emotions in Country-of-Origin Effects", *Journal of Consumer Research*, 33(3), 370–376.

Maheswaran, D. and Y. C. Chen (2009), "Nation Equity: Country-of-Origin Effects and Globalization", in *Handbook of International Marketing*, eds. by Kotabe, M. and K. Helsen, London: Sage, 91–113.

Maheswaran, D., Y. C. Chen, and J. He (2013), "Nation Equity: Integrating the Multiple Dimensions of Country-of-Origin Effects", *Review of Marketing Research*, ed. by Malhotra, N. K., Bingley: Emerald Group Publishing Limited, 153–189.

Malhotra, S., K. Sivakumar, and P. C. Zhu (2009), "Distance Factors and Target Market Selection: The Moderating Effect of Market Potential", *International Marketing Review*, 26(6), 651–673.

Malhotra, S., K. Sivakumar, and P. C. Zhu (2011), "A Comparative Analysis of the Role of National Culture on Foreign Market Acquisitions by US Firms and Firms from Emerging Countries", *Journal of Business Research*, 64(7), 714–722.

March, J. G. (1991), "Exploration and Exploitation in Organizational Learning", *Organization Science*, 2(1), 71–87.

Martin, B. A. S., M. S. W. Lee, and C. Lancy (2011), "Countering Negative Country of Origin Effect Using Imagery Processing", *Journal of Consumer Behavior*, 10(2), 80–92.

Martin, I. M. and S. Eroglu (1993), "Measuring A Multi-Dimensional Construct: Country Image", *Journal of Business Research*, 28(3), 191–210.

Martín, M. O. and J. Cerviño (2011), "Towards an Integrative Framework of Brand Country of origin Recognition Determinants: A Cross-Classified Hierarchical Model", *International Marketing Review*, 28(6), 530–558.

McCracken, G. (1986), "Culture and Consumption: A Theoretical Account of the Structure and Movement of the Cultural Meaning of Consumer Goods", *Journal of Consumer Research*, 13(1), 71–84.

McGee, L. W. and R. L. Spiro (1991), "Salesperson and Product Country-of-Origin Effects on Attitudes and Intentions to Purchase", *Journal of Business Research*, 22(1), 21–32.

Merz, M. A., Y. He, and D. L. Alden (2008), "A Categorization Approach to Analyzing the Global Consumer Culture Debate", *International Marketing Review*, 25(2), 166–182.

Meyer, J. W. and B. Rowan (1977), "Institutionalized Organizations: Formal Structure as Myth and Ceremony", *American Journal of Sociology*, 83(2), 340–363.

Millward Brown (2012), BrandZ™ Top 50 Most Valuable Chinese Brands.

Millward Brown (2013), BrandZ™ Top 50 Most Valuable Chinese Brands.

Millward Brown (2014), BrandZ™ The Power and The Potential of The Chinese Dream.

Mira, V. L., G. R. Zinn, and J. M. A. Silva (2015), "Beliefs of Healthcare Professionals about Training and Institutional Development Actions", *International Journal of Nursing Didactics*, 5(1), 1–8.

Mohamad, O., Z. U. Ahmed, E. D. Honeycutt, and T. H. Tyebkhan (2000), "Does 'Made in⋯' Matter to Consumers? A Malaysian Study of Country of Origin Effect", *Multinational Business Review*, 8(2), 69–73.

Monga, A. B. and D. R. John (2010), "What Makes Brands Elastic? The Influence of Brand Concept and Styles of Thinking on Brand Extension Evaluation", *Journal of Marketing*, 74(3), 80–92.

Morello, G. (1984), "The 'Made In' Issue: A Comparative Research on the Image of Domestic and Foreign Products", *European Research*, 12 (1): 5–21.

Morgan, N. A. and L. L. Rego (2009), "Brand Portfolio Strategy and Firm Performance", *Jour-*

nal of Marketing, 73(1), 59-74.

Morgan, N. A., R. J. Slotegraaf, and D. W. Vorhies (2009), "Linking Marketing Capabilities with Profit Growth", *International Journal of Research in Marketing*, 26(4), 284-293.

Morgan, N. J., P. Annette, and P. Rachel (2002), "New Zealand, 100% Pure. The Creation of a Powerful Niche Destination Brand", *Journal of Brand Management*, 9(4/5), 335-534.

Morgan, N. J., P. Annette, and P. Rachel (2003), "Destination Branding and the Role of the Stakeholders: The Case of New Zealand", *Journal of Vacation Marketing*, 9(3), 285-299.

Morganosky, M. A. (1993), "Quality/Price Comparisons within the Context of Country of Origin and Retail Type Cues", *The International Review of Retail, Distribution and Consumer Research*, 3(4), 411-427.

Morris, M. W., C. Chiu, and Z. Liu (2015), "Polycultural Psychology", *Annual Review of Psychology*, 66(1), 631-659.

Nagashima, A. (1970), "A Comparison of Japanese and U. S. Attitudes Toward Foreign Products", *Journal of Marketing*, 34(1), 68-74.

Nagashima, A. (1977), "A Comparative 'Made In' Product Image Survey Among Japanese Businessmen", *Journal of Marketing*, 41(3), 95-100.

Napoli, J., S. J. Dickinson, M. B. Beverland, et al. (2014), "Measuring Consumer-Based Brand Authenticity", *Journal of Business Research*, 67(6), 1090-1098.

Narayana, C. L. (1981), "Aggregate Images of American and Japanese Products: Implications on International Marketing", *Columbia Journal of World Business*, 16(2), 31-35.

Nebenzahl, I. D., E. D. Jaffe, and J. C. Usunier (2003), "Personifying Country of Origin Research", *Management International Review*, 43(4), 383-406.

Nebenzahl, I. D., E. D. Jaffe, and S. I. Lampert (1997), "Towards a Theory of Country Image Effect on Product Evaluation", *Management International Review*, 37(1), 27-49.

Nelson, R. R. and B. N. Sampat (2001), "Making Sense of Institutions as a Factor Shaping Economic Performance", *Journal of Economic Behavior & Organization*, 44(1), 31-54.

Nes, E. and W. J. Bilkey (1993), "A Multiple Cue of Country-of-Origin Theory", in *Product-Country Images: Impact and Role in International Marketing*, eds. by Papadopoulos, N. and L. Heslop., Binghamton, NY: International Business Press, 179-195.

Netemeyer, R. G., S. Durvasula, and D. R. Lichtenstein (1991), "A Cross-National Assessment of the Reliability and Validity of the CETSCALE", 28 (3), *Journal of Marketing Research*, 320-327.

Nicholson, J., A. G. Lee, M. Hemmasi, and K. Widdison (1993), "Attitudes Towards Socioeconomic Issues as a Function of Cultural Values: A Cross-National Study of Venezuela, Chile, and the United States", *International Journal of Management*, 10(4), 470-480.

Nielsen, A. C. (2001), *Reaching the Billion Dollar Mark: A Review of Today's Global Brands.*

Chicago: AC Nielsen.

Nijssen, E. J. and S. P. Douglas (2004), "Examining the Animosity Model in a Country with a High Level of Foreign Trade", *International Journal of Research in Marketing*, 21(1), 23-38.

Nijssen, E. J. and S. P. Douglas (2008), "Consumer World-Mindedness, Social-Mindedness, and Store Image", *Journal of International Marketing*, 16(3), 84-107.

Nijssen, E. J. and S. P. Douglas (2011), "Consumer World-Mindedness and Attitudes Toward Product Positioning in Advertising: An Examination of Global versus Foreign versus Local Positioning", *Journal of International Marketing*, 19(3), 113-133.

Nikolova, M. S. and S. H. Salah (2013), "Nation Branding Effects on Retrospective Global Evaluation of Past Travel Experiences", *Journal of Business Research*, 66(6), 752-758.

Okazaki, S., B. Mueller, and C. R. Taylor (2010), "Global Consumer Culture Positioning: Testing Perceptions of Soft-Sell and Hard-Sell Advertising Appeals Between U. S. and Japanese Consumers", *Journal of International Marketing*, 18(2), 20-34.

Olins, W. (2002), "Branding the Nation—The Historical Context", *Journal of Brand Management*, 9(4/5), 241-248.

Olsen, R. (2012), "Chinese Global Brands? Not Yet", *Forbes*, 8, 30-31.

Olsen, S. O. and U. H. Olsson (2002), "Multientity Scaling and the Consistency of Country-of-Origin Attitudes", *Journal of International Business Studies*, 33(1), 149-167.

O'Mara, K., K. Cort, and G. Palin (2011), "A Cross-National Empirical Study Investigating the Role of Purchasing Purpose Has on The Country-of-Origin Effect", *International Journal of the Academic Business World*, 5(1), 99-108.

Osman, I., S. F. S. Alwi, I. Mokhtar, H. Ali, F. Setapa, R. Muda, and A. R. A. Rahim (2015), "Integrating Institutional Theory in Determining Corporate Image of Islamic Banks", *Procedia-Social and Behavioral Sciences*, 211, 560-567.

Özsomer, A. (2012), "The Interplay Between Global and Local Brands: A Closer Look at Perceived Brand Globalness and Local Iconness", *Journal of International Marketing*, 20(2), 72-95.

Özsomer, A. and S. Altaras (2008), "Global Brand Purchase Likelihood: A Critical Synthesis and an Integrated Conceptual Framework", *Journal of International Marketing*, 16(4), 1-28.

Özsomer, A. and S. Cavusgil (1991), "Country-of-Origin Effects on Product Evaluations: A Sequel to Bilkey and Nes Review", *Enhancing Knowledge Development in Marketing*, 2, 269-277.

Papadopoulos, N. (1993), "What Product and Country Images Are and Are Not", in *Product-Country Images: Importance and Role in International Marketing*, eds. by Papadopoulos, N. and L. A. Heslop, New York: International Business Press, 3-38.

Papadopoulos, N. (2004), "Place Branding: Evolution, Meaning and Implications", *Place*

Branding, 1(1), 36-49.

Papadopoulos, N. and L. A. Heslop (2002), "Country Equity and Country Branding: Problems and Prospects", *Journal of Brand Management*, 9(4/5), 294-314.

Papadopoulos, N. and L. A. Heslop (2003), "Country Equity and Product-Country Images: State-of-the-Art in Research and Implications", in *Handbook of Research in International Marketing*, ed. by Jain, S. C., Northhampton, MA: Edward Elgar Publishing, 402-433.

Papadopoulos, N., L. A. Heslop, and G. Bamossy (1990), "A Comparative Image Analysis of Domestic versus Imported Products", *International Journal of Research in Marketing*, 7(4), 283-294.

Pappu, R. and P. G. Quester (2010), "Country Equity: Conceptualization and Empirical Evidence", *International Business Review*, 19(3), 276-291.

Pappu, R., P. G. Quester, and R. W. Cooksey (2005), "Consumer-Based Brand Equity: Improving the Measurement-Empirical Evidence", *Journal of Product & Brand Management*, 14(3), 143-154.

Pappu, R., P. G. Quester, and R. W. Cooksey (2006), "Consumer-Based Brand Equity and Country-of-Origin Relationships: Some Empirical Evidence", *European Journal of Marketing*, 40(5/6), 696-717.

Pappu, R., P. G. Quester, and R. W. Cooksey (2007), "Country Image and Consumer-Based Brand Equity: Relationships and Implications for International Marketing", *Journal of International Business Studies*, 38(5), 726-745.

Parameswaran, R. and R. M. Pisharodi (1994), "Facets of Country of Origin Image: An Empirical Assessment", *Journal of Advertising*, 23(1), 43-56.

Parameswaran, R. and A. Yaprak (1987), "A Cross-National Comparison of Consumer Research Measures", *Journal of International Business Studies*, 18(1), 35-49.

Park, C. W., B. J. Jaworski, and D. J. MacInnis (1986), "Strategic Brand Concept-Image Management", *Journal of Marketing*, 50(4), 135-145.

Park, C. W., D. J. MacInnis, J. Priester, et al. (2010), "Brand Attachment and Brand Attitude Strength: Conceptual and Empirical Differentiation of Two Critical Brand Equity Drivers", *Journal of Marketing*, 74(6), 1-17.

Park, C. W., S. J. Milberg, and R. Lawson (1991), "Evaluation of Brand Extensions: The Role of Product Feature Similarity and Brand Concept Consistency", *Journal of Consumer Research*, 18(2), 185-193.

Park, H. J. and N. J. Rabolt (2009), "Cultural Value, Consumption Value, and Global Brand Image: A Cross-National Study", *Psychology & Marketing*, 26(8), 714-735.

Parker, R. S., C. M. Hermans, and A. D. Schaefer (2004), "Fashion Consciousness of Chinese, Japanese and American Teenagers", *Journal of Fashion Marketing and Management: *An International Journal*, 8(2), 176–186.

Passow, T., R. Fehlmann, and H. Grahlow (2005), "Country Reputation—From Measurement to Management: The Case of Liechtenstein", *Corporate Reputation Review*, 7(4), 309–326.

Paswan, A. K., S. Kulkarni, and G. Ganesh (2003), "Loyalty towards the Country, the State and the Service Brands", *Journal of Brand Management*, 10 (3), 233–251.

Peng, M. W., D. Y. L. Wang, and Y. Jiang (2008), "An Institutional-Based View of International Business Strategy: A Focus on Emerging Economies", *Journal of International Business Studies*, 39(5), 920–936.

Pereira, A., C. C. Hsu, and S. Kundu (2002), "A Cross-cultural Analysis of Ethnocentrism in China, India, and Taiwan", *Journal of International Consumer Marketing*, 15(1), 77–90.

Peteraf, M. A. (1993), "The Cornerstones of Competitive Advantage: A Resource-Based View", *Strategic Management Journal*, 14(3), 179–191.

Peterson, R. A and A. J. P. Jolibert (1995), "A Meta-Analysis of Country-of-Origin Effects", *Journal of International Business Studies*, 26(4), 883–900.

Pharr, J. M. (2005), "Synthesizing Country-of-Origin Research from the Last Decade: Is the Concept Still Salient in an Era of Global Brands?", *Journal of Marketing Theory and Practice*, 13(4), 34–45.

Phau, I. and K. W. Chan (2003), "Targeting East Asian Markets: A Comparative Study on National Identity", *Journal of Targeting, Measurement and Analysis for Marketing*, 12(2), 157–172.

Phau, I. and G. Prendergast (2000), "Conceptualizing the Country of Origin of Brand", *Journal of Marketing Communications*, 6(3), 159–170.

Pinkse, J. and M. E. Slade (2004), "Mergers, Brand Competition, and the Price of a Pint", *European Economic Review*, 48(3), 617–643.

Pisano, G., A. Shuen, and D. Teece (1997), "Dynamic Capabilities and Strategic Management", *Strategic Management Journal*, 18(7), 509–533.

Porter, M. E. (1985), *Competitive Advantage: Creating and Sustaining Superior Performance*. New York: The Free Press.

Porter, M. E. (2008), *Competitive Advantage: Creating and Sustaining Superior Performance*. New York: Simon and Schuster.

Pratima, B. and I. Clelland (2004), "Talking Trash: Legitimacy, Impression Management, and University Risk in the Context of the Natural Environment", *Academy of Management Journal*, 47(1), 93–103.

Quells, W. J. and J. Rosa (1995), "Assessing Industrial Buyers' Perceptions of Quality and Their Effects on Satisfaction", *Industrial Marketing Management*, 24(5), 359–368.

Quester, P. G., S. Dzever, and S. Chetty (2000), "Country-of-Origin Effects on Purchasing

Agents' Product Perceptions: An International Perspective", *Journal of Business & Industrial Marketing*, 15(7), 479-490.

Rao, V. R., M. K. Agarwal, and D. Dahlhoff (2004), "How Is Manifest Branding Strategy Related to the Intangible Value of a Corporation?", *Journal of Marketing*, 68(4), 126-141.

Rao, V. R., V. Mahajan, and N. P. Varaiya (1991), "A Balance Model for Evaluating Firms for Acquisition", *Management Science*, 37(3), 331-349.

Rao, A. R. and K. B. Monroe (1988), "The Moderating Effect of Prior Knowledge on Cue Utilization in Product Evaluations", *Journal of Consumer Research*, 15(2), 253-264.

Ratchford, B. T., T. Debabrata, and M. S. Lee (2001), "A Model of Consumer Choice of the Internet as an Information Source", *International Journal of Electronic Commerce*, 5(3), 7-21.

Reierson, C. (1966), "Are Foreign Products Seen as National Stereotypes?", *Journal of Retailing*, 42, 33-40.

Richards, G. (2001), "Marketing China Overseas: The Role of Theme Parks and Tourist Attractions", *Journal of Vacation Marketing*, 8(1), 28-38.

Riefler, P. (2012), "Why Consumers Do (Not) Like Global Brands: The Role of Globalization Attitude, GCO and Global Brand Origin", *International Journal of Research in Marketing*, 29(1), 25-34.

Ritzer, G. (2003), "Rethinking Globalization: Glocalization/Grobalization and Something/Nothing", *Sociological Theory*, 21(3), 193-209.

Robinson, J. P. and N. Zill (1997), "Matters of Culture", *American Demographics*, 19(9), 48-52.

Rojas-Mendéz, J. I., S. A. Murphy, and N. Papadopoulos (2013), "The U. S. Brand Personality: A Sino Perspective", *Journal of Business Research*, 66(8), 1028-1034.

Ross, W. and I. Simonson (1991), "Evaluations of Pairs of Experiences: A Preference for Happy Endings", *Journal of Behavioral Decision Making*, 4(4), 273-282.

Rostand, A. (1994), "Optimizing Managerial Decisions During the Acquisition Integration Process", 14th Annual Strategic Management Society International Conference, Paris, France.

Roth, K. P. and A. Diamantopoulos (2009), "Advancing the Country Image Construct", *Journal of Business Research*, 62(7), 726-740.

Roth, M. S. (1992), "Depth versus Breadth Strategies for Global Brand Image Management", *Journal of Advertising*, 21(2), 25-36.

Roth, M. S. (1995a), "The Effects of Culture and Socioeconomics on the Performance of Global Brand Image Strategies", *Journal of Marketing Research*, 32(2), 163-175.

Roth, M. S. (1995b), "Effects of Global Market Conditions on Brand Image Customization and Brand Performance", *Journal of Advertising*, 24(4), 55-75.

Roth, M. S. and J. B. Romeo (1992), "Matching Product Category and Country Image Perceptions: A Framework for Managing Country-of-Origin Effects", *Journal of International Business Studies*, 23(3), 477–497.

Roy, R. and Chau R. (2011), "Consumer-Based Brand Equity and Status-Seeking Motivation for a Global versus Local Brand", *Asia Pacific Journal of Marketing and Logistics*, 23(3), 270–284.

Samiee, B. and K. Roth (1992), "The Influence of Global Marketing Standardization on Performance", *Journal of Marketing*, 56(2), 1–17.

Samiee, S. (1994), "Customer Evaluation of Product in a Global Market", *Journal of International Business Studies*, 25(3), 579–604.

Samiee, S. (2010), "Advancing the Country Image Construct—A Commentary Essay", *Journal of Business Research*, 63(4), 442–445.

Samiee, S., T. A. Shimp, and S. Sharma (2005), "Brand Origin Recognition Accuracy: Its Antecedents and Consumers' Cognitive Limitations", *Journal of international Business Studies*, 36(4), 379–397.

Schenck-Hamlin, W. J. (1978), "The Effects of Dialectical Similarity, Stereotyping, and Message Agreement on Interpersonal Perception", *Human Communication Research*, 5(1), 15–26.

Schmidt, J. B. and R. A. Spreng (1996), "A Proposed Model of External Consumer Information Search", *Journal of the Academy of Marketing Science*, 24(3), 246–256.

Schoenberg, R. (2006), "Measuring the Performance of Corporate Acquisitions: An Empirical Comparison of Alternative Metrics", *British Journal of Management*, 17(4), 361–370.

Schooler, R. (1965), "Product Bias in the Central American Common Market", *Journal of Marketing Research*, 2(4), 394–397.

Schooler, R. (1971), "Bias Phenomena Attendant to the Marketing of Foreign Goods in the US", *Journal of International Business Studies*, 2(1), 71–80.

Schuiling, I. and J. N. Kapferer (2004), "Real Differences Between Local and International Brands: Strategic Implications for International Marketers", *Journal of International Marketing*, 12(4), 97–112.

Schwartz, S. H. (1992), "Universals in the Content and Structure of Values: Theoretical Advances and Empirical Tests in 20 Countries", *Advances in Experimental Social Psychology*, 25, 1–65.

Schwartz, S. H. (1994), "Beyond Individualism/Collectivism: New Cultural Dimensions of Values", in *Individualism and Collectivism: Theory, Method, and Applications*, eds. by Kim, U., H. C. Triandis, C. Kagitcibasi, and G. Yoon, Thousand Oaks, CA: Sage, 85–119.

Schwartz, S. H. and K. Boehnke (2004), "Evaluating the Structure of Human Values with Confirmatory Factor Analysis", *Journal of Research in Personality*, 38(3), 230–255.

Scott, W. R. (1987), "The Adolescence of Institutional Theory", *Administrative Science Quarterly*, 32(4), 493−511.

Scott, W. R. (1995), *Institutions and Organizations (Foundations for Organizational Science)*. London: Sage.

Scott, W. R. (2001), *Institutions and Organizations (2nd Edition)*. Thousand Oaks, CA: Sage.

Sekaran, U. (1983), "Methodological and Theoretical Issues and Advancements in Cross-Cultural Research", *Journal of International Business Studies*, 14, 61−73.

Seock, Y. K. and L. R. Bailey (2008), "The Influence of College Students' Shopping Orientations and Gender Differences on Online Information Searches and Purchase Behaviours", *International Journal of Consumer Studies*, 32(2), 113−121.

Shani, A., P. J. Chen, Y. Wang, and N. Hua (2010), "Testing the Impact of a Promotional Video on Destination Image Change: Application of China as a Tourism Destination", *International Journal of Tourism Research*, 12(2), 116−133.

Sharma, P. (2011), "Country of Origin Effects in Developed and Emerging Markets: Exploring the Contrasting Roles of Materialism and Value Consciousness", *Journal of International Business Studies*, 42(2), 285−306.

Sharma, P. (2015), "Consumer Ethnocentrism: Reconceptualization and Cross-Cultural Validation", *Journal of International Business Studies*, 46(3), 381−389.

Sharma, P., R. Mathur, and A. Dhawan (2009), "Exploring Customer Reactions to Offshore Call Centers: toward a Comprehensive Conceptual Framework," *Journal of Services Marketing*, 23(5), 289−300.

Sharma, S., T. Shimp, and J. Shin (1995), "Consumer Ethnocentrism: A Test of Antecedents and Moderators", *Journal of Academy of Marketing Science*, 23(1), 26−37.

Sheth, J. N. (2011), "Impact of Emerging Markets on Marketing: Rethinking Existing Perspectives and Practices", *Journal of Marketing*, 75(4), 166−182.

Shimizu, K., M. A. Hitt, D. Vaidyanath, and V. Pisano (2004), "Theoretical Foundations of Cross-Border Mergers and Acquisitions: A Review of Current Research and Recommendations for the Future", *Journal of International Management*, 10(3), 307−353.

Shimp, T. A., S. Saeed, and J. M. Thomas (1993), "Countries and Their Products: A Cognitive Structure Perspective", *Journal of the Academy of Marketing Science*, 21(4), 323−330.

Shimp, T. A. and S. Sharma (1987), "Consumer Ethnocentrism: Construction and Validation of the CETSCALE", *Journal of Marketing Research*, 24(3), 280−289.

Shiu, E. M. K., G. Walsh, and L. M. Hassan (2011), "Consumer Uncertainty, Revisited", *Psychology & Marketing*, 28(6), 584−607.

Shocker, A. D., R. K. Srivastava, and R. W. Ruekert (1994), "Challenges and Opportunities Facing Brand Management: An Introduction to the Special Issue", *Journal of Marketing Re-*

search, 31(2), 149-158.

Simon A. (2002), "Foreword", *Journal of Brand Management*, 9(4/5), 229-239.

Smith, A. D. (1991), *National Identity*. London: Penguin Books.

Smith, D. C. and C. W. Park (1992), "The Effects of Brand Extensions on Market Share and Advertising Efficiency", *Journal of Marketing Research*, 29(3), 296-313.

Song, Q. (2013), "The Inherited Traditional Culture of Automobile Molding DNA Design Research", *Telkomnika*, 11(3), 1189-1196.

Sorescu, A. B., R. K. Chandy, and J. C. Prabhu (2007), "Why Some Acquisitions Do Better than Others: Product Capital as a Driver of Long-Term Stock Returns", *Journal of Marketing Research*, 44(1), 57-72.

Srivastava, R. K., T. A. Shervani, and L. Fahey (1998), "Market-Based Assets and Shareholder Value: A Framework for Analysis", *Journal of Marketing*, 62(1), 2-18.

Steenkamp, J. B. E. M. (2001), "The Role of National Culture in International Marketing Research", *International Marketing Review*, 18(1), 30-44.

Steenkamp, J. B. E. M. (2017), *Global Brand Strategy: World-wise Marketing in the Age of Branding*, New York: Palgrave Macmillan.

Steenkamp, J. B. E. M. (2019), "Global versus Local Consumer Culture: Theory, Measurement, and Future Research Directions", *Journal of International Marketing*, 27(1), 1-19.

Steenkamp, J. B. E. M. (2021), "Building Strong Nation Brands", *International Marketing Review*, 38(1), 6-18.

Steenkamp, J. B. E. M., R. Batra, and D. L. Alden (2003), "How Perceived Brand Globalness Creates Brand Value", *Journal of International Business Studies*, 34(1), 53-65.

Steenkamp, J. B. E. M. and H. Baumgartner (1998), "Assessing Measurement Invariance in Cross-National Consumer Research", *Journal of Consumer Research*, 25(1), 78-90.

Steenkamp, J. B. E. M. and M. G. de Jong (2010), "A Global Investigation into the Constellation of Consumer Attitudes Toward Global and Local Products", *Journal of Marketing*, 74(6), 18-40.

Steenkamp, J. B. E. M. and I. Geyskens (2006), "How Country Characteristics Affect the Perceived Value of Web Sites", *Journal of Marketing*, 70(3), 136-150.

Steenkamp, J. B. E. M., H. J. V. Heerde, and I. Geyskens (2010), "What Makes Consumers Willing to Pay a Price Premium for National Brands over Private Labels?", *Journal of Marketing Research*, 47(6), 1011-1024.

Štrach, P. and A. M. Everett (2006), "Brand Corrosion: Mass-Marketing's Threat to Luxury Automobile Brands after Merger and Acquisition", *Journal of Product & Brand Management*, 15(2), 106-120.

Strizhakova, Y., R. A. Coulter, and L. L. Price (2008a), "The Meanings of Branded Products:

A Cross-National Scale Development and Meaning Assessment", *International Journal of Research in Marketing*, 25(2), 82-93.

Strizhakova, Y., R. A. Coulter, and L. L. Price (2008b), "Branded Products as a Passport to Global Citizenship: Perspectives from Developed and Developing Countries", *Journal of International Marketing*, 16(4), 57-85.

Strizhakova, Y., R. A. Coulter, and L. L. Price (2011), "Branding in a Global Marketplace: The Mediating Effects of Quality and Self-Identity Brand Signals", *International Journal of Research in Marketing*, 28(4), 342-351.

Strizhakova, Y., R. A. Coulter, and L. L. Price (2012), "The Young Adult Cohort in Emerging Markets: Assessing Their Glocal Cultural Identity in a Global Marketplace", *International Journal of Research in Marketing*, 29, 43-54.

Strutton, D., S. L. True, and R. C. Rody (1995), "Russian Consumer Perceptions of Foreign and Domestic Consumer Goods: An Analysis of Country-of-Origin Stereotypes with Implications for Promotions and Positioning", *Journal of Marketing Theory and Practice*, 3(3), 76-87.

Suchman, M. C. (1995), "Managing legitimacy: Strategic and Institutional Approaches", *Academy of Management Review*, 20(3), 571-610.

Sumner, W. G. (1906), *Folkways: The Sociological Importance of Usages, Manners, Customs, Mores, and Morals*. New York: Ginn & Co.

Sun, B. and V. G. Morwitz (2010), "Stated Intentions and Purchase Behavior: A Unified Model", *International Journal of Research in Marketing*, 27(4), 356-366.

Swaminathan, V., N. Dawar, and J. Hulland (2007), "So you Want to Buy a Brand?", Research Memorandum 015, Maastricht: Maastricht University.

Swaminathan, V., K. L. Page, and Z. Gürhan-Canli (2007), "'My' Brand or 'Our' Brand: The Effects of Brand Relationship Dimensions and Self-Construal on Brand Evaluations", *Journal of Consumer Research*, 34(2), 248-259.

Swoboda, B., K. Pennemann, and M. Taube (2012), "The Effects of Perceived Brand Globalness and Perceived Brand Localness in China: Empirical Evidence on Western, Asian, and Domestic Retailers", *Journal of International Marketing*, 20(4), 72-95.

Tajfel, H. (1978), "Social Categorization, Social Identity and Social Comparison", in *Differentiation Between Social Groups*, ed. by Tajfel, H., London, UK: Academic Press, 61-76.

Teng, C. C. and C. H. Lu (2016), "Organic Food Consumption in Taiwan: Motives, Involvement, and Purchase Intention under the Moderating Role of Uncertainty", *Appetite*, 105, 95-105.

Thakor, M. V. (1996), "Brand Origin: Conceptualization and Review", *Journal of Consumer Marketing*, 13(3), 27-42.

Thakor, M. V. and A. M. Lavack (2003), "Effect of Perceived Brand Origin Associations on Consumer Perceptions of Quality", *Journal of Product & Brand Management*, 12(6), 394–407.

Thakor, M. V. and P. K. Lea (1997), "A Model of Brand and Country Effects on Quality Dimensions: Issues and Implications", *Journal of International Consumer Marketing*, 9(3), 79–100.

Thelen, S. T. and E. D. Honeycutt Jr. (2004), "Assessing National Identity in Russia Between Generations Using the National Identity Scale", *Journal of International Marketing*, 12(2), 58–81.

Theodosiou, M. and L. C. Leonidou (2003), "Standardization versus Adaptation of International Marketing Strategy: An Integrative Assessment of the Empirical Research", *International Business Review*, 12(2), 141–171.

Thorbjørnsen, H. and M. Dahlén (2011), "Customer Reactions to Acquirer-Dominant Mergers and Acquisitions", *International Journal of Research in Marketing*, 28(4), 332–341.

Thorelli, H. B., J. S. Lim, and J. Ye (1989), "Relative Importance of Country of Origin, Warranty and Retail Store Image on Product Evaluation", *International Marketing Review*, 6(1), 35–46.

Thun, E. (2006), *Changing Lanes in China: Foreign Direct Investment, Local Governments, and Auto Sector Development*. New York: Cambridge University Press.

Torelli, C. J. (2013), *Globalization, Culture, and Branding: How to Leverage Cultural Equity for Building Iconic Brands in the Era of Globalization*. New York: Palgrave Macmillan.

Torelli, C. J. and R. Ahluwalia (2012), "Extending Culturally Symbolic Brands: A Blessing or a Curse?", *Journal of Consumer Research*, 38(5), 933–947.

Torelli, C. J., A. B. Monga, and A. M. Kaikati (2012), "Doing Poorly by Doing Good: Corporate Social Responsibility and Brand Concepts", *Journal of Consumer Research*, 38(5), 948–963.

Torelli, C. J., H. T. Keh, and C. Y. Chiu (2010), "Cultural Symbolism of Brands", in *Brands and Brand Management: Contemporary Research Perspectives*, eds. by Loken, B., R. Ahluwalia, and M. J. Houston, New York: Routledge, 113–132.

Torelli, C. J., H. Oh, and J. L. Stoner (2021), "Cultural Equity: Knowledge and Outcomes Aspects", *International Marketing Review*, 38(1), 99–123.

Torelli, C., A. Özsomer, S. W. Carvalho, H. T. Keh, and N. Maehle (2012), "Brand Concepts as Representations of Human Values: Do Cultural Congruity and Compatibility Between Values Matter?", *Journal of Marketing*, 76(4), 92–108.

Toyne, B. and D. A. Nigh (1998), "A More Expansive View of International Business", *Journal of International Business Studies*, 29(4), 863–875.

Treanor, P. (1997), "Structures of Nationalism", *Sociological Research Online*, 2(1), 72–84.

Tse, D. K., K-H. Lee, I. Vertinsky, and D. A. Wehrung (1988), "Does Culture Matter? A Cross-Cultural Study of Executives' Choice, Decisiveness and Risk Adjustment in International Marketing", *Journal of Marketing*, 52(4), 81-95.

Tu, L., A. Khare, and Y. Zhang (2012), "A Short 8-Item Scale for Measuring Consumers' Local-Global Identity", *International Journal of Research in Marketing*, 29(1), 35-42.

Tversky, A. (1972), "Elimination by Aspects: A Theory of Choice", *Psychological Review*, 79(4), 281-299.

Ueltschy, L. C. (1998), "Brand Perceptions as Influenced by Consumer Ethnocentrism and Country-of-Origin Effects", *The Journal of Marketing Management*, 8(1), 12-23.

Ulgado, F. M. and M. Lee (1993), "Consumer Evaluations of Bi-National Products in the Global Market", *Journal of International Marketing*, 1(3), 5-22.

Uncles, M. and J. Saurazas (2000), "Purchasing Local and International Brands: The Intentions Behaviour Link among Arabs, Asians and Westerners in the UAE", ANZMAC Conference, Griffith University, Australia.

Urbany, J. E., P. R. Dickson, and W. L. Wilkie (1989), "Buyer Uncertainty and Information Search", *Journal of Consumer Research*, 16(2), 208-215.

Üstüner, T. and D. B. Holt (2010), "Toward a Theory of Status Consumption in Less Industrialized Countries", *Journal of Consumer Research*, 37(1), 37-56.

Usunier J. (2006), "Relevance in Business Research: The Case of Country-of-Origin Research in Marketing", *European Management Review*, 3(1), 60-73.

Van Ham, P. (2001), "The Rise of the Brand State: The Postmodern Politics of Image and Reputation", *Foreign Affairs*, 80(5), 2-6.

Varadarajan, R., M. P. DeFanti, and P. S. Busch (2006), "Brand Portfolio, Corporate Image, and Reputation: Managing Brand Deletions", *Journal of the Academy of Marketing Science*, 34(2), 195-205.

Verlegh, P. (2001), "Country-of-Origin Effects on Consumer Product Evaluations", Unpublished Doctoral Dissertation, Wageningen: University of Wageningen.

Verlegh, P. (2007), "Home Country Bias in Product Evaluation: The Complementary Roles of Economic and Socio-Psychological Motives", *Journal of International Business Studies*, 38(3), 361-373.

Verlegh, P. W. J. and J. B. E. M. Steenkamp (1999), "A Review and Meta-Analysis of Country-of-Origin Research", *Journal of Economic Psychology*, 20(5), 521-546.

Vermeir, I. and W. Verbeke (2006), "Sustainable Food Consumption: Exploring the Consumer 'Attitude-Behavioral Intention' Gap", *Journal of Agricultural and Environmental Ethics*, 19(2), 169-194.

Virutamasen, P., K. Wongpreedee, and W. Kumnungwut (2015), "Strengthen Brand Association

Through SE: Institutional Theory Revisited", *Social and Behavioral Sciences*, 195, 192-196.

Vorhies, D. W. and N. A. Morgan (2005), "Benchmarking Marketing Capabilities for Sustainable Competitive Advantage", *Journal of Marketing*, 69(1), 80-94.

Vu, D. A., Y. Shi, and M. Gregory (2010), "Brand and Product Integration in Horizontal Mergers and Acquisitions", *European Journal of International Management*, 4(1), 79-119.

Vu, D. A., Y. Shi, and T. Hanby (2009), "Strategic Framework for Brand Integration in Horizontal Mergers and Acquisitions", *Journal of Technology Management in China*, 4(1), 26-52.

Walker, G. and D. A. Weber (1984), "A Transaction Cost Approach to Make-or-Buy Decisions", *Administrative Science Quarterly*, 29(3), 373-391.

Wall, M. and L. A. Heslop (1986), "Consumer Attitudes Toward Canadian-Made vs. Imported Products", *Journal of the Academy of Marketing Science*, 14(2), 27-36.

Wall, M. and L. A. Heslop (1989), "Consumer Attitudes towards the Quality of Domestic and Imported Apparel and Footwear", *Journal of Consumer Studies & Home Economics*, 13(4), 337-358.

Wall, M., J. Liefeld, and L. A. Heslop (1991), "Impact of Country-of-Origin Cues on Consumer Judgments in Multi-Cue Situations: A Covariance Analysis", *Journal of the Academy of Marketing Science*, 19(2), 105-113.

Wang, C. K. and C. W. Lamb (1980), "Foreign Environmental Factors Influencing American Consumers' Predispositions Toward European Products", *Journal of the Academy of Marketing Science*, 8(4), 345-356.

Wang, C. K. and C. W. Lamb (1983), "The Impact of Selected Environment Forces Upon Consumers' Willingness to Buy Foreign Products", *Journal of the Academy of Marketing Science*, 11(1), 71-84.

Wang, C. L. and Z. X. Chen (2004), "Consumer Ethnocentrism and Willingness to Buy Domestic Products in a Developing Country Setting: Testing Moderating Effects", *Journal of Consumer Marketing*, 21(6), 391-400.

Wang, C. L. and X. Lin (2009), "Migration of Chinese Consumption Values: Traditions, Modernization, and Cultural Renaissance", *Journal of Business Ethics*, 88(3), 399-409.

Wang, X. and Z. Yang (2008), "Does Country-of-Origin Matter in the Relationship Between Brand Personality and Purchase Intention in Emerging Economies? Evidence from China's Auto Industry", *International Marketing Review*, 25(4), 458-474.

Warshaw, P. R. (1980), "A New Model for Predicting Behavioral Intentions: An Alternative to Fishbein", *Journal of Marketing Research*, 17(2), 153-172.

Watson, J. J. and K. Wright (2000), "Consumer Ethnocentrism and Attitudes toward Domestic and Foreign Products", *European Journal of Marketing*, 34(9/10), 1149-1166.

Westjohn, S. A., N. Singh, and P. Magnusson (2012), "Responsiveness to Global and Local Consumer Culture Positioning: A Personality and Collective Identity Perspective", *Journal of International Marketing*, 20(1), 58-73.

Wheeler, S. C., R. E. Petty, and G. Y. Bizer (2005), "Self-Schema Matching and Attitude Change: Situational and Dispositional Determinants of Message Elaboration", *Journal of Consumer Research*, 31(4), 787-797.

White, C. L. (2012), "Brands and National Image: An Exploration of Inverse Country-of-Origin Effect", *Place Branding and Public Diplomacy*, 8 (2), 110-118.

Whitelock, J. and F. Fastoso (2007), "Understanding International Branding: Defining the Domain and Reviewing the Literature", *International Marketing Review*, 24(3), 252-270.

Wiles, M. A., N. A. Morgan, and L. L. Rego (2012), "The Effect of Brand Acquisition and Disposal on Stock Returns", *Journal of Marketing*, 76(1), 38-58.

Williams, M. J. and J. Spencer-Rodgers (2010), "Culture and Stereotyping Processes: Integration and New Directions", *Social and Personality Psychology Compass*, 4(8), 591-604.

Williamson, O. (1975), *Markets and Hierarchies: Analysis and Antitrust Implications: A Study in the Economics of Internal Organization*. New York: The Free Press.

Witkowski, T. H., Y. L. Ma, and D. Zheng (2003), "Cross-Cultural Influences on Brand Identity Impressions: KFC in China and the United States", *Asia Pacific Journal of Marketing and Logistics*, 15(1/2), 74-88.

Wong, C. Y., M. J. Polonsky, and R. Garma (2008), "The Impact of Consumer Ethnocentrism and Country of Origin Sub-Components for High Involvement Products on Young Chinese Consumers' Product Assessments", *Asia Pacific Journal of Marketing and Logistics*, 20(4), 455-478.

Wu, T. Y. (2011), "Product Pleasure Enhancement: Cultural Elements Make Significant Difference", *Communications in Computer and Information Science*, 173, 247-251.

Yan, J. (2003), "Branding and the International Community", *Journal of Brand Management*, 10(6), 447-456.

Yang, D., D. A. Davis, and K. R. Robertson (2012), "Integrated Branding with Mergers and Acquisitions", *Journal of Brand Management*, 19(5), 438-456.

Yang, S. U., H. Shin, J. H. Lee, et al. (2008), "Country Reputation in Multidimensions: Predictors, Effects, and Communication Channels", *Journal of Public Relations Research*, 20(4), 421-440.

Yang, Y. J., X. Chen, and J. Xu (2016), "Cultural Symbolism and Spatial Separation: Some Ways to Deactivate Exclusionary Responses to Culture Mixing", *Journal of Cross-Cultural Psychology*, 47(10), 1286-1293.

Yaprak, A. and R. Parameswaran (1986), "Strategy Formulation in Multinational Marketing: A

Deductive, Paradigm-Integrating Approach", *Advances in International Marketing*, 1, 21-45.

Yasin, N. M., M. N. Noor, and O. Mohamad (2007), "Does Image of Country-of-Origin Matter to Brand Equity", *Journal of Product & Brand Management*, 16(1), 38-48.

Yavas, U. and G. Alpay (1986), "Does an Exporting Nation Enjoy the Same Cross-National Commercial Image?", *International Journal of Advertising*, 5(2), 109-119.

Yeung, Y. W. L. and Y. Kashima (2012), "Culture and Stereotype Communication: Are People from Eastern Cultures More Stereotypical in Communication?", *Journal of Cross-Cultural Psychology*, 43(3), 446-463.

Yip, G. S. (1982), "Diversification Entry: Internal Development versus Acquisition", *Strategic Management Journal*, 3(4), 331-345.

Yip, G. S. and G. T. M. Hult (2012), *Total Global Strategy (3rd Edition)*. Upper Saddle River: Prentice Hall.

Yoo, B. and N. Donthu (2001), "Developing and Validating a Multidimensional Consumer-Based Brand Equity Scale", *Journal of Business Research*, 52(1), 1-14.

Yoo, B., N. Donthu, and S. Lee (2000), "An Examination of Selected Marketing Mix Elements and Brand Equity", *Journal of the Academy of Marketing Science*, 28(2), 195-211.

You, J., Y. C. Sun, and H. Lei (2013), "An Empirical Study of Generational Differences in Work Values for Chinese New Generation", *Soft Science*, 27(6), 83-88.

Yu, Y. (2013), "Review of Mergers and Acquisitions Research in Marketing", *Innovative Marketing*, 9(1), 27-36.

Yunus, N. S. N. M. and W. E. W. Rashid (2016), "The Influence of Country-of-Origin on Consumer Purchase Intention: The Mobile Phones Brand from China", *Procedia Economics and Finance*, 37, 343-349.

Zain, O. M. and N. M. Yasin (1997), "The Importance of Country-of-Origin Information and Perceived Product Quality in Uzbekistan", *International Journal of Retail & Distribution Management*, 25(4), 138-145.

Zeithaml, V. A. (1988), "Consumer Perceptions of Price, Quality, and Value: A Means-End Model and Synthesis of Evidence", *Journal of Marketing*, 52(3), 2-22.

Zeugner-Roth, K. P., A. Diamantopoulos, and M. A. Montesinos (2008), "Home Country Image, Country Brand Equity and Consumers' Product Preferences: An Empirical Study", *Management International Review*, 48(5), 577-602.

Zeugner-Roth, K. P., V. Žabkar, and A. Diamantopoulos (2015), "Consumer Ethnocentrism, National Identity, and Consumer Cosmopolitanism as Drivers of Consumer Behavior: A Social Identity Theory Perspective", *Journal of International Marketing*, 23(2), 25-54.

Zhang, J. (2008), "Value Congruence in the Services Context: Developing and Maintaining Consumer-Brand Relationships", Unpublished Doctoral Dissertation, Nijmegen: Radboud University.

Zhang, P. and N. Yu (2018), "China's Economic Growth and Structural Transition Since 1978", *China Economist*, 1, 24-59.

Zhang, Y. (1996), "Chinese Consumers' Evaluation of Foreign Products: The Influence of Culture, Product Types and Product Presentation Format", *European Journal of Marketing*, 30(12), 50-68.

Zhang, Y. (1997), "Country-of-Origin Effect: The Moderating Function of Individual Difference in Information Processing", *International Marketing Review*, 14(4), 266-287.

Zhang, Y. and A. Khare (2009), "The Impact of Accessible Identities on the Evaluation of Global versus Local Products", *Journal of Consumer Research*, 36(3), 524-537.

Zhou, L., L. Teng, and P. S. Poon (2008), "Susceptibility to Global Consumer Culture: A Three-Dimensional Scale", *Psychology & Marketing*, 25(4), 336-351.

Zhou, N. and R. W. Belk (2004), "Chinese Consumer Readings of Global and Local Advertising Appeals", *Journal of Advertising*, 33(3), 63-76.

Zwebner, Y., L. Lee, and J. Goldenberg (2014), "The Temperature Premium: Warm Temperatures Increase Product Valuation", *Journal of Consumer Psychology*, 24(2), 251-259.

▎后记▎

本书集中反映了我在 2010 年 1 月至 2022 年 12 月期间,创立并持续研究"国家品牌战略"这个大课题的学术思想、理论建构和实证研究的成果,同时也部分反映了我指导博士生和硕士生参加我主持的四项国家自然科学基金面上项目(分别于 2010 年、2013 年、2017 年、2020 年获批)的团队合作记录。值得欣慰的是,我指导的数位优秀学生在完成博士学业后,走上高校教师岗位,主持国家青年课题,继续在我开创的"国家品牌战略"(六维板块)大课题方向上不断推进和创新。多年来,我也在主讲博士生基础课"工商管理学术研究方法论"时,把"国家品牌战略"作为自己的研究实践经验,在课程的第一讲"研究想法与深耕拓展"中给博士生们讲解。

经过十余年的努力,我建立了"国家品牌战略"理论体系。以华东师范大学国家品牌战略研究中心为平台,我和团队持续在国内外学术刊物上发表论文,不断深化和丰富这个领域的学术新知。在本书出版之际,我无法忘记自己2010 年 1 月在意大利参加国际学术会议期间获得的灵感。首先要感谢国家自然科学基金委员会在 2007 年批准我第一次申请的面上项目(批准号70772107),这使得我有计划和条件在之后数年里连续参加国际会议。在意大利那次会议期间,我迅速构思课题、组织项目团队,并成功获批了国家自然科学基金面上项目"国家认同、国家品牌资产与'中国制造'态度评价:重大活动的影响机制"(批准号 71072152),这成为我创立"国家品牌战略"新研究领域的开端。要感谢意大利萨萨里大学(University of Sassari)的 Giacomo Del Chiappa 教授,他为该课题在意大利收集数据(参见本书第九章);也要感谢西班牙巴斯克大学(University of the Basque Country)的 Vanessa Apaolaza 教授加入课题组,我们有多篇合作论文在国际学术期刊上发表。还要感谢美国纽黑文大学(University of New Haven)王承璐教授,我们合作的第一篇有关国家品牌战略理论领域的重要英文论文在 2015 年发表于知名国际期刊 *Journal of Business Research*,迄今被引已近 120 次。

本书先后几易其稿。本书第一稿的构思始于 2016 年暑假,较为正式的第二稿于 2021 年暑假完成,提交北京大学出版社的第三稿主要在 2022 年暑假完成。在这数年间,得益于持续取得的新成果,我不断思考、逐章修改、整体调整。在书稿少部分发表的成果(参见本书第一章、第六章、第七章、第十一章至第十四章)中,感谢硕士生、博士生吴漪、谢润琦、丁利剑、孙立、薛泽薇、方宝英(按时间先后)的参与和作出的贡献;此外还要感谢博士生、硕士生黄海洋、王琳琳、朱良杰、孙立、何盈等为本书第二章、第四章、第十五章、第十六章的文献和部分初稿所做的整理工作。本书第二部分的实证研究篇共有八章内容,涉及多国、多样本、多阶段的大量数据收集分析工作,感谢硕士生张莉、胡春鲜、郑莹、佟晓明、沈静、王清彬在 2010 年上海世博会期间协助我开展问卷收集和数据分析的初步工作,为第八章的撰写作出了贡献;感谢华东师范大学国家品牌战略中心成员吴漪、张迪、刘世洁、李康瑞、胡静怡先后为大夏"国家冠军品牌强度指数榜"所做的数据收集分析工作,成果展现于本书第十七章;感谢薛泽薇为本书校对格式和核对参考文献所做的工作。

在获批国家自然科学基金面上项目"国家认同、国家品牌资产与'中国制造'态度评价:重大活动影响机制"(批准号 71072152)的第二年,我受国家留学基金委资助,赴美国北卡罗来纳大学克南-弗拉格勒(Kenan-Flagler)商学院进行访问研究工作(2011 年 7 月至 2022 年 8 月)。感谢合作导师、杰出讲席教授 Jan-Benedict E.M. Steenkamp 的邀请,他的全球化学术视野和追求给我很大的帮助和启发。那段时期,我们的一项工作是在世界范围内对 10 家中国领先跨国企业进行全面的研究,其间合作撰写的案例入选欧洲案例中心(The Case Centre Case #514-049-1,#514-049-8)案例库。回国后,我申请并获批了国家自然科学基金面上项目"品牌价值观的结构与融合:中国跨国公司品牌价值增值机制及全球化定位战略研究"(批准号 71372177),在国内率先开拓全球品牌化领域的研究,把国家品牌战略与全球品牌化两大领域在学术取向和实践指向上协同起来。这是我独特的、明确主张的学术立场。① 这与通常的全球化研究

---

① 我主编的《品牌的智慧——为企业与政府建言献策》(格致出版社,2020 年 11 月)也体现了这样的学术理念。全书共有六篇,其中第一篇为"中国品牌全球化"、第二篇为"国家品牌战略"。全球品牌化的理论成果影响了我们对国家品牌战略研究的学术取向和实践指向。

领域的西方专家是不同的学术理念和站位。后来我连续获批的国家自然科学基金面上项目也进一步体现了这样的学术取向,即 2017 年获批主持的"品牌与国家的联结:数字化时代新兴市场跨国公司创建全球品牌资产的新战略研究(批准号 71772066),以及 2020 年获批主持的"全球消费者文化、国家文化资产与中国品牌战略创新的理论与实现路径研究"(批准号 72072059)。令人十分欣慰的是,在很多年后国际宏观环境发生很大变化的今天,我的学术判断和选择为双循环新发展格局作出了与宏观环境一致的积极回应,为高质量发展提供了品牌强国的学理基础和实践战略指引。

　　最后,感谢北京大学出版社对本书出版的重视。感谢策划编辑叶楠、贾米娜对本书选题的积极肯定;感谢责任编辑李沁珂、复审编辑贾米娜在本书出版环节的辛勤付出。感谢汪荣明教授、吴瑞君教授多年以来对我主持华东师范大学国家品牌战略研究中心智库工作的指导和支持。本书的撰写和出版是一项"学术工程",前后历经十余年时间,但作为一部面世的学术著作,难免存在不足之处,敬请大家给予批评指正。

华东师范大学二级教授、博士生导师